Schriftenreihe

Gesundheitsmanagement und Medizinökonomie

Band 10

ISSN 1864-2926

Verlag Dr. Kovač

Shared Services als Organisationsalternative im Sekundärleistungsbereich von Krankenhäusern

Von der Fakultät Wirtschafts-, Verhaltens- und Rechtswissenschaften
der Leuphana Universität Lüneburg

zur Erlangung des Grades
Doktor der Wirtschafts- und Sozialwissenschaften (Dr. rer. pol.)
genehmigte

Dissertation

von

Okko Wilhelm Reichwein

aus
Aurich

Eingereicht am: 23.09.2008

Mündliche Prüfung am: 12.03.2009

Erstgutachter: Prof. Dr. Kahle

Zweitgutachter: Prof. Dr. Merkel

Prüfungsausschuss: Prof. Dr. Kahle, Vors.

                                   Prof. Dr. Merkel

                                   Prof. Dr. Weisenfeld

Erschienen unter dem Titel:

Einsatz und Gestaltung von Shared Services in der Klinikorganisation

Druckjahr: 2009

im Verlag: Verlag Dr. Kovač, Hamburg

Okko Wilhelm Reichwein

Einsatz und Gestaltung von Shared Services in der Klinikorganisation

Verlag Dr. Kovač
Hamburg 2009

VERLAG DR. KOVAČ
FACHVERLAG FÜR WISSENSCHAFTLICHE LITERATUR

Leverkusenstr. 13 · 22761 Hamburg · Tel. 040 - 39 88 80-0 · Fax 040 - 39 88 80-55

E-Mail info@verlagdrkovac.de · Internet www.verlagdrkovac.de

Bibliografische Information der Deutschen Nationalbibliothek
Die Deutsche Nationalbibliothek verzeichnet diese Publikation
in der Deutschen Nationalbibliografie;
detaillierte bibliografische Daten sind im Internet
über http://dnb.d-nb.de abrufbar.

ISSN: 1864-2926
ISBN: 978-3-8300-4478-9

Zugl.: Dissertation, Universität Lüneburg, 2009

© VERLAG DR. KOVAČ in Hamburg 2009

Printed in Germany
Alle Rechte vorbehalten. Nachdruck, fotomechanische Wiedergabe, Aufnahme in Online-Dienste und Internet sowie Vervielfältigung auf Datenträgern wie CD-ROM etc. nur nach schriftlicher Zustimmung des Verlages.

Gedruckt auf holz-, chlor- und säurefreiem Papier Alster Digital. Alster Digital ist alterungsbeständig und erfüllt die Normen für Archivbeständigkeit ANSI 3948 und ISO 9706.

Vorwort

Die Idee zur vorliegenden Arbeit entstand während meiner Tätigkeit als Unternehmensberater, bei der ich mich im Rahmen von Performance-Projekten mit der Optimierung von Organisationsstrukturen auseinandergesetzt habe. Entscheidend für die Wahl der in dieser Arbeit untersuchten Thematik war zudem mein bereits während des Universitätsstudiums gewecktes Interesse für organisationstheoretische Fragestellungen sowie meine Branchenkenntnisse im Health-Care Bereich. Die Arbeit wurde von mir als externer Doktorand an der Fakultät für Wirtschafts-, Verhaltens- und Rechtswissenschaften der Leuphana Universität Lüneburg erstellt und von dieser im Wintersemester 2008/2009 als Dissertation angenommen.

Mein besonderer Dank gilt meinem Doktorvater Herrn Prof. Dr. Egbert Kahle für die fachliche Begleitung und die mir gebotene Chance zur Erstellung der Dissertation als externer Doktorand. Er fand immer wieder Zeit, mir wertvolle Ratschläge für die weitere fachliche Auseinandersetzung mit dem Thema zu geben. Insbesondere die von Herrn Prof. Dr. Kahle geleiteten Doktorandenseminare stellten eine interessante Möglichkeit dar, auch über den Tellerrand der eigenen Dissertation zu blicken und ein Netzwerk mit anderen Doktoranden aufzubauen. Frau Prof. Dr. Wilma Merkel danke ich für ihr Interesse, ihre wertvollen Hinweise und die Bereitschaft zur Übernahme des Zweitgutachtens. Herrn Prof. Dr. Jochen R. Pampel und Herrn WP Hans W. Winterhoff danke ich für die unkomplizierte und unbürokratische Anpassung meines Arbeitsvertrages bei der KPMG während des Promotionsstudiums. Dies ermöglichte mir neben meinen Promotionsphasen immer wieder wertvolle Projekterfahrung zu sammeln.

Die Dissertation hätte in dieser Form nicht ohne die Unterstützung aus dem privaten Umfeld entstehen können. Meiner Freundin Hille gilt besonderer Dank dafür, dass sie für die bei einer solchen Arbeit erforderliche in Anspruchnahme von Zeit viel Verständnis und Geduld zeigte und manchen motivationsfördernden Anstoß lieferte. Gleichfalls danke ich auch meinen Freunden und ehemaligen Kommilitonen, den Diplom-Kaufleuten Alexander Seeberg und Sören Tretau, die mir auch kurzfristig als kompetente Gesprächspartner inhaltliche Anregungen gaben.

Ebenfalls bin ich meinen Eltern zu Dank verpflichtet, die durch ihre stets großzügige Unterstützung während meines Diplomstudiums einen zentralen Grundstein für meine spätere Promotion legten.

Hamburg im März 2009   Okko Wilhelm Reichwein

Inhaltsverzeichnis

1 Einleitung 21

1.1 Problemstellung und Zielsetzung der Arbeit 21

1.2 Aufbau der Arbeit 24

2 Rahmenbedingungen von Krankenhäusern 29

2.1 Externe Rahmenbedingungen 29

    2.1.1 Eingrenzung des Untersuchungsobjektes 29

    2.1.2 Trägerformen und Versorgungsstufen 31

    2.1.3 Relevante Gesetzgebung 33

    2.1.4 Finanzierung und Vergütung 34

    2.1.5 Kostenstrukturen 36

2.2 Interne Rahmenbedingungen 38

    2.2.1 Vision, Leitbild und Strategie im Krankenhaus 38

    2.2.2 Organisation 41

        2.2.2.1 Grundmodelle der Organisation 41

        2.2.2.2 Organisation von Krankenhäusern 45

    2.2.3 Prozesse 49

        2.2.3.1 Prozessorientierung in der Krankenhausorganisation 52

        2.2.3.2 Primär- und Sekundärleistungsbereiche 54

3 Aspekte von Shared Services 57

3.1 Organisationsformen von Sekundärleistungsbereichen 57

    3.1.1 Zentralisierung oder Dezentralisierung als Organisationsformen von Sekundärleistungsbereichen 57

    3.1.2 Outsourcing als Organisationsform von Sekundärleistungsbereichen 59

3.2 Das Shared-Service-Konzept 61

    3.2.1 Entstehung 61

    3.2.2 Begriffsbestimmung Shared Services 64

    3.2.3 Merkmale der Leistungsprozesse einer Shared-Service-Organisation 69

        3.2.3.1 Allgemeine Merkmale 69

3.2.3.2 Spezifische Merkmale 71

3.3 Einordnung des Shared-Service-Konzeptes 72

    3.3.1 Eigenerstellung oder Fremdbezug 73

    3.3.2 Outsourcing 74

    3.3.3 Markt, Hierarchie und Netzwerk-Organisation 77

        3.3.3.1 Koordinationsmechanismen und Shared Services 82

        3.3.3.2 Die Rolle vertrauensbasierter Koordinationsmechanismen in

        Shared-Service-Organisationen 83

    3.3.4 Zentralisation und Dezentralisation 86

3.4 Triebfedern und Zielsetzungen des Shared-Service-Konzeptes 89

    3.4.1 Konzentration auf die Kernkompetenzen 90

    3.4.2 Realisierung von Synergiepotenzialen 92

    3.4.3 Zentralisierungstendenzen 93

    3.4.4 Steigerung von Effektivität und Effizienz 95

    3.4.5 Optimierung von Prozessen 97

    3.4.6 Weitere Triebfedern und Zielsetzungen 98

4 Theorien und Instrumente der Entscheidungsunterstützung im Rahmen von Shared Services 101

4.1 Strategische Entscheidungskomponente 102

    4.1.1 Aspekte der Neuen Institutionenökonomik 103

    4.1.2 Grundlagen der Transaktionskostentheorie 104

    4.1.3 Organisationsproblem und Transaktionskosten 105

        4.1.3.1 Determinanten der Koordinationskosten 108

        4.1.3.2 Determinanten der Motivationskosten 111

        4.1.3.3 Berücksichtigung der Koordinations- und Motivationskosten bei

        Bewertung der Vorteilhaftigkeit der Organisationsalternative

        Shared Services 115

            4.1.3.3.1 Koordinationskosten und Organisationsform 115

            4.1.3.3.2 Motivationskosten und Organisationsform 116

    4.1.4 Qualitativ-orientierte Instrumente der Entscheidungsunterstützung 119

4.2 Operative Entscheidungskomponente 122

4.2.1 Identifizierung von Zahlungsströmen bei Einrichtung und Betrieb eines Shared-Service-Centers 123

4.2.2 Prozesskostenrechnung zur Quantifizierung der Ein- und Auszahlungen 127

5 Einsatzspektrum in Kliniken 133

5.1 Rahmenbedingungen 133

5.2 Potenzielle Einsatzbereiche 138

    5.2.1 Patientennahe Sekundärleistungen 138

        5.2.1.1 Labordiagnostik 138

            5.2.1.1.1 Aufgaben und Organisation 138

            5.2.1.1.2 Veränderungstreiber 141

            5.2.1.1.3 Shared Services 143

        5.2.1.2 Radiologie 146

            5.2.1.2.1 Aufgaben und Organisation 146

            5.2.1.2.2 Veränderungstreiber 148

            5.2.1.2.3 Shared Services 149

        5.2.1.3 Pathologie 152

            5.2.1.3.1 Aufgaben und Organisation 152

            5.2.1.3.2 Shared Services 153

        5.2.1.4 Sonstige patientennahe Sekundärleistungsbereiche 155

    5.2.2 Patientenferne Sekundärleistungen 156

        5.2.2.1 Personalmanagement 158

            5.2.2.1.1 Aufgabenbereiche und Organisation 158

            5.2.2.1.2 Veränderungstreiber 160

            5.2.2.1.3 Shared Services 161

        5.2.2.2 Beschaffung 166

            5.2.2.2.1 Aufgaben und Organisation 168

            5.2.2.2.2 Veränderungstreiber 170

            5.2.2.2.3 Shared Services 172

    5.2.2.3 Weitere Einsatzbereiche 175

6 Gesamtkonzeption zur Gestaltung einer Shared-Service-Organisation für Sekundärleistungen in Kliniken ... 181

6.1 Ausgangsüberlegungen ... 181

6.2 Führung ... 185

    6.2.1 Die Rolle der Krankenhausgeschäftsführung bei der Einführung von Shared Services ... 185

    6.2.2 Organisatorische Verankerung ... 187

    6.2.3 Responsibility-Center-Struktur ... 191

        6.2.3.1 Expense-Center ... 192

        6.2.3.2 Cost-Center ... 192

        6.2.3.3 Profit-Center ... 194

6.3 Steuerung ... 197

    6.3.1 Performance Measurement ... 197

    6.3.2 Balanced Scorecard ... 197

    6.3.3 Key Performance Indicators ... 202

6.4 Koordination ... 204

    6.4.1 Service-Level-Agreements ... 204

    6.4.2 Verrechnungspreise ... 208

        6.4.2.1 Relevanz von Verrechnungspreisen im Krankenhaus ... 208

        6.4.2.2 Funktion von Verrechnungspreisen ... 211

            6.4.2.2.1 Interne Funktion ... 211

            6.4.2.2.2 Externe Funktionen ... 214

        6.4.2.3 Arten von Verrechnungspreisen ... 215

            6.4.2.3.1 Marktorientierte Verrechnungspreise ... 215

            6.4.2.3.2 Kostenorientierte Verrechnungspreise ... 217

6.5 Weitere Aspekte der Gesamtkonzeption ... 221

    6.5.1 Auswahl eines geeigneten Standortes ... 221

    6.5.2 Einführungskonzept für eine Shared-Service-Organisation im Sekundärleistungsbereich ... 224

7	**Realisierungshindernisse und Problemfelder**	**229**
7.1	Finanzielle Ausstattung	229
7.2	Informations- und Kommunikationstechnik	230
7.3	Akzeptanz der Mitarbeiter	231
7.4	Verfügbarkeit von Personal	234
8	**Zusammenfassung und Ausblick**	**237**
Literaturverzeichnis		**243**

Abbildungsverzeichnis

Abbildung 1-1: Aufbau der Arbeit 27
Abbildung 2-1: Unterteilung des stationären Sektors in Deutschland 30
Abbildung 2-2: Eckdaten der Krankenhäuser 32
Abbildung 2-3: Zuordnung der Personalkosten zum Primär- und
Sekundärleistungsbereich 37
Abbildung 2-4: Entwicklung der Krankenhauskosten unter Berücksichtigung
der Primär- und Sekundärleistungsbereiche 38
Abbildung 2-5: Traditionelle Organisationsstrukturen von Krankenhäusern 46
Abbildung 2-6: Die Wertschöpfungskette eines Krankenhauses unter
Miteinbeziehung der Steuerungsprozesse 53
Abbildung 2-7: Darstellung der Sekundärleistungen im Krankenhaus 56
Abbildung 3-1: Vor- und Nachteile traditioneller Organisationsformen im
Sekundärleistungsbereich 60
Abbildung 3-2: Ausgewählte Definitionen zum Thema Shared Services 65
Abbildung 3-3: Allgemeine und spezifische Merkmale von Shared-Service-
Prozessen 70
Abbildung 3-4: Das trichotome Erklärungsmodell der Organisation 80
Abbildung 3-5: Shared Services im trichotomen Modell der Organisation 85
Abbildung 3-6: Fokussierung von Shared Services auf die Effektivität 96
Abbildung 3-7: Hebel zur Prozessoptimierung 98
Abbildung 4-1: Einbindung von Entscheidungskomponenten in das
Phasenschema nach Irle 101
Abbildung 4-2: Unterteilung von Transaktionskosten in Motivations- und
Koordinationskosten 108
Abbildung 4-3: Ausprägung der für den Koordinations- und
Motivationskostenanfall relevanten Transaktionsmerkmalen 114

Abbildung 4-4: Bewertungsmatrix im Rahmen der strategischen Entscheidungskomponente 117

Abbildung 4-5: Argumentenbilanz als Entscheidungsmethode im Rahmen von Shared Services 121

Abbildung 4-6: Quantifizierung von Transaktionskosten im Rahmen der Quantifizierung von Auszahlungen 124

Abbildung 5-1: Schematische Darstellung eines Krankenhauskonzerns 134

Abbildung 5-2: Unterschiedliche Kennzeichen von Verbund- und Konzernstrukturen im Krankenhausbereich 135

Abbildung 5-3: Hauptprozesse in einem Shared-Service-Center für Laborleistungen 145

Abbildung 5-4: Potenzielle Einbindung eines Shared-Service-Centers für radiologische Leistungen 150

Abbildung 5-5: Bewertungsmatrix zur Bestimmung der Einsatzmöglichkeiten von Shared Services im patientennahen Sekundärleistungsbereich 156

Abbildung 5-6: Organisation der Leistungserstellung in Sekundärbereichen 157

Abbildung 5-7: Typisierung von Aufgabenkomplexen und Tätigkeitsbeispiele im Krankenhaus 164

Abbildung 5-8 Ausgangslage der Beschaffungsorganisation in einem freigemeinnützigen Krankenhauskonzern 171

Abbildung 5-9: Kernfunktionen der Beschaffung im Rahmen von Shared Services 174

Abbildung 5-10: Handlungsfelder von Shared-Service-Center-Organisationen im Einkauf 175

Abbildung 5-11: Aufgaben von Shared-Service-Organisationen in patientenfernen Sekundärleistungsbereichen 177

Abbildung 6-1: Systematisierung potenzieller Vorteile 182

Abbildung 6-2: Zusammenhang zwischen Konzeptionsfeld und Zielerreichung 184

Abbildung 6-3: Zusammenspiel von Shared-Service-Center und Geschäftseinheiten 186

Abbildung 6-4: Möglichkeiten der organisatorischen Verankerung von Shared Services im Klinikkonzern 190

Abbildung 6-5: Mögliche Vision und strategische Agenda eines Shared-Service-Centers im Laborbereich 200

Abbildung 6-6: Mögliche KPI eines Shared-Service-Centers für Laborleistungen 204

Abbildung 6-7: Wirkungsbereich interner Verrechnungspreise im Rahmen von Shared Services 210

Abbildung 6-8: Interne und externe Funktion von Verrechnungspreisen 213

Abbildung 6-9: Zwei verschiedene Herangehensweisen zur Standortbewertung 223

Abbildung 6-10: Vorgehensmodell zum Aufbau von Shared Services in Kliniken 225

Abkürzungsverzeichnis

AOK	Allgemeine Ortskrankenkasse
APQC	American Productivity and Quality Center
CKM	Centrum für Krankenhausmanagement
CT	Computer Tomographie
BAH	Booz Allen Hamilton
BPR	Business Process Reengineering
DGKL	Deutsche Vereinte Gesellschaft für Klinische Chemie und Laboratoriumsmedizin
DKI	Deutsches Krankenhausinstitut
DKG	Deutsche Krankenhausgesellschaft
DRG	Diagnosis Related Groups
DSL	Digital Subscriber Line
et al.	et alii
etc.	et cetera
ESS	Employee Self Service
f.	folgende
ff.	fortfolgende
ggf.	gegebenenfalls
FPG	Gesetz zur Einführung des diagnose-orientierten Fallpauschalensystems für Krankenhäuser (Fallpauschalengesetz)
FOKUS	Forschungsgruppe kybernetische Unternehmensstrategie
f&w	führen und wirtschaften im Krankenhaus
G-DRG	German Diagnosis Related Groups
gGmbH	gemeinnützige Gesellschaft mit beschränkter Haftung
GMG	Gesetz zur Modernisierung der gesetzlichen Krankenversicherung
GSG	Gesundheitsstrukturgesetz
HR	Human Resources
i.d.R.	in der Regel
InEK	Institut für das Entgeltsystem im Krankenhauswesen
i.e.S.	im engeren Sinn
i.w.S.	im weiteren Sinn
KH	Krankenhaus
KHG	Krankenhausfinanzierungsgesetz
KPMG	Klynveld Peat Marwick Goerdeler
lögd NRW	Landesinstitut für den öffentlichen Gesundheitsdienst Nordrhein-Westfalen
lt.	laut
Mio.	Million/en
Mrd.	Milliarde/n
MRT	Magnetresonanztomographie
MTA	medizinisch-technische Assistenten und Assistentinnen

o.g.	oben genannt
ökz	Österreichische Krankenhauszeitschrift
o.J.	ohne Jahresangabe
o.N.	ohne Nummerierung
o.S.	ohne Seitenangabe
o.V.	ohne Verfasser
PACS	Picture Archiving and Communication System
POCT	Point of care Testing
P&L	Profit and Loss
PwC	PriceWaterhouseCoopers
RIS	Radiologie-Informations-System
SGB V	Sozialgesetzbuch, Fünftes Buch
SLA	Service-Level-Agreements
SSC	Shared-Service-Center
SSO	Shared-Service-Organisation
S.	Seite
Sp.	Spalte
Tz.	Textziffer
u.a.	unter anderem
UMIT	Private Universität für Gesundheitswissenschaften medizinische Informatik und Technik
v.	von
vgl.	vergleiche
vs.	versus
VOB	Vergabe- und Vertragsordnung für Bauleistungen
VOL	Verdingungsordnungen für Leistungen
VPN	Virtual Private Network
VzE	Verein zur Errichtung evangelischer Krankenhäuser
WiSt	Wirtschaftswissenschaftliches Studium
ZfB	Zeitschrift für Betriebswirtschaft
ZfbF	Zeitschrift für betriebswirtschaftliche Forschung
ZWF	Zeitschrift für wirtschaftlichen Fabrikbetrieb
zzgl.	zuzüglich

Kurzzusammenfassung

Die vorliegende Dissertation behandelt den Einsatz und die Gestaltungsmöglichkeiten von Shared Services als alternative Organisationsform im Sekundärleistungsbereich von Kliniken. Die angespannte wirtschaftliche Lage im Krankenhausbereich, die durch ansteigende Kosten und sinkende Erlöse gekennzeichnet ist, und die Relevanz der Sekundärleistungsbereiche im Bereich der Krankenhausausgaben stellen dabei den Ausgangspunkt der Untersuchung dar. Speziell vor dem Hintergrund der negativen Erfahrungen vieler Kliniken mit der Auslagerung von Sekundärleistungen an externe Anbieter und einer steigenden Anzahl an Klinikzusammenschlüssen gewinnt die Auseinandersetzung mit alternativen Organisationskonzepten zunehmend an Bedeutung.

Hauptziel der Arbeit ist die Untersuchung der Einsatzmöglichkeiten von Shared Services in patientennahen und patientenfernen Sekundärleistungsbereichen sowie die Entwicklung von Gestaltungselementen für Shared-Service-Organisationen im Krankenhausumfeld. Dazu werden zunächst die externen und internen Rahmenbedingungen von Krankenhäusern dargestellt, wobei explizit eine Betrachtung der Sekundärleistungsbereiche von Kliniken erfolgt. Des Weiteren werden die theoretischen Grundlagen des Shared-Service-Konzeptes hinsichtlich der Begriffsbestimmung, Einordnung und Herausstellung zentraler Triebfedern und Zielsetzungen betrachtet.

Im Rahmen der Analyse von Shared Services im Krankenhausbereich erfolgt die Untersuchung der Einsatzmöglichkeiten dieser Organisationsalternative in den Sekundärleistungsbereichen. Darauf aufbauend wird eine Gesamtkonzeption für Shared-Service-Organisationen herausgearbeitet. In diesem Kontext stehen explizit die Konzeptionsfelder Führung, Steuerung und Koordination im Fokus der Betrachtung. Abschließend erfolgt neben der Skizzierung eines Implementierungsprozesses die Darstellung der mit dem Shared-Service-Konzept in Verbindung stehenden Problemfelder und Realisierungshindernisse.

Die Dissertation richtet sich an Praxis und Wissenschaft. Insbesondere Führungskräfte im Gesundheitsmanagement und Unternehmensberater, aber auch Private-Equity-Gesellschaften, die Investitionen im Krankenhausbereich tätigen wollen, erhalten Informationen über Einsatz- und Gestaltungsmöglichkeiten von Shared Services als eine alternative Organisationsform.

Abstract

This thesis focuses on the implementation and conception of shared services as an alternative form of organisation in medical and non medical support functions of hospitals. Both the tense economic situation in the hospital sector due to increasing costs and decreasing profits and the high relevance of support function expenditure in hospitals formed the initial point of the following research. Particularly against the background of negative experiences in outsourcing support functions to external providers as well as the increasing number of expected hospital mergers in the future studies of alternative organizational concepts gain in importance.

The main objective of this thesis is to examine the possibilities of shared services in medical and non-medical support functions of hospitals and the development of design elements for shared service organizations in the hospital sector. First of all the thesis deals with the description of external and internal environmental issues in the health care sector with a focus on support functions of hospitals. Then, it considers the theory of a shared-service concept with regards to definition, classification and its key drivers.

Within the analysis of shared services in the hospital sector possible fields of application for this alternative form of organization in the medical and non medical support function are discussed. Based on the results an overall concept for shared service organizations is developed consisting of the coherent parts: management, governance and coordination. Furthermore the implementation process is described and specific problems are addressed.

This thesis is addressed to both practice and science. Executives in health management and management consultants in particular but also private equity firms which are interested in investing in the hospital sector receive information of shared service as an organizational alternative.

1 Einleitung

1.1 Problemstellung und Zielsetzung der Arbeit

Begrenzte Finanzmittel aus der öffentlichen Hand und steigende Ausgaben sind Kennzeichen wesentlicher Entwicklungen im deutschen Krankenhaussektor. Vor dem Hintergrund dieser Entwicklungen stehen die deutschen Krankenhäuser derzeit vor verschiedenen Strukturveränderungen, die in unterschiedlicher Art und Weise die Kosten- und Erlösstrukturen der Kliniken beeinflussen. Während es auf der einen Seite zu einer kontinuierlichen Erhöhung des Kostendrucks infolge steigender Personalkosten und erhöhter Sachkosten aufgrund der allgemeinen Preisentwicklung sowie leistungsfähigeren, aber kostenintensiveren Diagnose- und Therapiemethoden kommt, ist auf der anderen Seite ein Rückgang der Erlöse infolge von Basisfallwertanpassungen im Zuge der DRG-Konvergenzphase und der abnehmenden Unterstützung durch die Bundesländer im Rahmen der dualen Krankenhausfinanzierung erkennbar.[1]

Auf die weitere Verschlechterung der Kosten- und Erlösstrukturen trotz der Erkenntnis der Krankenhäuser zum Handlungsbedarf deuten auch die Ergebnisse einer Studie hin: Rund 42 Prozent der Krankenhäuser befürchten für 2008 eine Verschlechterung ihrer Lage.[2]

Daraus abgeleitet ist es erforderlich, dass die Kliniken in Zukunft Anstrengungen dahingehend unternehmen, ihre Kosten- und Erlössituation und damit ihre gesamte Finanzsituation zu verbessern. Kliniken setzen in diesem Zusammenhang bereits Maßnahmen ein, um Prozesse in den medizinischen Behandlungsabläufen zu verbessern. Beispiele dafür sind die Implementierung von klinischen Behandlungspfaden, patientenorientierten Abläufen und eine höhere interne Vernetzung der Krankenhäuser mittels elektronischer Patientenakten.[3] Dem steht entgegen, dass dem Optimierungspotenzial der Klinikorganisation vor allem im Primärleistungsbereich, d.h. der direkten Patientenversorgung, Grenzen gesetzt sind, da die Kerntätigkeit der Behandlung und Betreuung von Patienten einen handwerklichen, sozialen sowie kommunikativen Charakter besitzt.

Der Kostendruck lastet nicht nur im Bereich der Erbringung von Primärleistungen. Allein in 2005 fielen mehr als 30 Prozent der deutschen Krankenhausausgaben beziehungsweise rund 24 Mrd. Euro in patientennahen und patientenfernen Sekundärleistungsbereichen an. Vor dem Hintergrund der oben skizzierten Problembereiche stellt sich damit die Frage nach Einsparpotenzialen in diesen

---

[1] Vgl. u.a. Perillieux et al., 2005, S. 1 f.
[2] Vgl. Mihm, 2007, o.S.
[3] Vgl. Augurzky et al., 2004, S. 21.

Bereichen. In diesem Kontext ist auf gesamtwirtschaftlicher Betrachtungsebene auf Basis der Kostennachweise der Krankenhäuser aus dem Jahr 2004 eine Effizienzfrontanalyse in Bezug auf die medizinfernen Kosten durchgeführt worden. Die Fallzahl wurde als Output, die vier medizinfernen Kostenarten Wirtschaft/Versorgung, Bau/Technik sowie Verwaltung und Sonstiges als Input berücksichtigt.4 Im Ergebnis ist ein mögliches Einsparpotenzial von rund 2,5 Mrd. Euro im Vergleich zur realisierten besten Praxis festgestellt worden.5

Aus Sicht des Klinikmanagements stellt sich hier die grundsätzliche Frage nach einer effizienteren und effektiveren Gestaltung der Aufgaben in Sekundärleistungsbereichen. Die in der Vergangenheit häufig von kleineren Krankenhäusern praktizierte Auslagerung von Sekundärleistungsbereichen an spezialisierte externe Anbieter, ist eine Entscheidung von umfassender Bedeutung für ein Krankenhaus. Die Auslagerung kann zu einer Aufgabe vorhandener Strukturen, Kompetenzfelder und Einflussmöglichkeiten führen.[6]

In Bezug auf die Zielsetzungen Kostensenkung und Prozessoptimierung in Unterstützungsbereichen von Unternehmen wird in der aktuellen betriebswirtschaftlichen Diskussion dem Shared-Service-Konzept ein besonderer Stellenwert zugewiesen.[7] Der grundlegende Gedanke dieses Organisationsansatzes ist, dass eine Organisationseinheit Dienstleistungen für mehrere interne Kunden erbringt. Diese Organisationsalternative ist bislang in erster Linie innerhalb von Konzernen eingesetzt worden, um in einem Shared-Service-Center nicht ortsgebundene und nicht geschäftsspezifische Unterstützungsfunktionen zu konzentrieren. Die Etablierung von Shared Services unterstützt somit die Eliminierung von Redundanzen, die sich bei Unternehmen durch den Aufbau von weitgehend selbstständigen Teilfunktionen in verschiedenen Geschäftsbereichen entwickelt haben. Vorteilhaft ist ebenfalls, dass eine Entlastung der Geschäftsbereiche von der Durchführung von Unterstützungsaufgaben stattfindet, mit der Folge, dass diese sich auf ihr Kerngeschäft konzentrieren können. Darüber hinaus werden Shared-Service-Center im Gegensatz zu klassischen Zentralbereichen als wirt-

---

[4] Die bei dieser Untersuchung angewendete Effizienzfrontanalyse ist ein Verfahren zur vergleichenden Effizienzmessung. Bei einer outputorientierten Betrachtungsweise gelten diejenigen Beobachtungseinheiten dabei als effizient, welche ein gegebenes Output-Niveau mit dem jeweils geringsten Input-Einsatz erzeugen. Vgl. ausführlicher Werblow, Robra, 2006, S. 136.

[5] Die Gruppe der freigemeinnützigen Krankenhäuser hat den durchschnittlich höchsten Effizienzindex, gefolgt von den Häusern in privater und in öffentlicher Trägerschaft. Es werden diejenigen Krankenhäuser als effizient eingestuft, die mit den geringsten medizinfernen Kosten eine bestimmte Fallzahl produzieren, ausführlicher vgl. Werblow, Robra, 2006, S. 140 ff.

[6] Demnach hat jedes dritte Krankenhaus unter 100 Betten Bereiche ausgelagert. Vgl. Offermanns, 2002, S. 40.

[7] Veröffentlichungen zum Einsatz von Shared Services als Organisationsalternative in Unternehmen, siehe Sammelband von Keuper, Oecking, 2008. Die Thematik von Shared Services im Krankenhausbereich ist bislang überwiegend in Vorträgen und Präsentationen einführend skizziert worden. Vgl. Wandschneider, 2007; Kartte, 2006; Perillieux et al., 2005; o.V., 2005b; Accenture, 2002.

schaftlich und/oder rechtlich eigenständige Organisationseinheiten mit einer Fokussierung auf den internen Kunden geführt.

Der Begriff Shared Services ist bislang aus unterschiedlichen Perspektiven heraus definiert worden.[8] Während einige Autoren die Anwendbarkeit der Organisationsalternative Shared Services auf transaktionsorientierte Prozesse in Unterstützungsbereichen mit niedrigem Wissensniveau beschränken, ist bei anderen Veröffentlichungen zu dieser Thematik explizit der Hinweis zu finden, dass sich der Einsatz von Shared Services für Aktivitäten eignet, die umfassendes Spezialwissen erfordern und nicht nur Unterstützungsleistungen mit Ausführungscharakter umfassen.[9] Untersuchungen eines Beratungsunternehmens zeigen, dass durch den Einsatz von Shared Services in der Regel eine Kostenreduktion von 5 und 20 Prozent erfolgen kann. Zudem wurde festgestellt, dass die Implementierung von Shared Services zu einer Verbesserung des Leistungsangebotes und der Leistungsqualität sowie zu einer effektiveren Verwendung von Ressourcen führen.[10]

Im Klinikmanagement ist die Thematik des Shared-Service-Konzeptes als Organisationsalternative für Sekundärleistungsbereiche bislang nur ansatzweise und sehr fragmentiert thematisiert worden. Aus diesem Grund ist es das Ziel dieser Arbeit, die Einsatzmöglichkeiten von Shared Services im Krankenhausbereich unter Berücksichtigung der spezifischen Rahmenbedingungen eingehender zu untersuchen.

Zunächst werden in der Arbeit grundlegende Aspekte der Organisationsalternative Shared Services thematisiert. Dazu zählt neben Herausstellung der Triebfedern und Zielsetzungen sowie der Einordnung in Bezug auf grundlegende betriebswirtschaftliche und organisationstheoretische Termini auch die Betrachtung von Theorien und Instrumenten zur Entscheidungsunterstützung. Im Rahmen der krankenhausspezifischen Betrachtung potenzieller Einsatzmöglichkeiten von Shared Services wird eine Analyse der Aufgaben und Organisation sowie der Veränderungstreiber in ausgewählten patientennahen und patientenfernen Sekundärleistungsbereichen durchgeführt. Des Weiteren erfolgt eine Entwicklung und Darstellung zentraler betriebswirtschaftlicher Gestaltungsmöglichkeiten von Shared-Service-Organisation im Krankenhausbereich. Ebenfalls werden in der Arbeit potenzielle Problemfelder herausgearbeitet, die sich bei einer Implementierung von Shared-Service-Strukturen in Klinikorganisationen ergeben können. Die Analyse der Problemfelder und Realisierungshindernisse gibt Aufschluss über die Erfolgsaussichten dieses Organisationskonzeptes im Klinikumfeld.

---

[8] Ausführlicher siehe Kapitel 3.1.
[9] Vgl. beispielsweise bei Aguirre et al., 1998 oder Quinn, Cooke, Kris, 2000.
[10] Vgl. A.T. Kearney, 2005, S. 5.

1.2 Aufbau der Arbeit

Ausgehend von der skizzierten Problemstellung und der zugrunde gelegten Zielsetzung ist die Arbeit wie folgt aufgebaut:

Die Auseinandersetzung mit den externen Rahmenbedingungen von Krankenhäusern in Kapitel 2.1 beginnt mit der Eingrenzung des Untersuchungsobjektes. Im Zuge der Eingrenzung, die auf Basis des fünften Sozialgesetzbuches durchgeführt wird, erfolgt eine Aufteilung des Krankenhaussektors in Trägerformen und Versorgungsstufen. Dabei werden die in diesen Bereichen stattfindenden Entwicklungen aufgezeigt. Abgerundet wird die Beleuchtung des Krankenhaussektors durch eine Skizzierung der krankenhausrelevanten Gesetzgebung und der Darstellung von neuen gesetzlichen Regelungen im Krankenhausbereich. Daran schließen sich Ausführungen zur Finanzierung und Vergütung von Krankenhäusern an, wobei das DRG-basierte Vergütungssystem besondere Berücksichtigung findet. Abgeschlossen werden die Ausführungen zu den externen Rahmenbedingungen mit einer Betrachtung der Krankenhausausgaben, in deren Fokus die Unterteilung in Ausgaben für Primär- und Sekundärleistungen steht.

Die Darstellung der internen Rahmenbedingungen in Kapitel 2.2 orientiert sich hinsichtlich der Vorgehensweise an der pyramidalen Strukturierung von Unternehmen. Dabei werden zunächst Kennzeichen der Leitbilder und Strategien von Krankenhäusern aufgezeigt. Zudem erfolgt eine eingehende Betrachtung der Ziele von Krankenhäusern. Weiterhin widmet sich dieser Teil des zweiten Kapitels der in Krankenhäusern vorherrschenden Organisationsformen, die durch eine hohe Fokussierung auf die Berufsstände gekennzeichnet sind. Im Fokus der Betrachtung von internen Rahmenbedingungen steht die Auseinandersetzung mit krankenhausspezifischen Leistungsprozessen. Dabei wird zunächst auf den allgemeinen betriebswirtschaftlichen Hintergrund der Prozessorientierung eingegangen, um anschließend krankenhausspezifische Aspekte der Prozessorientierung aufzuzeigen. Abgeschlossen wird Kapitel 2 mit der Unterteilung der Aktivitäten eines Krankenhauses in Primär- und Sekundärleistungsbereiche und einer Differenzierung in Bezug auf die Patientennähe.

Der theoretischen Basis der in dieser Arbeit untersuchten Einsatzmöglichkeiten von Shared Services widmet sich Kapitel 3. In Kapitel 3.1 erfolgt eine Skizzierung der Gestaltungsmöglichkeiten zur Organisation von Sekundärleistungsbereichen. Dabei werden Vor- und Nachteile der Organisationsformen Zentralisierung, Dezentralisierung und Outsourcing aufgeführt. In Kapitel 3.2 erfolgt eine Betrachtung des Shared-Service-Konzeptes. Die thematische Auseinandersetzung mit dieser Organisationsalternative beginnt mit Darstellung der historischen Entwicklung gefolgt von einer Betrachtung verschiedener Definitionsansätze des Shared-Service-Konzeptes und der Darstellung allgemeiner und spezifische Merkmale dieser Organisationsalternative. In Kapitel 3.3 wird unter Berücksichtigung grundlegender betriebswirtschaftlicher und organisationstheoretischer Überlegungen unter anderem der Frage nachgegangen, ob es sich bei Shared Services um Netzwerke handelt. Dies beinhaltet eine eingehende Betrachtung des trichotomen Erklärungsmodells der Organisation. Den Abschluss des Kapitels 3 bildet eine Darstellung zentraler Triebfedern und Zielsetzungen, die Unternehmen dazu bewegen, Shared-Service-Organisationen aufzubauen.

Das Kapitel 4 behandelt das Shared-Service-Konzept unter dem Gesichtspunkt entscheidungstheoretischer Aspekte. Die Betrachtung orientiert sich an der Unterteilung von Theorien und Instrumenten zur Entscheidungsunterstützung in eine strategische und operative Komponente. Auf Ebene der strategischen Entscheidungskomponente wird in Kapitel 4.1 zum einen die Auseinandersetzung mit dem Transaktionskostenansatz und zum anderen exemplarisch die Betrachtung qualitativer Instrumente zur Entscheidungsunterstützung wie beispielsweise der Argumentenbilanz untersucht. Den Schwerpunkt der strategischen Entscheidungskomponente bildet die Darstellung der potenziell anfallenden Koordinations- und Motivationskosten. Auf Ebene der operativen Entscheidungskomponente sind in Kapitel 4.2 Instrumente aufgeführt, um die Entscheidung zur Ausgliederung von Sekundärleistungen in eine Shared-Service-Einheit punktuell quantifizieren zu können. Die Quantifizierung wird in diesem Fall exemplarisch anhand der Vorgehensweise zur Aufstellung einer dynamischen Investitionsrechnung unter Berücksichtigung der Prozesskostenrechnung vorgenommen.

Im Anschluss an die theoretischen Ergebnisse und die Überlegungen zur Entscheidungsunterstützung besteht das Ziel von Kapitel 5 darin, die Einsatzmöglichkeiten von Shared Services in ausgewählten patientennahen und patientenfernen Sekundärleistungsbereichen zu untersuchen. Dabei werden in Kapitel 5.1 drei typische organisatorische Ausgangssituationen in Krankenhäusern betrachtet, in deren Folge der Aufbau von Shared-Service-Strukturen vor dem Hintergrund der in Kapitel 3 aufgeführten theoretischen Grundlagen als sinnvoll erscheint. Zu diesen typischen Ausgangssituationen gehören neben zentralisierten und dezentralisierten Unterstützungsbereichen ebenfalls outgesourcte Sekundärleistungsbereiche. Im Anschluss daran befasst sich Kapitel 5.2 mit der eigentlichen Untersuchung des Einsatzspektrums von Shared Services im Sekundärleistungsbereich. Der Beschreibung der verschiedenen Gestaltungsmöglichkeiten in den jeweiligen Sekundärleistungsbereichen liegt ein weitgehend einheitliches Schema zugrunde. In einem ersten Schritt werden Aufgabenfelder und Organisationsformen des jeweiligen Sekundärleistungsbereichs beleuchtet. Im Anschluss daran erfolgt eine Untersuchung und Herausstellung möglicher Veränderungstreiber. In einem dritten Schritt werden für die jeweils untersuchten Sekundärleistungsbereiche konkrete Ansätze hinsichtlich der Organisation von Shared-Service-Strukturen aufgezeigt. Dabei wird erörtert, welche Voraussetzungen gegebenenfalls notwendig sind, um Shared-Service-Organisationen aufzubauen. Neben der Diskussion der mit Einführung von Shared Services verbundenen

Vorteile werden die zu berücksichtigenden spezifischen Problemfelder herausgearbeitet.

Die Entwicklung einer Gesamtkonzeption zur Gestaltung von Shared Services im Sekundärleistungsbereich von Kliniken ist Gegenstand von Kapitel 6. Mit Darstellung der Ausgangsüberlegungen in Kapitel 6.1 wird zunächst erörtert, welchen Beitrag die im weiteren Verlauf skizzierten Elemente der Gesamtkonzeption zur Erreichung der mit Einführung von Shared Services verfolgten Zielsetzung leisten. Die anschließenden Ausführungen beziehen sich auf die drei Konzeptionsfelder Führung, Steuerung und Koordination, denen verschiedene organisationsstrukturelle Maßnahmen und betriebswirtschaftliche Instrumente zugeordnet werden. Den Abschluss des Kapitels 6 bildet eine einführende Betrachtung in die Standortthematik und die Skizzierung eines vierphasigen Vorgehensmodells zur Implementierung von Shared-Service-Organisationen.

Die Darstellung möglicher Problemfelder und Realisierungshindernisse bei der Einführung von Shared-Service-Strukturen ist Gegenstand von Kapitel 7. Die dort aufgeführten potenziellen Realisierungshindernisse geben Aufschluss über Problembereiche bei der Implementierung von Shared-Service-Strukturen in Krankenhäusern. Hierbei wird zwischen finanziellen sowie informationstechnologischen Voraussetzungen und der Akzeptanz der Beteiligten unterschieden. In Bezug auf die Darstellung der Problemfelder, die sich durch die Akzeptanz der Beteiligten ergeben können, wird unter anderem auf den Aspekt des Veränderungsmanagements eingegangen.

Das Kapitel 8 fasst die Ergebnisse der Arbeit noch einmal zusammen und verweist perspektivisch auf weiterführende Fragestellungen, die sich aus den entwickelten Einsatz- und Gestaltungsmöglichkeiten des Shared-Service-Konzeptes in Klinikorganisationen ergeben.

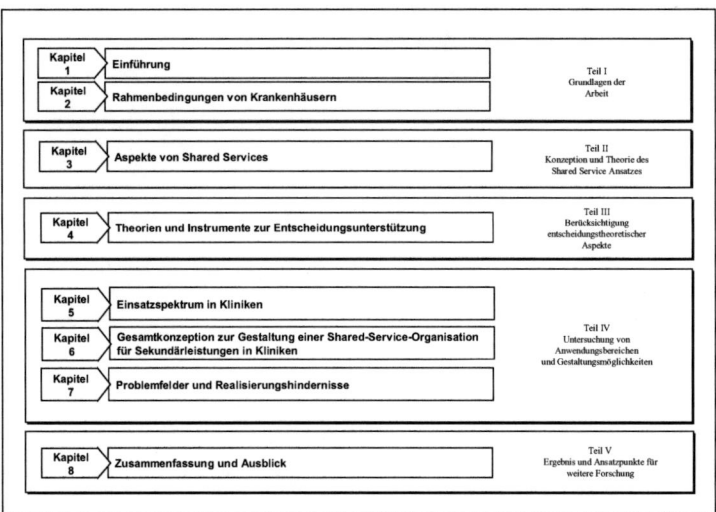

Abbildung 1-1: Aufbau der Arbeit

2 Rahmenbedingungen von Krankenhäusern

Im Folgenden wird eine Betrachtung der externen und internen Rahmenbedingungen von Krankenhäusern durchgeführt. Auf Ebene der externen Rahmenbedingungen erfolgt die Auseinandersetzung mit dem Untersuchungsgegenstand Krankenhaus im Allgemeinen sowie eine Skizzierung der deutschen Krankenhauslandschaft und des Finanzierungssystems von Kliniken. Eine erste Fokussierung auf die dieser Arbeit zugrunde liegende Thematik wird durch Untersuchung relevanter Primär- und Sekundärleistungsbereiche in Verbindung mit den dort anfallenden Kosten erreicht. Die Betrachtung der internen Rahmenbedingungen stellt die Verbindung zur betriebswirtschaftlichen Ebene her. Basierend auf der pyramidalen Vorgehensweise wird eine ganzheitliche Betrachtung des Unternehmens Krankenhaus durchgeführt.[11] Der Schwerpunkt liegt dabei auf Betrachtung der Bereiche Organisation und Prozesse. Die Darstellung patientennaher und patientenferner Sekundärleistungsbereiche stellt den Abschluss dieses Kapitels dar und bildet zugleich die Grundlage für die weitergehende Auseinandersetzung mit der Organisationsalternative Shared Services.

2.1 Externe Rahmenbedingungen

2.1.1 Eingrenzung des Untersuchungsobjektes

Die deutsche Krankenhauslandschaft ist durch ein hohes Maß an Pluralismus gekennzeichnet. Dieser Pluralismus dient der Sicherstellung eines vielschichtigen Angebotes an Krankenhausleistungen und erfordert es im Zusammenhang mit dieser Arbeit, das Untersuchungsobjekt Krankenhaus genauer einzugrenzen.[12]

Zur Eingrenzung von Krankenhäusern ist zunächst ein Blick in die deutsche Sozialgesetzgebung sinnvoll. Im fünften Sozialgesetzbuch findet sich eine Definition für Krankenhäuser:

„Krankenhäuser im Sinne dieses Gesetzbuchs sind Einrichtungen, die der Krankenhausbehandlung oder Geburtshilfe dienen, fachlich-medizinisch unter ständiger ärztlicher Leitung stehen, über ausreichende, ihrem Versorgungsauftrag

---

[11] Ausführlicher zu dem Pyramiden-Modell als ganzheitlicher Bezugsrahmen vgl. Rigall et al., 2005, S. 87 ff.

[12] Im Pluralismus konkurriert eine Vielzahl verschiedener gesellschaftlicher Gruppen und Organisationen mit- und gegeneinander um gesellschaftliche, wirtschaftliche und politische Macht. Sie versuchen ihren Einfluss in den politischen Prozess mit einzubringen und auf staatliche Gewalt durchzusetzen. Andersen, Woyke, 1995, S. 448. Der in diesem Zusammenhang verwendete Pluralismus Begriff bezieht sich in erster Linie auf die historisch gewachsene pluralistische Trägerstruktur bestehend aus freigemeinnützigen, öffentlichen und privaten Krankenhäusern. Vgl. lögd NRW, 2002, S. 35.

*entsprechende diagnostische und therapeutische Möglichkeiten verfügen und nach wissenschaftlich anerkannten Methoden arbeiten, mit Hilfe von jederzeit verfügbarem ärztlichem, Pflege-, Funktions- und medizinisch-technischen Personal darauf eingerichtet sind, vorwiegend durch ärztliche und pflegerische Hilfeleistung Krankheiten der Patienten zu erkennen, zu heilen, ihre Verschlimmerung zu verhüten, Krankheitsbeschwerden zu lindern oder Geburtshilfe zu leisten, und in denen die Patienten untergebracht und verpflegt werden können."
Kernaufgabe der Krankenhäuser ist es demnach, den Gesundheitszustand ihrer Patienten zu verbessern oder eine Verschlechterung zu verhindern.*[13]

Der stationäre Krankenhaussektor lässt sich in Deutschland weiter in die drei Bereiche „Vorsorge- und Rehabilitationszentren", „Krankenhäuser" sowie „Pflegeeinrichtungen" unterteilen. Für Krankenhäuser findet außerdem die Bezeichnung Akutkrankenhäuser Verwendung, um sie von den anderen Einrichtungen des stationären Sektors abzugrenzen.[14]

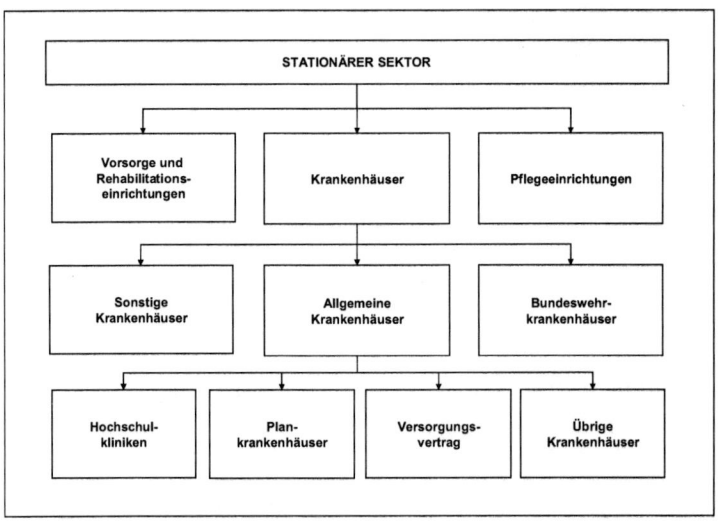

Abbildung 2-1: **Unterteilung des stationären Sektors in Deutschland**[15]

Vorsorgeeinrichtungen dienen dazu, Patienten, die an einer Schwächung ihres Gesundheitszustandes leiden und die in Zukunft zu einer Krankheit führen könnte, zu heilen. Aufgabe der Nachsorge- oder Rehabilitationseinrichtungen ist es, den im Krankenhaus erzielten Behandlungserfolg zu sichern und zu festigen.[16]

---

[13] Vgl. Hurlebaus, 2004, S. 18 f.
[14] Vgl. Hurlebaus, 2004, S. 19.
[15] Vgl. Statistische Bundesamt, 2005, o.S.
[16] Vgl. Fries, 2003, S. 11.

Bei Rehabilitations- und Pflegeeinrichtungen steht die Behandlung akuter Krankheitsbeschwerden durch ärztliche Leistungen nicht im Vordergrund.

Die als Krankenhäuser bezeichneten Einrichtungen können weiter in die Bereiche „Sonstige Krankenhäuser", „Allgemeine Krankenhäuser" und „Bundeswehrkrankenhäuser" unterteilt werden. Unter dem Begriff „Sonstige Krankenhäuser" sind ausschließlich Häuser mit psychiatrischen und neurologischen Betten sowie reine Tages- oder Nachtkliniken zusammengefasst.[17] Bundeswehrkrankenhäuser sind zivil-militärische Einrichtungen im Geschäftsbereich des Bundesministeriums der Verteidigung und dienen in erster Linie der Versorgung von Bundeswehrangehörigen. Allgemeine Krankenhäuser sind Krankenhäuser, die über Betten in vollstationären Fachabteilungen verfügen und diese nicht nur für psychiatrische oder neurologische Patienten vorhalten. Allgemeine Krankenhäuser lassen sich je nach Art ihrer Zulassung in Hochschulkliniken im Sinne des Hochschulbauförderungsgesetzes, Plankrankenhäuser im Sinne des Krankenhausplans eines Bundeslandes, Vertragskrankenhäuser im Sinne eines Versorgungsvertrages mit den Krankenkassen und übrige Krankenhäuser im Sinne der nicht nach § 108 SGB V zugelassenen Krankenhäuser einteilen.[18]

Im Mittelpunkt dieser Arbeit stehen die in der Abbildung 2-1 als „Krankenhäuser" bezeichneten Einrichtungen. Die im weiteren Verlauf getätigten Aussagen zum Krankenhausbereich beziehen sich, falls keine andere Spezifizierung vorgenommen wird, auf die „Krankenhäuser".[19]

2.1.2 Trägerformen und Versorgungsstufen

Eine weitere Einteilung der Allgemeinen Krankenhäuser kann nach Art der Trägerschaft erfolgen. Zu den öffentlichen Krankenhäusern zählen Einrichtungen, die von Gebietskörperschaften (Bund, Land, Bezirk, Kreis, Gemeinde) oder von Zusammenschlüssen solcher Körperschaften betrieben werden.[20] In öffentlicher Trägerschaft waren im Jahr 2005 rund 35 Prozent der „Allgemeinen Krankenhäuser". Unter den freigemeinnützigen Krankenhäusern sind Einrichtungen zu verstehen, deren Betrieb durch Träger der kirchlichen und freien Wohlfahrtspflege erfolgt. Im Jahr 2005 konnten dieser Trägerschaft 38 Prozent aller Allgemeinen Krankenhäuser zugeordnet werden. Als dritte Art der Trägerschaft gibt es private Einrichtungen. Diese unterliegen als gewerbliche Unternehmen

---

[17] Vgl. Statistische Bundesamt, 2005, o.S.
[18] Vgl. Statistische Bundesamt, 2005, o.S.
[19] Anstelle des Begriffs „Krankenhaus" wird in dieser Arbeit z.T. der Begriff „Klinik" synonym verwendet.
[20] Vgl. Statistische Bundesamt, 2005, o.S.

einer Konzession nach § 30 der Gewerbeordnung. In privater Hand befanden sich im Jahr 2005 rund 27 Prozent aller Allgemeinen Krankenhäuser.[21]

Der Trägertyp eines Krankenhauses lässt Rückschlüsse darauf zu, ob in dem Krankenhaus erwerbs- oder bedarfswirtschaftlich ausgerichtete Zielsysteme existieren. Erwerbswirtschaftlich ausgerichtete Unternehmungen dienen der Deckung eines fremden Bedarfs zur Erzielung eines Gewinns, während bedarfswirtschaftlich ausgerichtete Unternehmungen lediglich an der Deckung eines fremden Leistungsbedarfs orientiert sind.[22] Krankenhäuser in öffentlicher oder freigemeinnütziger Trägerschaft sind als bedarfswirtschaftlich ausgerichtete Unternehmungen einzustufen. Krankenhäuser in privater Trägerschaft zeichnen sich durch erwerbswirtschaftliche Zielsysteme aus.

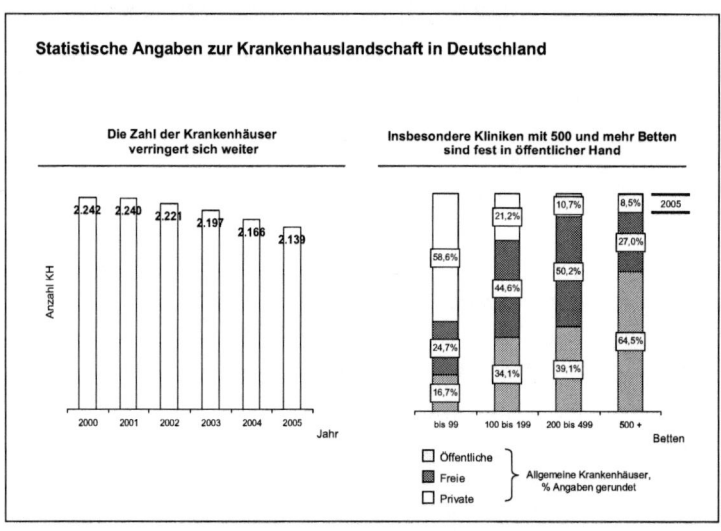

Abbildung 2-2: Eckdaten der Krankenhäuser[23]

Ein weiteres Unterscheidungsmerkmal der Allgemeinen Krankenhäuser ist die Versorgungsstufe. Eine Einteilung der Krankenhäuser in eine Versorgungsstufe erfolgt in der Regel nur bei Krankenhäusern, die über einen Versorgungsauftrag verfügen. Verfügt ein Krankenhaus über einen Versorgungsauftrag, so ist dieses zur Behandlung von gesetzlich versicherten Patienten zugelassen.[24]

---

[21] Vgl. DKG, 2007, o.S.
[22] Vgl. Hurlebaus, 2004, S. 23.
[23] Vgl. Statistisches Bundesamt, Auswertung der Kostennachweise der Krankenhäuser der Jahre 2000 bis 2005.
[24] Vgl. Hurlebaus, 2004, S. 20 f.

Ausgehend von dem Versorgungsauftrag ist eine Unterscheidung zwischen Krankenhäusern mit verschiedenen Grundprinzipien des Versorgungsauftrages und der Versorgungsstufe möglich. Krankenhäuser ohne Versorgungsauftrag sind in Abbildung 2-1 als „Übrige Krankenhäuser" bezeichnet. Krankenhäuser, die über einen Versorgungsauftrag verfügen, können weiter in Plankrankenhäuser, Hochschulkliniken und sonstige Krankenhäuser mit Versorgungsauftrag unterteilt werden. Abgeleitet aus den Krankenhausplänen der Bundesländer lassen sich Plankrankenhäuser in die Versorgungsstufen Grundversorgung, Regelversorgung, Schwerpunktversorgung sowie Zentral- beziehungsweise Maximalversorgung unterteilen.

Krankenhäuser der Grundversorgung sind in der Regel dafür eingeplant, Leistungen im Bereich der Inneren Medizin, der Chirurgie, der Gynäkologie sowie der Geburtshilfe vorzuhalten. Krankenhäuser dieser Versorgungsstufe verfügen über ca. 200 Betten, und es erfolgt eine Versorgung von leichten Behandlungsfällen innerhalb der drei Grunddisziplinen. Über rund 400 Betten verfügen die Krankenhäuser der Regelversorgung, in denen neben den Fachabteilungen der Grundversorgung Abteilungen für Hals-Nasen-Ohrenheilkunde sowie Augen- und Kinderheilkunde existieren. Neben leichten Behandlungsfällen eignen sich Einrichtungen der Regelversorgung somit auch zur Versorgung mittelschwerer Fälle. Krankenhäuser der Schwerpunktversorgung verfügen über ein noch weiter ausgebautes medizinisches Leistungs- und Versorgungszentrum. Mit mehr als 700 Betten verfügen Krankenhäuser der Maximalversorgung über sämtliche Arten von Fachabteilungen, die es ermöglichen, hochdifferenzierte und spezialisierte Behandlungsleistungen zu erbringen. Universitätskliniken sind in der Regel Krankenhäuser, die der Maximalversorgung entsprechen. Neben dem Versorgungsauftrag existiert bei diesen ein umfassender Forschungs- und Lehrauftrag.[25]

2.1.3 Relevante Gesetzgebung

Insgesamt ist die deutsche Krankenhauslandschaft einer starken Regulierung unterworfen.[26] Zu den relevanten Rechtsgrundlagen im Krankenhaussektor sind das bereits erwähnte SGB, das Krankenhausfinanzierungsgesetz (KHG) und das Gesetz zur Einführung Diagnose-orientierter Fallpauschalen für Krankenhäuser, kurz FPG, zu nennen.

Im SGB V finden sich insbesondere Regelungen, die auf das Verhältnis zwischen den beteiligten Parteien im Gesundheitssektor eingehen (Krankenhäuser, Krankenkassen etc.). In § 108 SGB V ist definiert, wann es den Krankenkassen erlaubt ist, eine Behandlung durch Krankenhäuser erbringen zu lassen. Demnach

---

[25] Vgl. Hurlebaus, 2004, S. 20 f.
[26] Vgl. Fries, 2003, S.17 f.

muss es sich bei dem Krankenhaus entweder um eine Hochschulklinik im Sinne des Hochschulbauförderungsgesetzes handeln oder um ein Krankenhaus, das in den Krankenhausplan eines Bundeslandes aufgenommen ist, oder es besteht ein Versorgungsvertrag mit den Landesverbänden der Krankenkassen und den Verbänden der Ersatzkassen.

Nach § 109 Abs. 1 SGB V besteht bei der Erbringung von Leistungen in Hochschulkliniken und Plankrankenhäusern ein Kontrahierungszwang zum Abschluss eines Versorgungsvertrages mit dem jeweiligen Krankenhaus. Faktisch bedeutet dies, dass zwischen allen gesetzlichen Krankenkassen und allen Hochschulkliniken und Plankrankenhäusern ein Versorgungsvertrag besteht. Möglichkeiten zur Kündigung dieser Verträge sind nur unter besonderen Umständen möglich, die im § 110 SGB V geregelt sind.

Zweck des KHG ist gemäß § 1 Abs. 1 KHG die wirtschaftliche Sicherung der Krankenhäuser, um eine bedarfsgerechte Versorgung der Bevölkerung mit leistungsfähigen, eigenverantwortlich wirtschaftenden Krankenhäusern zu gewährleisten und zu sozial tragbaren Pflegesätzen beizutragen. Aus § 4 KHG resultiert die duale Krankenhausfinanzierung. Demnach sind die Betriebskosten der Krankenhäuser über entsprechende Entgelte (Fallpauschalen) von den Krankenversicherungen und die Investitionskosten von den Ländern bereitzustellen. Nach § 8 KHG haben nur solche Krankenhäuser einen Anspruch auf Förderung, die Bestandteil eines Krankenhausplanes sind. Das FPG gilt als wichtigstes gesetzgeberisches Werk für die Umsetzung der DRG-basierten Vergütung und dient unter anderem dazu, die Vorgaben des Gesetzgebers aus § 17b KHG (Einführung eines Fallpauschalensystems auf Basis der DRGs) zu präzisieren.[27]

2.1.4 Finanzierung und Vergütung

Die Krankenhausfinanzierung ist in Deutschland eng an das Prinzip der Krankenhausplanung gekoppelt, welches im Folgenden einführend skizziert wird. Nach § 6 Abs. 1 KHG sind die Bundesländer unter Berücksichtigung der Auswirkungen auf die Pflegesätze[28] dazu verpflichtet, einen Krankenhausplan mit entsprechenden Investitionsförderungsprogrammen aufzustellen.[29]

Die Krankenhausfinanzierung dient dazu, für die in den Krankenhausplan aufgenommenen Krankenhäuser die wirtschaftliche Sicherung durch Übernahme der Investitionskosten aus öffentlichen Mitteln und die Übernahme der Betriebskosten über Erlöse von den Krankenkassen zu gewährleisten.[30] Die Vertei-

---

[27] Vgl. Lüngen, Lauterbach, 2003, S. 17.
[28] Pflegesätze sind durch Fallpauschalen ersetzt worden.
[29] Vgl. Goedereis, 1999, S. 117.
[30] Vgl. Wiemeyer, 1984, S. 80 f.

lung der Investitionsfördermittel hat nach § 1 Abs. 2 KHG unabhängig von der Trägerschaft (öffentlich, freigemeinnützig, privat) zu erfolgen. Die Investitionsförderungen stehen dabei im Sinne des Krankenhausfinanzierungsgesetzes zum einen für Kosten der Errichtung von Krankenhäusern und der Anschaffung der zum Krankenhaus gehörenden Wirtschaftsgüter zur Verfügung (ausgenommen Verbrauchsgüter). Zum anderen findet eine Verwendung der Investitionsförderungen für die Wiederbeschaffung von Gütern der zum Krankenhaus gehörenden Anlagevermögen statt.

Die Vergütung der stationären Leistungen der Krankenhäuser erfolgt schrittweise seit 2003 über ein Diagnosis Related Groups (DRG)-basiertes Fallpauschalensystem. Bis 1993 war das Selbstkostendeckungsprinzip quasi eine Art Bestandssicherung für die Krankenhäuser.[31] Daraus ergab sich der Anspruch der Krankenhäuser, dass ihre vorauskalkulierten Selbstkosten bei wirtschaftlicher Betriebsführung vollständig aus öffentlichen Fördermitteln sowie den Pflegesätzen gedeckt wurden. Dies führte dazu, dass jedes Haus über unterschiedliche tagesgleiche Pflegesätze verfügte. Gleichzeitig wurden effizienten Denkstrukturen jegliche Grundlage entzogen, da ein mögliches Krankenhausdefizit durch eine entsprechende Anpassung des Pflegesatzes ausgeglichen wurde. Mit Inkrafttreten des Gesundheitsstrukturgesetzes (GSG) und der Bundespflegesatzverordnung wurde ein Mischsystem implementiert, das neben Tagespflegesätzen Fallpauschalen und Sonderentgelte berücksichtigte. Durch die GKV-Gesundheitsreform 2000 erhielte die Selbstverwaltung der Krankenkassen den Auftrag, ein DRG-basiertes, leistungsorientiertes und pauschalisiertes Vergütungssystem einzuführen. Die rechtliche Grundlage dazu wurde in dem „Gesetz zur Einführung des diagnoseorientierten Fallpauschalensystems" vom April 2002 verankert. Das System der DRG wurde an der amerikanischen Yale-Universität entwickelt und erstmals Anfang der 1980er-Jahre in US-amerikanischen Krankenhäusern eingesetzt. Grundlage für die Entwicklung des DRG-Systems war die Erkenntnis, dass 80 Prozent aller Krankheiten mit ähnlichen Mitteln therapiert werden können und dass die Aufenthaltsdauer der Patienten im internationalen Vergleich von Land zu Land sehr stark variiert.[32]

Sämtliche voll- und teilstationären Krankenhausleistungen sind im deutschen DRG-System über ein pauschaliertes Entgelt abzurechnen.[33] Jeder DRG ist ein Kostengewicht in Form eines Punktwertes (Abrechnungseinheit) zugeordnet. Dieses Kostengewicht wird durch einen vierstufigen Prozess hergeleitet und berechnet sich letztendlich durch das Dividieren der durchschnittlichen Fallkosten einer bestimmten DRG mit den durchschnittlichen Fallkosten aller Krankenhäuser. Das Entgelt für das Krankenhaus ergibt sich durch die Multiplikation DRG-

---

[31] Vgl. AOK, 2007, o.S.
[32] Vgl. Mühlbauer, Geisen, 2002, S. 1 f.
[33] Vgl. Vera, Lüngen, 2002, S. 639.

individueller Kostengewichte mit dem Basisfallwert des Bundeslandes. Entsprechend dem Behandlungsfall können weitere Zu- oder Abschläge erfolgen, wodurch sich der Erlös für das Krankenhaus erhöht oder verringert. Grundlage für die Höhe der Vergütung ist somit nicht mehr die Verweildauer des Patienten im Krankenhaus, sondern die Art der Erkrankung und die erforderliche Behandlung.[34]

Es ist davon auszugehen, dass die DRG-Einführung zentrale Auswirkungen auf die Organisation der Krankenhäuser hat. Die Abschaffung der Pflegesätze und die damit verbundene Möglichkeit, über eine längere Verweildauer der Patienten zusätzliche Erlöse zu erwirtschaften, führt zu einem erhöhten Verlustrisiko auf Seiten der Krankenhäuser. Vor dem Hintergrund der Finanzknappheit der öffentlichen Hand und der Überkapazitäten innerhalb des Krankenhausmarktes ist in der Folge mit einer erheblichen Verschärfung des Wettbewerbs im Krankenhaussektor zu rechnen. Darüber hinaus wird die DRG-Einführung aufgrund der damit verbundenen pauschalisierten Vergütung des kompletten Behandlungsfalls dazu führen, dass innerhalb der Krankenhäuser die Notwendigkeit zu einer effizienteren Gestaltung der Leistungsprozesse einen höheren Stellenwert einnimmt.[35]

2.1.5 Kostenstrukturen

Eine jährliche Ausweisung der Kosten[36] der Krankenhäuser erfolgt durch die vom Statistischen Bundesamt veröffentlichten Kostennachweise der Krankenhäuser. Im Jahr 2005 betrugen die Gesamtkosten der Krankenhäuser rund 63,9 Mrd.[37] Euro. Die Kosten der Krankenhäuser lassen sich weiterhin in die beiden großen Kostenblöcke Personalausgaben und Sachausgaben unterteilen.

Die Personalkosten umfassen alle Kosten, die den Krankhäusern durch die Beschäftigung von ärztlichem und nicht-ärztlichem Personal entstehen. 2005 fielen rund 66 Prozent der Krankenhauskosten in diesem Bereich an. Weitere 34 Prozent entfielen auf den Bereich der Sachkosten, zu denen Kosten für Lebensmittel, medizinischen Bedarf oder Betriebsstoffen gehören. Im Jahr 2005 entfielen rund 60 Prozent der Kosten auf Krankenhäuser in öffentlicher Trägerschaft, 30

---

[34] Vgl. Mühlbauer, Geisen, 2002, S. 27 f.
[35] Vgl. Kuntz, Vera, 2005, S 597.
[36] Bei dem Vergleich der Gesamtausgaben im Krankenhaussektor über einen längeren Zeitraum (beispielsweise der letzten acht Jahre) ist anzumerken, dass seit 2002 wieder die Brutto-Gesamtkosten der Krankenhäuser erhoben und aufgeführt werden. Bei der Erhebungsmethode nach dem Bruttoprinzip werden sowohl die Kosten für stationäre als auch für nicht stationäre Leistungen (beispielsweise Ambulanz, Forschung und Lehre, wahlärztliche Leistungen) ermittelt. Aufgrund der unterschiedlichen Kostenermittlungsprinzipien ist kein Vergleich einzelner Kostenarten möglich. Ein Vergleich ist nur möglich, wenn den Berichtsjahren das gleiche Kostenermittlungsprinzip zugrunde liegt. Vgl. Statistische Bundesamt, 2007.
[37] Ohne Kosten der Ausbildungsstätten, vgl. Statistische Bundesamt, 2007.

Prozent der Kosten auf Häuser in freigemeinnütziger Trägerschaft und lediglich 10 Prozent der Kosten auf Häuser in privater Trägerschaft.[38] In dieser Arbeit ist eine weitere Unterteilung der Krankenhauskosten durchgeführt worden.

Dabei sind die Krankenhausausgaben[39] in Kosten unterteilt worden, die in Primär- und Sekundärleistungsbereichen angefallen sind.[40] Eine entsprechende Zuordnung für den Personalkostenbereich ist exemplarisch Abbildung 2-3 zu entnehmen.

Die einzelnen Funktionsbereiche lassen sich dem Primärleistungs- und Sekundärleistungsbereich zuordnen

Funktionsbereich (Kostenart)	Beschreibung	Zuordnung
Ärztlicher Dienst	Alle Ärzte (seit 1996 einschließlich Ärzte im Praktikum, soweit diese auf die Besetzung im ärztlichen Dienst angerechnet werden). Famuli werden unter der Position 'Sonstiges Personal' nachgewiesen.	Primärleistung Sekundärleistung
Pflegedienst	Pflegedienstleitung, Pflege- und Pflegehilfspersonal im stationären Bereich (Dienst am Krankenbett). Dazu gehören auch Pflegekräfte in Intensivpflege und -behandlungseinrichtungen sowie Dialysestationen; ferner Schüler und Stationssekretärinnen, soweit diese auf die Besetzung der Stationen mit Pflegepersonal angerechnet werden.	Primärleistung
Funktionsdienst	Krankenpflegepersonal für den Operationsdienst, die Anästhesie, in der Ambulanz und in Polikliniken: Hebammen und Entbindungshelfer, Beschäftigungs-, Arbeits-, Ergotherapeuten, Krankentransportdienst.	Primärleistung Sekundärleistung
Medizinisch technischer Dienst	Dem 'Medizinisch-technischen Dienst' werden u.a. zugerechnet: Apothekenpersonal, Chemiker, Diätassistenten, Krankengymnasten, Physiotherapeuten, Logopäden, Masseure, Medizinisch-technische Assistenten, Psychologen, Schreibkräfte im ärztlichen und medizinisch-technischen Bereich, Sozialarbeiter.	Primärleistung Sekundärleistung
Klinisches Hauspersonal	Haus- und Reinigungspersonal der Kliniken und Stationen.	Sekundärleistung
Wirtschafts- und Versorgungsdienst	Als 'Wirtschafts- und Versorgungsdienst' werden u.a. bezeichnet: Desinfektion, Handwerker und Hausmeister, Küchen und Diätküchen (einschl. Ernährungsberaterinnen), Wirtschaftsbetriebe (z.B. Metzgereien und Gärtnereien), Wäscherei etc.	Sekundärleistung
Technischer Dienst	Personal, das u.a. in den folgenden Bereichen bzw. mit folgenden Funktionen eingesetzt wird: Betriebsingenieure, Einrichtungen zur Versorgung mit Heizwärme, Warm- und Kaltwasser, Frischluft, medizinischen Gasen, Strom, Instandhaltung, z.B. Maler, Tapezierer und sonstige Handwerker.	Sekundärleistung
Verwaltungsdienst	Personal der engeren und weiteren Verwaltung, der Registratur, ferner der technischen Verwaltung, sofern nicht beim 'Wirtschafts- und Versorgungsdienst' erfasst, z.B.: Aufnahme- und Pflegekostenabteilung, Bewachungspersonal, Botendienste (Postdienst), Kasse und Buchhaltung, Pförtner, Statistische Abteilung, Telefonisten, Verwaltungsschreibkräfte.	Sekundärleistung
Sonstiges Personal	Unter 'Sonstigem Personal' werden nachgewiesen: Famuli, Schüler soweit diese auf die Besetzung der Stationen mit Pflegepersonal nicht angerechnet werden: Vorschülerinnen, Praktikantinnen und Praktikanten jeglicher Art, soweit sie nicht auf den Stellenplan einzelner Dienstarten angerechnet werden.	Primärleistung Sekundärleistung

Abbildung 2-3: Zuordnung der Personalkosten zum Primär- und Sekundärleistungsbereich[41]

Die kostenmäßige Erfassung auf Basis der oben erwähnten Zuordnung zeigt, dass allein in 2005 rund 24,2 Mrd. Euro in Sekundärleistungsbereichen angefallen sind.[42] Dies entspricht einem Anteil von rund 37 Prozent an den Gesamtaus-

---

[38] Vgl. Bölt, 2006, S. 298.
[39] Krankenhausausgaben beziehen sich hier auf Personal- und Sachkosten.
[40] Unter dem Begriff der Primärleistungen sind hier Leistungen zu verstehen, die originär am Patienten erbracht werden. Bei Krankenhäusern handelt es sich dabei um die Behandlung der Patienten. Sekundärleistungen umfassen Leistungen, die nicht originär am Patienten erbracht werden, sondern die Erstellung der Primärleistungen unterstützen. Sie werden im weiteren Fortgang dieser Arbeit in patientennahe und patientenferne Sekundärleistungen unterteilt. Zur Begriffsbestimmung und Abgrenzung siehe ausführlich Kapitel 2.2.3 dieser Arbeit.
[41] Die Beschreibung der Funktionsbereiche basiert auf Angaben des Statistischen Bundesamtes, vgl. Statistische Bundesamt, 2007, o.S.
[42] Basis ist die in Abbildung 2-3 durchgeführte Zuordnung unter Berücksichtigung der jeweiligen Sachkosten. Folgende Arten können dem Sachkostenbereich zugeordnet werden: Lebensmittel und bezogene Leistungen, medizinischer Laborbedarf, Wasser, Energie, Brennstoffe, Gebrauchsgüter,

gaben der Krankenhäuser. Damit bilden die Kosten für Sekundärleistungen einen erheblichen Anteil an den Gesamtkosten im Krankenhaussektor.

> **Krankenhäuser haben in 2005 rund 24 Mrd. Euro für Sekundärleistungen ausgegeben – dies entspricht einem Ausgabenanteil von über 30 Prozent**
>
> *Entwicklung der Ausgaben der Krankenhäuser**
>
> *Entwicklung und Zusammensetzung der Ausgaben in Sekundärleistungsbereichen**
>
> ■ Sekundärleistungsbereich ■ Sachausgaben
> □ Primärleistungsbereich   □ Personalausgaben
>
> * unterschiedliche Erhebungsmethode für die Jahre 2000 - 2001

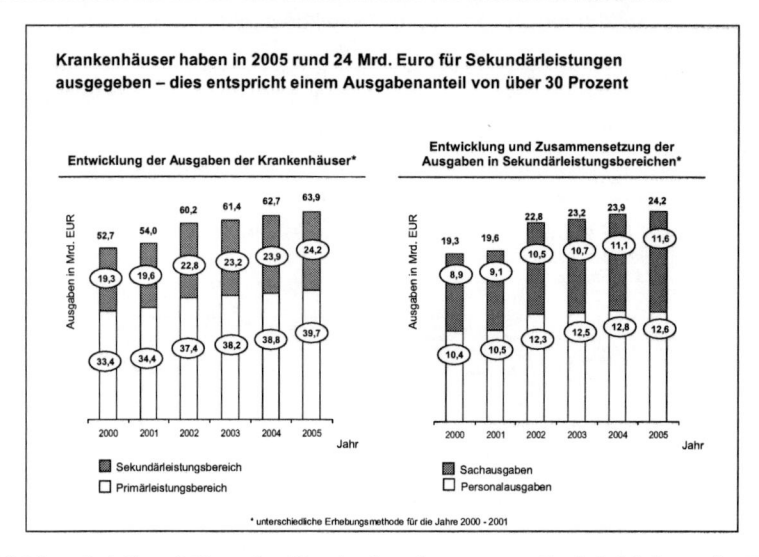

Abbildung 2-4: Entwicklung der Krankenhauskosten unter Berücksichtigung der Primär- und Sekundärleistungsbereiche[43]

2.2 Interne Rahmenbedingungen

2.2.1 Vision, Leitbild und Strategie im Krankenhaus

Der Begriff der Vision ist von unbestimmten Begriffsdefinitionen geprägt. Grundsätzlich stellt eine Vision das Abbild einer zukünftigen Wirklichkeit dar, die versucht wird zu erreichen.[44] Die Vision beschreibt das Ergebnis eines Entwicklungs- oder Veränderungsprozesses über einen bestimmten Zeitraum hinweg.[45] In der Literatur sind vier grundlegende Erfolgskriterien von Visionen genannt: Erfolgreiche Visionen sollten demnach richtungweisend, Ansporn ge-

---

pflegesatzfähige Instandhaltung, Wirtschaftsbedarf, Verwaltungsbedarf, zentrale Gemeinschaftsdienste, wiederbeschaffte Gebrauchsgüter, Sonstiges.
[43] Eigene Berechnungen auf Basis der Kostennachweise der Krankenhäuser des Statistischen Bundesamtes der Jahre 2000 bis 2005. Bei einem Vergleich der Jahre sind die unterschiedlichen Erhebungsmethoden zu beachten.
[44] Vgl. Coenenberg, Salfeld, 2003, S. 19 f.
[45] Ausführlicher zur Thematik von Mission, Vision, Werten und Strategie siehe Töpfer, 2006b, S. 46 ff. Töpfer zeigt die Entwicklung strategischer Leitlinien und Konzepte für Ziel-Maßnahmen-Pfade auf.

bend, plausibel und prägnant sein.[46] Auf Basis der Vision identifizieren sich Mitarbeiter mit ihrem Unternehmen.

Eng mit der Vision verbunden ist die Mission. Im Gegensatz zu der Vision richtet sie sich nicht hauptsächlich an die Mitarbeiter, sondern in erster Linie an die Kunden, daher im Krankenhausumfeld an die Patienten. Darüber hinaus hat sie Auswirkungen auf die eigenen Mitarbeiter und gegebenenfalls auf Förderer des Krankenhauses. Insbesondere bei öffentlichen Einrichtungen, die unter Umständen auf externe Unterstützung wie beispielsweise Spendengelder angewiesen sind, darf die Rolle einer Mission nicht unberücksichtigt bleiben, da im Rahmen des „Mission Statements" Aussagen über Zweck und Auftrag des Unternehmens getätigt werden. Im „Mission Statement" wird somit in prägnanter Form dargelegt, warum die Organisation existiert. Oster nennt drei potenzielle Funktionen des „Mission Statements": *"Mission statements serve boundary functions, act to motivate both staff and donors, and help in the process of evaluation of the organization."*[47] Weiter merkt er an: *"All three stakeholders in the non-profit – the donor, the staff, and the client – are affected by the mission statement."*[48]

Das Leitbild eines Krankenhauses ist wiederum mit den Inhalten aus Vision und Mission verknüpft.[49] In dem Leitbild finden sich Aussagen zu der Vision sowie den vertretenen Werten und Normen des Krankenhauses.[50] Die im Leitbild formulierten Leitlinien und Verfahrensprinzipien stellen den Handlungsspielraum dar und definieren den Korridor unternehmerischer Gestaltung. In diesem Zusammenhang gehört es zu den zentralen Aufgaben des Krankenhausmanagements, die Entwicklung der Krankenhauskultur über ein Leitbild voranzutreiben. Damit gibt das Leitbild eine gemeinsame Basis für die Arbeit im Krankenhaus an und fördert die Identifikation der Mitarbeiter mit dem Krankenhaus.[51]

Insgesamt sind drei Grundfunktionen eines Leitbildes im Krankenhaus aufzuzeigen:[52] Erstens die Verankerung von Bewusstseins- und Einstellungsmustern durch den internen Kulturdialog, zweitens die Umsetzung von strategischen Zielen und Werten durch Organisations- und Personalentwicklungsprogramme sowie drittens der Aufbau eines einheitlichen Images. Damit dient das Leitbild ebenfalls zur Festlegung der Ziele und Strategien eines Krankenhauses.*„Ziele beschreiben einen Sollzustand, der von den Entscheidungsträgern einer Organi-*

---

[46] Vgl. Coenenberg, Salfeld, 2003, S. 23 f.
[47] Oster, 1995, S. 22.
[48] Oster, 1995, S. 23.
[49] Ausführlicher zu den Beziehungen zwischen Mission, Vision und Leitbild vgl. Töpfer, 2006b, S. 47.
[50] Vgl. Lemm, 2003, S. 18.
[51] Ausführlicher zur Funktion eines Leitbildes im Krankenhaus vgl. Ehrhardt, Röhrßen, 1996, S. 60 ff.
[52] Zur weiteren Beschreibung der drei Grundfunktionen eines Leitbildes siehe Ehrhardt, Röhrßen, 1996, S. 63 f.

sation als wünschenswert angesehen wird."[53] Die Ziele eines Krankenhauses sind nach Eichhorn in verschiedene Gruppen zu unterteilen.[54] Das Hauptziel eines Krankenhauses ist demnach die Deckung des Bedarfs der Bevölkerung an voll- und semistationären Krankenhausleistungen. Es findet eine Ergänzung dieses Hauptziels durch Nebenziele statt. Zu den Nebenzielen gehört die Sicherung der Arbeitszufriedenheit des Krankenhauspersonals, die medizinische Forschung oder die Erzielung von Einkünften.[55] Des Weiteren können in Krankenhäusern entsprechend der betrieblichen Teilaufgaben Zwischenziele existieren, die als Zielelemente der Haupt- und Nebenziele einzustufen sind. Diese bestehen aus dem Leistungserstellungsziel, dem Bedarfsdeckungsziel, dem Personalwirtschaftsziel, dem Finanzwirtschaftsziel, dem Angebotswirtschaftsziel sowie dem Autonomie- und Integrationsziel.[56]

Im Fokus der betrieblichen Leistungserstellung steht das Leistungserstellungsziel. Innerhalb des Leistungserstellungsziels erfolgt neben der Gestaltung und dem Ablauf des Leistungsprozesses eine Definition von Art, Zahl und Qualität der Leistungen. Ein weiteres zentrales Ziel ist das Personalwirtschaftsziel. Es bezieht sich auf die Sicherung des quantitativen und qualitativen Potenzials an Arbeitsleistungen. Im Rahmen des Finanzwirtschaftsziels findet eine Festlegung von Bedingungen der kurz-, mittel- und langfristigen Finanzierung statt. Abhängig von der Art der Trägerschaft sind hier Vorgaben zu den angestrebten Kosten, dem Gewinn und der Rentabilität zu finden. Das Angebotswirtschaftsziel umfasst in erster Linie Vorgaben hinsichtlich des Kontaktes und der Information von Stakeholdern[57] des Krankenhauses. Als weitere Zielkomponente wird das Autonomie- und Integrationsziel aufgeführt. Diese Zielkomponente definiert unter anderem den Grad der Unabhängigkeit gegenüber Einflussnahmen Dritter, insbesondere von Seiten des Staates.[58]

Die Zielsetzung einer Unternehmung ist wiederum relevant für die Strategie, da es sich bei einer Strategie immer um einen Ziel-Maßnahmen-Pfad handelt. Die Strategie ist ein Plan zur Realisierung langfristiger Ziele, die der Erzielung von

---

[53] Heinzl, Güttler, Paulussen, 2001, S. 23.
[54] Siehe ausführlicher zum Zielsystem des Krankenhauses Eichhorn, 1967, S. 213 ff.
[55] Vgl. Eichhorn, Lampert, 1988, S. 53.
[56] Die Erreichung dieser Ziele müssen immer vor dem Hintergrund des Wirtschaftlichkeitsprinzips betrachtet werden. Denn würden die oben genannten Ziele alleinige Basis des rationalen Handelns sein, bestünde die Gefahr, dass die dem Krankenhaus zur Verfügung stehenden Mittel nicht zweckdienlich verwendet werden. Unter dem Aspekt der im ersten Teil dieses Kapitels dargelegten Ausgabenentwicklung ist zu berücksichtigen, dass die quantitativ und qualitativ festgelegten Leistungen mit einem Minimum an Personaleinsatz, Sachgütern und Betriebsmitteln durchgeführt werden. Vgl. Naegler, 1992, S. 17.
[57] Stakeholder eines Krankenhauses sind beispielsweise: Krankenhausträger, Medien, Krankenkassen, Staat, Verbände, Initiativen, Patienten, Parteien, Mitarbeiter, Lieferanten, Wettbewerber, niedergelassene Ärzte, Universitäten. Vgl. Körfer, 2001, S. 19.
[58] Vgl. Eichhorn, Lampert, 1988, S. 55 ff.

Wettbewerbsvorteile dienen.[59] Vereinfacht ausgedrückt sind die Ziele der Strategien von Krankenhäusern häufig, „besser und kostengünstiger zu sein als die anderen".[60] Dies spiegelt sich auch in einer Befragung von Krankenhäusern hinsichtlich der von ihnen verwendeten Strategietypen wider. 56 Prozent der Krankenhäuser haben konkrete Zielsetzungen genannt, die auf die Strategie des Kostenmanagements schließen lassen. Mit 36 Prozent und damit am zweithäufigsten wurden Zielsetzungen genannt, die mit der Strategie des Qualitätsmanagements in Verbindung stehen.[61]

Die Ergebnisse dieser Befragung unterstreichen die Bedeutung des Kostenmanagements durch Personaleinsparungen sowie der Rationalisierung oder Auslagerung von Leistungsprozessen. Dies spiegelt eine Reaktion auf die in der Einleitung dieser Arbeit bereits aufgeführten sich verändernden Rahmenbedingungen wider.

2.2.2 Organisation

2.2.2.1 Grundmodelle der Organisation

Innerhalb der deutschen Organisationslehre wird trennscharf zwischen Aufbau- und Ablauforganisation unterschieden.[62] Die Aufbauorganisation unterteilt das Unternehmen unter funktionalen, d.h. aufgabenbezogenen Gesichtspunkten in Subsysteme und stellt deren Koordination durch Leitungs-, Informations- und Kommunikationsbeziehungen sicher.[63] Die Ablauforganisation bezieht sich auf die zielgerichtete, koordinierte Strukturierung und Durchführung der Aufgaben im Rahmen der Leistungserstellung.[64] Dabei ist die Berücksichtigung der sachlogischen, zeitlich-räumlichen und personellen Zusammenhänge von besonderer Bedeutung.[65] In den Mittelpunkt der Ablauforganisation rücken Unterneh-

---

[59] Vgl. Töpfer, 2006b, S. 50 f.
[60] Vgl. Töpfer, 2006b, S. 52.
[61] Vgl. Heinzl, Güttler, Paulussen, 2001, S. 25. Insgesamt wurden in der Studie 95 Aufgabenträger und Leitungsfunktionen in Krankenhäusern angeschrieben. Mit 32 Personen wurde ein strukturiertes zweistündiges Interview geführt. Schematische Erklärung der verwendeten Strategietypen: Unter den Strategietyp Kostenmanagement fallen beispielsweise Maßnahmen zur Personaleinsparung oder die Auslagerung von Leistungsprozessen. Der Bereich Qualitätsmanagement umfasst beispielsweise die Neubesetzung in vorhandenen medizinischen Bereichen, die Investition in neue moderne medizinische Apparaturen, Qualitätszirkel oder Programme zur Steigerung der Patientenzufriedenheit. Maßnahmen bzgl. der Eröffnung neuer Stationen und die Einführung neuer Behandlungsmethoden werden dem Strategietyp „Verbreiterung des medizinischen Leistungsspektrums" zugeordnet. Unter den Strategietyp Vermarktung und Ausgliederung bestimmter Leistungsfunktionen kann die Einführung öffentlicher Hotelrestaurants, die mobile Versorgung mit Essen oder Franchisekonzepte im Pflegebereich verstanden werden.
[62] Vgl. Laux, Liermann, 2005, S. 179 f.
[63] Vgl. Laux, Liermann, 2005, S. 179.
[64] Vgl. Laux, Liermann, 2005, S. 180.
[65] Vgl. Kosiol, 1976, S. 32.

mensprozesse, die als Aufgabenerfüllungsfolge zu verstehen sind.[66] Somit bildet die Aufbauorganisation das statische Gerüst, mittels dessen festgelegt wird, welche Aufgaben von welchen Menschen und Sachmitteln zu erfüllen sind.

Es ist zu berücksichtigen, dass Aufbau- und Ablauforganisation nicht als zwei unterschiedliche organisationstheoretische Aspekte einzustufen sind.[67] Mittels der Aufbauorganisation wird ein Aktivitätsraum aufgespannt, der die Tätigkeiten der Organisationsmitglieder auf bestimmte Bereiche fokussieren soll. Der im Rahmen der Aufbauorganisation bestimmte Aktivitätsraum ist aber noch durch ein hohes Maß an Flexibilität in Bezug auf die Steuerung von Verrichtungen und Entscheidungen charakterisiert. Eine Feinabstimmung hinsichtlich der Verrichtungs- und Entscheidungsprozesse erfolgt auf Ebene der Ablaufplanung. Die Skizzierung macht deutlich, dass eine inhaltliche Abgrenzung zwischen Aufbau- und Ablauforganisation nur bedingt möglich ist. Es ist davon auszugehen, dass der Unterschied zwischen Aufbau- und Ablauforganisation darin besteht, dass die Aufbauorganisation in der Organisation von Unternehmen einen höheren Verankerungsgrad besitzt als ablauforganisatorische Regelungen. Im Umkehrschluss ist unter dem Gesichtspunkt der Veränderung von Organisationen festzustellen, dass eine Änderung in Bezug auf die Verrichtungs- und Entscheidungsprozesse auf Ebene der Ablauforganisation kurzfristiger umsetzbar ist, als dass eine Änderung der Aufbauorganisation möglich ist.

Hinsichtlich der Aufgabenverteilung innerhalb der Organisation stehen das Verrichtungs- und Objektprinzip im Vordergrund.[68] Bei dem Aufbau der Organisation auf Basis des Verrichtungsprinzips erfolgt eine Zusammenfassung von spezialisierten Tätigkeiten in bestimmten Organisationseinheiten. In der Praxis zeigt sich dies beispielsweise durch eine funktionale Aufteilung in die Bereiche Vertrieb oder Marketing.[69] Diese funktionale Organisation ist dadurch gekennzeichnet, dass sich die erste Organisationsebene nach der Unternehmensführung in Funktionen aufgliedert.[70] Funktionale Organisationsstrukturen existieren speziell in Unternehmen mit homogenen Produktgruppen und gelten als eine der ältesten und am weitesten verbreiteten Organisationsformen in deutschen Unternehmen.[71]

Im Gegensatz dazu zeigt sich bei einer Aufgabenverteilung, die sich auf bestimmte Objekte fokussiert wie zum Beispiel auf Produkte oder Kundengruppen,

---

[66] Vgl. Kosiol, 1976, S. 185.
[67] Zu den folgenden Ausführungen zur Aufbau- und Ablauforganisation vgl. Laux, Liermann, 2005, S. 180 ff.
[68] Vgl. Laux, Liermann, 2005, S. 181.
[69] Vgl. Laux, Liermann, 2005, S. 181.
[70] Vgl. Trill, 2000, S. 122.
[71] Vgl. Frese, 2005, S. 445.

die Herausbildung einer divisionalen Organisationsstruktur.[72] Diese wird auch als Organisationsstruktur nach dem Objektprinzip bezeichnet. In diesem Kontext ist darauf hinzuweisen, dass Organisationsstrukturen sowohl Verrichtungs- als auch Objektelemente beinhalten können. Ein derartiger Fall würde vorliegen, wenn auf der ersten Ebene eine Organisation nach dem Objektprinzip erfolgt und eine weitere Untergliederung der Abteilungen unter dem Gesichtspunkt funktionaler Organisationsaspekte durchgeführt wird.[73]

Bei den oben genannten Grundformen handelt es sich um eindimensionale Organisationsstrukturen. Bei mehrdimensionalen Organisationsformen wie der Matrixorganisation wird durch eine objektorientierte horizontale Organisation die nach Funktionen gegliederte Organisation überlagert. Es ergibt sich eine Art Verknüpfung von Elementen der funktionalen und divisionalen Organisation, die der Verbesserung der Qualität der Entscheidungen dient. Anzutreffen bei internationalen Unternehmen ist die Tensororganisation, in der eine dritte Strukturierungsebene existiert, welche eine regionale Dimension darstellt.[74]

In den Ausführungen von Mintzberg wird im Rahmen des Konfigurationsansatzes eine umfassende Darstellung und Kategorisierung von Organisationsstrukturen vorgenommen.[75] Dieser Ansatz begründet sich darauf, dass effektive Organisationen eine hohe interne Konsistenz und Harmonie aufweisen und den situativen Gestaltungsbedingungen entsprechen.[76] Die Herausbildung von fünf Strukturtypen basiert auf den Überlegungen des situativen Ansatzes, wonach situative Größen die Strukturmerkmale einer Organisation beeinflussen. Demnach können ausschließlich Unternehmen erfolgreich sein, die ihre Strukturen an situativen Faktoren ausrichten.

Nach Mintzberg kann eine Organisation in fünf Aufgabenbereiche unterteilt werden.[77] Diese bestehen aus strategischer Spitze, Mittellinie, Hilfsstab, Technostruktur und betrieblicher Kern. Der betriebliche Kern (operative core) als Basis der Organisation besteht aus denjenigen Mitarbeitern, von denen die grundlegenden Arbeiten zur Produktionsfertigung oder Dienstleistungserstellung durchgeführt werden. Bei einer Koordinierung dieser Aktivitäten durch gegenseitige Abstimmung bedarf es nicht des Elements der persönlichen Weisung.

---

[72] Vgl. Trill, 2000, S. 120 sowie Schätzer, 1999, S. 26.
[73] Vgl. Laux, Liermann, 2005, S. 181.
[74] Die Auseinandersetzung mit mehrdimensionalen Organisationsstrukturen wird im Folgenden nicht weiter vertieft, da diese Organisationsstrukturen in der Krankenhausorganisation eine untergeordnete Rolle spielen. Die Ergänzung der funktionalen Organisation um eine divisionale Ebene zu einer mehrdimensionalen Organisation ist zwar in der Vergangenheit bereits diskutiert worden, zur Überwindung von tradierten Funktionsbereichsabgrenzungen erscheint eine Matrixorganisation jedoch als wenig geeignet. Vgl. Körfer, 2001, S. 31.
[75] Vgl. Mintzberg, 1992 sowie Mintzberg, 1979.
[76] Vgl. Mintzberg, 1992, S. 168.
[77] Vgl. Mintzberg, 1992, S. 26 f.

Mit zunehmender Komplexität der Aufgaben und zunehmender Organisationsgröße gewinnen Maßnahmen der persönlichen Weisung an Bedeutung. Dies führt dazu, dass die Koordination der Aktivitäten durch eine strategische Spitze (strategic apex) erfolgt. Mit zunehmender Komplexität der Organisation ist es erforderlich, auch Vorgesetzte für Führungskräfte aufzubauen mit der Folge, dass eine Mittellinie (middle line) entsteht. In einer weiter fortgeschritteneren Betrachtung mit einem höheren Grad der Komplexität sind Stabsaufgaben außerhalb der Hierarchie der Linienführungskräfte erforderlich, die in der Technostruktur (technostructure) zusammengefasst werden. Sehr große Organisationen verfügen über Stabseinheiten, die sich mit der Bereitstellung indirekter Dienstleistungen befassen, zu denen die Rechtsabteilung oder die Öffentlichkeitsarbeit gehören. Die in diesem Teil der Organisation befindlichen Individuen sind Bestandteil des Hilfsstabs (support staff).[78]

Die Koordination zwischen den institutionalisierten Bereichen kann über fünf Mechanismen erfolgen. Diese bestehen aus gegenseitiger Abstimmung, persönlicher Weisung, Standardisierung der Arbeitsprozesse, Standardisierung der Arbeitsprodukte und Standardisierung der bei den Mitarbeiten vorauszusetzenden Qualifikationen.[79] Darüber hinaus erfolgt eine Unterscheidung zwischen den Dezentralisierungsmaßen vertikale Dezentralisation, horizontale Dezentralisation, selektive Dezentralisation und parallele Dezentralisation. Ausgehend von diesen Überlegungen findet sich bei Mintzberg eine Herausbildung von fünf[80] idealtypischen Konfigurationstypen: Einfachstruktur (Simple Structure), Maschinenbürokratie (Machine Bureaucracy), Profibürokratie (Professional Bureaucracy), Spartenstruktur (Divisionalized Form) und Adhokratie (Adhocracy).[81] Diese unterscheiden sich jeweils in Bezug auf den vorrangigen Koordinationsmechanismus, auf die Fokussierung eines bestimmten Aufgabenbereichs der Organisation und die Art der Dezentralisation.[82] Dabei wird der Organisationstyp von der Ausprägung der jeweiligen fünf Konfigurationstypen determiniert. Entsprechend dieser Überlegungen lässt sich nach Mintzberg jedes Unternehmen einem dieser fünf Konfigurationstypen zuordnen.

---

[78] Vgl. Mintzberg, 1992, S. 27.
[79] Vgl. Mintzberg, 1992, S. 19.
[80] Die Zahl fünf wird in den Ausführungen von Mintzberg wiederholt genannt. Mintzberg unterscheidet zwischen fünf grundlegenden Koordinationsmechanismen, fünf grundlegenden Teilen einer Organisation, fünf grundlegenden Arten von Dezentralisation und fünf Konfigurationen. Vgl. Mintzberg, 1992, S. 208.
[81] Vgl. Mintzberg, 1992, S. 213 ff.
[82] Vgl. Mintzberg, 1992, S. 207.

2.2.2.2 Organisation von Krankenhäusern

Wie in Abbildung 2-5 vereinfacht skizziert, ist die Organisationsstruktur eines Krankenhauses in der Regel funktional oder divisional aufgebaut.[83] Bei der funktionalen Organisation eines Krankenhauses ist jedem Funktionsbereich die Entscheidungskompetenz hinsichtlich homogener Gruppen von Handlungen übertragen.[84] Diese Organisationsstruktur verdeutlicht die strikte organisatorische Trennung der ärztlichen Berufsgruppe von der pflegerischen Berufsgruppe und des Verwaltungsbereichs, die sich bis in die Geschäftsleitung durchsetzt. Daher wird die funktionale Organisationsstruktur in einem Krankenhaus in der Literatur häufig als berufsständische Organisation bezeichnet, die im Krankenhausbereich über eine lange Tradition und dementsprechend über einen weiten Verbreitungsgrad verfügt.[85]

In Abhängigkeit von der Rechtsform des Krankenhausträgers und der Tradition kann eine Unterscheidung der Struktur der Krankenhausleitung in zwei prinzipielle Organisationsformen erfolgen: Dem Prinzip der kollegialen Führung und dem Geschäftsführungsmodell. Die Mitglieder der Geschäftsleitung eines Krankenhauses, das dem kollegialen Führungsprinzip entspricht, sind der ärztliche Direktor, der Pflegedirektor und der Verwaltungsdirektor. Die Leitung wird in diesem Fall unter drei Personen aufgeteilt, die jeweils die Interessen ihrer Berufsstände vertreten.[86] Dieses Leitungsprinzip existiert bei rund 70 Prozent der Krankenhäuser.[87] Bei dem Geschäftsführungsmodell wird die Leitungsmacht von einer Geschäftsführung ausgeübt, die aus einem einzelnen Geschäftsführer besteht. Dieser ist dann gegenüber den nachgeordneten Stellen weisungsberechtigt.[88] Diese „Ein-Personen-Leitung" ist im Gegensatz zur kollegialen Führung weitaus seltener im Krankenhausmanagement vertreten.[89]

In der funktional strukturierten Krankenhausorganisation ist die primäre Aufgabe des ärztlichen Dienstes[90] die Erbringung der diagnostischen und therapeutischen Maßnahmen und die damit verbundene Dokumentation der durchgeführten Leistungen. Innerhalb des ärztlichen Dienstes erfolgt eine weitergehende Unterteilung in Fachdisziplinen, wie beispielsweise Chirurgie, Innere Medizin oder Gynäkologie. Diese Unterteilung in Fachdisziplinen ist kennzeichnend für die Organisation eines Krankenhauses.[91] Die diesen Disziplinen zugeordneten

---

[83] Vgl. dazu Eichhorn, 1976, Trill, 2000, Körfer, 2001, Born, 2003, Hurlebaus, 2004.
[84] Vgl. Hurlebaus, 2004, S. 245.
[85] Vgl. Hurlebaus, 2004, S. 245 sowie Born, 2003, S. 45.
[86] Vgl. Heinzl, Güttler, Paulussen, 2001, S. 30.
[87] Vgl. Wolf-Ostermann et al., 2002, S. 1073.
[88] Vgl. Schlüchtermann, 1998, S. 439 f.
[89] Vgl. f&w, 2001, S. 40 ff.
[90] Charakteristisch für den ärztlichen Dienst ist eine starke hierarchische Ordnung. Es existieren grundsätzlich vier Ebenen: Chefarzt, Oberarzt, Stationsarzt, Assistenzarzt. Vgl. Röhrig, 1983, S. 49.
[91] Vgl. Sachs, 1994, S. 125.

Fachabteilungen verfügen wiederum über eigene Betten. Des Weiteren existieren innerhalb des Aufgabenbereichs des ärztlichen Dienstes medizinische und medizinisch-technische Funktionsbereiche, die nicht über eigene Betten verfügen, sondern für die Fachabteilungen diagnostische oder therapeutische Dienstleitungen erbringen. Zu diesen Dienstleistungen gehören unter anderem Röntgenuntersuchungen oder Laboruntersuchungen.[92]

Aufgabe des Pflegdienstes ist die Sicherstellung der grundlegenden Lebensbedürfnisse der Patienten, die Ausführung bestimmter therapeutischer Maßnahmen (beispielsweise Medikamentenabgabe) sowie Tätigkeiten zur Herstellung einer hygienischen Situation auf den Stationen und die Bewältigung administrativer Aufgaben.[93] Im Pflegedienst gibt es analog zum ärztlichen Dienst ebenfalls eine Differenzierung in Fach- und Funktionsabteilungen sowie Stationen und Pflegegruppen.[94]

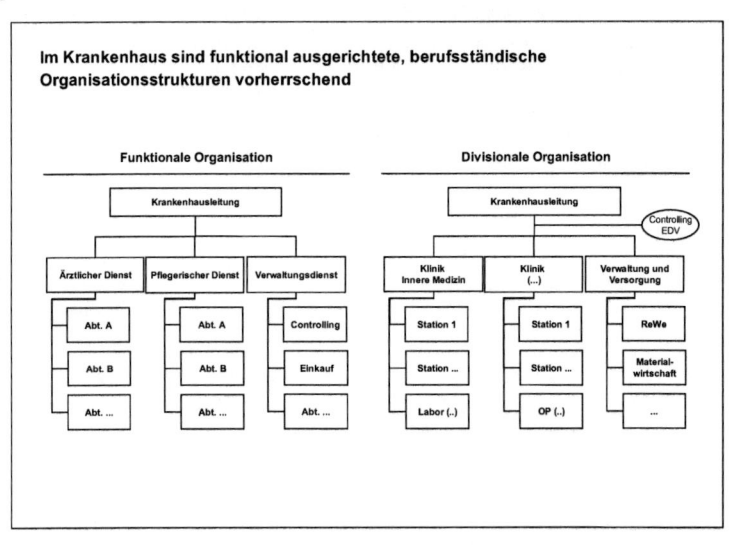

Abbildung 2-5: Traditionelle Organisationsstrukturen von Krankenhäusern[95]

Die dritte Säule neben dem ärztlichen und pflegerischen Dienst bildet der Verwaltungsdienst. Grundsätzlich ist es die Aufgabe der Krankenhausverwaltung sicherzustellen, dass sämtliche räumlichen, technischen, personellen und finanziellen Voraussetzungen für die Durchführung des ärztlichen und medizinischen

---

[92] Vgl. Körfer, 2001, S. 23.
[93] Vgl. Eichhorn, 1975, S. 342 ff.
[94] Vgl. Röhrig, 1983, S. 36.
[95] Vgl. Born, 2003, S. 46 sowie Trill, 2000, S. 124.

Dienstes vorhanden sind.[96] Demnach setzt sich der Verwaltungsdienst unter anderem aus den Bereichen Betriebstechnik, Wirtschafts- und Versorgungsdienst, allgemeine Verwaltung und Patientenadministration zusammen.[97]

Der Bereich Bau und Technik (Betriebstechnik) ist für die Wartung und Sicherstellung der nicht-personellen Infrastruktur zuständig. Er lässt sich weiter untergliedern in die Bereiche Bauwesen, Betriebsdienst und technischer Dienst.[98] Das Bauwesen ist für die Sicherung und die Instandsetzung der Bausubstanz zuständig.[99] Im Verantwortungsbereich des Betriebsdienstes liegt die Gewährleistung eines reibungslosen Betriebsablaufs hinsichtlich Hausmeisterdiensten, Pförtnerdiensten und Telefondiensten. Die technische Betriebsbereitschaft, Betriebsfähigkeit und Betriebssicherheit aller technischen Anlagen wie zum Beispiel der Intensivstation und der Operationssäle wird mittels des technischen Dienstes sichergestellt.[100]

Zu den Bestandteilen des Wirtschafts- und Versorgungsdienstes gehören die unterstützenden Leistungen für Behandlungsprozesse, die Beschaffungsaktivitäten und die logistischen Aktivitäten.[101] Der Wirtschaftsdienst erstellt Vorleistungen und Dienstleistungen und wird weiter unterteilt in die Bereiche Reinigungsdienst, Wäscherei, Müllentsorgung oder Gärtnerei. Der Versorgungsdienst ist zuständig für die Materialverwaltung (allgemeine Materialverwaltung, Einkauf, Inventarverwaltung, Materialmagazin), Speiseversorgung, Wäscheversorgung, Patiententransport sowie die Apotheke.[102]

Dem Verwaltungsdienst sind unter anderem die Personalverwaltung, das Rechnungswesen (Buchhaltung, Kostenrechung), das Controlling[103], die Elektronische Datenverarbeitung, die Patientenadministration sowie weitere Verwaltungsstellen wie Poststelle und Telefonzentrale zugeordnet.[104] Die Personalverwaltung ist hierbei hauptsächlich für die Einstellung von Personal, die Lohnadministration, die Personaleinsatzplanung, die berufliche Fort- und Weiterbildung sowie die Entlassungsmodalitäten zuständig.[105] Das Controlling besitzt hier die Aufgabe, ein entsprechendes Steuerungssystem aufzubauen und zu betreiben (in Zusammenarbeit mit dem Rechungswesen). Im Rahmen der Patientenadministration wird die Abwicklung von Aufnahme und Entlassung der Patienten durchgeführt. Dazu gehört die Zusammenstellung und Weiterleitung von Leistungen,

---

[96] Vgl. Eichhorn, 1991, S. 457.
[97] Vgl. Hurlebaus, 2004, S. 221 ff.
[98] Vgl. Hurlebaus, 2004, S. 222.
[99] Vgl. Hurlebaus, 2004, S. 222.
[100] Vgl. Hurlebaus, 2004, S. 222.
[101] Vgl. Hurlebaus, 2004, S. 222.
[102] Vgl. Renner, Reisinger, Linzatti, 2001, S. 40 ff.
[103] Das Controlling wird hier als eigenständige Einheit betrachtet.
[104] Vgl. Renner, Reisinger, Linzatti, 2001, S. 40 ff.
[105] Vgl. Hurlebaus, 2004, S. 222.

die im Rahmen der Behandlung angefallen sind, an die Buchhaltung. Der EDV-Bereich stellt die informationstechnologische Unterstützung bei Hard- und Softwareproblemen zur Verfügung und ist für die Weiterentwicklung der informationstechnologischen Infrastruktur verantwortlich.

Anzumerken ist, dass es in der Krankenhausorganisation Dienste gibt, die abhängig vom jeweiligen Krankenhaus dem Verwaltungsdienst oder dem pflegerischen Dienst zuzurechnen sind.[106] Hierzu gehören die medizinisch-technischen und medizinisch-therapeutischen Dienste. Das Personal in diesen Bereichen ist vom Anforderungsprofil dem pflegerischen Bereich zuzuordnen.

Auf Grundlage der von Mintzberg getätigten Überlegungen zur Organisation[107] lassen sich Krankenhäuser dem Typ der Expertenorganisation (Professional Bureaucracy), zuordnen.[108] Expertenorganisationen sind durch drei Merkmale gekennzeichnet. Das erste Merkmal zeigt sich im dominierenden Strukturbaustein des betrieblichen beziehungsweise operativen Kerns. Zu diesem Aufgabenbereich gehören im Krankenhaus die Gruppen der Oberärzte, Assistenzärzte, Krankenpfleger sowie weitere Fachkräfte aus den Abteilungen Chirurgie, Innere Medizin oder Radiologie.[109] Im Rahmen des zweiten Merkmals wird unter Koordinationsgesichtspunkten die Dominanz standardisierter Qualifikationen deutlich, mit der Folge, dass einzelne Experten Erwartungen in Bezug auf die Handlungen der anderen professionell agierenden Mitarbeiter bilden können. Das dritte Merkmal zeigt eine hohe vertikale und horizontale Autonomie der Mitarbeiter des betrieblichen Kerns. Diese Erscheinung resultiert aus der Komplexität der zu erfüllenden Aufgaben und auf dem vorhandenen Expertenwissen.

Diese einführende Betrachtung der Mintzberg-Struktur übertragen auf ein Krankenhaus – die im Rahmen dieser Arbeit lediglich als Exkurs einzuordnen ist – zeigt, dass dem operativen Kern im Vergleich zu den anderen Aufgabenbereichen eine herausragende Bedeutung zukommt. Aufgrund der hohen Komplexität der Arbeitsprozesse ist eine Steuerung und Standardisierung von professionsexternen Einheiten nur bedingt möglich. Dies führt zu einer relativ schwachen Ausprägung von strategischer Spitze und Technostruktur.

Die unterstützenden Einheiten dagegen nehmen je nach Größe der Gesamtorganisation wesentliche Unterstützungsaktivitäten für den betrieblichen Kern wahr. Die in dieser Arbeit eingehender betrachteten Sekundärleistungsbereiche sind zu einem Großteil den unterstützenden Einheiten zuzuordnen. Allerdings fallen nach dem hier skizzierten Mintzberg-Schema, wie in der weiteren Betrachtung ersichtlich, bestimmte Sekundärleistungsbereiche in den Aufgabenbereich des

---

[106] Vgl. Hurlebaus, 2004, S. 223.
[107] Vgl. Kapitel 2.2.2.1.
[108] Vgl. Hurlebaus, 2004, S. 81.
[109] Vgl. Hurlebaus, 2004, S. 82.

betrieblichen Kerns, wenn diesem zum Beispiel die Sekundärleistungsbereiche Labor oder Radiologie vollständig zugeordnet werden.

2.2.3 Prozesse

Eine Umschreibung des Grundgedankens der prozessorientierten Organisation kann durch die Wortreihe „structure follows process"[110] erfolgen, die auf eine dominierende Rolle von Geschäftsprozessen bei der Organisationsgestaltung hinweist.[111] Ein Prozess beschreibt eine Abfolge von zielgerichteten, betrieblichen Einzelvorgängen, sogenannten Aktivitäten, die in einem logischen inneren Zusammenhang zueinander stehen.[112] Ein Prozess skizziert somit einen Ablauf, also den Fluss und die anschließende Transformation von Material, Informationen, Operationen und Entscheidungen. Kennzeichen von (Geschäfts-) Prozessen sind die Bündelung und die strukturierte Reihenfolge von funktionsübergreifenden Aktivitäten, die über einen definierten Anfangspunkt und Endpunkt sowie über Inputs und Outputs verfügen.[113]

Im Endergebnis führen Prozesse in den meisten Fällen zu einem Produkt oder einer Leistung, die von einem Kunden nachgefragt wird. Ob es sich um einen internen oder externen Kunden handelt, spielt dabei keine Rolle.[114] Eine nächsthöhere Stufe in der Prozesshierarchie bilden die Prozessketten. Prozessketten sind das Ergebnis mehrerer Prozesse, die aufgrund des betrieblichen Ablaufs miteinander verknüpft sind. Voraussetzung für die Bildung von Prozessketten ist die Zugehörigkeit zu einem gemeinsamen betrieblichen Ablauf und die strikte Ausrichtung der Prozesse am Kunden bzw. Lieferanten. Demnach sind vorgelagerte Prozesse stets als Lieferanten der ihnen nachgelagerten Prozesse, also ihren Kunden einzustufen.[115] Eine kontinuierliche Umsetzung dieses Prinzips stellt sicher, dass keine Weitergabe fehlerhafter Arbeitsergebnisse von vorgelagerten Prozessen an nachgelagerte Prozesse stattfindet.[116]

Prozesse lassen sich als weiteres Differenzierungsmerkmal in Kernprozesse sowie Unterstützungsprozesse aufteilen.[117] Bestandteile von Kernprozessen sind zusammenhängende Aktivitäten, Entscheidungen, Informationen und Materialflüsse, die zusammengefasst einen Wettbewerbsvorteil des Unternehmens dar-

---

[110] Vgl. Osterloh, Frost, 2006, S. 33.
[111] Vgl. Vera, Kuntz, 2007, S. 175.
[112] Vgl. Eichhorn, 1999, S. 8.
[113] Vgl. Osterloh, Frost, 2006, S. 33.
[114] Vgl. Eichhorn, 1999, S. 8.
[115] Vgl. Eichhorn, 1999, S. 8.
[116] Vgl. Eichhorn, 1999, S. 8.
[117] Vgl. Osterloh, Frost, 2006, S. 36 ff.

stellen.[118] Kernprozesse zeichnen sich in Unternehmen durch vier Merkmale aus:[119]

¶ Kernprozesse müssen den Kunden einen wahrnehmbaren Nutzen stiften, für den diese bereit sind zu bezahlen.

¶ Kernprozesse müssen durch eine hohe unternehmensspezifische Nutzung von Ressourcen einmalig sein.

¶ Die Eigenschaften von Kernprozessen dürfen nicht leicht zu imitieren sein.

¶ Kernprozesse dürfen nicht durch andere Problemlösungen ersetzbar sein.

Im Gegensatz zu den Kernprozessen ist die strategische Bedeutung der Unterstützungsprozesse als gering einzuschätzen.[120] Dies darf nicht dazu führen, diese Prozesse zu vernachlässigen, da sie einen erheblichen Kostenfaktor darstellen können. Des Weiteren stellen Unterstützungsprozesse den reibungslosen Verlauf der Kernprozesse sicher, sie leisten jedoch keinen unmittelbaren Beitrag zum Kundennutzen.[121] Typische Unterstützungsprozesse sind die Instandhaltung, das Gebäudemanagement oder das Personalcatering.[122]

Durch Aufspaltung der Prozesse in Kern- und Unterstützungsprozesse und die anschließende eigenständige Betrachtung der Unterstützungsprozesse ergeben sich für Unternehmen drei zentrale Vorteile:[123]

¶ Die Aufspaltung in Kern- und Unterstützungsprozesse führt zu einer Komplexitätsreduktion innerhalb der Wertschöpfungskette, wenn gleichzeitig eine Fokussierung auf die unternehmenseigenen Stärken (Kernkompetenzen) stattfindet. Eine in der Folge schlankere Kernprozesskette wirkt sich komplexitätsreduzierend auf die Unterstützungsprozesse aus.

¶ Die eigenständige Betrachtung der Unterstützungsprozesse ermöglicht ein Benchmarking innerhalb dieser Prozesse.[124] Grundsätzlich ermöglicht

---

[118] Vgl. Osterloh, Frost, 2006, S. 36 sowie Kaplan, Murdock, 1991, S. 28.

[119] Vgl. Osterloh, Forst, 2006, S. 37.

[120] Diese Aussage ist nur bedingt auf die in dieser Arbeit betrachteten Sekundärleistungsbereiche von Krankenhäusern übertragbar. Insbesondere patientennahe Sekundärleistungen verfügen über zahlreiche direkte Schnittstellen zu den Kernprozessen eines Krankenhauses, vgl. Kapitel 2.2.3.2.

[121] Vgl. Osterloh, Frost, 2006, S. 38.

[122] Vgl. Osterloh, Frost, 2006, S. 38.

[123] Zu den folgenden Ausführungen vgl. Osterloh, Frost, 2006, S. 38 f.

[124] Aufgrund des hohen Individualisierungsgrades ist ein Benchmarking auf Ebene der Kernprozesse nur sehr beschränkt möglich.

Benchmarking, aus dem Verhalten anderer Ansatzpunkte zur Verbesserung der eigenen Leistung abzuleiten.[125]

¶ Unterstützungsprozesse können als eigene Profit-Center oder Cost-Center ausgestaltet sein.[126] Die daraus resultierenden möglichen höheren Kosten und die Leistungstransparenz zwischen Kern- und Unterstützungsprozessen forciert ein Denken in Preisen und Leistungen.[127] Im Ergebnis wird die Vereinbarung von sogenannten Service-Level-Agreements erleichtert.

¶ Des Weiteren besteht die Möglichkeit, Unterstützungsprozesse auszulagern oder sie in Shared-Service-Einheiten zusammenzufassen.[128]

Neben den Kernprozessen und Unterstützungsprozessen wird in der Literatur ferner auf die Existenz so genannter Steuerungsprozesse hingewiesen.[129] Die typischerweise aus Kern- und Unterstützungsprozessen bestehende Wertschöpfungskette wird somit um das Element der Steuerungsprozesse ergänzt. Zu den Steuerungsprozessen gehören Tätigkeiten im Rahmen des strategischen Managements, des Marketings sowie des Controllings.[130]

Eine prozessorientierte Organisation zeichnet sich dadurch aus, dass abgegrenzte Organisationseinheiten gebildet werden, die unter der Prämisse, möglichst wenig Verknüpfungen zu anderen Bereichen aufzuweisen, einen Geschäftsprozess[131] so umfassend wie möglich bearbeiten.[132] Ziel ist es, durch Implementierung einer prozessorientierten Organisation den Koordinationsaufwand zu reduzieren und Durchlaufzeiten erheblich zu verringern. Im Rahmen der klassischen Sichtweise zur Prozessorientierung erfolgt die Bearbeitung von Kern- und Unterstützungsaktivitäten in Teams. Im Gegensatz zur funktionsorientierten Organisation ist es erforderlich, dass die Teammitglieder in der Lage sind, vielfältige Aufgaben wahrzunehmen und dass eine konsequente Ausrichtung der Geschäftsprozesse auf die internen und externen Kunden erfolgt. Aufgrund der

---

[125] Benchmarking umfasst vier unterschiedliche Ebenen: (1) Das funktionale Benchmarking dient dazu, das Unternehmen an Bestleistungen aus anderen Unternehmen/Branchen zu messen. (2) Beim internen Benchmarking werden die Leistungen von Unternehmenseinheiten untereinander verglichen, u.a. mit dem Zweck, den internen Leistungswettbewerb zu stimulieren. (3) Das kompetitive Benchmarking wird angewendet, um Informationen über direkte Wettbewerber nutzbringend zu verwerten. (4) Die Betrachtung und Verbesserung erfolgskritischer, übergreifender Prozesse im Unternehmen ist Bestandteil des generischen Benchmarkings. Siehe ausführlich Camp, 1994, S. 23-27.
[126] Vgl. Osterloh, Frost, 2006, S. 39.
[127] Vgl. Osterloh, Frost, 2006, S. 40.
[128] Vgl. ausführlicher Kapitel 3.
[129] Vgl. Töpfer, Großekatthöfer, 2006, S. 120.
[130] Vgl. Töpfer, Großekatthöfer, 2006, S. 121.
[131] Unter Geschäftsprozessen sind Aktivitäten zu verstehen, die unter Zugriff auf Inputfaktoren einen Output erzeugen, der für den Kunden als werthaltig einzustufen ist, vgl. Hammer, Champy, 1993, S. 35.
[132] Vgl. Vera, Kuntz, 2007, S. 175.

Tatsache, dass die Wertschöpfung der Prozesse ausschließlich am Kundennutzen gemessen wird ist mit einer erheblichen Verbesserung der Servicequalität zu rechnen. Des Weiteren führt die Ausgestaltung prozessorientierter Organisationseinheiten als Profit-Center zu einer schnelleren Reaktion auf Kundenwünsche und entfaltet zudem positive Wirkungen auf das Betriebsklima und die Motivation der Mitarbeiter.[133]

2.2.3.1 Prozessorientierung in der Krankenhausorganisation

Die oben genannten grundlegenden Ausführungen zur Prozessthematik werden im Folgenden auf das Krankenhaus angewendet. Um die im Krankenhaus stattfindenden Prozesse zu strukturieren, erfolgt die Hinzuziehung der Wertkette als gedanklicher Analyserahmen. Bei der Wertkettenanalyse[134] findet eine Unterscheidung zwischen primären und sekundären Aktivitäten statt, was der oben dargestellten Einteilung in Kern- und Unterstützungsprozesse entspricht.[135]

Die Forderung nach Prozessorientierung im Krankenhaus betrifft sowohl den Kernprozess des Patienten von der Aufnahme bis zur Entlassung als auch die Vielzahl von unterstützenden Prozessen.[136] *„Das Ziel der prozessorientierten Gestaltung der Krankenhausorganisation ist es, den Nutzen der Einzelleistungen und damit der Gesamtleistung für den Patienten zu verbessern."*[137] Dies gilt ebenso für die Prozesse in den unterstützenden Dienstleistungsbereichen eines

---

[133] Vera, Kuntz, 2007, S. 176.

[134] Nach Porter ist das Ergebnis einer Wertkettenanalyse die Entscheidung für eine der drei Strategien Kostenführerschaft, Differenzierung, Fokussierung. Ausführlicher vgl. Porter, 1985, S. 37 ff. Im Zusammenhang mit der Wertkette nach Porter als Analyseinstrument der Primär- und Sekundäraktivitäten ist anzumerken, dass sich in der Wertkette in erster Linie die sequentielle Wertschöpfung von Industrieunternehmen widerspiegelt. Die Wertschöpfungskette in angepasster Form wird zur Analyse der Primär- und Sekundäraktivitäten in Dienstleistungsunternehmen und explizit für das Krankenhaus angewendet. Verschiedene Veröffentlichungen befassen sich inzwischen mit dem Modell der Wertschöpfungskette im Krankenhaus in Anlehnung an die Wertkettenanalyse von Porter: Vgl. Hurlebaus, 2004, S. 217; Töpfer, Großekatthöfer, 2006, S. 121 oder Heinzl, Güttler, Paulussen, 2001, S. 32.

[135] Vgl. Osterloh, Frost, 2006, S. 159.

[136] Explizit im Bereich der Patientenbehandlung wird eine prozessorientierte organisatorische Gestaltung des Krankenhauses durch verschiedene Aspekte erschwert. Die Problematik einer Prozessorientierung ergibt sich aus der hohen Heterogenität des Krankenhausoutputs, durch den gesetzlichen Versorgungsauftrag und aufgrund politischer und ethischer Verpflichtungen. Ebenso existiert in Krankenhäusern vermutlich eine große Anzahl an Kernprozessen, was wiederum einen höheren Komplexitätsgrad mit sich bringt. Des Weiteren führt die hohe und unerlässliche Spezialisierung der Ärzte sowie deren berufsständische Prägung dazu, dass eine Bearbeitung in interdisziplinären Teams – wie in der prozessorientierten Organisationen vorgesehen – schwer umsetzbar ist. Ausführlicher zu den Grenzen bei der Umsetzung der prozessorientierten Organisation im Krankenhaus, vgl. Vera, Kuntz, 2007, S. 179 ff.

[137] Eichhorn, 1999, S. 8.

Krankenhauses. Darüber hinaus soll eine Reduzierung der Ärzte und Pfleger von administrativen und koordinativen Tätigkeiten erreicht werden.[138]

Bei Betrachtung der im Krankenhaussektor vorherrschenden Organisationsstrukturen zeigt sich, aufgrund der Dreiteilung der Führung einer Klinik und der damit verbundenen hohen Spezialisierung im medizinischen, pflegerischen und verwaltenden Bereich, eine ungewollte oder zumindest teilweise gewollte Abschottung dieser Bereiche. Die Konsequenz ist, dass jeder Klinikbereich in erster Linie vertikal geführt wird, anstatt dass eine horizontale patientenorientierte Steuerung in den einzelnen Wertschöpfungsprozessen stattfindet.[139] Es zeigt sich hier eine Grundproblematik, die durch den „vertikalen Blick" auf die Organisation deutlich wird.[140]

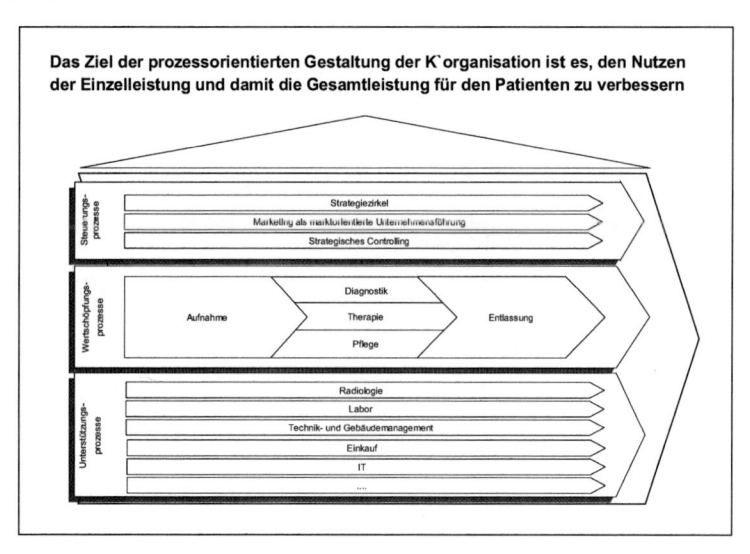

Abbildung 2-6: Die Wertschöpfungskette eines Krankenhauses unter Miteinbeziehung der Steuerungsprozesse[141]

In Abhängigkeit von der Komplexität einer Organisation kann der Effekt auftreten, dass die Abteilungsleiter nur noch ihre eigenen Aufgaben sehen und die Kommunikation auf vertikaler Ebene nur noch in Form von Reports stattfindet oder die Kommunikation zwischen den einzelnen Abteilungsleitern vollständig

---

[138] Vgl. Picot, Korb, 1999, S. 18.
[139] Vgl. Schlüchtermann, Sibbel, 2005, S. 28 ff.
[140] Vgl. Osterloh, Frost, 2006), S. 30.
[141] Eigene Darstellung in Anlehnung an Töpfer, Großekatthöfer, 2006, S. 121. Der skizzierte Wertschöpfungsprozess umfasst nicht nur den tatsächlichen Betreuungsprozess im Krankenhaus, sondern ist noch um vor- und nachgelagerte Teilprozesse (beispielsweise Rehabilitationszentren, Krankenversicherungen oder Medizintechnikherstellern) zu ergänzen, vgl. Picot, Korb, 1999, S. 18.

stillsteht. In einem Krankenhaus zeigt sich diese Problematik darin, dass eine Kommunikation der Stammdaten eines Patienten und seiner indikations- und behandlungsbezogenen Daten in der Regel nur zwischen den einzelnen medizinischen Fachabteilungen stattfindet und eine Kommunikation zwischen den drei Bereichen Medizin, Pflege und Verwaltung möglicherweise nicht sichergestellt ist.[142]

Wie aus der Betrachtung der funktionalen Krankenhausorganisation in Verbindung mit der Prozessdarstellung eines Krankenhauses ersichtlich wird, sind an dem Behandlungsprozess des Patienten zahlreiche organisatorische Einheiten beteiligt. Aufgrund des bei vertikal funktionalen Organisationen auftretenden Silo-Effektes findet ein Austausch zwischen den einzelnen Bereichen eines Krankenhauses häufig nur bedingt statt.[143]

Zur Durchführung einer optimalen Behandlung des Patienten ist aber eine ganzheitliche Sicht auf den Behandlungsprozess notwendig.[144] Des Weiteren ist es notwendig, dass sämtliche Prozesse, bei denen der Patient anwesend sein muss, aufeinander abgestimmt sind und eine Abstimmung hinsichtlich des Startzeitpunktes von Teilprozessen existiert.[145]

2.2.3.2 Primär- und Sekundärleistungsbereiche

Alle Aktivitäten, die originär am Kunden beziehungsweise Patienten erbracht werden und das Ziel haben, den Gesundheitszustand des Patienten zu verbessern, sind Bestandteil der Primäraktivitäten.[146, 147] Aus dem Blickwinkel der Prozessorientierung heraus betrachtet, handelt es sich bei den Primärleistungen um die Kernprozesse eines Krankenhauses, die sich auf den Patientendurchlauf fokussieren.[148] Wie aus Abbildung 2-6 ersichtlich wird, umfasst der Kernprozess die Aktivitäten zur Erfassung des Gesundheitszustandes des Patienten und somit die Aktivitäten zur Erfassung der Krankheit (Aufnahme, Anamnese, Erstdiagnose und Diagnose) und die Behandlung des Patienten (Therapie, Pflege, Entlassung).[149]

---

[142] Vgl. Töpfer, Großekatthöfer, 2006, S. 119.
[143] Vgl. Lemm, 2003, S. 25.
[144] Vgl. Schäfer, 2000, S. 10.
[145] Es ist zu beachten, dass innerhalb des Patientenversorgungsprozesses Teilprozesse wie zum Beispiel Laboruntersuchungen oder therapeutische Maßnahmen jeweils zu unterschiedlichen Zeitpunkten starten. Vgl. Picot, Korb, 1999, S. 19.
[146] Im Zusammenhang mit der prozessorientierten Betrachtung werden für den Begriff „Primäraktivität" die Begriffe „Kernprozess" oder „Primärleistung" synonym verwendet.
[147] Vgl. Augurzky et al., 2004, S. 13.
[148] Vgl. Kischoweit, 1999, S. 181.
[149] Vgl. Hurlebaus, 2004, S. 218.

Bei den Sekundärleistungen[150] eines Krankenhauses handelt es sich um jene Leistungen, die nicht originär am Patienten erbracht werden, sondern die die Erstellung der Primäraktivitäten unterstützen.[151] Im Rahmen dieser Arbeit findet eine Differenzierung der Sekundärleistungen hinsichtlich ihrer Patientennähe statt.[152] Zu den patientennahen Sekundärleistungsbereichen zählen diagnostisch-therapeutische Unterstützungsbereiche wie Labor, Radiologie, Pathologie oder auch Physiotherapie. Die in den einzelnen Abteilungen tätigen Ärzte treten innerhalb des Krankenhauses und des dort stattfindenden stationären Behandlungsprozesses als Nachfrager der patientennahen Sekundärleistungen auf. Sie benötigen diese Art von Sekundärleistungen, um eine erfolgreiche Behandlung der Patienten durchzuführen. Im Gegensatz zu patientennahen Sekundärleistungen verfügen patientenferne Sekundärleistungsbereiche wie zum Beispiel Einkauf, Buchhaltung oder IT über keine direkten Schnittstellen zum Behandlungsprozess der Patienten. Aus dem Blickwinkel der Prozessorientierung heraus betrachtet ist zu konstatieren, dass es sich bei Sekundärleistungen um Unterstützungsprozesse im Sinne der im vorherigen Abschnitt durchgeführten Unterteilung handelt. Die Einordnung von Sekundärleistungsaktivitäten in das Umfeld der Unterstützungsprozesse wird vor dem Hintergrund deutlich, dass die Sekundärleistungsaktivitäten innerhalb der Krankenhausorganisationen als interne Dienstleistungsbereiche einzustufen sind.[153] Dabei zeichnen sich Sekundärleistungen im hier betrachteten Zusammenhang im Gegensatz zu der klassischen Einordnung von Unterstützungsprozessen dadurch aus, dass sie je nach strategischer Bedeutung mit den Kernkompetenzen eng verknüpft sind oder wertschöpfende Charakteristika aufweisen können.

Losgelöst von dieser Aufteilung der Leistungsbereiche eines Krankenhauses erfolgt in einigen Schriften eine Untergliederung der Unterstützungsbereiche in den tertiären und sekundären Bereich.[154] Der sekundäre Bereich setzt sich bei dieser Definition aus den diagnostischen- und therapeutischen Unterstützungsleistungen sowie den medizinisch-technische Ver- und Entsorgungsbereichen zusammen. Dem tertiären Bereich sind beispielsweise Facility Management oder Einkaufdienstleistungen zugeordnet.[155]

Mit Differenzierung von Sekundärleistungsbereichen eines Krankenhauses in patientennahe und patientenferne Aktivitäten ist die Verbindung zu einer weiteren Grundthematik dieser Arbeit hergestellt worden. In Anlehnung an die skiz-

---

[150] Im Rahmen dieser Arbeit werden anstelle des Begriffs „Sekundäraktivität" die Begriffe „Sekundärleistung" und „Sekundärprozess" synonym verwendet.
[151] Vgl. Augurzky et al., 2004, S. 13.
[152] Siehe Abbildung 2-7.
[153] Zur Darstellung der internen Dienstleistungen im Krankenhaus im Zusammenhang mit dem Kernprozess vgl. Kischoweit, 1999, S. 181.
[154] Vgl. Alfen et al., 2005, S. 1086 sowie Goedereis, 2005, S. 446 ff.
[155] Vgl. Alfen et al., 2005, S. 1086.

zierte Ausgangslage und den dort genannten Problemstellungen wird im weiteren Verlauf dieser Arbeit der Sekundärleistungsbereich von Kliniken hinsichtlich der Einsatzmöglichkeiten des Shared-Service-Konzeptes untersucht.

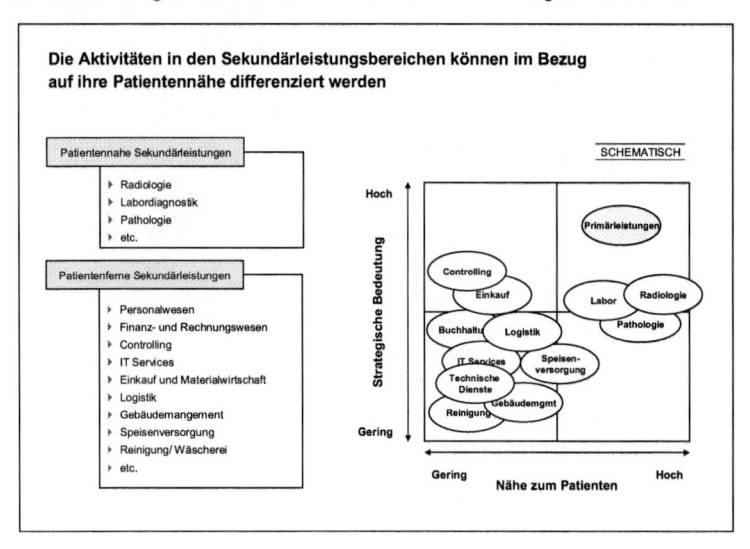

> Die Aktivitäten in den Sekundärleistungsbereichen können im Bezug auf ihre Patientennähe differenziert werden
>
> Patientennahe Sekundärleistungen
> - Radiologie
> - Labordiagnostik
> - Pathologie
> - etc.
>
> Patientenferne Sekundärleistungen
> - Personalwesen
> - Finanz- und Rechnungswesen
> - Controlling
> - IT Services
> - Einkauf und Materialwirtschaft
> - Logistik
> - Gebäudemanagement
> - Speisenversorgung
> - Reinigung/ Wäscherei
> - etc.
>
> SCHEMATISCH
>
> Strategische Bedeutung (Hoch / Gering) vs. Nähe zum Patienten (Gering / Hoch)
>
> Primärleistungen: Labor, Radiologie, Pathologie
> Controlling, Einkauf, Buchhaltung, Logistik, IT Services, Speisenversorgung, Technische Dienste, Reinigung, Gebäudemgmt

Abbildung 2-7: Darstellung der Sekundärleistungen im Krankenhaus[156]

---

[156] Die Abbildung skizziert Sekundärleistungen eines Krankenhauses. Im patientennahen Bereich sind ergänzend die Bereiche Blutbank, Dialyse, Nuklearmedizin, Krankengymnastik, Virologie, Zentralsterilisation, Sterilgutversorgung, Zentraldesinfektion, Strahlenschutz oder Apotheke zu nennen, vgl. Alfen et al., 2005, S. 1086. Die vertiefende Betrachtung einzelner Sekundärleistungsbereiche erfolgt in Kapitel 5 dieser Arbeit.

3 Aspekte von Shared Services

Im vorherigen Kapitel dieser Arbeit sind die externen und internen Rahmenbedingungen im Krankenhausbereich aufgezeigt worden. Im Fokus standen dabei die Darstellung typischer Organisationsstrukturen von Krankenhäusern sowie die Skizzierung der patientennahen und patientenfernen Sekundärleistungsbereiche. In diesem Teil der Arbeit erfolgt eine Auseinandersetzung mit der Theorie und Konzeption von Shared Services.

Das folgende Kapitel gliedert sich in vier zentrale Unterkapitel auf. Im ersten Abschnitt erfolgt die Skizzierung klassischer Organisationsformen von internen Dienstleistungsbereichen, zu denen die Sekundärleistungsbereiche von Kliniken gezählt werden können. Im Anschluss daran beginnt die eigentliche Auseinandersetzung mit dem Shared-Service-Konzept. Dabei wird neben der historischen Betrachtung eine Begriffsbestimmung des Shared-Service-Konzeptes und den mit diesem Konzept in Verbindung stehenden Begriffsverwendungen durchgeführt. Darüber hinaus findet die Darstellung typischer Merkmale von Shared-Service-Prozessen statt. Die anschließende Einordnung des Shared-Service-Konzeptes bezieht sich auf betriebswirtschaftliche und organisationstheoretische Überlegungen und fokussiert sich auf das trichotome Erklärungsmodell der Organisation. Den Abschluss dieses Teils der Arbeit bildet eine Darstellung der Triebfedern, die in Unternehmen zur Anwendung des Shared-Service-Konzeptes führen können.

3.1 Organisationsformen von Sekundärleistungsbereichen

In Bezug auf die Unternehmensstruktur kann eine unterschiedliche Form der Organisation für die skizzierten Sekundärleistungsbereiche erfolgen. In großen Organisationen besteht die Möglichkeit, Sekundärleistungen in zentralen Abteilungen oder dezentral in den einzelnen Kliniken und Abteilungen bereitzustellen. Des Weiteren sind Anfang der 1990er-Jahre Krankenhäuser dazu übergegangen, komplette Sekundärleistungsbereiche im Rahmen des Outsourcings an externe Unternehmen auszulagern oder gemeinsam mit anderen, externen Kliniken Dienstleistungsbetriebe zu gründen, welche die entsprechenden Sekundärleistungen dann zur Verfügung stellen.

3.1.1 Zentralisierung oder Dezentralisierung als Organisationsformen von Sekundärleistungsbereichen

Allgemein ist die Zentralisierung von Unterstützungsaktivitäten eine häufig genutzte Form für die Organisation dieser Bereiche. Im Rahmen der Zentralisierung findet meistens eine Zusammenfassung der Aktivitäten in der Unternehmenszentrale statt, die dort einer gemeinsamen und einheitlichen Durchführung unterliegen.[157]

Borowicz zufolge entstehen Zentralbereiche immer dann, wenn eine Herauslösung bestimmter Verrichtungen ganz oder teilweise aus den übrigen Unternehmenseinheiten stattfindet.[158] In Anlehnung an Frese sind hier zwei Basisfälle zu unterscheiden:[159] Auf der einen Seite besteht eine Möglichkeit der Ausgliederung von Verrichtungen aus dem Gebiet der Unternehmensbereiche (Divisionen, Sparten, Tochtergesellschaften). In diesem Fall werden die Dienste entweder nur noch in einem gesonderten Unternehmensbereich zusammengefasst oder es wird zusätzlich die Entscheidungskompetenz zentralisiert.[160] Auf der anderen Seite kann eine Zusammenfassung von Verrichtungen, die zu den originären Aufgaben der Unternehmensführung zählen, in einer Sparte und eine Ansiedelung auf Ebene Unternehmensleitung erfolgen. Dabei handelt es sich aus Sicht der Unternehmensleitung um Aufgaben, die eine geringe Delegationsfähigkeit aufweisen. Dazu gehören Bereiche wie die Unternehmensentwicklung oder Unternehmenskommunikation.[161]

Zielsetzung der Zentralisierung von Unternehmensaktivitäten bezogen auf den oben genannten ersten Fall ist unter anderem die Erreichung von Synergie- und Skaleneffekten. Die Zentralisierung von Aktivitäten in einer Abteilung eignet sich darüber hinaus für eine Beseitigung redundanter Funktionen.[162] Zudem eignet sich die Konzentration von Prozessen in einer zentralen Abteilung als Ansatzpunkt zur Verankerung unternehmensweiter Standards.

Die Durchführung von Standardisierungsmaßnahmen durch zentrale Abteilungen kann eine Bürokratisierung der Aktivitäten und Arbeitsgewohnheiten der Mitarbeiter mit sich bringen.[163] Zentralen Abteilungen wird in vielen Fällen bürokratisches Handeln, Hierarchieorientierung und das Nichtverstehen von Problemen vor Ort vorgeworfen.[164] Im Einzelnen bedeutet dies, dass zentrale Abteilungen sich unmittelbar an den Erwartungen und Vorgaben ihrer direkten Vorgesetzten orientieren. Die daraus resultierende zentralistisch geprägte Denkweise führt zu einer Ablehnung dezentral geprägter Auffassungen.[165] Mit der Bereitstellung von Sekundärleistungen für die internen Kunden ist die unter anderem durch die oben aufgeführten Faktoren bedingte möglicherweise mangelhafte

---

[157] Vgl. Deimel, 2008, S. 194.
[158] Vgl. Borowicz, 2006, S. 130.
[159] Vgl. Frese, 2000, S. 490 ff.
[160] Vgl. Borowicz, 2006, S. 130.
[161] Vgl. Borowicz, 2006, S. 130.
[162] In diesem Zusammenhang ist auf das Kapitel 3.3 dieser Arbeit hinzuweisen. Dort werden Triebfedern und Zielsetzungen des Shared-Service-Konzeptes aufgeführt.
[163] Vgl. Deimel, 2008, S. 195.
[164] Vgl. Ibold, Mauch, 2006, S. 380.
[165] Vgl. Ibold, Mauch, 2006, S. 380.

Markt-, Kunden- und Wettbewerbsorientierung, die im Bereich von zentralen Dienstleistungsbereichen auftritt, als ein entscheidender Nachteil einzustufen.[166] Die Etablierung dezentraler Strukturen kann den oben aufgeführten Nachteilen der Zentralisierung entgegenwirken. Dezentrale Organisationsstrukturen zeichnen sich durch eine stärkere interne Kundenorientierung aus, durch eine größere Nähe zum operativen Geschäft oder durch eine höhere Mitarbeitermotivation. Die größere Nähe zum operativen Geschäft kann im Bereich eines dezentralen Medizinprodukteinkaufs zu einer besseren Produktkenntnis der Verwender insbesondere bei Spezialartikeln führen. Die Nachteile bei einer dezentralen Organisation von Sekundärleistungsaktivitäten zeigen sich dagegen in erster Linie durch hohe Prozesskosten und eine niedrige Prozesseffizienz, da Funktionen in den einzelnen Abteilungen und Kliniken doppelt aufgebaut werden und eine Standardisierung von Abläufen sowie die Eliminierung redundanter Aufgabenbereiche nur schwierig umsetzbar ist.[167] Des Weiteren ist anzumerken, dass sowohl bei der Zentralisierung als auch bei der Dezentralisierung eine Marktorientierung der Sekundärleistungsbereiche und eine Vergleichbarkeit der dort ablaufenden Aktivitäten in Bezug auf die Kosten der Leistungserstellung nicht gegeben ist.[168]

3.1.2 Outsourcing als Organisationsform von Sekundärleistungsbereichen

Eine dritte Alternative hinsichtlich der Bereitstellung von Sekundärleistungsbereichen ist das Outsourcing.[169] Vereinfacht ausgedrückt ist darunter die Übertragung von bisher selbstständig arbeitsfähigen Organisationseinheiten oder Aufgabenbereichen an ein externes Unternehmen zu verstehen[170] Grundsätzlich ermöglicht das Outsourcing von Sekundärleistungen eine Entlastung der eigenen Organisation von Koordinationsaufwand, Bürokratie- und Managementkomplexität.[171] Durch die Konzentration des externen Unternehmens auf bestimmte Dienstleistungen ergeben sich Möglichkeiten zur Realisierung von Erfahrungsvorteilen sowie Skalen- und Synergieeffekten, mit der Folge, dass eine Bereitstellung der internen Dienstleistungen durch den externen Zulieferer zu geringeren Kosten erfolgt. Der externe Zulieferer hat ein eigenes Interesse daran, die

---

[166] Kritische Anmerkungen zu zentralen Dienstleistungsbereichen, vgl. Reckenfelderbäumer, 2001, S. 111.
[167] Ähnlich vgl. u.a. v. Campenhausen, Rudolf, 2001, S. 83.
[168] Ähnlich vgl. Deimel, Quante, 2003, S. 302.
[169] Ausführlicher zum Outsourcing-Begriff siehe Kapitel 3.3.2 in dieser Arbeit.
[170] Vgl. v. Eiff, 2005, S. 109 sowie die für diese Arbeit maßgebliche definitorische Eingrenzung, siehe Kapitel 3.3.2. Traditionell verfügt eine große Anzahl an Krankenhäuser über eine ausgeprägte Dienstleistungstiefe. Dieser Effekt beruht auf der Überzeugung von Krankenhausmanagern, dass die Eigenerstellung von Leistungen qualitativ hochwertiger ist und zugleich weniger Kosten verursacht als der Fremdbezug. Diesem Argument wird allerdings entgegengestellt, dass eine hohe Dienstleistungstiefe einen der zentralen Aufwands- und Kostentreiber darstellt, vgl. v. Eiff, 2005, S. 108.
[171] Vgl. v. Eiff, 2005, S. 109.

Leistungen kosteneffizient und qualitativ-hochwertig zur Verfügung zu stellen, da er sich in der Regel auf dem Markt in einem ständigen Wettbewerb befindet.[172] Ein weiterer Vorteil des Outsourcings ist die anfallende Fixkostenflexibilisierung.[173] Dies resultiert durch die Ersetzung der bisher im Rahmen der Leistungserstellung anfallenden Fixkosten durch variable Kosten aufgrund der leistungsabhängigen Vergütung im Rahmen des Outsourcingsvertrags. Ebenfalls bietet das Outsourcing den Vorteil, anstehende Investitionsaufwendungen in Großgeräte (beispielsweise in den Bereichen Radiologie oder Labor) zu minimieren, wenn die Geräte durch externe Unternehmen beschafft und von diesen betrieben werden.

	Zentralisierung	Outsourcing
+	▸ Aufbau besonderer Kompetenzen ▸ Standardisierung von Prozessen ▸ Eliminierung von Redundanzen ▸ Nutzung von Synergieeffekten ▸ Nutzung von Skaleneffekten	▸ Nutzbarmachung von Kostenvorteilen ▸ Entlastung der eigenen Organisation von Koordinationsaufwand, Bürokratie- und Managementkomplexität ▸ Fixkostenflexibilisierung ▸ Konzentration auf das Kerngeschäft ▸ Verringerung des Investitionsaufwands für medizinische Großgeräte
−	▸ Hohe Kosten, die auf die Geschäftsbereiche umgelegt werden ▸ Geringe Flexibilität ▸ Mangelhafte Kundenorientierung ▸ Geringe Marktorientierung ▸ Mangelhafte Wettbewerbsorientierung ▸ Geringe Dienstleistungsqualität ▸ Geringe Motivation zur Kostensenkung ▸ Gering ausgeprägte Prozessoptimierung ▸ Ausgeprägte Distanz zum operativen Geschäft	▸ Entstehung von irreversiblen Abhängigkeiten ▸ Monopolbeziehungen bei Individuallösungen ▸ Einseitige Abhängigkeiten begünstigen opportunistisches Verhalten ▸ Know-how-Verlust ▸ Geringer Einfluss auf Arbeitsqualität ▸ Arbeitsrechtliche Probleme ▸ Hohe Transaktionskosten ▸ Versteckte Kosten auf Seiten des Outsourcing-Dienstleisters ▸ Verhandlungen und Abstimmungsbedarf verhindern die Verbesserung der eigenen Leistungsfähigkeit im Hinblick auf Kundenorientierung und Qualitätssicherung ▸ Überwindung räumlicher Distanzen

Bei der Auswahl von Organisationsalternativen im Sekundärleistungsbereich sind die Vor- und Nachteile traditioneller Organisationsformen zu berücksichtigen

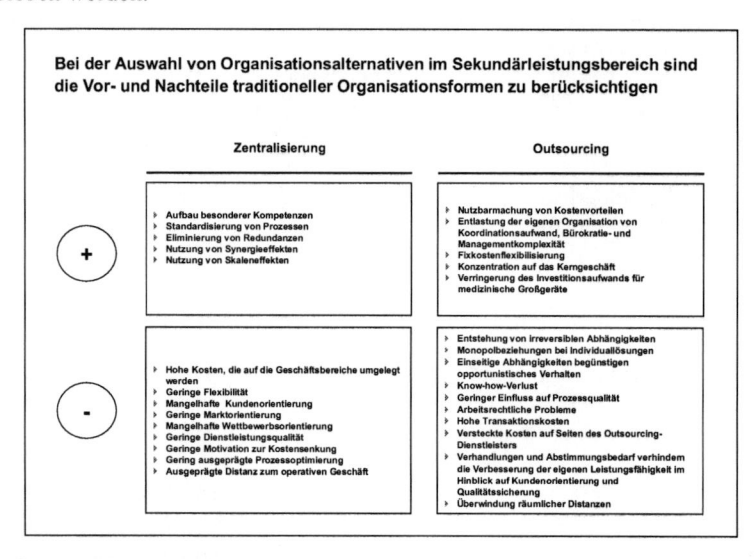

Abbildung 3-1: **Vor- und Nachteile traditioneller Organisationsformen im Sekundärleistungsbereich**[174]

Den aufgeführten Vorteilen, die Kliniken und andere Organisationen im Outsourcing von Sekundärleistungsbereichen sehen, stehen aber gravierende Nachteile gegenüber.[175] Zu diesen Nachteilen zählt die Entstehung von Entfremdungsprozessen auf Seiten der outgesourcten Firmen. Hier zeigt sich die Gefahr eines erhöhten Führungs- und Abstimmungsaufwandes, der daraus resultiert, dass die vom Outsourcer angebotenen Leistungen nicht mehr mit den Anforderungen des Stammunternehmens kompatibel sind. Ein weiterer Kritikpunkt ergibt sich aus der fehlenden Möglichkeit des outsourcenden Unternehmens, auf

---

[172] Vgl. Deimel, 2008, S. 197.
[173] Vgl. Deimel, 2008, S. 196.
[174] Vgl. Deimel, 2008, S. 195 sowie Reckenfelderbäumer, 2001, S. 110 ff.
[175] Vgl. Kapitel 1.

die outgesourcten Prozessschritte und die Prozessqualität Einfluss zu nehmen und damit die Qualität der Dienstleistungserstellung mitzubestimmen. Außerdem kann durch Fremdvergabe abgegrenzter Funktionskomplexe wie der Radiologie oder des IT-Bereichs und des damit verbundenen Prozessmanagements eine unkalkulierbare Abhängigkeit entstehen.[176] Damit birgt das Outsourcing die Gefahr, dass Lieferanten ihre Lage über Preispolitik opportunistisch auszunutzen, wenn sie über eine Monopolstellung verfügen. Zudem führt die Entstehung von unkalkulierten Abhängigkeiten im Rahmen von Outsourcing regelmäßig zum Know-how-Verlust an den Lieferanten.[177]

Oft betrachten Krankenhäuser das Outsourcing von Sekundärleistungsbereichen nur unter dem Gesichtspunkt der Kostensenkung und neigen dazu, die mit dem Outsourcing verbundenen Kostensenkungspotenziale systematisch zu überschätzen.[178]

3.2 Das Shared-Service-Konzept

3.2.1 Entstehung

Der Begriff Shared Services ist bereits Anfang der 1960er Jahre in der US-amerikanischen Literatur zum Krankenhausmanagement im Rahmen einer Studie von Blumberg und der American Hospital Association verwendet worden. Basierend auf der in Abbildung 3-2 aufgeführten Definition von Shared Services ist in der genannten Studie der Status bezüglich der Nutzung von Shared Services in Krankenhäusern untersucht worden.[179] Im Rahmen einer weiteren Analyse wird allerdings deutlich, dass Blumberg unter Shared Services in erster Linie eine Kooperationsform zwischen in der Regel rechtlich unabhängigen Kliniken in ländlichen und dünn besiedelten Regionen der USA verstand und nicht als Organisationsalternative und Managementmethode.[180] Des Weiteren wurde der Shared-Service-Ansatz 1975 von Friedman als Möglichkeit gesehen, durch die gemeinsame Nutzung von Dienstleistungen in der Distribution mehr Effizienz zu erreichen.[181]

Die Entstehungsgeschichte des Organisationsansatzes Shared Services, wie er seit Mitte der 1990er-Jahre in der Betriebswirtschaft behandelt wird, geht aller-

---

[176] Vgl. v. Eiff, 2005, S. 111.
[177] Vgl. Deimel, Quante, 2003, S. 302.
[178] Vgl. v. Eiff, 2005, S. 111.
[179] „The purpose of the study was to conduct a preliminary review of the present status of shared services in hospitals. Emphasis was placed upon defining the subject and finding one or more specific illustrative examples of a wide variety of such services, principally within the United States." Blumberg, 1966, S. 3.
[180] Vgl. Blumberg, 1966, S. 1 ff.
[181] Vgl. Friedman, 1975, S. 24 f.

dings in erster Linie auf Überlegungen US-amerikanischer Unternehmen in den 1980er-Jahren zurück, die Ausgaben in den betrieblichen Unterstützungsfunktionen zu senken.[182] Zur Einsparung von Kosten gingen US-amerikanische Großunternehmen in den 1970er-Jahren dazu über, Unterstützungsfunktionen an einem Standort zu zentralisieren. Ziel war es, dadurch die Kosten für Personal und die Anzahl der EDV-Systeme zu senken. Mit der ansteigenden Dynamik der Märkte und Technologien in den 1980er-Jahren erwies sich diese Zentralisierung der Unterstützungsfunktionen an nur einem Standort als unvorteilhaft, da die bürokratisch agierenden Unternehmenszentralen nur sehr langsam auf die sich schnell ändernden Anforderungen ohne Verzug reagieren konnten.[183]

Als Reaktion darauf haben die Unternehmen die Unterstützungsleistungen mit dem entsprechenden Personal direkt in den Geschäftseinheiten aufgebaut. Ziel war es, durch diese Dezentralisierung eine auf Veränderungen schnell agierende, schlanke Organisationsstruktur mit günstigeren Kostenstrukturen zu schaffen.[184] Die Geschäftseinheiten[185] verfügten über einen hohen Grad an Selbstständigkeit und Eigenverantwortlichkeit bezüglich der in den Gesamtkonzern einfließenden Ergebnisse. Das Ergebnis dieser Verlegung von Verantwortung war, dass die jeweiligen Unterstützungsfunktionen auf die spezifischen Bedürfnisse der Geschäftseinheiten angepasst und von eigenen Mitarbeitern betreut wurden und dass gleichartige Funktionen in den jeweiligen operativen Einheiten auf unterschiedliche Art und Weise erbracht wurden.[186]

In der Folge kam es bedingt durch die Heterogenität der Leistungserbringung nicht zur Realisierung der erhofften Skaleneffekte sowie zu einem erheblichen Anstieg der Personal- und Infrastrukturkosten. Es wurde ersichtlich, dass sich ein großer Anteil an dezentral ausgeführten Aktivitäten in Bezug auf die Gesamtunternehmenssteuerung als problematisch erwies.[187] Ende der 1980er-Jahre stiegen diese Schwachstellen schließlich immer stärker in das Bewusstsein der Unternehmensleitungen.[188] Das Management sah sich aufgrund dieser Entwicklung der Herausforderung gegenübergestellt, die mittels der Dezentralisierung erreichten Verbesserungen in den drei Dimensionen Kosten, Qualität und Zeit weiter zu steigern, aber gleichzeitig spezifische Lösungen für einzelne Unternehmensteile zur Verfügung zu stellen. Eine weitere Herausforderung bestand darin, die internen Verwaltungs- und Unterstützungsleistungen zu einem Preis-

---

[182] Vgl. Aguirre et al., 1998, S. 17.
[183] Vgl. v. Campenhausen, Rudolf, 2000, S. 82 ff.
[184] Vgl. Kagelmann, 2001, S. 69.
[185] In der Literatur wird anstelle des deutschsprachigen Begriffs Geschäftseinheit häufig der Begriff „Business Unit" verwendet. Beispielsweise bei Bergeron, 2003.
[186] Vgl. Westerhoff, 2006, S. 57.
[187] Vgl. Pampel, Riedel, 2005, S. 22.
[188] Vgl. Aguirre et al., 1998, S. 17.

und Qualitätsstandard zu erbringen, der mit den besten am Markt tätigen Wettbewerber mithalten konnte.[189]

Als Pionier dieses Gedanken wird in der Literatur der in den USA ansässige Ford-Konzern genannt, der bereits 1981 als erstes global bedeutendes Unternehmen ein Shared-Service-Center für seine Finanz- und Rechnungswesenfunktion aufbaute.[190] In diesem Zusammenhang ist anzumerken, dass sich das Auffinden von auf dem Shared-Service-Ansatz basierten Organisationsstrukturen grundsätzlich als schwierig herausstellt, da in vielen nach Geschäftsbereichen organisierten Institutionen eine Erbringung von Unterstützungsleistungen für zwei oder mehrere Geschäftsbereiche gemeinsam stattfindet. Darüber hinaus existieren zahlreiche Unternehmen, die Verwaltungsfunktionen nie aus der Zentrale in die dezentralen Einheiten transferiert haben.[191] Bei dem US-amerikanischen Ford-Konzern findet sich im Jahr 1981 zum ersten Mal eine bewusste Initiative, das dezentralisierte Finanz- und Rechnungswesen wieder zu zentralisieren und diese internen Leistungen in Form einer Servicefunktion den Geschäftsbereichen anzubieten. Dabei finden sich hier erstmals typische Merkmale wie die Bezeichnung Shared-Service-Center und die Vereinbarung von Leistungen und Preisen.[192] Ende der 1980er-Jahre folgten weitere nordamerikanische Unternehmen, die dieses Konzept anwendeten, was zu einer stärkeren Auseinandersetzung mit diesem Konzept in der betriebswirtschaftlichen Literatur führte. In Europa war dieser Organisationsansatz dagegen bis in die frühen 1990er-Jahre weitgehend unbekannt.[193] Die zunehmende Internationalisierung der Wirtschaft und der daraus resultierende Anstieg des Wettbewerbsdrucks sowie die vermehrte Fokussierung der Unternehmen auf Maßnahmen zur Steigerung des Unternehmenswertes führten zu einem Anstieg der Implementierung des Shared-Service-Konzeptes bei europäischen Unternehmen.[194]

Die Auswertung der Literatur zeigt, dass sich zunehmend die öffentliche Verwaltung als weiterer Anwendungsbereich für das Shared-Service-Konzept eignet.[195] In der Schweiz wird die Führung der Bundesverwaltung in die einzelnen Ämter delegiert, was zu einer sehr dezentralen Organisation führt.[196] In der Verwaltung steht nicht das wirtschaftliche Handeln, sondern der öffentliche Service im Vordergrund. Da in der Privatwirtschaft vornehmlich das wirtschaftliche Handeln im Vordergrund steht, ist hier zwar die bessere Basis und Argumentati-

---

[189] Vgl. Westerhoff, 2006, S. 58.
[190] Vgl. Dressler, 2007a, S. 37.
[191] Vgl. Dressler, 2007a, S. 37.
[192] Vgl. Dressler, 2007a, S. 37.
[193] Vgl. Dressler, 2007b, S. 19.
[194] Vgl. Fischer, Sterzenbach, 2006, S. 123. Ausführlicher zur Entstehung des Shared-Service-Konzeptes: Vgl. Kagelmann, 2001, S. 70 ff. oder Dressler, 2007b, S. 18 ff.
[195] Vgl. A.T. Kearney 2005 sowie Prodoehl, Habbel, 2006, S. 3.
[196] Vgl. Busslinger, Jaki, 2005, S. 605.

onskette für die Implementierung von Shared-Service-Organisationen gegeben, aber aufgrund des ansteigenden Kostendrucks in der öffentlichen Verwaltung rückt das Gebot der Wirtschaftlichkeit in diesem Bereich immer stärker in den Blickpunkt.[197] Zu erwähnen ist, dass der britische Premierminister Tony Blair im November 2005 das Positionspapier „Transformational Government – Enabled by Technology" herausgegeben hat, in dem der Weg für eine radikale Umgestaltung des britischen öffentlichen Sektors beschrieben wird.[198] Kern dieser angestrebten Verwaltungsreform ist der Aufbau von Shared Services, der von Blair explizit in der Zielvorgabe für 2011 erwähnt wird: *„Die Einstellungen in der Verwaltung müssen sich dahingehend ändern, dass die gemeinsame Erbringung von Dienstleistungen[199] als Chance gesehen wird, die vorherrschende Silostruktur zu überwinden."*[200] Mit der Planung des Aufbaus eines Shared-Service-Centers für die Bundesverwaltung gewinnt das Shared-Service-Konzept auch in der öffentlichen Verwaltung in Deutschland zunehmend an Bedeutung.[201]

3.2.2 Begriffsbestimmung Shared Services

Zunächst erfolgt im Rahmen der Begriffsbestimmung eine semantische Betrachtung von Shared Services und Shared-Service-Centern.

Das Wort „Service" (engl. Dienst, Dienstleistung) bringt zum Ausdruck, dass es inhaltlich um den Objektbereich der Dienstleistungen geht. Das Wort „Shared" kann mit „gemeinsam" oder „geteilt" übersetzt werden. In Kombination mit dem Wort „Service" deutet es darauf hin, dass „gemeinsame Dienstleistungen" eine Relevanz besitzen.[202] Schließlich gibt das dritte mit diesem Begriff in Verbindung stehende Wort „Center" Aufschluss darüber, dass es sich um eine zentralisierte Einrichtung handelt. Die semantische Betrachtung lässt bereits erkennen, dass es sich um einen Organisationsansatz handelt, bei dem die gemeinsame Nutzung von Dienstleistungen im Vordergrund steht.

---

[197] Vgl. Busslinger, Jaki, 2005, S. 605.
[198] Vgl. Prodoehl, Habbel, 2006, S. 3.
[199] Die Beschreibung „Gemeinsame Erbringung von Dienstleistungen" ist hier sinngemäß von dem Begriff Shared Services abgeleitet.
[200] Prodoehl, Habbel, 2006, S. 3.
[201] Ausführlicher zum Aufbau eines Shared-Service-Centers für die Bundesverwaltung, vgl. Hensen, 2006.
[202] Der Begriff „Service", ist in dieser Arbeit, falls nicht anderes dargestellt, grundsätzlich mit dem Begriff „Dienstleistung" gleichzusetzen. Dies entspricht dem Inhalt, dem deutschsprachige Quellen auf der einen Seite und englischsprachige Quellen auf der anderen Seite dem jeweiligen Begriff heute beimessen. Auf eine definitorische Eingrenzung des Dienstleistungsbegriffs wird an dieser Stelle verzichtet. Eine kritische Analyse des Begriffs der Dienstleistung und speziell der internen Dienstleistung ist von Reckenfelderbäumer durchgeführt worden. Vgl. Reckenfelderbäumer, 2001, S. 23 ff.

Um in einer weiterführenden Betrachtung eine Definition des Begriffs Shared Services aufzuzeigen, werden im Folgenden in der Literatur vorhandene Definitionen betrachtet und diskutiert. The American Productivity & Quality Center (APQC), eine US-amerikanische Non-Profit Organisation, definiert Shared Services wie folgt: *"Leading-edge companies are moving away from autonomously run operations to efficient, customer-focused functions known as 'shared services'. Under shared services, scattered operations are pulled together into mega-service centers, which then serve all of the company's business units around the globe. This results in the creation of a separate support organization with P&L responsibility that 'sells' its services to other operating units. Such operations are designed to provide lower costs and one-stop service to all parts of the corporation. Shared services is viewed as an essential initiative that will help the organization make a quantum leap in lowering their operating costs and improving their overall bottom line."*[203] Die APQC fokussiert sich bei ihrer Definition von Shared Services auf international agierende Konzerne, die Leistungen ihres Shared-Service-Centers den weltweit verteilten Geschäftseinheiten bereitstellen.

Quelle	Beschreibung Shared Services
Dlumberg, 1900, D. 1.	In the broadest sense, any service or product that a hospital purchases or obtains from an outside agency is a shared service. (This viewpoint has historical validity, since at one time hospitals were almost wholly self-sufficient). In the most limited sense, only those services in which hospitals have established cooperatives ventures e.g. laundry, insurance, regional planning, could be considered shared services.
Friedman, 1975, S. 24.	The idea of shared services in the field of physical distribution goes against the grain of many corporate executives, who are used to tending to their own business and operating their own private distribution systems. Yet shared services offer the great advantages of significant reduction in the cost of distribution, better marketing positions and improved customer service.
Aguirre et al., 1998, S. 2.	Shared Services is a new model for delivering corporate support, combining and consolidating of services from headquarters and business units into a distinct, market-efficient entity.
Busslinger, Jaki, 2005, S. 601.	Als Shared Services können standardisierte und gut quantifizierbare Dienstleistungen bezeichnet werden, die von darauf spezialisierten Unternehmen in Shared-Service-Centern wie eine Marktleistung angeboten werden.
Deimel, Quante, 2003, S. 302.	Unter dem Konzept der Shared Services versteht man die langfristige Zusammenführung gleicher Dienstleistungsprozesse in einem wirtschaftlich und/oder rechtlich selbstständigen Verantwortungsbereich, dem sogenannten Shared-Service-Centern
Kagelmann, 2001, S. 49.	Unter dem Shared-Service-Konzept im betriebswirtschaftlichen Sinne soll ein Organisationsansatz zur Bereitstellung von internen Dienstleistungen für mehrere Organisationseinheiten mittels gemeinsamer Nutzung von Ressourcen innerhalb einer Organisationseinheit verstanden werden.
Westerhoff, 2006, S. 59	In einem Shared-Service-Center werden die verteilt aufgestellten Organisationseinheiten eines Unternehmens zusammengefasst, die vergleichbare Leistungen für ihre jeweilige operative oder auch zentrale Einheit erbringen.
Bergeron, 2003, S. 3.	Shared Services is a collaborative strategy in which a subset of existing business functions are concentrated into a new, semiautonomous business unit that has a management structure designed to promote efficiency, value generation, cost savings, and improved service for the internal customers of the parent corporation, like a business competing in the open market.
Boschen, Möller, 2004, S. 86.	Von Shared Services (gemeinsamen Dienstleistungen) spricht man dann, wenn bestimmte Dienstleistungen wie Personalmanagement, Controlling oder Finanzmanagement oder auch EDV-Dienstleistungen zentral erbracht und den dezentralisierten Geschäftseinheiten von der Konzern- oder Unternehmensführung angeboten werden.
Schimank, Strobl, 2002, S. 283.	Ein Shared-Service-Center ist eine Dienstleistungseinheit, die administrative Prozesse für mehrere i.d.R. dezentrale Unternehmensbereiche abwickelt. Die Zielsetzung ist hierbei, durch Standardisierung der Prozesse und IT-Plattformen erhebliche Skaleneffekte zu realisieren.
Breuer, Kreuz, 2006, S. 147.	Shared-Service-Center stellen selbstständige Verantwortungsbereiche innerhalb eines Konzerns dar, in denen Serviceprozesse, die in mehreren dezentralen Geschäftseinheiten in ähnlicher Form auftreten, gebündelt werden, um sie zu Marktpreisen für interne und externe Kunden anzubieten.

Abbildung 3-2: Ausgewählte Definitionen zum Thema Shared Services

Voegelin/Spreiter verstehen unter Shared Services „standardisierte und gut quantifizierbare Dienstleistungen, die von darauf spezialisierten unternehmenseigenen sog. „Shared Services Center" wie eine Marktleistung den dezentralen Unternehmensbereichen angeboten werden. Dabei handelt es sich um das Kern-

---

[203] Kleinfeld, Kronau, Holtje, 2005, S. 333.

geschäft unterstützende Prozesse wie beispielsweise Informatik, Controlling, Accounting oder Compliance."[204] Voegelin/Spreiter beziehen sich auf die Kundenorientierung sowie auf die Art der vom Shared-Service-Center zur Verfügung gestellten Dienstleistungen: „Shared Service Center sind demzufolge marktorientierte Organisationseinheiten, die ihre Dienste primär unternehmensinternen Kunden anbieten. Diese Center sind sowohl transaktions- als auch beratungsorientiert." Voeglin/Spreiter grenzen den Einsatzbereich nicht nur auf die transaktionsorientierten Prozesse ein, sondern nennen explizit die Beratungsorientierung, die durch Konsolidierung und Know-how-Aufbau herausgebildet wird und somit eine Basis für den effizienten Aufbau von Spezialwissen in Unternehmen schafft. Im Gegensatz dazu fokussieren sich Deimel/Quante im Rahmen ihrer Betrachtung des Shared-Service-Ansatzes in erster Linie auf transaktionsorientierte Leistungen: „Shared Service Center eigen sich vor allem für transaktionsbezogene und standardisierbare Aktivitäten von unterstützenden Prozessen mit begrenztem Entscheidungsspielraum."[205]

Wie den oben aufgeführten und in Abbildung 3-2 skizzierten Beschreibungen zu entnehmen ist, haben sich vor dem Hintergrund der Ende der 1990er-Jahre verstärkt auftretenden Implementierung von Shared-Service-Strukturen vielfältige definitorische Ansätze zum Shared-Service-Konzept herausgebildet. Während einige Definitionen Shared Services ausschließlich mit Verwaltungstätigkeiten wie Lohn- und Gehaltsabrechnung oder der Zusammenfassung von internen IT-Dienstleistungen in Verbindung bringen,[206] geben andere Definitionen keine spezifische Eingrenzung vor.[207] Bangemann weist explizit auf die vielfältigen Definitionen von Shared Services hin: *"Shared Services can be defined in a number of ways. The definition depends largely on one's point of view. Some people feel that shared services are about organization; others think about processes. IT people would review the topic from their point of view. A chief executive officer (CEO) would think of the strategic fit of a Shared Service Organization."*[208]

---

[204] Voegelin, Spreiter, 2003, S. 831.
[205] Deimel, Quante, 2003, S. 302.
[206] Beispielsweise v. Glahn, Keuper, 2005, S. 190 ff.
[207] Shared-Service-Center werden im Finanz- und Rechnungswesen häufig als „Accounting Factory" bezeichnet, vgl. Michel, 2006b, S. 443. Durch die Wahl dieser Bezeichnung wird der Konsolidierungs- und Standardisierungsaspekt in den Mittelpunkt gerückt. Vor dem Hintergrund der in dieser Arbeit aufgestellten Definition sowie der Darstellung der Merkmale und Triebfedern von Shared Services ist eine Fokussierung dieses Konzeptes auf Aspekte der Konsolidierung und Standardisierung von Unterstützungsfunktionen nach Auffassung des Autors zu einseitig. Vgl. dazu Quinn, Cooke, Kris, 2000, S. 23 ff.
[208] Bangemann, 2005, S. 13.

Die im weiteren Verlauf dieser Arbeit zu untersuchenden Einsatzmöglichkeiten und Gestaltungsparameter von Shared Services in Kliniken[209] erfordern eine Definition, die weder zu weit noch zu eng gefasst ist. Zum einen ist eine Eingrenzung des Untersuchungsgegenstandes hinsichtlich der zugrunde liegenden Rahmenbedingungen und Dienstleistungsbereiche erforderlich, um Aussagen über die Einsatzmöglichkeit und Bewertung dieses Organisationskonzeptes zu erarbeiten. Zum anderen besteht bei einer zu eng gefassten Definition hinsichtlich der relevanten Leistungsbereiche und Prozesse die Gefahr, dass bei Anwendung des Konzeptes eine unzureichende Erkennung der Wirkungsweisen und Synergiepotenziale stattfindet und die Beurteilung der Einsatzmöglichkeiten negativ beeinflusst oder eingeschränkt wird. Eine Definition, die diese Anforderungen erfüllt und die verschiedene Sichtweisen berücksichtigt lautet:

„Bei dem Shared-Service-Konzept handelt es sich um eine Organisationsform, bei der gleichartige Sekundärleistungsbereiche[210] eines Unternehmens in einer eigenständigen organisatorischen Einheit zusammengefasst werden. Die in einer organisatorischen Einheit zusammengefassten Sekundärleistungen werden vorwiegend anderen Geschäftseinheiten des Unternehmens zur Verfügung gestellt. Die Einrichtungen, die im Rahmen dieser Organisationsform die Sekundärleistungen zur Verfügung stellen, werden als Shared Service Center bezeichnet."

Wie aus den oben genannten Ausführungen hervorgeht, ist unter dem Shared-Service-Konzept[211] somit eine Zusammenführung gleichartiger Dienstleistungsprozesse eines Unternehmens in einen wirtschaftlichen und zum Teil rechtlich eigenständigen Verantwortungsbereich, dem sogenannten Shared-Service-Center zu verstehen.[212] Die Shared-Service-Center unterstützen mit ihren Dienstleistungen die verschiedenen Organisationseinheiten innerhalb einer Konzern- oder Verbundstruktur. Im Rahmen einer Umstrukturierung erfolgt eine Herauslösung der für die Leistungserstellung durch ein Shared-Service-Center ausgewählten Aktivitäten aus den einzelnen Geschäftsbereichen und eine Zusammenführung in einer selbstständigen operativen Organisationseinheit.[213]

Dies wird aus Sicht der Geschäftseinheiten oft als internes Outsourcing bezeichnet, wobei eine klare Abgrenzung dahingehend zu tätigen ist, dass nicht wie beim Outsourcing[214] eine Übernahme der Aufgaben durch externe Unternehmen

---

[209] Die Darstellung potenzieller Einsatzmöglichkeiten von Shared Services im Krankenhausbereich erfolgt in Kapitel 5 und Kapitel 6.
[210] Unter dem Begriff Sekundärleistung sind hier patientennahe und patientenferne Leistungen zusammengefasst.
[211] Anstelle des hier aufgeführten Begriffs „Shared-Service-Konzept" werden die Begriffe „Shared-Service-Ansatz" oder nur „Shared Services" synonym verwendet.
[212] Vgl. Deimel, 2006, S. 201.
[213] Vgl. Deimel, 2006, S. 201.
[214] Vgl. Kapitel 3.3.2.

erfolgt, sondern eine Übertragung der Aufgaben in ein unternehmenseigenes Shared-Service-Center stattfindet, das idealerweise einer eigenverantwortlichen Steuerung unterliegt.[215] Für die dem Shared-Service-Konzept zugrunde liegende Vorgehensweise wird auch der Begriff Insourcing verwendet.[216] Im Rahmen einer ersten Eingrenzung zeigen sich folgende charakteristische Kennzeichen:[217]

Zusammenfassung gleicher Dienstleistungsprozesse, die bislang dezentral wie auch zentral erstellt wurden, in einer wirtschaftlich und/oder rechtlich selbstständigen organisatorischen Einheit, dem Shared-Service-Center.[218]

¶ Das Shared-Service-Center zeichnet sich durch eine ausgeprägte Kunden- und Prozessorientierung aus. Es bestehen interne Kundenbeziehungen zu den nachfragenden Unternehmensbereichen. Je nach strategischer Ausrichtung besteht die Möglichkeit zum Aufbau externer Kundenbeziehungen.[219]

¶ Das Shared-Service-Center liefert die Dienstleistungen an die nachfragenden Geschäftseinheiten in der Regel zu einem festgelegten Preis. Eine Vereinbarung von eindeutigen Preisen und Leistungsmengen erfolgt in Service-Level-Agreements.[220]

¶ Das Shared-Service-Center verfügt über Selbstständigkeit und ist grundsätzlich wettbewerbsfähig. Es verringert den finanziellen Aufwand für unterstützende Prozesse beispielsweise durch das Erzielen von Skalenerträgen.[221]

Bei einer sehr ausgeprägten Fokussierung auf den externen Kunden und wenn die Shared-Service-Einheit nach außen als unabhängiges Unternehmen am Markt auftritt ist zu hinterfragen, ob die Verwendung der Bezeichnung Shared-Service-Center noch möglich ist. In diesem Fall ist davon auszugehen, dass Gewinnverantwortung und Profiterzielung im Vordergrund stehen und die Bereitstellung von Leistung an externe Kunden[222] für das Bestehen unter Wettbewerbsbedingungen erforderlich ist.[223] Ein direkter Bezug des Shared-Service-

---

[215] Vgl. Deimel, 2006, S. 202 sowie Dressler, 2007b, S. 25.
[216] Vgl. Schulman, 1999, S. 13.
[217] Vgl. Deimel, 2006, S. 203; Aguirre et al., 1998, S. 2; v. Campenhausen, Rudolf, 2000, S. 81; Westerhoff, 2006, S. 59; Schuurmans, Stoller, 1998, S. 37. Siehe ergänzend dazu Kapitel 3.2.2.1.
[218] Vgl. Deimel, Quante, 2003 S. 302. Anstelle des Begriffs „Shared-Service-Center" werden in dieser Arbeit die Begriffe „Shared-Service-Einheit", „Shared-Service-Organisation" oder „Shared-Service-Struktur" synonym verwendet.
[219] Vgl. Westerhoff, 2006, S. 59.
[220] Vgl. Kapitel 6.
[221] Vgl. v. Campenhausen, Rudolf, 2000, S. 81.
[222] Unter dem hier verwendeten Begriff „externe Kunden" sind Kunden außerhalb von Konzern- und Verbundstrukturen zu verstehen.
[223] Diese Anmerkungen beziehen sich auf die Kritik von Gerybadze und Martin-Perèz an den von Schimank und Strobl aufgeführten Gestaltungsvarianten eines Shared-Service-Centers. Nach Schimank und Strobl durchläuft ein Shared-Service-Center unter idealen Bedingungen vier Entwicklungs-

Centers zu den Tätigkeiten des Konzerns wäre nicht mehr ersichtlich. Stattdessen konzentriert sich die Bereitstellung von Leistungen auf den externen Kunden, während von Seiten des internen Kunden nur noch ein geringes Interesse der Leistungsnachfrage besteht oder sogar eine Vernachlässigung der internen Kundenorientierung erfolgt.[224]

3.2.3 Merkmale der Leistungsprozesse einer Shared-Service-Organisation

Die in die Shared-Service-Organisationen übertragenen Leistungsprozesse weisen bestimmte Merkmale auf. Dabei ist zwischen allgemeinen und spezifischen Merkmalen zu unterscheiden. In Bezug auf die allgemeinen Merkmale ist feststellbar, dass diese grundsätzlich bei sämtlichen Arten von Leistungsprozessen erkennbar sind, die durch eine Shared-Service-Organisation bereitgestellt werden können. Zugleich stellen sie im Rahmen der Entscheidungsunterstützung einen Indikator dar, ob eine bestimmte Leistung oder ein Teilprozess für die Übertragung in eine Shared-Service-Einheit als geeignet erscheint. Mit Betrachtung der spezifischen Merkmale werden die Unterschiede zwischen den im Folgenden skizzierten expertenbasierten und transaktionsbasierten Leistungsprozessen deutlich.[225]

3.2.3.1 Allgemeine Merkmale

Bei einer ersten Abgrenzung ist zu konstatieren, dass die Ausgliederung von internen Dienstleistungen in ein Shared-Service-Center hauptsächlich auf unterstützende Prozesse und Aktivitäten anwendbar ist.[226] Kernprozesse sind von der Ausgliederung in ein Shared-Service-Center in der Regel nicht betroffen. Allerdings besteht, wie die weiteren Ausführungen in dieser Arbeit zeigen, die Möglichkeit, kernprozessnahe und wertschöpfende (Teil-) Leistungen durch eine Shared-Service-Einheit bereitzustellen.[227] In Bezug auf die Krankenhausorgani-

---

stufen. Diese erstrecken sich vom kostenorientierten Shared-Service-Center bis zum wettbewerbsfähigen Shared-Service-Center. In der Variante „wettbewerbsfähiges Shared-Service-Center" handelt es sich um ein eigenständiges Center, welches als separates Unternehmen auftritt, das eine Vielzahl an Kunden hat, bei dem Gewinn- und Wertbeitragsorientierung im Vordergrund stehen und das über einen hohen Anteil an externem Umsatz verfügt. Vgl. Schimank, Strobl, 2001, S. 281. Zur Kritik an dem Shared-Service-Evolutionsmodell vgl. Gerybadze, Martin-Perèz, 2007, S. 475 f.

[224] Vgl. Gerybadze, Martin-Perèz, 2007, S. 476 f.
[225] Aguirre et al. führen folgende Unterteilung auf: " [..] not all services are alike. They differ according to which customers are served, the interactions required and competencies needed. In general, organizational capabilities can be segmented into three categories: transaction-based, expertise-based and strategy-based." Aguirre et al., 1998, S. 6.
[226] Vgl. u.a. Quinn, Cooke, Kris, 2000; Wißkirchen, Mertens, 1999; Krüger, 2006; Bergeron, 2003 sowie die aufgeführten Definitionen in Abbildung 3-2.
[227] Vgl. Kapitel 3.4 sowie die Beschreibung der Einsatzmöglichkeiten im Krankenhausumfeld in Kapitel 5 und Kapitel 6. Während einige Autoren die Anwendung des Shared-Service-Konzeptes weitestgehend auf administrative Dienstleistungen beschränken, vgl. Dressler, 2007b oder Kagelmann, 2001, erweitern andere Autoren das Einsatzgebiet von Shared Services auf mehr strategisch-orientierte

sation existiert vor allem im patientennahen Sekundärleistungsbereich eine unscharfe Grenze zwischen einer punktuellen Kernprozesseinbindung und Unterstützungsprozessen.[228]

Des Weiteren werden die vom Shared-Service-Center zur Verfügung gestellten Leistungen von mehreren Geschäftseinheiten nachgefragt.[229] Dieser Aspekt zeigt, dass sich der Einsatz von Shared Services dann eignet, wenn eine Bereitstellung von Aktivitäten für mindestens zwei Leistungsempfänger erfolgt. Innerhalb einer Konzernstruktur handelt es sich bei den Leistungsempfängern typischerweise um die einzelnen Geschäftseinheiten und die dort existierenden Abteilungen.

Spezifische Merkmale zeigen deutliche Unterschiede zwischen transaktions- und expertenbasierten Leistungsprozessen auf

	Merkmale	Art der Leistungsprozesse	
		Transaktions-basiert	Expertenbasiert
Allgemeine Merkmale	Nur punktuelle Einbindung in Kernprozesse	+ +	+ +
	Nachfrage durch mehr als eine Geschäftseinheit	+ +	+ +
	Leistungsempfänger sind Bestandteil des Konzerns oder Unternehmensverbundes	+ +	+ +
	Interner Kunde steht im Mittelpunkt	+ +	+ +
	Nutzung von IT zur Bereitstellung der Leistung	+	+
Spezifische Merkmale	Große Mengenvolumina	+ +	o
	Hohe Wissensorientierung	o	+ +
	Aktivitäten sind weitgehend standardisierbar	+ +	o
	Kostensenkung steht im Vordergrund (bspw. durch Skaleneffekte)	+ +	+
	Erweiterte Einbindung in Kernprozesse	o	+ +
	Konzentration von Expertenwissen	o	+ +
	Flache Organisation mit breiter Kontrollspanne	+ +	o
	Teamorientierung und interne Vernetzung ist zur Leistungserstellung erforderlich	+	+ +
	Mitarbeiter bringen innovative Ideen und Spezialwissen mit ein	o	+ +

o = kein typisches Merkmal + = Merkmal teilweise erkennbar + + = typisches Merkmal

Abbildung 3-3: Allgemeine und spezifische Merkmale von Shared-Service-Prozessen[230]

Mit der Kundenausrichtung existiert ein weiteres Differenzierungsmerkmal.[231] Die Leistungsprozesse der Shared-Service-Organisation beziehen sich vorzugsweise auf den internen Kunden.[232] Die interne Kundenorientierung ist ein zentraler Bestandteil eines Shared-Service-Centers. Unter dem internen Kunden sind Abnehmer zu verstehen, die zum gleichen Konzern oder Unternehmensverbund gehören. Nur wenn es Bestandteil der Unternehmensstrategie ist, dass das Sha-

---

Dienstleistungen. Dies ist beispielsweise bei Quinn, Cooke, Kris 2000 sowie Aguirre et al., 1998 erkennbar.
[228] Vgl. Kapitel 5.
[229] Ähnlich vgl. Kagelmann, 2001, S. 88.
[230] Eigene Darstellung. Ergänzend vgl. Aguirre et al., 1998, S. 8.
[231] Vgl. Dressler, 2007b, S. 24.
[232] Vgl. Voegelin, Spreiter, 2003, S. 831.

red-Service-Center seine Dienstleistungen auf Märkten außerhalb des Konzerns anbietet, ist die Betrachtung externer Kunden mit einzubeziehen.

Darüber hinaus sind zur Leistungserstellung im Shared-Service-Center oder für die Bereitstellung der Leistungen an die Geschäftseinheiten in der Regel Instrumente der Informationstechnologie erforderlich. Folglich sind Leistungen, bei denen die Möglichkeit zur vollständigen oder teilweisen Datenübermittlung besteht, für eine Ausgliederung in ein Shared-Service-Center geeigneter als Leistungen, zu deren Erstellung ausschließlich physische Transporte erforderlich sind. Der IT-Einsatz ermöglicht vor allem eine zeitnahe Übertragung der Daten und verringert Schnittstellen- und Transportprobleme.

3.2.3.2 Spezifische Merkmale

Bei transaktionsbasierten Leistungsprozessen handelt es sich in erster Linie um Aktivitäten, die durch große Mengenvolumina gekennzeichnet sind. Abhängig von der Art der Sekundärleistung ist zur Durchführung ein hohes Beschäftigungsvolumen erforderlich. Diese meist im Finanz-, IT- oder Personalbereich existierenden Aktivitäten weisen zudem eine hohe Anzahl an sich wiederholenden Transaktionen auf, woraus auf ein hohes Maß an Arbeitsroutine im Zuge der Leistungserstellung geschlossen werden kann. Transaktionsbasierte Leistungsprozesse eignen sich für Prozessstandardisierungen und den Einsatz umfassender IT-Unterstützung. Dies eignet sich wiederum zur Generierung umfassender Kostenvorteile. Diese Kostensenkungseffekte werden durch sinkende Stückkosten pro Transaktion aufgrund von Volumenbündelungen weiter verstärkt.[233] Ziel ist es, die transaktionsbasierten Leistungen unter Beachtung der Qualitätskriterien so kostengünstig wie möglich zu erstellen.[234] Bei transaktionsbasierten Leistungsprozessen handelt es sich in der Regel um keine einmalig ablaufenden, sondern um ständig wiederkehrende Prozesse, die in unterschiedlichen Unternehmensbereichen in gleicher oder ähnlicher Weise durchgeführt werden. Die punktuelle Einbindung in den Kernprozess ist hier nur bedingt erkennbar. Ebenso ist ein Austausch von Informationen zur Leistungserstellung zwischen den Beteiligten nicht oder nur in geringem Umfang erforderlich.[235]

Expertenbasierte Leistungsprozesse sind dadurch gekennzeichnet, dass sie Expertenwissen bündeln, welches vor allem in dezentralen Einheiten nicht in dem notwendigen Umfang oder der notwendigen Qualität vorgehalten werden kann.[236] Zu diesen expertenbasierten Dienstleistungen zählen im Allgemeinen Aufgaben der Rechts- und Steuerberatung oder der Öffentlichkeitsarbeit. Diese Aktivitäten erfordern ein hohes Maß an Professionalität und sind je nach Leis-

---

[233] Vgl. Bogaschewsky, Kohler, 2007, S. 156.
[234] Vgl. Aguirre et al., 1998, S. 8 sowie Kapitel 3.4.
[235] Vgl. Deimel, 2006, S. 202.
[236] Vgl. Deimel, 2006, S. 202.

tung durch einen häufig auftretenden Kontakt mit dem (internen) Kunden gekennzeichnet. Es erfolgt eine kundenindividuelle Bereitstellung dieser Leistungen.[237] Zur Erstellung dieser Leistungen ist die Arbeit in Teams erforderlich, deren Experten gegebenenfalls untereinander durch Nutzung der IT vernetzt sind. Ziel auf Ebene der expertenbasierten Shared Services ist es, die Dienstleistungen auf einem hohen Qualitätsniveau und marktgerechten Konditionen bereitzustellen.[238] Kostensenkungseffekte resultieren daraus, dass Expertenwissen nur einmal konzernweit vorgehalten werden muss. Expertenbasierte Leistungen können durch eine im Vergleich zu den transaktionsbasierten Leistungen verhältnismäßig hohe strategische Bedeutung und Nähe zum Kernprozess gekennzeichnet sein.

Abbildung 3-3 stellt die oben genannten allgemeinen und spezifischen Merkmale von Shared-Service-Aktivitäten zusammenfassend dar.

3.3 Einordnung des Shared-Service-Konzeptes

In den vorangegangen Kapiteln wurde eine Begriffsbestimmung des Shared-Service-Konzeptes und eine Beschreibung typischer Shared-Service-Prozesse vorgenommen. Im Rahmen der weiterführenden Auseinandersetzung mit dieser Organisationsalternative wird in diesem Kapitel die Einordnung des Shared-Service-Konzeptes in Bezug auf Ansätze der Betriebswirtschaft und Organisationstheorie durchgeführt:[239]

¶ Eigenerstellung oder Fremdbezug

¶ Ausgliederung und Auslagerung (Outsourcing)

¶ Markt, Hierarchie und Netzwerk-Organisation (Trichotomes Erklärungsmodell)

¶ Zentralisation und Dezentralisation

Die im Folgenden durchgeführte Darstellung soll sich dabei nicht allein auf eine Begriffsbestimmung und Erläuterung der oben genannten Theoriekonstrukte beschränken. Vielmehr findet neben einer Einordnung des Shared-Service-Konzeptes eine Skizzierung der Charakteristika[240] statt, die die Eigenschaften und das Verhalten von Shared Services determinieren und diese von anderen Organisations- und Koordinationsformen abgrenzen. Vor allem das in Kapitel

---

[237] Vgl. Bogaschewsky, Kohler, 2007, S. 156.
[238] Vgl. Aguirre et al., 1998, S. 8.
[239] Die nachfolgende Einordnung bezieht sich im Wesentlichen auf Unternehmen in der Organisationsform Konzern.
[240] Zu den Charakteristika und Eigenschaften von Shared Services vgl. Kapitel 3.2, Kapitel 5 und Kapitel 6.

3.3.3 betrachtete trichotome Erklärungsmodell der Organisation eignet sich als theoretischer Ansatz für eine differenzierte Betrachtung von Shared Services.

3.3.1 Eigenerstellung oder Fremdbezug[241]

„Make or Buy" wird in der Literatur sinngemäß übersetzt mit Eigenerstellung oder Fremdbezug.[242] Die Frage nach der der Wahl zwischen Eigenerstellung und dem Fremdbezug ist eine seit langem bekannte und vielfach diskutierte Fragestellung in der Betriebswirtschaftslehre.[243] Die Frage stellt sich in arbeitsteiligen Wirtschaftssystemen regelmäßig und insbesondere dann, wenn nach der vorteilhaftigsten Form der Leistungsaufteilung gesucht wird.[244]

Daraus resultiert, dass sich dieser Entscheidungstatbestand grundsätzlich bei jeder Art von Leistungen und somit ebenfalls bei Dienstleistungen[245] wiederfindet. [246] In der von Männel verfassten Monographie „Eigenfertigung und Fremdbezug" wurde diese Thematik 1981 erstmals umfangreich diskutiert.[247] Seither ist eine große Anzahl von Untersuchungen zur „Make-or-Buy"-Problematik erschienen. Schwerpunkte der bisher veröffentlichten Untersuchungen zur „Makeor-Buy"-Problematik beschäftigen sich auf der einen Seite mit der Frage nach den grundsätzlich geeigneten Entscheidungskriterien bei der Wahl zwischen Eigenerstellung und Fremdbezug sowie auf der anderen Seite mit der Identifizierung von umfassenden methodischen Verfahren zur Entscheidungsfindung, die alle in der Situation relevanten Einzelkriterien berücksichtigen.[248] Die Berücksichtigung von Einzelkriterien ist notwendig, da die Wahl zwischen Eigenfertigung und Fremdbezug in der Regel eine situationsspezifische Einzelfallentscheidung ist.[249] Wie bereits erwähnt, erstrecken sich „Make-or-Buy"-Entscheidungen auch auf den Bereich der (internen) Dienstleistungen.

Zwischen den beiden Extrempunkten 100 %-ige Eigenerstellung oder 100 %-iger Fremdbezug existiert eine Vielzahl von Alternativen und Mischformen der Leistungserstellung, die in jeweils unterschiedlicher Ausprägung „Make"- oder „Buy"-Elemente beinhalten.[250] Die Alternativen reichen dabei von der Selbststellung durch die Geschäftseinheiten („Make" im engsten Sinne) bis zum ein-

---

[241] Dieser Abschnitt orientiert sich weitgehend an Kagelmann, 2001, S. 51 ff.
[242] Siehe Männel, 1981; Picot, 1991; Reckenfelderbäumer, 2001.
[243] Vgl. Reckenfelderbäumer, 2001, S. 120.
[244] Vgl. Hahn, Hungenberg, 1995, S. 49.
[245] Die Verwendung des „Make or Buy"-Begriffs wird häufig mit produktionstypischen Fragestellungen in Verbindung gebracht.
[246] Vgl. Reckenfelderbäumer, 2001, S. 120.
[247] Ausführlich zur Thematik „Eigenfertigung oder Fremdbezug" vgl. Männel, 1981 und Schneider, Baur, Hopfmann, 1994.
[248] Vgl. Reckenfelderbäumer, 2001, S. 121.
[249] Vgl. Reckenfelderbäumer, 2001, S. 121.
[250] Vgl. Picot, 1991, S. 340.

zelfallspezifischen Zukauf von Dienstleistungen am Markt („100 %-ig Buy").[251] Der Bezugspunkt ist bei dieser Betrachtung immer das wirtschaftlich selbstständige Unternehmen.

In Bezug auf die Einordnung des Shared-Service-Konzeptes ist ein Zusammenhang zwischen der Entscheidungsfrage Eigenerstellung oder Fremdbezug („Make or Buy") und dem Organisationskonzept Shared Services aufzuzeigen. Die „Make-or-Buy"-Frage ist als Entscheidung zwischen zwei Alternativen zu verstehen – bei dem Shared-Service-Konzept handelt es sich um eine organisatorische Gestaltungsalternative.[252] Damit ist die „Make-or-Buy"-Frage im Vorfeld einer Entscheidung über den Aufbau einer Shared-Service-Organisation zu beantworten und stellt einen Bestandteil des Entscheidungsprozesses dar.[253] Der Literatur ist zu entnehmen, dass es sich bei der dem Shared-Service-Konzept zugrunde liegenden Organisationsalternative sowohl um eine mögliche Unterform der „Make"-Alternative als auch um eine Unterform der „Buy"-Alternative handeln kann.[254]

Die jeweilige Zuordnung zur „Make"- oder „Buy"-Alternative ist in erster Linie von der Eigentümerstruktur des Shared-Service-Centers abhängig.[255] Wenn unterstellt wird, dass Shared-Service-Center in den meisten Fällen zu 100 Prozent in Besitz des Gesamtunternehmens sind, ist das Shared-Service-Konzept als eine Unterform der „Make"-Alternative einzuordnen.[256]

3.3.2 Outsourcing

Der Begriff Outsourcing geht auf ein in der amerikanischen Managementpraxis Ende der 1980er-Jahre geschaffenes Kunstwort zurück, das sich aus den Worten „outside", „resource" und „using" zusammensetzt und in Anlehnung an die Übersetzung die „Nutzung externer Ressourcen" bedeutet.[257] Outsourcing[258] basiert auf dem Prinzip der Arbeitsteilung und lässt sich bis zu den Anfängen der

---

[251] Vgl. Reckenfelderbäumer, 2001, S. 126.
[252] Vgl. Kagelmann, 2001, S. 52.
[253] Vgl. Kagelmann, 2001, S. 52.
[254] Vgl. Kagelmann, 2001, S. 53.
[255] Des Weiteren wird von Kagelmann dargestellt, dass die Zuordnung zur „Make"- oder „Buy"-Alternative abhängig vom gewählten Bezugspunkt ist (Konzern oder Unternehmensverbund). Es ist deshalb von Fall zu Fall zu bestimmen, ob es sich bei einem Shared-Service-Center um eine Unterform der „Make"-Alternative handelt, oder ob die „Buy"-Elemente im Vordergrund stehen. Ausführlicher zu dieser Problematik siehe Kagelmann, 2001, S. 52 ff.
[256] Eine Untersuchung von Shared-Service-Centern in Konzernen hat gezeigt, dass sich diese in der Regel zu 100 Prozent in Konzernbesitz befinden, vgl. Kagelmann, 2001, S. 53.
[257] Vgl. Hermes, Schwarz, 2005, S. 15.
[258] Weder in der deutschen noch englischsprachigen Literatur hat sich eine einheitliche Outsourcing-Terminologie durchgesetzt. Dieser Effekt wird darauf zurückgeführt, dass der Outsourcing-Begriff in der amerikanischen Wirtschaft eine relativ große Bekanntheit erlangte und entsprechend eine breite Verwendung fand, bevor er von der Fachliteratur thematisiert wurde.

modernen Betriebswirtschaftslehre zurückführen. Adam Smith beschrieb bereits Ende des 18. Jahrhunderts in seinem Werk „Wohlstand der Nation", dass eine erhöhte Produktivität der Arbeiter dadurch erreicht wird, indem sie sich auf die Bereiche spezialisieren, in denen sie das größte Können aufweisen. Die Automobilindustrie und allen voran die Ford Motor Company verfeinerte durch den Einsatz des Fließbandes diese Idee und teilte den Produktionsprozess in standardisierte, sequenziell ablaufende Tätigkeiten auf, die von spezialisierten Arbeitern ausgeführt wurden.[259] Durch Einführung dieser Maßnahmen reduzierte sich die Herstellzeit des Ford T-Modells von 12,5 auf 1,5 Stunden.[260] Aufgrund dieser Erfahrungen reduzierten die Unternehmen die Fertigungstiefe der von ihnen erstellten Produkte immer stärker und konzentrierten sich auf die Prozesse des Produktionsprozesses, die höchste Wertschöpfung generierten. Vor- und nachgelagerte Arbeitsschritte wurden an Drittunternehmen „outgesourct".[261]

Mit der voranschreitenden Entwicklung im Bereich der Informations- und Kommunikationstechnologie war es möglich, diese bislang auf den Produktionsprozess bezogenen Gedanken auf Dienstleistungen zu übertragen. Optimierungsgegenstand ist in diesem Fall nicht die Fertigungstiefe, sondern die Leistungstiefe. Im Fokus stehen hierbei administrative Prozesse und unterstützende Funktionen.[262]

Hinsichtlich der systematischen Gliederung von Outsourcing-Formen wird im Folgenden der Begriff Outsourcing in drei Bereiche unterteilt. Zu dem ersten Bereich, der weder den Outsourcing-Varianten „Ausgliederung" noch „Auslagerung" zuzuordnen ist, zählen bereits Profit-Center-Strukturen. Dieser erste Bereich stellt eine sehr umfassende Definition von Outsourcing dar, bei dem von Outsourcing bereits dann gesprochen wird, wenn ein Übergang von Leistungen innerhalb des Unternehmens vollzogen wird.[263] Ein wesentliches Kriterium dabei ist, dass „die Leistung zukünftig durch eine Einheit erbracht wird, die weniger intensiv als bisher in die Wertschöpfungskette des Unternehmens eingebunden ist."[264] Dies impliziert, dass bereits der Übergang der Leistungserstellung von einem Cost-Center auf ein Profit-Center als Outsourcing einzuordnen ist, wenn die Ausgliederung der Leistungserstellung in eine selbstständige Organisationseinheit ohne Aufbau einer neuen rechtlichen Einheit erfolgt. Eine Profit-Center-Konzeption wird in der Literatur daher auch als In-house-Outsourcing

---

[259] Vgl. Hermes, Schwarz, 2005, S. 16.
[260] Vgl. Hermes, Schwarz, 2005, S. 16.
[261] Vgl. Hermes, Schwarz, 2005, S. 16.
[262] Vgl. Dittrich, Braun, 2004, S. 1 ff.
[263] Als Vertreter dieser Kategorie werden Bliesener, 1994, S. 283; Nagengast, 1997, S. 54 und Müller, Prangenberg, 1997, S. 33 f. aufgeführt.
[264] Vgl. Müller, Prangenberg, 1997, S. 34.

bezeichnet.[265] Für diese Form des Outsourcings findet der Begriff „Outsourcing aus dynamischer Sicht" Verwendung.[266]

Als weitere Kategorie wird die Outsourcing-Variante „Ausgliederung" oder „Outsourcing im weiteren Sinne" in der Literatur genannt.[267] Eine Ausgliederung in diesem Sinne liegt vor, wenn eine partielle oder vollständige Übertragung von vorher selbsterstellten Leistungen auf eine rechtlich eigenständige Gesellschaft erfolgt. Auf diese Gesellschaft (zum Beispiel in Ausgestaltungsform eines Tochterunternehmens) kann von der abgebenden Einheit weiterhin über Kapitalbeteiligung Einfluss genommen werden – es besteht also eine kapitalmäßige Verflechtung.[268] Dies impliziert, dass der Auftraggeber weiterhin in den Kontroll- und Überwachungsgremien des Auftragnehmers präsent ist. Der Auftragnehmer ist entweder eine hundertprozentige Tochtergesellschaft des Auftraggebers, die meist ausschließlich für die Muttergesellschaft tätig wird, oder ein Beteiligungs- oder Gemeinschaftsunternehmen.[269]

Die Outsourcing-Variante „Auslagerung" gilt als klassische Form des Outsourcings.[270] Sie liegt dann vor, wenn eine partielle oder vollständige Übertragung von Unternehmensfunktionen an externe, rechtlich eigenständige Unternehmen erfolgt ist.[271] Aufgrund der völligen Herauslösung der Leistungserstellung aus dem Unternehmen ist diese Variante mit den größten organisatorischen und personellen Veränderungspotenzialen verbunden. Wichtig bei dieser Outsourcing-Variante ist, dass keine kapitalmäßige Verflechtung mehr zwischen Auftraggeber und Auftragnehmer besteht.[272] Aufgrund dieser fehlenden Verflechtung ist eine direkte Einflussnahme auf die ausgelagerte Unternehmensfunktion nicht mehr möglich, die Abstimmung zwischen den Gesellschaften erfolgt auf Basis von Verträgen und die Leistungserstellung ist nur noch auf Grundlage eines Auftragsverhältnisses möglich.[273] Diese Auslagerung von Leistungen an einen externen Dritten wird auch als „Outsourcing im engeren Sinn" oder als externes Outsourcing bezeichnet.[274]

---

[265] Vgl. Renner, Reisinger, Linzatti, 2001, S. 21.
[266] Vgl. Kagelmann, 2001, S. 54 sowie Mensch, 1996, S. 606.
[267] Vgl. beispielsweise Renner, Reisinger, Linzatti, 2001, S. 21; v. Glahn, Keuper, 2006, S. 15; Bruch, 1998, S. 55 f; Klingebiel, 2005, S. 777 sowie Hermes, Schwarz, 2005, S. 25 ff.
[268] Vgl. Klingebiel, 2005, S. 777.
[269] Vgl. Bacher, 2000, S. 47 ff.
[270] Vgl. Renner, Reisinger, Linzatti, 2001, S. 26. Vgl. Hermes, Schwarz, 2005, S. 29 f.
[271] Vgl. Bruch, 1998, S. 55.
[272] Vgl. Klingebiel, 2005, S. 778.
[273] Vgl. Klingebiel, 2005, S. 778.
[274] Im weiteren Verlauf der Arbeit ist unter dem Begriff Outsourcing in der Regel Outsourcing i.e.S. zu verstehen, falls keine anderen Angaben ausgeführt werden.

Eine weitere Unterscheidungsmöglichkeit des Outsourcings ist anhand der Betrachtung der Zahl an externen Partnern möglich.[275] Die Leistungserstellung kann auf einen (Single Outsourcing), zwei (Dual Outsourcing) oder mehrere Partner (Multiple Outsourcing) übertragen werden. Darüber hinaus besteht die Möglichkeit, Outsourcing in Abhängigkeit von dem Ort der Leistungserbringung zu unterscheiden. Die Leistungserbringung kann am Ort der Nachfrage (Onsite), im selben Land (Onshore), in einem Nachbarland (Nearshore) oder in einem weiter entfernten Standort (Offshore) stattfinden.[276]

In Theorie und Praxis wird häufig die Frage nach der Unterscheidung zwischen Outsourcing und Shared Services aufgeworfen.[277] Eine Beantwortung der Fragestellung hinsichtlich der Einordnung des Shared-Service-Konzeptes im Rahmen der Outsourcing-Betrachtung ist in erster Linie von der definitorischen Eingrenzung und dem gewählten Bezugspunkt abhängig. Beschränkt sich die definitorische Eingrenzung des Begriffs Outsourcing auf die Auslagerung von Leistungen (Outsourcing i.e.S.), lässt sich ein Zusammenhang zwischen dem Shared-Services-Ansatz und Outsourcing nur bedingt herstellen. Wird unter dem Begriff Outsourcing die Ausgliederung von Leistungen (Outsourcing i.w.S.) zusammengefasst, scheinen die Grenzen zwischen Outsourcing und Shared Services zu verschwimmen. In diesem Fall wäre der Shared-Service-Ansatz als eine Unterform des Outsourcings i.w.S. anzusehen.[278] Hinsichtlich der Einordnung des Shared-Service-Konzeptes ist festzustellen, dass es sich bei Shared-Service-Organisationen maximal um eine Ausgliederung von Unterstützungsprozessen in unternehmenseigene Gesellschaften handelt.[279]

3.3.3 Markt, Hierarchie und Netzwerk-Organisation

In dem folgenden Abschnitt wird der Shared-Service-Ansatz unter Einbeziehung des trichotomen Erklärungsmodells der Organisation eingehender betrachtet. Den Ausgangspunkt der Ausführungen bildet die Skizzierung der Problematiken bei einer rein dichotomen Betrachtung und der daraus resultierenden Einordnung von Shared Services als hybride Organisationsform.

---

[275] Vgl. Klingebiel, 2005, S. 778.
[276] Vgl. Silber, Guth, 2005, S. 18 ff.
[277] Beispielsweise bei: Breuer, Breuer, 2006, S. 114 oder Frey, Pirker, Vanden Eynde, 2006, S. 286.
[278] Das Shared-Service-Konzept wird in diesem Zusammenhang in der Regel dann als Ausgliederung wahrgenommen, wenn als Bezugspunkt das eigene Unternehmen gewählt worden ist. Ist der Bezugspunkt ein Unternehmen, das keine Kapitalverpflichtungen zum Unternehmen hat, in dessen Besitz sich das Shared-Service-Center befindet, und bezieht dieses Unternehmen Leistungen von dem Shared-Service-Center, wird die Übertragung von Leistungen in das Shared-Service-Center aus Sicht dieses Unternehmens als Auslagerung verstanden.
[279] Kagelmann weist darauf hin, dass die Anwendung des Shared-Service-Konzeptes maximal eine Ausgliederung im Rahmen einer Übertragung von Funktionen und Vermögen auf eine konzerneigene Gesellschaft beinhaltet. Vgl. Kagelmann, 2001, S. 57.

Coase entwickelte in seinem 1937 veröffentlichten Aufsatz „The Nature of the Firm"[280] ein dichotomes, diskontinuierliches Modell, das sich auf die beiden Elemente Markt und Hierarchie bezieht.[281] Die Kompensierung der aus Sicht dieses Ansatzes entstehenden Motivations- und Koordinationsprobleme sowie die damit verbunden Transaktionskosten geschieht dem dichotomen Ansatz zur Folge ausschließlich über die beiden Organisationsformen Markt und Hierarchie. Im Zuge der stärkeren Auseinandersetzung mit Netzwerkorganisationen stellte sich die Frage, wie diese organisationstheoretisch einzuordnen sind. Dies führte zu der Diskussion, ob Kooperationen und Netzwerke eine neue und damit als eigenständige oder als eine im Bereich zwischen Markt und Hierarchie existierende Form einzuordnen sind.

Williamson beschreibt Markt und Hierarchie als polare Formen wirtschaftlicher Koordination – *„Markets and hierarchies are polar modes".*[282] Er bezeichnet die Koordinations- beziehungsweise Organisationsform zwischen den beiden Extrempunkten Markt und Hierarchie als Hybrid-Form.[283] Eine Unterscheidung der Koordinationsformen trifft er dabei anhand der Ausprägung der Eigenschaften Anreizintensität (Instruments Incentive intensity), Administrative Kontrollmöglichkeit (Administrative Controls), autonome Adaption (Adaption A), kooperative Adaption (Adaption C) und Vertragsbeziehung (Contract Law). Abhängig von der Wahl der jeweiligen Koordinationsform weisen die Eigenschaften jeweils unterschiedliche Ausprägungen auf.[284] Hybrid-Organisationen stellen dabei selbst Netzwerke dar.[285]

Diese Platzierung von Netzwerken zwischen Markt und Hierarchie ist, wie unter anderem in den Ausführungen von Fischer zum trichotomen Modell ersichtlich, nicht ohne Widerspruch geblieben. Speziell Powell kritisiert die Kontinuumkonzeption der Transaktionskosten im Bereich Markt und Hierarchie:*"The idea that economic exchanges can be usefully arrayed along a continuum is thus too quiescent and mechanical. It fails to capture the complex realities of exchange. The continuum view also misconstrues patterns of economic development and blinds us to the role played by reciprocity and collaboration as alternative governance mechanisms. By sticking to the twin pillars of markets and hierarchies,*

---

[280] Vgl. Coase, 1937.
[281] Vgl. Kapitel 4.1.2.
[282] Vgl. Williamson, 1991, S. 281.
[283] Vgl. Williamson, 1991. Der Begriff der Hybrid-Organisation ist ebenfalls von Borys/Jemison geprägt worden: "Hybrids are organizational arrangements that use resources and/or governance structures from more than one existing organization". Borys, Jemison, 1989, S. 235.
[284] Ausführlicher zur Bedeutung und zur deutschen Übersetzung dieser von Williamson aufgeführten Eigenschaften, vgl. Fleisch, 2001, S. 70 ff.
[285] Vgl. Picot, Reichwald, Wigand, 2001, S. 304 und 316 ff. sowie Fleisch, 2001, S. 71. Die Positionierung von Netzwerken als Hybridform basiert im Wesentlichen auf den Überlegungen von Williamson zur hybriden Organisation. Siehe Williamson, 1991, S. 281.

our attention is deflected from a diversity of organizational designs that are neither fish nor fowl, nor some mongrel hybrid, but a distinctly different form."[286]

Das trichotome Modell der Organisation greift die Überlegungen zur Netzwerkorganisation als eigenständige Institutions- und Organisationsform wieder auf.[287] Es dient als Grundlage zu der hier durchgeführten Einordnung des Shared-Service-Ansatzes. Das trichotome Modell besteht aus den drei Ausprägungen „Koordination durch preisbasierte Abstimmung", „Koordination durch autoritätsbezogene Weisung" und „Koordination durch vertrauensbasierte Abstimmung"[288]. Es findet eine Zuordnung der Koordinationsformen Markt, Hierarchie und Netzwerk-Organisation zu den oben genannten drei Ausprägungsformen der Koordination statt.

Im Rahmen der Auseinandersetzung mit dem trichotomen Modell der Organisation ist zwischen ideal- und realtypischen Ausprägungen der Organisation zu unterscheiden. Die idealtypische Ausprägung der Organisationsform Hierarchie fokussiert sich ausnahmslos auf den Koordinationsmechanismus der autoritätsbasierten Weisung. Es erfolgt einzig und allein eine Verteilung und Koordination der einzelnen Aufgaben durch Einsatz der autoritätsbezogenen Weisung. Unter idealtypischen Verhältnissen gehorchen die Beschäftigten den Anweisungen des Vorgesetzten innerhalb des bürokratischen Institutionssystems. Da es keine Nicht-Ausführung von Aufgaben gibt, ist auch kein zusätzlicher Koordinationsmechanismus notwendig, um das kollektive Organisationsziel zu erreichen.[289] Diese Annahmen zeigen sich nicht in den realtypischen Ausprägungen. Das Unternehmen als Extrempunkt der Realausprägungen im trichotomen Modell ist gekennzeichnet durch *„clear departmental boundaries, clean lines of authority, detailed reporting mechanisms, and formal decision making procedures".*[290] Da in der realtypischen Ausprägung des Unternehmens Informationsasymmetrien existieren ergibt sich für die Beschäftigten ein Handlungsspielraum, der nur bedingt vom Vorgesetzten kontrollierbar ist. Damit der Mitarbeiter sich trotzdem nicht eigennützig verhält beruft sich der Vorgesetzte auf institutionelle und persönliche Vertrauensaspekte.[291]

In der idealtypischen Ausprägung der Organisationsform Markt findet ausnahmslos eine Fokussierung auf den preisbasierten Vertrag statt. Der Preis ist alleiniger Informationsträger und drückt den Wert eines Gegenstandes oder einer

---

[286] Powell, 1990, S. 299.
[287] Eine ausführliche Betrachtung des trichotomen Erklärungsmodells der Organisation inklusive der Herleitung und Diskussion idealtypischer und realtypischer Ausprägungen findet sich in der Arbeit von Fischer. Vgl. Fischer, 2001.
[288] Zur Funktion von Vertrauen vgl. Ullrich, 2004a, S. 69 ff.
[289] Vgl. Ullrich, 2004a, S. 65.
[290] Vgl. Powell, 1990, S. 303.
[291] Vgl. Ullrich, 2004a, S. 66.

Leistung aus und ist einzig und allein für das Zustandekommen eines Vertrags verantwortlich. Es wird hier aufgrund der Annahme vollständiger Rationalität unterstellt, dass die Akteure über vollständige Informationen verfügen. In der Realausprägung sind die Akteure begrenzt rational und Verträge unvollständig.

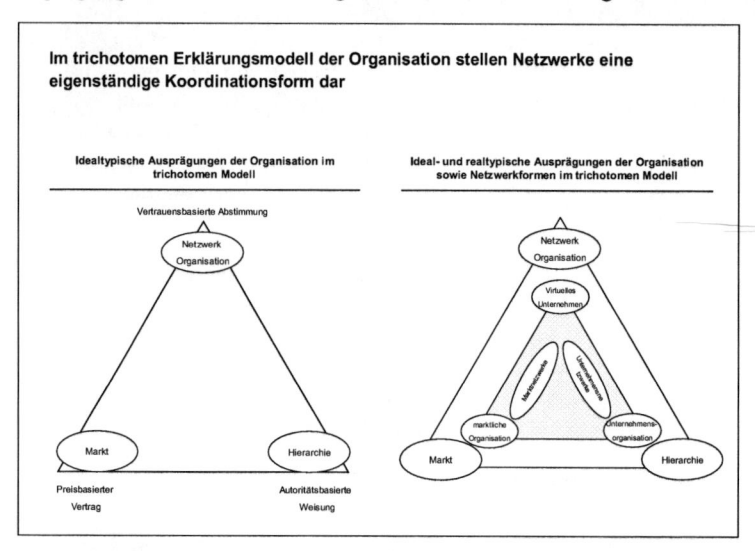

Abbildung 3-4: Das trichotome Erklärungsmodell der Organisation[292]

Der Austausch standardisierter Leistungen kann damit nicht mehr allein auf Basis des preisbasierten Vertrags erfolgen. Da in einer realitätsnahen marktlichen Organisation für die Teilnehmer die Gefahr besteht, dass sie zwar eine dem Vertrag entsprechende, aber subjektiv minderwertige Leistung erwerben, versuchen die Interaktionspartner durch Konkretisierung bestimmter Leistungsbestandteile und durch Vertrauen in eine zufriedenstellende Erfüllung der Leistungserbringung, das Risiko möglichst gering zu halten.

Unter der Voraussetzung idealtypischer Ausprägungen wird im Bereich der Netzwerk-Organisation die Koordinationsleistung allein durch eine vertrauensbasierte, wechselseitige Abstimmung erbracht.[293] Die Akteure koordinieren ihre Teilaufgaben ausschließlich durch eine wechselseitige Abstimmung. Es wird davon ausgegangen, dass sich die gleichberechtigten Austauschpartner aus vorherigen Aktivitäten kennen und dass sie sich gegenseitig in Bezug auf die Leistungserstellung der beteiligten Akteure vertrauen.[294] Daraus folgt, dass bei dieser

---

[292] Eigene Abbildung in Anlehnung an Fischer, 2001, S. 139 und S. 145.
[293] Vgl. Fischer, 2001, S. 138.
[294] Vertrauen als essentieller Bestandteil der Netzwerkorganisation wird in der deutschsprachigen Literatur erst seit den 1990er Jahren eingehender thematisiert. Ohne hier eine allgemeinverbindliche Defi-

Organisationsform unter idealtypischen Gesichtspunkten ein Verzicht auf Verträge oder Weisungen möglich ist und eine nahezu vollständige Unabhängigkeit von anderen Partnern existiert. Diese Form der Koordination besitzt ebenso wenig Realitätspotenzial wie die zuvor aufgeführten idealtypischen Ausprägungen von Hierarchie und Markt.[295]

Die virtuelle Organisation stellt im trichotomen Modell eine realtypische Ausprägung der hier oben erwähnten Netzwerk-Organisation dar. In einer virtuellen Organisation zeigt sich der Effekt, dass mehrere selbstständige Akteure unter Einbringung eigener Kompetenzen zusammenarbeiten, um ein gemeinsames Ziel zu erreichen.[296] Die Koordination durch wechselseitige Abstimmung ist eine der wichtigsten Voraussetzungen für die Leistungserbringung bei der virtuellen Organisation. Vertrauensbasierte Abstimmungselemente nehmen damit einen sehr großen Stellenwert ein, bei der sich die Partner in einem Verständigungsprozess auf die Kernelemente und die Aufteilung des Leistungserstellungsprozesses einigen. Die Fixierung von Leistungsbestandteilen in einem relationalen Vertrag[297] ist nicht zwingende Voraussetzung. Im Gegensatz zur marktlichen Organisation steht bei der virtuellen Organisation die persönliche Einbeziehung im Vordergrund und vermindert den Einfluss der Koordination durch Verträge und Weisungen.[298]

In verschiedenen Realausprägungen von Organisationsformen lassen sich die oben genannten Koordinationsmechanismen in unterschiedlich starker Auspräg-

---

nition aufzuzeigen bedeutet Vertrauen üblicherweise die Erwartung, dass der Vertrauensempfänger Willens und in der Lage ist, eine an ihn gerichtete positive Erwartung zu erfüllen, vgl. Kahle, 1998, S. 45 ff. Vertrauen lässt sich in diesem Kontext auch als Mechanismus zur Stabilisierung unsicherer Erwartungen und zur Verringerung der damit verbundenen Komplexität menschlichen Handelns beschreiben, vgl. Luhmann, 1989, S. 79 ff. Vertrauen wird als „Verzicht des gegenseitigen Ausnutzens" und „Verringerung opportunistischen Verhaltens" beschrieben, vgl. Siebert, 2006, S. 12.

[295] Vgl. Fischer, 2001, S. 138.
[296] Vgl. Fischer, 2001, S. 141.
[297] Unterteilung von Vertragsformen: 1) Klassische Verträge: Nach Williamson beziehen sich klassische Verträge vor allem auf die Marktbeziehung. Als Inbegriff einer Marktbeziehung wird auf sogenannte Spot-Transaktionen verwiesen, bei denen einmalig eine Leistung und eine Gegenleistung direkt und unverzüglich ausgetauscht werden. Die Identität der Vertragspartner spielt hier keine Rolle. 2) Im Gegensatz zu klassischen Verträgen sind neoklassische Verträge zeitraumbezogen. Die in der Regel zeitlich begrenzte Vertragsbeziehung erstreckt sich über einen längeren Zeitabschnitt. Da keine Möglichkeit besteht, alle Eventualitäten während des Vertragsabschlusses vorherzusehen, bleiben diese oft unvollständig. Konkrete Bestimmungen werden daher durch Regelungen ersetzt, die dem Vertrag ein höheres Maß an Flexibilität zusprechen. 3) Relationale Verträge unterschieden sich deutlich von den beiden erstgenannten. Da es nicht möglich ist, von vornherein zukünftige Leistung und Gegenleistung vollständig zu erfassen, zeigt sich eine Herausbildung von impliziten, auf gemeinsamen Werten beruhenden Vereinbarungen. Die Identität der Vertragspartner und die sich im Zeitablauf herausbildende Qualität ihrer gegenseitigen Beziehungen spielen eine wichtige Rolle. Vgl. Picot, Reichwald, Wigand, 2001, S. 44.
[298] Vgl. Fischer, 2001, S. 142.

gung wiederfinden.[299] Steigt die Bedeutung der im Kontext des virtuellen Unternehmens geschilderten Koordinationsmechanismen der vertrauensbasierten Abstimmung und der damit verbundenen persönlichen Einbeziehung, nimmt die Ausprägung netzwerkartiger Strukturen zu.[300] Aufbauend auf der oben durchgeführten Darstellung widmen sich die folgenden Abschnitte der Einordnung des Shared-Service-Konzeptes in das trichotome Erklärungsmodell und die damit verbundene Untersuchung netzwerkartiger Strukturen.

3.3.3.1 Koordinationsmechanismen und Shared Services

Kennzeichen von Shared-Service-Organisationen sind zunächst die Vereinigung von marktlichen und hierarchischen Koordinationsmechanismen.[301] Dabei lassen sich die einzelnen Koordinationsmechanismen je nach Ausrichtung und Zielsetzung der Shared-Service-Organisation in unterschiedlich starken Ausprägungen wiederfinden. Typische marktliche Elemente einer Shared-Service-Organisation zeigen sich beispielsweise in der Gestaltung eines auf Marktpreisen basierenden Verrechnungspreissystems. Durch die einzelnen Geschäftseinheiten erfolgt eine Inanspruchnahme der jeweiligen Leistungen auf Basis einer vertraglichen oder vertragsähnlichen Regelung. Aufgrund der damit in Verbindung stehenden Herausbildung einer internen Kundenorientierung und dem Einsatz von Verrechungspreisen werden Marktbeziehungen simuliert.[302]

Trotz der marktlichen Elemente verfügt das Unternehmen, in dem die Shared-Service-Organisation eingebettet ist, weiterhin über eine uneingeschränkte Weisungsbefugnis. Dies spiegelt sich auch darin wider, dass es sich bei Shares-Service-Centern zwar in der Regel um selbstständige Organisationseinheiten handelt, die sich aber im Einflussbereich des Unternehmens befinden, welches über Weisungsbefugnisse verfügt. Über Service-Level-Agreements findet eine Vorgabe von Leistungsinhalten und Qualitätsstandards statt, auf deren Basis eine Bereitstellung der Leistungen für die Geschäftseinheiten erfolgt. Zudem stellt die Unternehmensleitung Vorgaben hinsichtlich der Preisgestaltung auf. Die Shared-Service-Einheiten sind dabei nicht mit Weisungsbefugnis gegenüber den Geschäftseinheiten oder verbundenen Unternehmen ausgestattet. Innerhalb eines vorgegebenen Rahmens verfügen Shared-Service-Organisationen jedoch über ein bestimmtes Maß an Handlungsautonomie. Hier zeigt sich ein Unterschied zu

---

[299] Vgl. Fischer, 2001, S. 140.
[300] Vgl. Fischer, 2001, S. 142.
[301] Vgl. Kapitel 5 und Kapitel 6.
[302] Vgl. Breuer, Breuer, 2006, S. 110 f.

den klassischen Center-Konzepten,[303] bei denen hierarchische Strukturen eine höhere Ausprägung aufweisen.[304]

Die Beantwortung der Frage, ob es sich bei Shared Services um Netzwerke[305] handelt ist unter Bezugnahme auf das trichotome Erklärungsmodell davon abhängig, welche Bedeutung vertrauensbasierte Koordinationsmechanismen[306] besitzen.[307]

Um die Bedeutung vertrauensbasierter Koordinationsmechanismen erkennen und einschätzen zu können bedarf es weiterer Analysen der Leistungsaktivitäten von Shared-Service-Organisationen. Aufgrund der spezifischen Merkmale[308] der Aktivitäten einer Shared-Service-Organisation und den damit möglicherweise verbundenen unterschiedlichen Ausprägungen vertrauensbasierter Abstimmungselemente bietet sich eine differenzierte Betrachtung transaktions- und expertenbasierter Leistungsprozesse an. Transaktionsbasierte Leistungsprozesse sind charakterisiert durch Routinetätigkeiten, die hohe Standardisierungseigenschaften und große Mengenvolumina aufweisen. Im Gegensatz dazu zeichnen sich expertenbasierte Shared Services zum Teil durch wertsteigernde Elemente mit Bezug auf Kernprozessbestandteile aus. Zur Erstellung dieser Leistungen ist Fachwissen und Teamorientierung erforderlich.[309]

3.3.3.2 Die Rolle vertrauensbasierter Koordinationsmechanismen in Shared-Service-Organisationen

Eine hohe Standardisierbarkeit der Prozesse sowie die flache Organisation mit einer breiten Kontrollspanne im Rahmen der transaktionsbasierten Aktivitäten geben der Bedeutung von Vertrauen hier nur einen geringen Entfaltungsspielraum. Ein weiteres Argument ist, dass die Erstellung transaktionsbasierter Leistungen im Wesentlichen auf vertraglichen oder vertragsähnlichen Arrangements

---

[303] Beispielsweise reine Cost-Center oder reine Profit-Center. Zur Ausgestaltung von Shared-Service-Organisationen mit verschiedenen Responsibility-Center-Strukturen, vgl. Kapitel 6.
[304] Vgl. Scherm, Kleiner, 2005, S. 251.
[305] Im Sinne des trichotomen Modells handelt es sich dabei um Markt- und Unternehmensnetzwerke. Unternehmensnetzwerke beziehen sich im trichotomen Modell auf den Bereich zwischen virtuellen Organisationen und hierarchischen Unternehmen. Im Gegensatz dazu beziehen sich Marktnetzwerke auf den Bereich zwischen der virtuellen Organisationen und der marktlichen Organisation. Marktnetzwerke spannen sich demnach im Bereich zwischen klassischen Vertragsrecht und relationalen Vertragsbeziehungen auf. Vgl. Fischer, 2001, S. 144.
[306] Bei der Diskussion vertrauensbasierter Koordinationsmechanismen im Kontext der Betrachtung virtueller Organisationen merkt Fischer an: „Sobald die Bedeutung dieser [vertrauensbasierten; Anmerkung des Verfassers] Koordinationsmechanismen zunimmt, kann man von Unternehmens- oder Markt-Netzwerken sprechen [...]." Fischer, 2001, S. 142.
[307] Vertrauen wird in allen Koordinationsformen sichtbar und benötigt. Unterschiede zeigen sich in der Ausprägung von Vertrauen, vgl. Kahle, 1999, S. 22.
[308] Vgl. Kapitel 3.2.3.2
[309] Vgl. Kapitel 3.2.3.2

beruht, die gegebenenfalls durch zusätzliche hierarchische Kontrollmechanismen ergänzt werden, um opportunistisches Verhalten zu minimieren. Diesen möglichen Aspekten, die für eine geringe Ausprägung vertrauensbasierter Koordinationsmechanismen und eher für eine dichotome Betrachtung sprechen, stehen Hinweise auf Elemente einer vertrauensbasierten Koordination gegenüber. Vor allem innerhalb des durch marktliche Elemente geprägten Prozesses der Bereitstellung von Leistungen besteht die Möglichkeit zur Identifizierung von Vertrauenselementen. Diese beziehen sich auf das Vertrauen der Geschäftseinheit in die Qualität der durch das Shared-Service-Center zu erbringenden Leistung. Darüber hinaus werden an das Shared-Service-Center gerichtete Weisungen vor dem Hintergrund erfüllt, dass Vertrauen in die Kompetenz und Autorität der Unternehmenszentrale oder des übergeordneten Servicebereichs existiert. Ebenso wären Elemente einer wechselseitigen Abstimmung ‚bei der sich Akteure innerhalb einer Shared-Service-Organisation über eine räumliche Distanz mittels Einsatz geeigneter Informations- und Kommunikationstechnik in einem Verständigungsprozess auf die Leistungserstellung im transaktionsbasierten Bereich einigen, denkbar.

Vor dem Hintergrund, dass sich innerhalb des trichotomen Modells die jeweiligen Koordinationsmechanismen in unterschiedlich starker Ausprägung wieder finden, mag eine Identifizierung vertrauensbasierter Koordinationselemente vertretbar erscheinen. Tendenziell ist auf Grundlage der oben durchgeführten Einschätzung davon auszugehen, dass Shared-Service-Organisationen, die sich auf eine transaktionsbasierte Leistungserstellung fokussieren, jedoch eine geringere Ausprägung vertrauensbasierter Koordinationsmechanismen aufweisen. Hierarchische und marktliche Koordinationsmechanismen dominieren diese Organisationsformen, sodass das Management unter Vertrauensgesichtspunkten eher vor der Entscheidung steht, die Leistungen entweder über den Markt zu beziehen oder innerhalb der Unternehmenshierarchie zu erbringen.

Möglicherweise basiert die in der Literatur vorzufindende Einordnung von Shared Services als hybride Organisationsform[310] auf dieser Einschätzung transaktionsbasierter Leistungen, bei denen in erster Linie eine Verknüpfung hierarchischer und marktlicher Elemente berücksichtigt wird. Des Weiteren ist davon auszugehen, dass im Rahmen der bisherigen organisationstheoretischen Auseinandersetzung von vornhinein die Berücksichtigung einer vertrauensbasierter Koordinationsmechanismen ausgeklammert wurde. Diese Überlegung scheint vor dem Hintergrund plausibel, dass erst die Auseinandersetzung mit dem trichotomen Modell aufgrund einer differenzierteren Betrachtung die Berücksichtigung von Vertrauen bewirkt.

---

[310] Shared Services als Hybrid-Form u.a. bei v. Glahn, Keuper, 2006; Breuer, Breuer, 2006; Scherm, Kleiner, 2006.

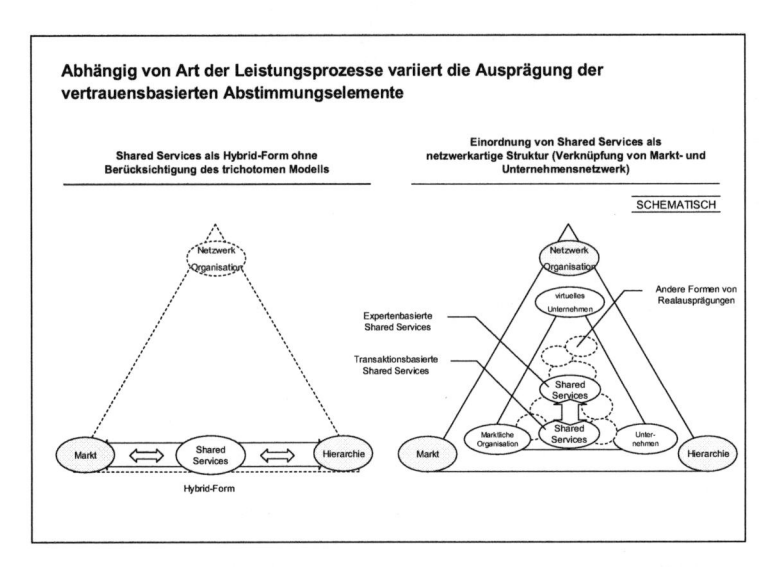

Abbildung 3-5: Shared Services im trichotomen Modell der Organisation

Im Gegensatz dazu ist bei expertenbasierten Leistungserstellungsprozessen tendenziell eine stärke Ausprägung vertrauensbasierter Elemente zu erwarten. Die größere Bedeutung von Vertrauen bei expertenbasierten Shared-Service-Organisationen könnte daraus resultieren, dass beispielsweise bestimmte patientennahe Sekundärleistungen weitaus umfangreiche Abstimmungsprozesse zur Koordination der jeweiligen Aktivitäten mit sich führen, als dies bei transaktionsbasierten Aktivitäten der Fall ist, die eher einen hohen Automatisierungsgrad in der Leistungserstellung aufweisen. Vertrauen ist notwendig, um gerade bei wissensbasierten und wissensintensiven Aktivitäten den Verständigungsprozess zur Leistungserstellung voranzutreiben.

Diese Herausbildung vertrauensbasierter Elemente lässt sich stark vereinfacht anhand des folgenden Beispiels darstellen:

In einem Krankenhauskonzern wird beschlossen, die dezentralen radiologischen Einrichtungen im Bereich der Diagnostik/Befundung in eine Shared-Service-Einheit zusammenzuführen.[311] Die Shared-Service-Einheit verfügt über einen Leiter, der Weisungen vom Konzern empfängt und umzusetzen hat (hierarchisches Element), und stellt ihre Leistungen in den Bereichen Befundung und Beratung der dezentralen, in den einzelnen Kliniken durchgeführten Röntgenuntersuchungen auf Basis von Verrechnungspreisen (marktliches Element) und einer internen Kundenorientierung zur Verfügung. Die in den radiologischen Abtei-

---

[311] Vgl. zu Shared Services im Radiologie-Bereich Kapitel 5.2.

lungen der einzelnen Kliniken und Fachabteilungen verbleibenden Ärzte greifen im Rahmen der Befundung auf das Leistungsangebot des Radiologie-Shared-Service-Centers zurück und stimmen sich gegebenenfalls mit den Experten des Shared-Service-Centers über die Durchführung der weiteren Untersuchung oder Behandlung ab. Die Arbeit innerhalb der Shared-Service-Einheit ist geprägt durch ein hohes Maß an Teamorientierung. Vor allem bei komplexeren Sachverhalten wird zur Problemlösung auf das Fachwissen einzelner Teammitglieder zurückgegriffen. Dabei kann das Shared-Service-Center über Datenleitungen mit weiteren, möglicherweise internen oder externen Spezialisten verlinkt sein, die im Rahmen der Befundung herangezogen werden können. Innerhalb der jeweiligen Teams könnte die Abstimmung der Aktivitäten zum Teil durch Selbstkoordination erfolgen, was als ein weiteres Zeichen für die Existenz einer vertrauensbasierten Koordination einzustufen ist.

Zusammenfassend ist unter Berücksichtigung des trichotomen Erklärungsmodells der Organisation festzustellen, dass es sich bei Shared-Service-Organisationen tendenziell um Netzwerke handelt. Dabei sind vertrauensbasierte Koordinationselemente, die ein konstitutives Merkmal von Netzwerkorganisationen darstellen, abhängig vom Aufgabenspektrum der Shared-Service-Organisationen unterschiedlich stark ausgeprägt. Abbildung 3-5 verdeutlicht die in der Regel leistungsprozessabhängige Ausprägung vertrauensbasierter Elemente.

Ergänzend ist anzumerken, dass eine umfassende Darstellung von Shared-Service-Organisationen im trichotomen Erklärungsmodell nicht Ziel dieser Untersuchung ist und den Rahmen der Arbeit sprengen würde. Vielmehr sollte unter Berücksichtigung des trichotomen Erklärungsmodells die Ausprägung vertrauensbasierter Koordinationsmechanismen bei Shared-Service-Organisationen skizziert werden, um unter Bezugnahme auf Netzwerkmerkmale eine differenziertere theoretische Einordnung aufzuzeigen. Abschließend bleibt der Verweis darauf, dass hinsichtlich der Bedeutung von Vertrauen in dem hier dargestellten Zusammenhang nur Tendenzaussagen möglich sind.

3.3.4 Zentralisation und Dezentralisation[312]

Eng mit der Frage der organisatorischen Einordnung des Shared-Service-Konzeptes ist der Problemkreis der Zentralisation und Dezentralisation von Entscheidungen und Aufgaben verbunden.[313]

---

[312] Dieser Abschnitt orientiert sich weitgehend an Kagelmann, 2001, S. 57 ff.
[313] Die miteinander verbundenen Begriffe der Zentralisation und Dezentralisation sind hinsichtlich ihrer Verwendung zur Beschreibung betriebswirtschaftlicher Sachverhalte weder in der Literatur noch in der Unternehmenspraxis einheitlich und verbindlich definiert – obwohl in der Organisationstheorie ei-

Im Rahmen der Betrachtung des Shared-Service-Konzeptes aus dem Blickwinkel der Zentralisation und Dezentralisation werden in der Literatur drei Ansätze aufgezeigt.[314]

In dem ersten Ansatz, der im Wesentlichen auf der von Nordsieck und Kosiol geprägten betriebswirtschaftlichen Organisationslehre beruht, findet eine Verwendung der Begriffe Zentralisation und Dezentralisation statt, um das allgemeine Problem der Verteilung von Aufgaben auf Organisationseinheiten zu beschreiben.[315] Zentralisation und Dezentralisation sind hier als generelle Prinzipien der Aufgabenverteilung bei der organisatorischen Gestaltung angesehen.[316] Unter Zentralisation wird diesem Ansatz zufolge das Ausmaß verstanden, mit dem eine Zusammenfassung gleichartiger Aufgaben in einer organisatorischen Institution möglich ist.[317] Dezentralisierung bezieht sich dagegen auf die Verteilung gleichartiger Aufgaben, Kompetenzen und Verantwortungen auf mehrere Stellen und Abteilungen.[318] Bei der Einordnung wird deutlich, dass die Zusammenführung von gleichartigen Aufgaben eines der konstituierenden Merkmale des Shared-Service-Konzeptes ist. Auf Basis dieses Ansatzes wäre das Shared-Service-Konzept demnach als eine zentralistische Organisationsform einzuordnen.[319]

Bei dem zweiten Ansatz,[320] der maßgeblich auf Überlegungen von Gutenberg und Mellerowicz beruht, wird Zentralisation und Dezentralisation auf einen speziellen Aspekt der Aufgabenverteilung fokussiert, nämlich der vertikalen Zuordnung von Entscheidungsfragen auf hierarchisch über- und untergeordneten Führungsebenen in Unternehmen.[321] Bei diesem Ansatz wird eine begriffliche und konzeptionelle Trennung des allgemeinen organisatorischen Zuordnungs-

---

ne weit verbreitete Auseinandersetzung mit dem Zentralisations- und Dezentralisationsproblem existiert. Ausführlicher vgl. Hungenberg, 1995, S. 44 ff. sowie Frese, 2005, S. 233 ff.

[314] Vgl. Kagelmann, 2001 S. 58.
[315] Vgl. Kagelmann, 2001, S. 58.
[316] Vgl. Hungenberg, 1995, S. 45.
[317] Vgl. v. Glahn, Keuper, 2006, S. 11.
[318] Vgl. Kagelmann, 2001, S. 58. Zu den Grundlagen und dem Begriff von Zentralisation und Dezentralisation dieser ersten Gruppe ausführlicher: Vgl. Nordsieck, 1934; Kosiol, 1962; Bleicher, 1966, S. 57 ff.; Hugenberg, 1995, S. 46 sowie Schanz, 1994, S. 297.
[319] Vgl. Kagelmann, 2001, S. 60.
[320] Dieser Ansatz zur Begriffsbestimmung von Zentralisation und Dezentralisation wird von der weiteren Betrachtung hinsichtlich der Einordnung des Shared-Service-Konzeptes ausgeklammert, da das Problem der exakten Erfassens der Zentralisation und Dezentralisation von Entscheidungsaufgaben in der organisationstheoretischen Forschung noch nicht gelöst werden konnte. Kagelmann merkt in diesem Zusammenhang an, dass das Shared-Service-Konzept bei einer Einordnung, basierend auf dem zweiten Ansatz, als dezentrale Organisationsform einzuordnen ist, da die Shared-Service-Center in erster Linie Leistungen bereitstellen, während die Spitzeneinheiten (im Konzern) innerhalb ihrer Kompetenzbefugnisse die wesentlichen Entscheidungen treffen. Vgl. Kagelmann, 2001, S. 60 sowie Frese, 2000, S. 86 ff.
[321] Vgl. Kagelmann, 2001, S. 60 sowie grundlegende Aspekte: Gutenberg 1962; Mellerowicz 1961 sowie Simon et al., 1954.

problems von dem speziellen Zuordnungsproblem von Entscheidungsaufgaben durchgeführt.[322] Der Zentralisierungsgrad einer Organisation ist demnach davon abhängig, inwieweit Entscheidungen[323] auf relativ hoher Ebene in der Hierarchie gefällt werden. Im Umkehrschluss ist der Dezentralisierungsgrad einer Organisation davon abhängig, ob Führungskräfte Möglichkeiten haben, Entscheidungen auf untere Ebenen zu delegieren.[324]

Dieser Ansatz bezieht sich damit vorzugsweise auf die Verteilung von Aufgaben und Entscheidungsbefugnissen, für die zahlreiche Alternativen existieren und die auf einem Kontinuum mit den beiden Endpunkten „vollständige Dezentralisierung" und „vollständige Zentralisierung" abgebildet werden können.[325] Bei einer vollständigen Zentralisierung findet eine Bündelung der Entscheidungsbefugnisse in einer organisatorischen Einheit statt, die sämtliche mit der jeweiligen Themenstellung verknüpften Leistungen bereitstellt.[326] Dagegen ergibt sich bei der vollständigen Dezentralisierung eine Übertragung der Entscheidungsbefugnisse auf selbstständig agierende, nachgelagerte interne Stellen.[327]

Anzumerken ist, dass die Extrempunkte der Zentralisation und Dezentralisation in der Praxis nicht zu verwirklichen sind.[328] Diese Aussage beruht auf der Überlegung, dass eine vollständige Zentralisation von Entscheidungsbefugnissen aufgrund der damit verbundenen Überforderung der zentralen Instanz nicht umsetzbar wäre.[329] Von Glahn/Keuper merken weiter an: *„Analog können dezentrale Problemlösungen nicht ohne ein angemessenes Maß zentraler Richtlinien und Infrastrukturen existieren, weil die Summe aller dezentral generierten Einzeloptima nicht die Summe des Gesamtoptimums entspricht."*[330] Abhängig vom Betrachtungspunkt und aufgrund der Nicht-Realisierung vollständiger Zentralisation und Dezentralisation geht es bei dem hier skizzierten zweiten Ansatzes um die Bestimmung des Dezentralisierungsgrades von Entscheidungen.[331] In Abhängigkeit von der Ausgangslage stehen Unternehmen bei der Auseinandersetzung mit diesem Ansatz vor der Herausforderung, den optimalen Grad der Dezentralisation zu finden.

---

[322] Vgl. Hugenberg, 1995, S. 46 ff.
[323] Bei diesem Ansatz wird deutlich, dass bei der Auseinandersetzung mit Zentralisation und Dezentralisation entscheidungstheoretische Aspekte berücksichtigt werden.
[324] Vgl. Simon et al., 1954, S. 1 f.
[325] Vgl. Scherm, Kleiner, 2006, S. 248.
[326] Ausgenommen sind Führungsaufgaben, da diese aufgrund der direkten Interaktion zwischen Vorgesetzen und Mitarbeitern nicht in einen zentralen Bereich übertragen werden können, vgl. Kossbiel, 1980, Sp. 1874.
[327] Vgl. v. Glahn, Keuper, 2006, S. 12.
[328] Vgl. v. Glahn, Keuper, 2006, S. 12.
[329] Vgl. v. Glahn, Keuper, 2006, S. 12.
[330] v. Glahn, Keuper, 2006, S. 12.
[331] Vgl. Kagelmann, 2001, S. 59.

Neben diesen beiden Ansätzen existiert ein weiterer, von Frese geprägter Ansatz, bei dem die Begriffe Zentralisation und Dezentralisation ausschließlich zur Beschreibung der vertikalen Aufgabenverteilung Verwendung finden.[332] In Bezug auf die horizontale Aufgabenverteilung fügt dieser Ansatz die Begriffe „Konzentration" und „Diffusion" hinzu.[333] Eine Zusammenfassung gleichartiger Aufgaben in einer organisatorischen Einheit ist Kennzeichen der Konzentration, während bei der Diffusion eine Ausführung gleichartiger Aufgaben in mehreren organisatorischen Einheiten stattfindet. Dieser Ansatz beschränkt sich auf die vertikale Aufgabenverteilung. Auf der anderen Seite umfasst dieser Ansatz nicht nur die Teilmenge der Entscheidungsaufgaben, sondern beinhaltet die Summe der vertikalen Aufgabenverteilung. Der von Frese veröffentlichte Ansatz ist demnach zwischen den beiden oben genannten Ansätzen einzuordnen.[334] Im Rahmen der Einordnung dieses dritten Ansatzes ist zu erkennen, dass es sich, basierend auf dem Begriffsverständnis von Zentralisation und Dezentralisation, bei dem Shared-Service-Konzept um eine Organisationsform mit eher dezentraler Ausprägung handelt, die zudem durch eine konzentrierte Aufgabenverteilung gekennzeichnet ist. Die Einordnung beruht auf der Argumentation, dass eine Organisationsform bei diesem Ansatz dann einer zentralistischen Einordnung unterliegt, wenn die Bestimmung einer vertikalen Verteilung der Aufgaben möglich ist.[335] Aufgrund der im Rahmen des zweiten Ansatzes aufgeführten Problematik bei der Durchführung einer Beurteilung in Bezug auf die Verteilung der Entscheidungskompetenzen ist eine Bestimmung hinsichtlich der vertikalen Verteilung in dem hier diskutierten Kontext nicht möglich.[336]

Unabhängig von den hier betrachteten theoretischen Implikationen, die eine Einordnung des Shared-Service-Konzeptes sowohl als zentralistisch als auch dezentralistisch geprägte Organisationsalternative ermöglichen, wird das Shared-Service-Konzept in der Literatur mehrheitlich tendenziell als zentralistisch geprägte Organisationsform eingestuft. Diese aus der Praxis abgeleitete Einschätzung beruht vermutlich auf dem Effekt, dass die Bündelung von Leistungen in einem Shared-Service-Center als Zentralisierung eingeschätzt wird.[337]

3.4 Triebfedern und Zielsetzungen des Shared-Service-Konzeptes

Bevor im weiteren Verlauf dieser Arbeit eine Untersuchung der krankenhausspezifischen Einsatz- und Gestaltungsmöglichkeiten der Organisationsalternati-

---

[332] Dieser dritte Ansatz wurde erstmals von Frese publiziert. Vgl. Frese, 1992, Sp. 2439.
[333] Vgl. Kagelmann, 2001, S. 59.
[334] Vgl. Kagelmann, 2001, S. 59.
[335] Vgl. Kagelmann, 2001, S. 61.
[336] Vgl. Kagelmann, 2001, S. 61.
[337] Vgl. Scherm, Kleiner, 2006, S. 250 sowie Westerhoff, 2006, S. 60.

ve Shared Services erfolgt, befasst sich dieser Abschnitt mit der Darstellung zentraler Triebfedern und Zielsetzungen des Shared-Service-Ansatzes.

3.4.1 Konzentration auf die Kernkompetenzen

Unter einer Kernkompetenz ist im Allgemeinen die funktionsübergreifende Bündelung des vorhandenen Kern-Know-hows der Mitarbeiter mit dem im Unternehmen vorhandenen Potenzial zu verstehen.[338] Bekannte Vertreter der Kernkompetenztheorie sind Prahalad und Hamel. Demnach basieren die Wettbewerbsvorteile eines Unternehmens auf spezifischen Fähigkeiten (Kernkompetenzen), die bereichsübergreifend wirken und sich in Kernprodukten offenbaren.[339] Ziel ist es dabei, Kernkompetenzen so zu entwickeln und zu integrieren, dass sich die Wettbewerbsvorteile durch Beständigkeit und interne Übertragbarkeit auszeichnen.[340]

Es ist Aufgabe der Unternehmensführung, die Kernkompetenzen zu bestimmen. Zur Bestimmung der Kernkompetenzen ist es notwendig, dass eine Verschmelzung der internen Betrachtung der eigenen Stärken in den Ressourcen und Fähigkeiten sowie die externe Sicht der Kundenbedürfnisse und der Wettbewerbssituation erfolgt. Aus dieser internen und externen Analyse kann abgeleitet werden, welche die zukünftigen Kernfähigkeiten und die darauf basierenden Kerngeschäfte sein sollen und welche Leistungen in Eigenregie erbracht und welche vom Markt bezogen werden sollen. Folglich ist es von der Unternehmensstrategie abhängig, welche Bestandteile der Wertkette und/oder welche Funktionen Kernkompetenzcharakter haben.[341]

Aufgabe der Unternehmensleitung ist weiter, die Kernkompetenzfelder im Zeitverlauf zu überprüfen, da die Aufrechterhaltung von Kernkompetenzen in der Regel mit hohen Investitionen verbunden ist.[342] Die Überprüfung von Kernkompetenzaktivitäten ist darüber hinaus eine Entscheidungsgrundlage für die Durchführung von Akquisitionen und Unternehmensverkäufen, mit dem Ziel, die Kernkompetenzen des Käufers oder des Verkäufers zu stärken oder auszubauen.[343]

Eine Transaktion weist ein hohes Maß an Unflexibilität und nur geringe Attraktivität auf, wenn die betroffene Unternehmenseinheit über ausgeprägte Unterstützungsbereiche verfügt.[344] Im Umkehrschluss bedeutet dies: Unternehmens-

---

[338] Vgl. Haubrock, Schär, 2007, S. 172.
[339] Vgl. Prahalad, Hamel, 1990, S. 79 ff.
[340] Vgl. Krüger, Homp, 1997, S. 27 ff.
[341] Vgl. Krüger, 2006, S. 78.
[342] Vgl. Schimank, Strobl, 2002, S. 286.
[343] Vgl. Schimank, Strobl, 2002, S. 286.
[344] Vgl. Schimank, Strobl, 2002, S. 286.

einheiten, die ohne umfangreiche Unterstützungsbereiche ausgestattet sind, haben vor dem Hintergrund geplanter Akquisitionen und Unternehmensverkäufen eine höhere Attraktivität. Bei dieser Betrachtung zeigt sich ein Dilemma: Unternehmensfunktionen ohne zugesprochene Kernkompetenzen erhalten innerhalb des Unternehmens eine geringere Wertschätzung. In einer Struktur dezentralisierter Unterstützungsbereiche sind die Tätigkeiten der entsprechenden Mitarbeiter in diesen Bereichen nicht Teil des Kerngeschäftes. Dies führt unter Umständen zu einer zurückhaltenden Genehmigung von Investitionen und zu einem erhöhten Frustrationsgrad bei den Mitarbeitern in diesen Bereichen.[345]

Bei der Kernkompetenzbetrachtung sind zwei Wirkungen erkennbar. Auf der einen Seite ergibt sich durch die Einführung von Shared Services eine Entlastung der Geschäftseinheiten von der Notwendigkeit, Unterstützungsbereiche aufzubauen und zu betreiben.[346] Die Geschäftseinheiten können sich wieder auf ihr Kerngeschäft konzentrieren und die frei werdenden Kapazitäten dienen der Weiterentwicklung des Kerngeschäftes.[347] Des Weiteren steigt im Zusammenhang mit der oben erwähnten Transaktionsproblematik die Attraktivität der Geschäftseinheiten, was sich bei einer Veräußerung dieser Einheiten als vorteilhaft erweisen kann.

Auf der anderen Seite ergeben sich aus der „Fokussierung auf die Kernkompetenzen" Vorteile für das Shared-Service-Center und die darin arbeitenden Mitarbeiter. Innerhalb einer Shared-Service-Organisation entwickeln sich die Unterstützungsbereiche zu den eigentlichen Kernkompetenzen eines Shared-Service-Centers, woraus sich Möglichkeiten zur Herausbildung von Spezialisierungs- und Differenzierungsvorteile ergeben können. Von hoher Bedeutung ist es dabei, die eigenen Fähigkeiten und Kompetenzen so weiterzuentwickeln, dass sie wettbewerbsfähig zu externen Anbietern sind.[348] Damit werden im Rahmen des Shared-Service-Konzeptes interne Unterstützungsbereiche im Sinne *„Manage the service like a business, not a fixed cost"*[349] als ein Geschäftsmodell geführt.

Für Schulman sind folgende Merkmale eines Shared-Service-Centers charakteristisch, wenn dies selbst ein Kernkompetenzzentrum darstellt: Durchführung einer strategischen Planung, Definition von Vertriebskanälen und Lieferzeiten, Produktplanung und Angebotswesen, Kennzahlen zur Leistungsmessung, Benchmarking, Serviceorientierung, wettbewerbsfähige Produkte, Ergebnisori-

---

[345] Vgl. Schimank, Strobl, 2002, S. 286.
[346] Vgl. Westerhoff, 2006, S. 62.
[347] Vgl. Westerhoff, 2006, S. 62.
[348] Vgl. Westerhoff, 2006, S. 63.
[349] Aguirre et al., 1999, S. 5.

entierung statt Aktivitätsorientierung, Kundenorientierung, Führungsunterstützung und Produktpräsentation.[350]

3.4.2 Realisierung von Synergiepotenzialen

Abgeleitet aus den griechischen Verb „ergein" = „wirken" in Verbindung mit dem Präfix „syn" = „zusammen" ist der Begriff „Synergie" untrennbar mit der aristotelischen Aussage verbunden: „Das Ganze ist mehr als die Summe seiner Teile."[351] Demnach wird mit diesem Begriff ein Sachverhalt beschrieben, der dadurch gekennzeichnet ist, dass durch eine Zusammenfassung bestimmter Einzelaktivitäten eine Gesamtwirkung erzielt wird, die größer ist als die Summe der Einzelwirkungen. Dieser Effekt wird in der Literatur als „2+2 =5"-Effekt beschrieben.[352] Synergien[353] können in verschiedenen Erscheinungsformen auftreten, die auf unterschiedlichen Einflussfaktoren beruhen. Das Zusammenwirken kann sich dabei auf Produktionsfaktoren, Produkte, organisatorische Einheiten, Geschäftsbereiche oder ganze Unternehmen beziehen. Es besteht die Möglichkeit, die daraus resultierenden Synergieeffekte in technologische, finanzielle oder Kosten sparende Effekte zu unterteilen. Hinsichtlich eines Kapazitätsauslastungs- und Fixkostendegressionseffekt ist die Realisierung von Synergien möglich, wenn eine unteilbare Ressource durch eine einzige Organisationseinheit nicht voll ausgelastet ist und deshalb eine Nutzungsmöglichkeit von anderen Organisationseinheiten besteht, ohne dass zusätzliche Kosten entstehen.[354] Die positiven Effekte[355] der Synergien ergeben sich abhängig vom Ausgestaltungsgrad der Shared-Service-Konzeption und sind in unterschiedlicher Ausprägung durch die im Folgenden genannten Faktoren bedingt:[356]

¶ Eine Verbesserung der Machtposition auf den Güter- und/oder Finanzmärkten ermöglicht günstigere Beschaffungspreise und -konditionen.

¶ In die Verbindung eingebrachte Kapazitäten und Serviceeinrichtungen unterliegen einer besseren Auslastung und es existieren neben einer Umwandlung

---

[350] Vgl. Schulman, 1999, S. 32.
[351] Philosophische Betrachtung, vgl. Nagel, 1980, S. 241 ff.
[352] Vgl. Ansoff, 1966, S. 97.
[353] Allgemein gilt Ansoff als derjenige Autor, dem im Kontext betriebswirtschaftlicher Termini die erstmalige Verwendung des Synergie-Begriffs zugerechnet werden kann. Erstmals setzt sich Ansoff in seinem 1965 veröffentlichten Werk „Corporate Strategy" ausführlich mit der Synergiethematik auseinander. Vgl. Ansoff, 1965.
[354] Vgl. Goedereis, 2005, S. 436.
[355] Neben positiven existieren negative Synergien. Im Sinne der hier dargestellten positiven Synergien existieren negative Synergien folglich dann, wenn das Ergebnis des Zusammenwirkens einzelner Teile geringer ist als die Summe der Einzelergebnisse dieser Teile.
[356] Ähnlich vgl. Küting, 1981, S. 181 ff. sowie Ehrensberger, 1993, S. 29 ff. Die in der Ursprungsquelle aufgeführten Erscheinungsformen von Synergien beziehen sich nicht auf das Shared-Service-Konzept. Der Autor geht aber davon aus, dass die genannten Synergieeffekte bei der Implementierung von Shared Services in Erscheinung treten können.

der Leerkosten in Nutzkosten Degressionseffekte (Beschäftigungsdegression, Economies of Stream).[357]

¶ Aufgrund größerer Herstellmengen können Economies of Scale[358] realisiert werden.

¶ Durch repetitives Lernen wird im Zuge einer verstärkten arbeitsteiligen Spezialisierung aufgrund des Reorganisationskonzeptes eine Verbesserung der Produktivität verursacht.

Die Übertragung von Know-how über Funktionen und Prozesse aufgrund der Zusammenlegung von Unterstützungsprozessen, die bislang überwiegend dezentral organisiert waren, können Wirtschaftlichkeitsvorteile infolge Übertragungslernens beziehungsweise *„Savings by transfer of know how"* freisetzen.[359]

Aufgrund der Konzentration von bislang dezentral aufgestellten Funktionen in einem Shared-Service-Center ist dieses geradezu daraufhin ausgerichtet, Synergien aufzuspüren und nutzbar zu machen. Im Umkehrschluss bedeutet dies, dass die Möglichkeit zur Realisierung von Synergien eine Triebfeder zur Bildung von Shared-Service-Organisationen darstellt.

3.4.3 Zentralisierungstendenzen

Die Dezentralisierung von Sekundärleistungsbereichen bildet einen wesentlichen Entstehungsgrund für die Herausbildung von Shared-Service-Strukturen.[360] Bei den Pionieren der Dezentralisierung war der Gedanke vorherrschend, die dezentralen Einheiten eines Konzerns mit den gleichen umfassenden Funktionen auszustatten wie das Gesamtunternehmen, um auf dezentraler Ebene unternehmerisches Handeln zu fördern.[361] Des Weiteren führt eine dezentrale Organisationsgestaltung zu stärkerer Kundenorientierung, größerer Nähe zum operativen Geschäft, höherer Flexibilität sowie zu einer ausgeprägteren Mitarbeitermotivation.[362]

Diesen Vorteilen stehen die Nachteile einer dezentralen Organisationsgestaltung gegenüber, die sich in erster Linie durch höhere Kosten, eine unzureichende Standardisierung und eine redundante Aufgabenwahrnehmung bemerkbar machen. Eine unzureichende Standardisierung und redundante Aufgabenwahrnehmung stehen dabei in direktem Zusammenhang mit einer niedrigen Prozesseffi-

---

[357] Ähnlich vgl. Kloock, Sabel, 1993, S. 213 ff.
[358] Ähnlich vgl. Kloock, Sabel, 1993, S. 213 ff.
[359] Vgl. Kloock, Sabel, 1993, S. 217 und 220.
[360] Vgl. Schimank, Strobl, 2002, S. 287.
[361] Vgl. Schimank, Strobl, 2002, S. 287.
[362] Vgl. Deimel, 2006, S. 200.

zienz, da Funktionen in den einzelnen Unternehmenseinheiten doppelt aufgebaut sind und eine Standardisierung nur schwer anwendbar ist.[363]

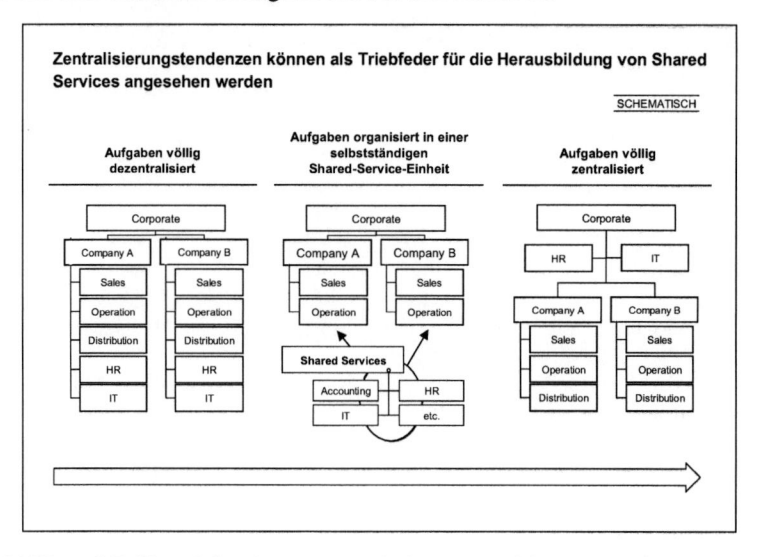

Abbildung 3-7: Shared-Service-Ansatz zwischen Zentralisierung und Dezentralisierung[364]

Bei der Zentralisierung von unterstützenden Prozessen findet eine Zusammenfassung von Prozessen in der Unternehmenszentrale statt, um die Aufgaben von dort aus für alle Unternehmenseinheiten gemeinsam und einheitlich auszuführen. Dabei wird das Ziel verfolgt, Synergie- und Skaleneffekte durch eine zentrale Zusammenführung der Prozesse zu erreichen.[365] Die Organisationsform der Shared-Service-Center versucht, die Vorteile von Dezentralisierung und Zentralisierung miteinander zu verknüpfen, ohne die genannte Nachteile mit aufzunehmen. Je nach Ausgangslage ist bei der Implementierung von Shared Services eine „Dezentralisierungstendenz" oder „Zentralisierungstendenz" erkennbar. Im Rahmen der Entwicklung und Anwendung des Shared-Service-Ansatzes spielt die Existenz dezentraler Strukturen eine wichtige Rolle.[366] Aus diesem Blickwinkel heraus ist bei Anwendung des Shared-Service-Konzeptes eine Zentralisierungstendenz erkennbar. Es liegt somit nahe, dass dezentrale Strukturen ein wichtiger Treiber für die Herausbildung von Shared-Service-Organisationen sind.

---

[363] Vgl. v. Campenhausen, Rudolf, 2001, S. 83 f.
[364] Eigene Darstellung in Anlehnung an Bangemann, 2005, S. 13 ff.
[365] Vgl. Deimel, 2006, S. 198 sowie Kapitel 3.1 zur Zentralisierung und Dezentralisierung als Organisationsform von Sekundärleistungsbereichen.
[366] Siehe Kapitel 3.1 zum Entwicklungshintergrund des Shared-Service-Ansatzes.

3.4.4 Steigerung von Effektivität und Effizienz

Ansteigende Kosten und sinkende Erlöse zwingen Untenehmen in einem hohen Maß zur Steigerung der Effektivität und Effizienz. Wie in den Eingangsbemerkungen zu dieser Arbeit angedeutet, ist im Krankenhausbereich ein beträchtlicher Effizienz- und Effektivitätsdruck zu beobachten.[367] Neben der Anwendung von Instrumenten zur Senkung der Kosten ist es für Krankenhäuser in zunehmendem Maß wichtig, ihre Wettbewerbsposition zu verfestigen oder weiter auszubauen. Dementsprechend stellt sich die Frage nach den Möglichkeiten zur Erreichung einer hohen Patientenzufriedenheit und Behandlungsqualität. Aufgrund der direkten Verknüpfung zum Behandlungsprozess im patientennahen Sekundärleistungsbereich sind die dort eingesetzten Organisationsformen hinsichtlich der Erreichung von Effektivitätszielen zu prüfen.

Unter organisationstheoretischen Aspekten dienen Effektivitäts- und Effizienzkriterien zur Beurteilung der Leistungsfähigkeit von Organisationsstrukturen.[368] Dabei beziehen sich Effektivität und Effizienz in der Regel auf die drei Dimensionen operativer Leistungsfähigkeit Kosten, Zeit und Qualität. Eine Verbesserung in der Dimension „Kosten" stellt diesbezüglich ein eindeutiges Effizienzkriterium dar. *"[...] This, we are ususally told, especially economists, means efficiency, that is, doing better what is already being done. It means focus on costs."*[369]

Dagegen sind Verbesserungen in der Dimension „Qualität" als ein eindeutiges Effektivitätskriterium einzuordnen. Die Dimension „Zeit" unterliegt einer dualen Betrachtungsweise und ist – abhängig vom Betrachtungspunkt – als Effektivitäts- oder Effizienzkriterium einzustufen. Beispielsweise weist eine zügige Auftragsabwicklung und die Einhaltung von Lieferterminen aus Sicht des Kunden des Shared-Service-Centers auf ein hohes Maß an Effektivität hin. Im Gegensatz dazu ist aus Sicht des Shared-Service-Centers die Dimension Zeit eng mit der Effizienz verknüpft, da durch eine schnelle Auftragsabwicklung im Wesentlichen Kosten beeinflusst werden können.[370]

Vereinfachend ausgedrückt bezieht sich die Effektivität auf das „Was" und die Effizienz auf das „Wie" im Zusammenhang mit der Zielerreichung.[371] Dabei

---

[367] Vgl. v. Arx, Rüegg-Stürm, 2007, S. A-2110 sowie Kapitel 2 dieser Arbeit.
[368] Vgl. Dyckhoff, Ahn, 1997, S. 2.
[369] Drucker, 2007, S. 45.
[370] Vgl. Keuper, Oecking, 2006, S. 393.
[371] Vgl. Reckenfelderbäumer, 2001, S. 107. Weitere Definition Effizienz/Effektivität: „Effizienz wird als wirtschaftliche Wirksamkeit einer Handlung verstanden. Diese ist optimal, wenn Verschwendung vermieden wird, also keine Verbesserung der ausgelösten Wirkungen möglich ist, ohne bei den sekundär verwendeten Zielen eine Verschlechterung hervorzurufen. Effektivität stellt ganz allgemein die zweckbezogene Wirksamkeit einer Handlung dar, das heißt eine Tätigkeit ist dann effektiv, wenn die

sind Effektivität und Effizienz miteinander verknüpft. Eine Beschreibung dieses Zusammenhangs findet sich ebenfalls bei Drucker: *"Even the healthiest business, the business with the greatest effectiveness, can well die of poor efficiency. But even the most efficient business cannot survive, let alone succeed, if it is efficient in doing the wrong things, that is, if it lacks effectiveness."*[372]

Wenn bei Shared Services von einer Verbesserung der Effizienz und Effektivität gesprochen wird, verbirgt sich dahinter in der Regel das Ziel, das Kostenniveau zu senken und die Qualität der Leistungen einschließlich der internen Kundenorientierung zu steigern. Welche der beiden Richtungen als Haupttreiber identifiziert werden kann ist von Fall zu Fall unterschiedlich. Tendenziell ist davon auszugehen, dass eine Fokussierung entweder auf Effizienz oder auf Effektivität, wie bereits oben skizziert, durch die Art der Sekundärleistung determiniert wird.

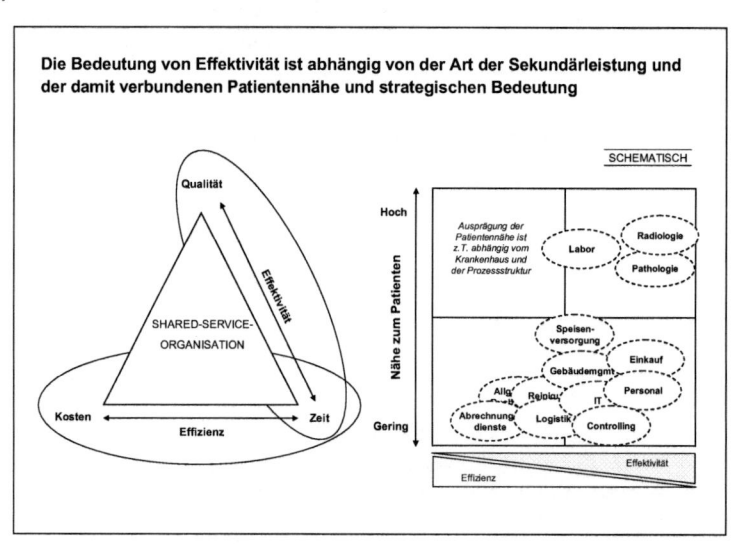

Abbildung 3-6: Fokussierung von Shared Services auf die Effektivität[373]

Daher ist bei Shared Services im patientennahen Sekundärleistungsbereich und in anderen strategisch bedeutsamen Sekundärleistungen[374] zu erwarten, dass die Verbesserung der Effektivität die zentrale Triebfeder darstellt und der Einsatz

---

erzielten Wirkungen (Effekte) den beabsichtigten Zwecken entsprechen." Rassenhövel, Dyckhoff, 2005, S. 89 f.
[372] Drucker, 2007, S. 45.
[373] Eigene Abbildung in Anlehnung an Keuper, Oecking, 2006, S. 402.
[374] Vgl. Kapitel 2.2.3.

als Instrument zur reinen Kostensenkung nicht im Vordergrund steht.[375] Die Effizienzsteigerung ist als ex ante zu erfüllende Nebenbedingung einzustufen. Umgekehrt ist es möglich, dass bei patientenfernen Sekundärleistungen und strategisch wenig bedeutsamen Leistungen die Effizienzdimension dominiert und dementsprechend die treibende Kraft bei Überlegungen zum Aufbau von Shared-Service-Strukturen darstellt.

3.4.5 Optimierung von Prozessen

Die Einführung von Shared-Service-Centern wird in vielen Fällen dazu genutzt, die ins Shared-Service-Center ausgegliederten Prozesse grundlegend zu überarbeiten und zu verbessern. Dabei wird der Business-Process-Reengineering (BPR)-Ansatz angewendet. Die Grundidee von BPR ist, mittels einer völligen Neugestaltung der unternehmensinternen Prozesse radikale Verbesserungen innerhalb der drei Dimensionen Kosten, Qualität und Zeit zu erreichen.[376] BPR-Ansätze zeichnen sich durch eine einheitliche Systematik aus.[377] In einem ersten Schritt erfolgt die Aufnahme der in Diskussion stehenden Prozesse (Process Mapping); dabei werden alle Einzelabläufe als Flussdiagramme gezeigt und hinsichtlich Kosten, Zeit und Qualität des jeweiligen Ergebnisses beurteilt.[378] Im Anschluss daran wird unter Zuhilfenahme vielfach bewährter Lösungsverfahren die Optimierung der Prozesse durchgeführt.

Einige der dabei eingesetzten Hebel der Prozessoptimierung sind exemplarisch in Abbildung 3-7 skizziert. Im Rahmen von Shared-Service-Projekten wird mit BPR-Maßnahmen auf qualitativer Ebene eine Verbesserung des Prozessoutputs dahingehend erreicht, dass innerhalb des gesamten Konzerns oder Unternehmensverbundes ein durchgängiges hohes Qualitätsniveau existiert. Auf der einen Seite umfasst dies die Verfügbarkeit, die Vergleichbarkeit sowie die Konsolidierungsfähigkeit in und zwischen den Einheiten im Konzern oder Unternehmensverbund. Auf der anderen Seite besteht die Möglichkeit des Bezugs qualitativ hochwertiger Unterstützungsleistungen für sämtliche einbezogene Geschäftseinheiten.[379] In der Dimension Zeit wird parallel mit der oben aufgeführten Konsolidierung und Standardisierung der Prozesse das Ziel verfolgt, die Laufzeit der Unterstützungsprozesse zu reduzieren und damit die Dienstleistung in kürzerer Zeit bereitzustellen sowie eine harmonisierte zeitliche Disponibilität der Leistungen zu erreichen.

---

[375] Keuper/Oecking haben in ihrem Aufsatz den (theoretischen) Wandel von effizienzorientierten Shared Services zu mehr effektivitätsorientierten Shared Services aufgezeigt. Vgl. Keuper, Oecking, 2006.
[376] Vgl. Coenenberg, Salfeld, 2003, S. 170.
[377] Vgl. Coenenberg, Salfeld, 2003, S. 170.
[378] Vgl. Coenenberg, Salfeld, 2003, S. 170.
[379] Vgl. Deimel, Quante, 2003, S. 304.

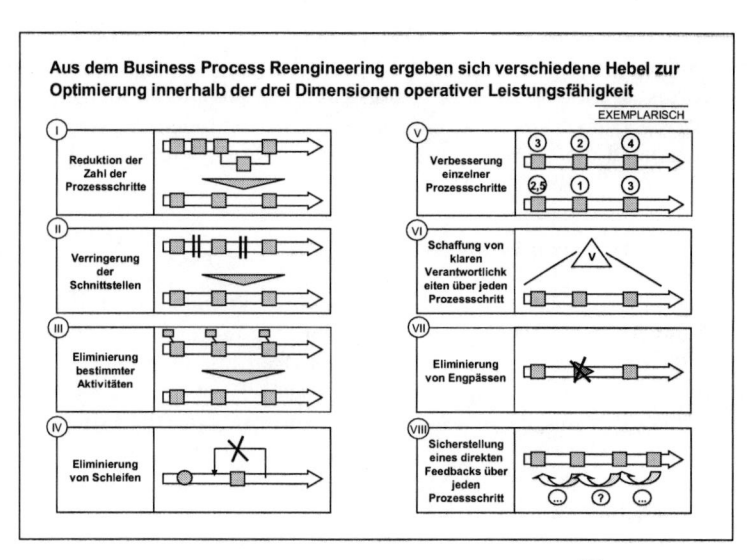

Abbildung 3-7: Hebel zur Prozessoptimierung[380]

3.4.6 Weitere Triebfedern und Zielsetzungen

Bei einer sehr ausgeprägten dezentralen Verteilung von Unterstützungsfunktionen in den einzelnen Geschäftseinheiten existiert eine sehr unterschiedliche Wissensbasis, sowohl in Bezug auf die Breite und Tiefe des Wissens als auch auf den existierenden Erfahrungsschatz der in den Unterstützungsfunktionen tätigen Mitarbeiter. Die Konzentration der Mitarbeiter in einem Shared-Service-Center ermöglicht den Aufbau von umfassendem Wissen durch die Bündelung von bisher verstreutem Einzelwissen sowie durch eine vereinfachte Substitution von Wissen zwischen den Mitarbeitern im Shared-Service-Center.[381]

Darüber hinaus zielt der Aufbau einer Shared-Service-Center-Organisation auf eine Verbesserung der Dienstleistungsbereitschaft ab. Speziell bei Konzernen mit umfassenden, dezentral aufgestellten Unterstützungsfunktionen lassen sich Kunden- und Serviceorientierung nur bedingt erkennen.[382] Insbesondere die Ausgestaltung von Service-Level-Agreements, in denen die Erwartungen der internen Kunden berücksichtigt sind, dient dem Aufbau einer höheren Zufriedenheit bei den internen Kunden.

---

[380] Abbildung in Anlehnung an Coenenberg, Salfeld, 2003, S. 170.
[381] Scherm/Kleiner weisen in ihren Untersuchungen zum Shared-Personal-Service-Center darauf hin, dass mittels einer Shared-Service-Center-Struktur umfassende Kenntnisse der personalwirtschaftlichen Instrumente aufgebaut werden können. Vgl. Scherm, Kleiner, 2006, S. 257.
[382] Die Schaffung einer kundenorientierten Kultur wird als essentieller Bestandteil beim Aufbau von Shared-Service-Organisationen angesehen, vgl. Westerhoff, 2006, S. 64.

Eine weitere Triebfeder zur Herausbildung von Shared-Service-Strukturen stellen Entwicklungen in der Informations- und Kommunikationstechnologie dar. Der Fortschritt im Bereich der Informations- und Kommunikationstechniken hat neben der Unterstützung bei der Bewältigung der eigentlichen Sachaufgabe gleichzeitig neuartige Möglichkeiten geschaffen, die der Lösung des der interpersonellen Arbeitsteilung zugrunde liegenden Koordinationsproblems dienen, woraus neue Alternativen der Organisationsgestaltung abgeleitet werden können.[383] Die Potenziale moderner Informations- und Kommunikationstechniken sind hier als Triebfeder für die Entwicklung des Shared-Service-Ansatzes einzuordnen.[384] Die Möglichkeiten der kommunikationstechnischen Vernetzung von Computersystemen und der Einsatz von Anwendungsarchitekturen mit verteilten Datenbanken spielen dabei eine entscheidende Rolle. Mit den Entwicklungen auf dem Gebiet des Internets wurde ein Kommunikationsmedium geschaffen, das es ermöglicht, Informationen per Datenleitung zu übertragen. Mit Entwicklung umfassender Übertragungskapazitäten besteht die Möglichkeit, komplexe Datenpakete mit umfangreichen Volumina über größere räumliche Distanzen zu versenden. Dies führt dazu, dass unabhängig vom Standort des Datenspeichers aufgrund der hohen Übertragungsrate des Kommunikationsnetzes die Möglichkeit besteht, Informationen abzurufen, einzugeben oder weiterzubearbeiten.[385]

---

[383] Vgl. Picot, Reichwald, Wigand, 2001, S. 319 ff.
[384] Vgl. Kagelmann, 2001, S. 67.
[385] Ausführlicher zur Darstellung verschiedener Kommunikationsmittel, welche die Etablierung von Shared-Service-Strukturen im Bereich der Verwaltungsfunktionen von Konzernen gefördert haben, vgl. Dressler, 2007b, S. 20 ff.

4 Theorien und Instrumente der Entscheidungsunterstützung im Rahmen von Shared Services

Nachdem im vorherigen Kapitel die theoretische Grundkonzeption des Shared-Service-Ansatzes und die mit dieser Organisationsalternative verbundenen Zielstellungen aufgeführt worden sind, ist es Gegenstand dieses Teils der Arbeit, Theorien und Instrumente zur Entscheidungsunterstützung im Rahmen des Shared-Service-Konzeptes aufzuzeigen und zu diskutieren. Diesbezüglich ist ein aus zwei Komponenten bestehendes Entscheidungsunterstützungskonzept entwickelt worden, das im Folgenden eingehender betrachtet wird.

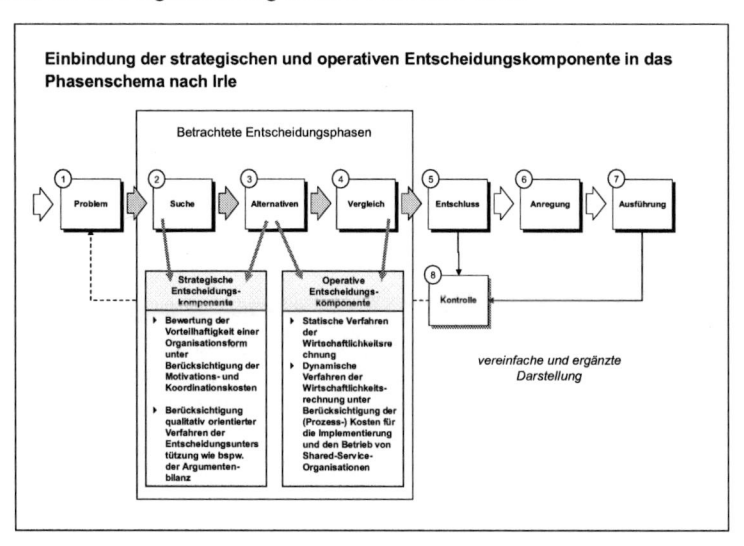

Abbildung 4-1: Einbindung von Entscheidungskomponenten in das Phasenschema nach Irle[386]

Im Fokus der strategischen Komponente steht die Untersuchung der für die Ausgliederung in die Shared-Service-Organisation vorgesehenen Aktivitäten unter Berücksichtigung der anfallenden Motivations- und Koordinationskosten. Des Weiteren sind auf Seiten der strategischen Entscheidungskomponente qualitative Verfahren der Entscheidungsunterstützung zu berücksichtigen. Im Rahmen der operativen Komponente erfolgt eine Betrachtung der Vorteilhaftigkeit einer Shared-Service-Organisation aus dem Blickwinkel der dynamischen Investitionsrechnung.

---

[386] Eigene Darstellung. Zur Erörterung der acht Entscheidungsphasen vgl. Irle, 1971, S. 48 sowie Kahle, 2001, S. 43.

Die Entscheidung, Aktivitäten in eine Shared-Service-Einheit auszugliedern, kann unter Hinzuziehung eines Entscheidungsprozesses betrachtet werden, wie er von Irle im Zusammenhang mit den Funktionen von Linie und Stab in Entscheidungsprozessen untersucht worden ist.[387] Nach diesem von Irle entwickelten Phasenschema, welches im Folgenden vereinfacht dargestellt wird, beginnt die erste Phase einer jeden Entscheidung mit der Identifizierung eines Problems. Dies können zum Beispiel Ineffizienzen in einem bestimmten Sekundärleistungsbereich eines Krankenhauses sein.[388] Die zweite Phase nach der Problemidentifizierung befasst sich mit der Informationssuche nach Lösungsmöglichkeiten. Geeignete Lösungsmöglichkeiten könnten zum Beispiel in der Wahl einer anderen Organisationsform liegen. Die dritte Phase besteht aus der Produktion von alternativen Problemlösungen, die miteinander vergleichbar gemacht werden. Hierbei ist der Aufwand und die Sicherheit der Zielerreichung aufzuzeigen. Im Zuge der vierten Phase erfolgen der Vergleich und die Bewertung der produzierten Alternativen. Die fünfte Phase bezieht sich auf die Auswahl einer Alternative, die sechste Phase befasst sich mit Information der Ausführenden zur Durchsetzung der Entscheidung und die siebte Phase bewirkt die Ausführung und Realisierung. Die achte Phase besteht aus der Kontrolle und schließt den Gesamtablauf der Entscheidungsphasen.

Eine vertiefende inhaltliche Auseinandersetzung des Shared-Service-Ansatzes als Organisationsalternative und Lösungskonzept für bestehende Problemfelder im Sekundärleistungsbereich von Krankenhäusern erfolgt in Kapitel 5 und 6 dieser Arbeit. Die im Folgenden durchgeführte Betrachtung setzt sich dagegen mit Theorien und Instrumenten zur Entscheidungsunterstützung auseinander und fokussiert sich dabei auf die Phasen zwei bis vier des skizzierten Entscheidungsablaufs. Es wird, wie oben erläutert, zwischen einer strategischen und operativen Entscheidungskomponente unterschieden.

4.1 Strategische Entscheidungskomponente

Die Suche nach einer geeigneten Organisationsform umfasst im Rahmen der strategischen Entscheidungskomponente zwei Ansätze. Zur Bestimmung der Vorteilhaftigkeit einer Organisationsform erfolgt zum einen die Betrachtung von Aspekten der neuen Institutionenökonomik, zum anderen werden im Rahmen einer Ausgliederungsentscheidung qualitativ orientierte Methoden wie die Argumentenbilanz berücksichtigt. Die Aspekte der Neuen Institutionenökonomik und die damit verbundene Darstellung des Motivations- und Koordinationskostenanfalls bilden den Schwerpunkt der folgenden Ausführungen.

---

[387] Vgl. Irle, 1971, S. 47 f. sowie dazu Kahle, 2001, S. 43.
[388] Im Rahmen des Kapitels 5 werden verschiedene Problemfelder in Sekundärleistungsbereichen von Krankenhäusern erörtert.

4.1.1 Aspekte der Neuen Institutionenökonomik

Unter dem zentralen Begriff der Neuen Institutionenökonomik sind verschiedene „Ansätze zur Erklärung des Wirtschaftens in einer Welt zusammengefasst, in der unvollkommene Akteure, Menschen mit unterschiedlicher Rationalität und Moral, in ihrem ökonomischen Handeln aufeinander angewiesen sind".[389] Die Abstimmung von arbeitsteiligen Leistungsbeziehungen in Wirtschaftssystemen erfolgt durch Institutionen verschiedenster Art.[390] Bei Institutionen kann es sich um Verträge, Organisationsstrukturen, Märkte, Unternehmungen, geschäftliche Dauerverbindungen, den Staat oder ein Rechtssystem handeln.[391] Institutionen entstehen entweder bewusst oder als unbeabsichtigtes Produkt menschlichen Handelns.[392]

Neben der Transaktionskostentheorie, die im Mittelpunkt der folgenden Ausführungen steht und in den weiteren Ausführungen eingehender untersucht wird, existieren weitere bekannte Theorien der Neuen Institutionenökonomik wie die Principal-Agent-Theorie und die Property-Rights-Theorie. Die Principal-Agent-Theorie ist ein eng mit der Transaktionskostentheorie verflochtener Ansatz[393] und systematisiert arbeitsteilige Auftraggeber-Auftragnehmer-Beziehungen, die durch asymmetrisch verteilte Informationen gekennzeichnet sind.[394] Bei genauerer Betrachtung der Theorie wird deutlich, dass sie sich auf Situationen bezieht, in denen ein Auftraggeber (Principal) beispielsweise Arbeit an einen Auftragnehmer (Agenten) delegiert. Innerhalb des Principal-Agent-Verhältnisses trifft der Agent somit Entscheidungen, die sowohl sein eigenes Wohlergehen als auch das Nutzenniveau des Principal beeinflussen.[395]

Im Zentrum der Property-Rights-Theorie steht die Untersuchung von Auswirkungen verschiedener Verfügungsrechtspositionen auf das Verhalten der Individuen beziehungsweise ökonomischen Akteure.[396] Ausgangspunkt der Überlegungen ist dabei die Beobachtung, dass der Wert von Gütern auf der einen Seite und die Handlungen von Menschen auf der anderen Seite abhängig von den ih-

---

[389] Picot, Dietl, Franck, 1997, S. 53.
[390] Bacher, 2000, S. 85.
[391] Vgl. Picot, 1991, S. 144; Picot, Dietl, Franck, 1997, S. 54 sowie Göbel, 2002, S. 2 ff. Anzumerken ist in diesem Zusammenhang, dass bislang ein allgemein anerkannter Institutionsbegriff nicht existiert und somit eine eindeutige Definition des Institutionsbegriffs schwierig ist, vgl. Göbel, 2002, S. 2.
[392] Vgl. Bacher, 2000, S. 85.
[393] Die Annahmen dieser Theorie beruhen im Wesentlichen auf Veröffentlichungen von Ross, 1973; Jensen, Meckling, 1976 und Fama, 1980.
[394] Vgl. Picot, Reichwald, Wigand, 2001, S. 56.
[395] Die Bezugspunkte der Transaktionskostentheorie mit der Principal-Agent-Theorie werden bei der Unterteilung in Koordinations- und Motivationskosten deutlich. Demnach entstehen Motivationskosten durch die Möglichkeit zu opportunistischem Handeln. Die verschiedenen Formen opportunistischen Handelns sind wiederum Gegenstand der Principal-Agent-Theorie.
[396] Vgl. Picot, Dietl, Franck, 1997, S. 54 f.

nen zugeordneten Rechten sind. Zentrale Hypothese des Property-Rights-Ansatzes ist demnach, dass die Ausgestaltung von Eigentumsrechten die Verteilung und Nutzung von Gütern auf spezifische und vorhersehbare Weise beeinflusst. Die mit dieser Theorie verknüpfte Leitfrage ist: Wie wirkt es sich vermutlich auf das Verhalten rationaler und selbstinteressierter Individuen aus, wenn sie bestimmte Verfügungsrechte haben oder nicht haben?[397]

4.1.2 Grundlagen der Transaktionskostentheorie

Coase legte im Jahr 1937 mit seinem Aufsatz „The Nature of the Firm" den Grundstein für die späteren transaktionskostentheoretischen Überlegungen.[398] Er lieferte in seinem Aufsatz einen ersten Erklärungsansatz auf die Frage, warum in der Marktwirtschaft Unternehmen bestehen.[399] Coase stellte fest, dass es grundsätzlich zwei Möglichkeiten gibt, Entscheidungen über Faktorkombinationen zu koordinieren. Eine erste Möglichkeit besteht in der Ausnutzung des Preismechanismus über den Markt.[400] Dabei wird jede Ressource und jeder Produktionsfaktor dazu verwendet, womit der größte Ertrag erzielt werden kann. Die zweite Koordinationsmöglichkeit liegt in der Anwendung des Weisungsprinzips. Das Prinzip zeichnet sich zum einen durch einen Koordinator aus, der über die Verwendung von Produktionsfaktoren zentral entscheidet, zum anderen existieren Inhaber von Ressourcen, die sich den Anweisungen dieses Koordinators unterordnen.[401] Diese Koordinationsform wird als Hierarchie bezeichnet oder direkt als „Unternehmung".[402] Welche dieser beiden Koordinationsformen gewählt wird, ist abhängig von den Transaktionskosten, die damit ein entscheidendes Auswahlkriterium für die Wahl der Koordinationsform darstellen.

Diese Thematik wurde in den 1970er-Jahren von Williamson aufgegriffen und wesentlich weiterentwickelt.[403] Anfang der 1980er Jahre fand, bedingt durch Veröffentlichungen von Picot, die Einführung der Transaktionskostentheorie in die deutsche Organisationslehre statt.[404] Die Transaktionskostentheorie wird

---

[397] Vgl. Furubotn, Pejovich, 1972, S. 1139; Picot, Reichwald, Wigand, 2001, S. 46 sowie Göbel, 2001, S. 61.
[398] Coase erhielt erst 1991 den Nobelpreis für Wirtschaftswissenschaften für seine Entdeckung und Klärung der Bedeutung der sogenannten Transaktionskosten und der Verfügungsrechte für die institutionelle Struktur und das Funktionieren der Wirtschaft.
[399] Coase selbst verwendete in seinem 1937 veröffentlichten Aufsatz die Begriffe Transaktion und Transaktionskosten nicht, vgl. Coase, 1937. Eingeführt wurde der Transaktionsbegriff wahrscheinlich von Commons im Jahre 1931. Nach Commons ist eine Transaktion „die zwischen Einzelpersonen stattfindende Entäußerung und Erwerbung der Rechte zukünftigen Eigentums an physischen Sachen", vgl. Commons, 1931, S. 58. Deutsche Übersetzung bei Göbel, 2002, S. 129.
[400] Vgl. Neus, 2001, S. 123 f.
[401] Vgl. Neus, 2001, S. 123 f.
[402] Neus, 2001, S. 124.
[403] Williamson gilt als einer der einflussreichsten Vertreter des Transaktionskostenansatzes.
[404] Die Einführung in die deutsche Organisationslehre gelang Picot vor allem durch seinen 1982 veröffentlichten Aufsatz „Transaktionskostenansatz in der deutschen Organisationstheorie". Picot versteht

mittlerweile als ein nützliches Analyseinstrument der Leistungsaustauschbeziehungen zwischen zwei oder mehreren Transaktionspartnern angesehen.

Zur Abgrenzung von Transaktionskosten ist es zunächst zweckmäßig, den Begriff der Transaktion zu definieren.[405] Es wird dazu die von Williamson verfasste Definition verwendet: *"A transaction may thus be said to occur when a good or service is transferred across a technologically separable interface."*[406] Nach Williamson liegt dem Leistungsaustausch ein Vertrag zugrunde, was dazu führt, dass er Transaktionskosten in Ex-ante-Vertragskosten (Kosten für Entwurf, Verhandlung und Absicherung einer Vereinbarung) und als Ex-post-Vertragskosten (Kosten der Fehlanpassung, des Feilschens und Kosten der Errichtung und des Betriebes von Beherrschungs- und Überwachungssystemen) unterteilt.[407] Die im Zusammenhang mit der einzelnen Transaktion anfallenden Kosten sind Bestandteil der Transaktionskosten.[408]

Die Transaktionskosten umfassen demgemäß die Marktbenutzungskosten und die Hierarchiekosten. Dabei stellen Markt und Hierarchie keine dichotome Abgrenzung dar, es existieren zwischen diesen beiden Extrempunkten weitere hybride[409] Koordinationsformen.[410] Trotz einer fehlenden einheitlichen Typologie von Koordinationsmustern in der Transaktionskostentheorie ist es nach Williamson möglich, sämtliche institutionelle Koordinationsformen in dem Bereich zwischen den beiden Extrempunkten Markt (in Form kurzfristigen Kaufvertrags-, Dienst- und Werkvertragsrechts) und Hierarchie (in Form der zentralistischen Bürokratie) einzugliedern.[411] Dabei weist der Markt den geringsten und die Hierarchie den größten Integrationsgrad zwischen den Transaktionspartnern auf.[412]

4.1.3 Organisationsproblem und Transaktionskosten

Die Höhe der Transaktionskosten ist abhängig von bestimmten Bedingungskonstellationen und von den gewählten organisatorischen Gestaltungsaktivitäten. Den Akteuren wird hinsichtlich ihrer Verhaltensannahmen unterstellt, dass

---

unter einer Transaktion den Prozess der Klärung und Vereinbarung eines Leistungsaustausches, vgl. Picot, 1982, S. 269.
[405] Die grundlegende Untersuchungseinheit der Transaktionskostentheorie ist die einzelne Transaktion. Vgl. Coase, 1937; Williamson, 1975; Picot, 1982.
[406] Williamson, 1981, S. 1544.
[407] Vgl. Williamson, 1990, S. 22 ff. sowie Bacher, 2000, S. 90.
[408] Vgl. Picot, Reichwald, Wigand, 2001, S. 50.
[409] Zur Diskussion und Kritik hybrider Organisationsformen, vgl. Kapitel 3.3.3.
[410] Williamson unterscheidet beispielsweise zwischen Unternehmen, Märkten und Kooperationen als den wichtigsten ökonomischen Institutionen, vgl. Williamson, 1990, S. 17. Ouchi hat eine Typologisierung in Markt, Bürokratie, Clan vorgenommen, vgl. Ouchi, 1980.
[411] Vgl. Bacher, 2001, S. 87 und Picot, 1982, S. 274.
[412] Vgl. Bacher, 2001, S. 87.

sie über begrenzte Rationalität und Opportunismus verfügen.[413] Die Annahme der begrenzten Rationalität der Akteure ist an Simon angelehnt, der davon ausgeht, dass Wirtschaftssubjekte zwar den Willen haben, rational zu handeln, aber dass sie nicht über ausreichende Informationen verfügen.[414] Daraus resultiert die Annahme, dass Verträge je nach Situation als unvollkommen eingestuft werden. Williamson unterscheidet hier, wie oben skizziert, zwischen Transaktionskosten, die vor (ex ante) und nach (ex post) Vertragsschluss entstehen.[415]

Die Unterteilung von Transaktionskosten in Koordinations- und Motivationskosten geht auf Überlegungen von Milgrom und Roberts zurück: *„Different organizational forms and institutional and contractual arrangements represent different solutions to the problems of coordination and motivation. These problems give rise to transactional costs, which manifest themselves differently in different contexts."*[416] Die Berücksichtigung von Koordinations- und Motivationsaspekten unter dem Begriff der Transaktionskosten erlaubt es zudem, den üblichen polaren Auffassungen über „Markt" und „Hierarchien" eine differenziertere Sichtweise hinzuzufügen.[417]

Ausgangspunkt dieser in Abbildung 4-2 skizzierten Unterteilung in Koordinations- und Motivationskosten ist das Organisationsproblem. Picot nennt diesbezüglich drei Merkmale von Situationen, die zu einem Organisationsproblem führen:[418]

¶ Die Existenz einer Gesamtaufgabe, die sachliches Ziel wirtschaftlicher Tätigkeit ist – beispielsweise die Erstellung und Verwertung einer Gütermenge.

¶ Die Wirtschaftssubjekte verfügen über Kapazitätsbeschränkungen in Bezug auf die Verfügbarkeit von Können, Wissen, Zeit sowie die Verarbeitungsfähigkeit von Informationen. Daraus ergibt sich die Notwendigkeit, die genannte Gesamtaufgabe quantitativ oder qualitativ auf mehrere Aufgabenträger zu verteilen.

¶ Die aufgrund der Arbeitsteilung entstandenen Teilaufgaben bedürfen sowohl auf sachlicher als auch auf zeitlicher Ebene einer Koordination. Im Zuge der damit verbundenen Problemlösung ergeben sich Kapazitätsbeschränkungen. Es ist davon auszugehen, dass die Beteiligten in erster Linie ihre eigenen In-

---

[413] Vgl. Williamson, 1990, S. 33 f. Dieser Aspekt ist ein deutlicher Unterschied zur neoklassischen Theorie, bei der den Akteuren ein Rationalverhalten mit vollständigen Marktinformationen unterstellt wird. Vgl. Bacher, 2001, S. 90.
[414] Vgl. Simon, 1961, S. 24.
[415] Vgl. Williamson, 1990, S. 22 ff.
[416] Milgrom, Roberts, 1992, S. 29.
[417] Vgl. dazu Gick, 1999, S. 6.
[418] Zur Darstellung der Merkmale des Organisationsproblems, vgl. Picot, 1982, S. 269.

teressen verfolgen und dass sie versuchen, Eigeninteressen auf Kosten Dritter durchzusetzen.

Die Grundlage des Organisationsproblems besteht unter Beachtung der aufgezeigten Merkmale darin, für jeden Aufgabentyp ein Koordinationsmuster zu finden, mit dem eine möglichst reibungslose Abwicklung der aufgabenbezogenen Verflechtungen zwischen den Beteiligten existiert. Picot merkt an, dass diese Formulierung des Organisationsproblems keine Aussage darüber trifft, ob eine Erfüllung von Teilaufgaben innerhalb oder außerhalb einer Unternehmung stattfindet und inwiefern ein rechtliches Beziehungsgeflecht zwischen den Individuen besteht.[419]

Die Wahl einer bestimmten Organisationsform ist in der Regel davon abhängig, welchen Effizienzgrad die Gestaltung der Transaktionsbeziehungen zwischen den Mitgliedern der Organisation und der Außenwelt annimmt.[420] Als Beurteilungskriterium von Organisationen wird zum einen der Produktivitätsgewinn durch organisatorische Spezialisierungsmöglichkeiten und zum anderen der Ressourcenverzehr durch die organisationsspezifischen Regelungen der Transaktionen herangezogen.[421] Im Ergebnis zeigt sich die Vorteilhaftigkeit einer Organisationsform durch die Höhe der Wertschöpfung, die sich dabei aus der Differenz von Umsatzerlösen und den dabei anfallenden Produktions- und Transaktionskosten ergibt.[422]

Eine effiziente Organisationsform liegt dann vor, wenn bei gegebenen Produktions- und Transaktionskosten keine andere Möglichkeit der Organisation existiert, mit der höhere Umsatzerlöse erzielt werden können und bei gegebenen Umsatzerlösen keine andere Organisationsform geringere Produktions- und Transaktionskosten verursacht.[423] Produktionskosten entstehen im Realisationssystem des Unternehmens. Die Höhe der Produktionskosten ist zum Teil von der Ausgestaltung des Entscheidungssystems abhängig, da von der Struktur des Entscheidungssystems unter anderem die Möglichkeit zur Nutzung von Größendegressionen im Realisationssystem determiniert wird.[424] Transaktionskosten stellen damit ein Kriterium dar, das bei gegebenen Umsätzen ausschlaggebend für die Wahl einer bestimmten Organisationsform ist. Die Herausforderung besteht darin, die Höhe der Transaktionskosten zu bestimmen.

---

[419] Vgl. Picot, 1982, S. 269 f.
[420] Vgl. Breuer, Breuer, 2006, S. 102.
[421] Vgl. Breuer, Breuer, 2006, S. 102.
[422] Vgl. Breuer, Breuer, 2006, S. 102.
[423] Vgl. Breuer, Breuer, 2006, S. 102.
[424] Theuvsen, 1997, S. 985. Anmerkung: In der hier durchgeführten Betrachtung werden die Produktionskosten und die erzielbaren Umsatzerlöse als gegeben angesehen, der Fokus der folgenden Betrachtung liegt auf dem Bereich der Transaktionskosten.

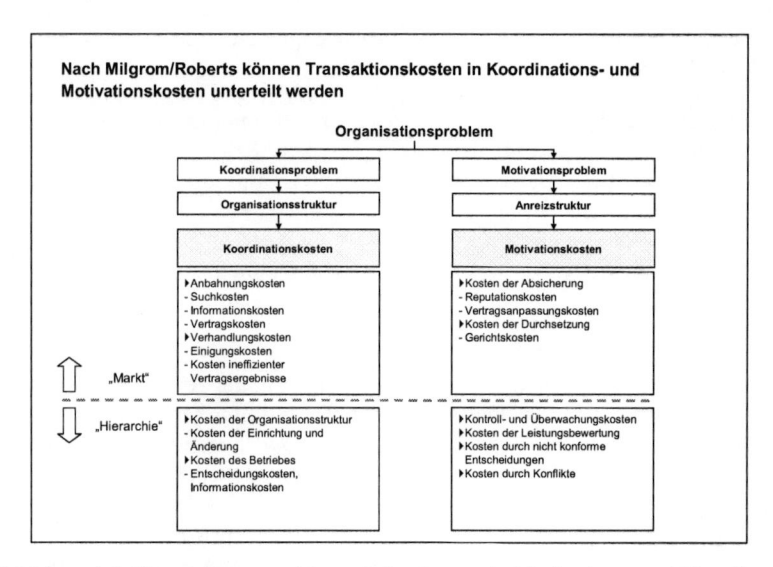

```
Nach Milgrom/Roberts können Transaktionskosten in Koordinations- und
Motivationskosten unterteilt werden
                          Organisationsproblem
                    ┌─────────────┴─────────────┐
            Koordinationsproblem          Motivationsproblem
                    │                           │
           Organisationsstruktur          Anreizstruktur
                    │                           │
           ┌────────────────────┐      ┌────────────────────┐
           │  Koordinationskosten│     │   Motivationskosten │
           └────────────────────┘      └────────────────────┘
           ▶Anbahnungskosten              ▶Kosten der Absicherung
           - Suchkosten                   - Reputationskosten
 „Markt"   - Informationskosten           - Vertragsanpassungskosten
           - Vertragskosten               ▶Kosten der Durchsetzung
           ▶Verhandlungskosten            - Gerichtskosten
           - Einigungskosten
           - Kosten ineffizienter
             Vertragsergebnisse

„Hierarchie" ▶Kosten der Organisationsstruktur  ▶Kontroll- und Überwachungskosten
             - Kosten der Einrichtung und       ▶Kosten der Leistungsbewertung
               Änderung                         ▶Kosten durch nicht konforme
             ▶Kosten des Betriebes                Entscheidungen
             - Entscheidungskosten,             ▶Kosten durch Konflikte
               Informationskosten
```

Abbildung 4-2: Unterteilung von Transaktionskosten in Motivations- und Koordinationskosten[425]

4.1.3.1 Determinanten der Koordinationskosten

Koordinationskosten bestehen im Einzelnen aus Anbahnungskosten, Vertragskosten sowie den Kosten der Einrichtung und des Betriebes einer Organisationsstruktur.[426] Nach Windsperger umfassen Koordinationskosten die Aufwendungen und Opportunitätskosten der Informationsbeschaffung. Diese bestehen aus den Kosten des Informationsflusses und den Kosten der Organisationsstruktur, den sogenannten Setup-Kosten[427] des Organisationsdesigns.[428] Die diesen Überlegungen zugrunde liegende Koordinationsthematik basiert auf der Abstimmung und Ausrichtung von Leistungen und Einzelaktivitäten innerhalb eines arbeitsteiligen Systems hinsichtlich der Erreichung eines Ziels.[429] Unter Berücksichti-

---

[425] Eigene Abbildung in Anlehnung an Milgrom, Roberts, 1992, S. 29 f. sowie zu den einzelnen Koordinations- und Motivationskosten, vgl. Piotr, 2006, S. 48.
[426] Vgl. Trampel, 2004, S. 12 sowie Abbildung 4-2.
[427] Der Aspekt der Setup-Kosten des Organisationsdesigns beruht auf dem Gedankengang, dass Transaktionskosten nur dann ausschließlich als Kosten der Koordination anzusehen sind, wenn bei der Erstellung eines bestimmten Organisationsdesigns keine ökonomischen Ressourcen erforderlich sind, was aber in der ökonomischen Realität in der Regel auszuschließen ist. Demnach sind unter Setup-Kosten des Organisationsdesigns die Kosten des Informationsverarbeitungs- und Anreizsystems der Unternehmensorganisation zu verstehen, vgl. Windsperger, 1996, S. 45. Allerdings zeigt sich hier ein Widerspruch zu der durchgeführten Aufteilung in Koordinations- und Motivationskosten, da die Kosten für die Anreizstruktur den Motivationskosten zuzuordnen sind.
[428] Vgl. Windsperger, 1996, S. 29 ff.
[429] Allgemein zu Ausführungen der Koordination vgl. Hoffmann, 1980, S. 296 ff.; Kutschker, Schmid, 2002, S. 979 sowie Borchardt, 2006, S. 40 ff.

gung der Arbeitsteilung existieren verschiedene Faktoren, die den Koordinationsbedarf innerhalb der jeweiligen Organisationsform beeinflussen.[430]

Zu diesen Faktoren, welche die Höhe der Koordinationskosten beeinflussen, zählen der Interdependenzgrad, der externe und interne Informationsbedarf sowie der Bedarf an nicht kodifizierbaren Wissen.[431] Ein wesentliches Transaktionsmerkmal für die Höhe der Koordinationskosten ist der Interdependenzgrad.[432] Der Grund für Interdependenzen liegt darin, dass eine Ableitung von Teilaufgaben aus der entsprechenden Gesamtaufgabe der Organisation stattfindet und diese in einem Zusammenhang zueinander stehen.[433] Die Entscheidung einer Einheit hat somit Auswirkungen auf die Entscheidungssituation einer anderen Teileinheit.[434] Für die Beeinflussung der Art und des Ausmaßes von Interdependenzen sind verschiedene Faktoren verantwortlich. Zu diesen Faktoren gehört die Nutzung gemeinsamer, begrenzter Ressourcen oder der Komplexitätsgrad der Aufgabe.[435]

Je größer die Interdependenz ist, desto größer ist der Abstimmungsbedarf zwischen den Aufgabenträgern und umso höher sind die Koordinationskosten.[436] Mit Zunahme des Interdependenzgrad ist es deshalb erforderlich, dass eine Organisationsform über entsprechende Mechanismen zur Steuerung der Informationsflüsse und zudem über zentralisierte Prozesse zur finalen Entscheidungsfindung verfügt. Es wird zwischen vier Formen[437] der Interdependenz von Aufgabenbereichen unterschieden: [438]

(1) Ressourceninterdependenz[439]:Die Leistungen der Transaktionspartner sind nur indirekt voneinander abhängig.[440]

(2) Sequentielle Interdependenz: Die Leistungen des einen Transaktionspartners finden Eingang in dem Leistungserstellungsprozess des anderen.

(3) Reziproke Interdependenz: Zwischen den Transaktionspartnern existiert ein gegenseitiger Leistungsaustausch.

---

[430] Vgl. Borchardt, 2006, S. 41.
[431] Vgl. Breuer, Breuer, 2006, S. 108.
[432] Ähnlich vgl. Frese, 2000, S. 55 f.
[433] Vgl. Borchardt, 2006, S. 42.
[434] Vgl. Frese, 2005, S. 129.
[435] Vgl. Frese, 2000, S. 58 ff.
[436] Vgl. Breuer, Breuer, 2006, S. 104.
[437] In der Organisationsforschung werden wie beispielsweise bei Thompson (1967) z.T. zwischen drei Arten von Interdependenzen unterschieden: Gepoolte, sequentielle und reziproke Interdependenz.
[438] Zu den vier aufgeführten Formen der Interdependenz vgl. Breuer, Breuer, 2006, S. 104 sowie Picot, Dietl, Franck, 1997, S. 73.
[439] Anstelle des Begriffs „Ressourceninterdependenz" wird in der Literatur auch die Bezeichnung „gepoolte Interdependenz" verwendet.
[440] Vgl. Laux, Liermann, 2003, S. 191 ff.

(4) Teamorientierte Interdependenz: Die Transaktionspartner müssen zur Bewältigung einer Aufgabe interaktiv und gleichzeitig tätig werden.

Diese vier Formen von Interdependenzen weisen von (1) nach (4) eine zunehmend komplexere Abhängigkeit zwischen den Organisationseinheiten auf, was dazu führt, dass zur Erfüllung der Aufgaben ein höherer Koordinationsbedarf notwendig wird. Vor diesem Hintergrund wird angeführt, dass je höher der Interdependenzgrad zwischen den Teilbereichen ist, umso dringlicher ist die Zusammenfassung zu einer organisatorischen Einheit.[441]

Des Weiteren spielen der Aufgabenumfang und die Aufgabenkomplexität eine nicht zu vernachlässigende Rolle insbesondere dann, wenn bei Koordinationsmaßnahmen die Übertragung von Informationen erforderlich wird.[442] Es scheint offenkundig zu sein, dass die Höhe der Übertragungskosten und der Komplexitätsgrad der zugrundeliegenden Informationsinhalte miteinander in Korrelation stehen.[443] Bei der Übertragung von Information steht im Fokus der Betrachtung die Frage, ob Informationen als Bündel zusammenhängender Informationen in allgemeiner Form kodifizierbar sind oder nicht.[444] Bei kodifizierbarem Wissen handelt es sich um Wissen, das durch allgemeinverständliche Sprachen, Programme oder Algorithmen übertragbar ist. Im Gegensatz dazu liegt nicht-kodifizierbares Wissen vor, wenn es als Resultat längerer menschlicher Lern- und Erfahrungsprozesse angesehen werden kann.[445] Nicht-kodifizierbares Wissen wird von den einzelnen Akteuren in der Regel weitgehend unbewusst gespeichert und in den meisten Fällen situationsspezifisch abgerufen. Darüber hinaus entzieht sich nicht-kodifizierbares Wissen unter anderem aufgrund der schweren Übertragbarkeit der elektronischen Verarbeitung.[446]

Ein weiterer Bestimmungsfaktor für die Koordinationskosten ist der interne und externe Informationsbedarf. Unter dem Informationsbedarf sind Art, Menge und Qualität der Informationen subsumiert, die für eine Leistungserstellung in einer bestimmten Zeit erforderlich sind.[447] Der externe Informationsbedarf bezieht sich dabei auf die Art, Menge und Qualität der Informationen, die von außen für den Leistungserstellungsprozess beschafft und intern verarbeitet werden müssen.

---

[441] Vgl. Picot, Dietl, Franck, 1997, S. 73. Im Umkehrschluss bedeutet dies: Je geringer der Interdependenzgrad zwischen den organisatorischen Einheiten, desto höher ist der organisatorische Dezentralisierungsgrad.
[442] Vgl. Breuer, Mark, 2004, S. 57.
[443] Vgl. Breuer, Mark, 2004, S. 57.
[444] Vgl. Jensen, Meckling, 1995, S. 4 ff.
[445] Objektives Wissen ist dadurch charakterisiert, dass es kodifizierbar und objektiv nachprüfbar ist. Subjektives Wissen lässt sich zwar in den Fähigkeiten einer Person beobachten – es beruht aber weitestgehend auf den individuellen Erfahrungen und lässt sich explizit nicht ausdrücken, vgl. Polanyi, 1962, S. 49.
[446] Ähnlich vgl. Breuer, Mark, 2004, S. 57.
[447] Ähnlich vgl. Picot, Reichwald, Wigand, 2001, S. 81.

Im Gegensatz dazu ist unter dem internen Informationsbedarf die Art, Menge und Qualität der Informationen zu verstehen, die innerhalb der Organisation zur Durchführung des Leistungserstellungsprozesses notwendig sind.

4.1.3.2 Determinanten der Motivationskosten

Motivationskosten entstehen zum einen durch Implementierung geeigneter Anreize oder durch Androhung und Durchführung von Sanktionsmechanismen, um ein zielkonformes Verhalten der Transaktionspartner zu erreichen.[448] Nach Milgrom/Roberts sind Motivationskosten als *„costs of measuring performance, providing incentives, and enforcing agreements to ensure people follow instructions, honor commitments and keep arrangements"* charakterisiert.

Die Entstehung von Motivationskosten ist damit zunächst vor dem Hintergrund der Existenz von opportunistischen Verhalten der Transaktionsbeteiligten einzuordnen. Die Grundannahme der Existenz von opportunistischem Verhalten lässt sich in verschiedene Arten unterteilen, die im Wesentlichen auf Überlegungen der Principal-Agent Theorie zurückzuführen sind. Dem opportunistischen Verhalten und den damit verknüpften Motivations- und Anreizproblemen gehen in der Regel Informationsasymmetrien sowie unvollständige vertragliche Regelungen voraus.[449] Es wird zwischen drei Arten opportunistischen Verhaltens unterschieden, die im Folgenden aus dem Blickwinkel der Principal-Agent-Theorie heraus betrachtet werden:[450]

¶ Hidden Intention: In diesem Kontext wird Bezug auf die „Hold-Up"-Problematik genommen. Sie tritt auf, wenn der Principal nach Vertragsschluss aufgrund der Durchführung von spezifischen Investitionen in eine Abhängigkeit des Agenten gerät. Die Abhängigkeit ist dadurch bedingt, dass der Principal nach Abschluss des Vertrags auf die Leistung des Agenten angewiesen ist.[451] Der Agent kann seine Situation nun opportunistisch ausnutzen. Es zeigt sich hier die Verknüpfung mit dem Transaktionskostenansatz, bei dem die Spezifität als Einflussgröße auf die Transaktionskosten identifiziert wird.[452]

¶ Hidden Action: Diese Art von Informationsasymmetrien bezieht sich auf den Effekt, dass der Principal die Aktivitäten des Agenten nicht oder nicht kostenlos beobachten kann.[453] Dies führt dazu, dass der Principal die Leistung

---

[448] Ausführlicher Milgrom, Roberts, 1992, S. 29 f. sowie Antlitz, 1999, S. 122 ff.
[449] Ähnlich vgl. Breuer, Breuer, 2006, S. 105 sowie Ullrich, 2004b, S. 119
[450] Die aufgeführten Darstellungen opportunistischen Handelns basieren auf Annahmen der Principal-Agent-Theorie. Zur Principal-Agent-Theorie vgl. Picot, Reichwald, Wigand, 2001, S. 57.
[451] Vgl. Picot, Reichwald, Wigand, 2001, S. 60.
[452] Zu den Einflussgrößen auf die Transaktionskosten vgl. Williamson, 1975, S. 40.
[453] Vgl. Göbel, 2002, S. 102

des Agenten nicht eindeutig aus dem Ergebnis der Agent-Aktivitäten ableiten kann. Das Ergebnis kann grundsätzlich schwer messbar sein, durch Umweltentwicklungen beeinflusst worden oder durch Leistung anderer Agenten im Rahmen einer Teamproduktion entstanden sein. Folglich ist es dem Principal nicht möglich zu unterscheiden, ob für ein schlechtes Ergebnis der Agent oder ein ungünstiger Umwelteinfluss verantwortlich ist. Der Fall der „Hidden Action" birgt somit die Gefahr, dass der Agent seine Handlungsspielräume opportunistisch ausnutzt und sich gegenläufig den Interessen des Principals verhält, indem er seine Aufgaben unsorgfältig ausführt oder seine Arbeitsanstrengungen erheblich vermindert.[454] Diese Form der Verhaltensunsicherheit wird auch als „Moral-Hazard"-Problem bezeichnet.[455]

¶ Hidden Information: „Hidden-Information"-Probleme beziehen sich auf Sachverhalte, in denen der Principal die Aktivitäten des Agenten zwar beobachten, aber nicht bewerten und beurteilen kann.[456] Es ist zu vermuten, dass dieses Problem auftaucht, wenn die Informationsasymmetrie aufgrund der Spezialkenntnisse des Agenten besonders ausgeprägt ist. Dem Agent ist es dann möglich, Handlungen zu wählen, die ihm selber den größten Nutzen bringen.[457]

Die oben genannten Möglichkeiten opportunistischen Handelns legen die Gründe dar, warum es erforderlich ist, bestimmte Maßnahmen zu implementieren, um diesen Verhaltensmustern gegenzusteuern, wodurch Motivationskosten entstehen. Die Ausprägungen der aufgeführten Informationsasymmetrien sind wiederum abhängig von bestimmten Transaktionsmerkmalen. Die für den Motivationskostenanfall relevanten Transaktionsmerkmale sind zum Teil aus dem von Williamson entwickelten Organizational Failure Framework ableitbar:[458]

¶ Unsicherheit: Aufgrund der Tatsache, dass Resultate von Transaktionen abhängig von den Rahmenbedingungen sind, in denen diese durchgeführt werden, existiert eine sogenannte exogene Unsicherheit, da die Transaktionspartner aufgrund ihres begrenzten Wissens nur eine begrenzte Kenntnis über die Ausprägung aller relevanten Rahmenbedingungen einer Transaktion haben.[459] Eine größere Unsicherheit kann im Verlauf von Transaktionsbeziehungen zu Situationen führen, in denen Vertragsregelungen in Bezug auf das

---

[454] Vgl. Picot, Reichwald, Wigand, 2001, S. 59.
[455] Vgl. Alchian, Woodward, 1988, S. 68.
[456] Vgl. Göbel, 2002, S. 102.
[457] Vgl. Göbel, 2002, S. 102.
[458] Vgl. Williamson, 1975, S. 40. Des Weiteren ist zu konstatieren, dass die Faktoren Strategische Bedeutung, Spezifität, Häufigkeit und Wissensintensität als bedeutsame Kriterien zur Differenzierung zwischen verschiedenen Typen von internen Dienstleistungsaktivitäten eingestuft werden. Die Ausprägung der Faktoren gibt einen Ansatzpunkt für eher hierarchische oder eher marktliche Koordination. Vgl. Martin-Pérez, Berger, 2004, S. 17.
[459] Vgl. Breuer, Mark, 2004, S. 72.

Verhalten der Beteiligten nicht mehr anwendbar sind – dies wiederum schafft eine Basis für typische Hold-up-Problematiken.[460]

¶ Spezifität: Die Spezifität stellt einen der wichtigsten Einflussfaktoren auf die Höhe der Motivationskosten dar.[461] Grundsätzlich kann festgestellt werden, dass mit der Spezifität von Investitionen einer Partei ihre Abhängigkeit zunimmt.[462] Hinsichtlich der Sekundärleistungsthematik ist zu konstatieren, dass die Ausprägung des Merkmals „Spezifität" einer hohen Einstufung unterliegt, wenn die einzelne Dienstleistung auf die speziellen Anforderungen von einzelnen (internen) Kunden fokussiert ist und diese nur sehr schwer für eine andere Verwendung eingesetzt werden kann.[463] Aus Sicht der abhängigen Partei steigt damit die Notwendigkeit, über die Implementierung entsprechender Sanktions- oder Absicherungsmaßnahmen den Handlungsspielraum der jeweiligen Transaktionspartner zu beschränken.

¶ Strategische Bedeutung: Nicht unberücksichtigt bleiben darf bei Fragestellungen zur organisatorischen Gestaltung das Ausmaß der strategischen Bedeutung bestimmter Transaktionen oder Prozessteile in Bezug auf ihren Beitrag zur Wettbewerbsfähigkeit des Endproduktes.[464] Hat die Leistungserstellung spezifischen und strategisch bedeutsamen Charakter, dann lassen sich die zugrundeliegenden Fähigkeiten als Kernkompetenz interpretieren.[465] In diesem Falle ist das Risiko der Unternehmung besonders hoch, dass die externen Vertragspartner opportunistisches Verhalten anwenden. Um diesem entgegenzuwirken, ist es für Unternehmen notwendig, neben Vermeidung der Hold-up-Problematik die durch geeignete Absicherungsmaßnahmen die Geheimhaltung strategisch bedeutsamer Informationen zu gewährleisten.

Häufigkeit: Unter der Häufigkeit einer Transaktion ist die Anzahl ihrer Wiederholungen zwischen denselben Parteien zu verstehen.[466] Im hier behandelten Kontext zielt dieses Merkmal darauf ab, wie oft eine bestimmte interne Dienstleistung erbracht oder nachgefragt wird.[467] Bei vielen Wiederholungen einer Transaktion ist zu erwarten, *„dass Aufwendungen in die Entwicklung und den Erhalt spezieller Designs zur Steuerung von Transaktionen umso leichter wieder eingebracht werden können, desto häufiger diese durchzuführen sind".*[468] Es besteht somit die Möglichkeit, diese Art von Transaktionen zu bündeln und für je-

---

[460] Vgl. Breuer, Mark, 2004, S. 72.
[461] Zur Spezifität als einen der wichtigsten Einflussfaktoren auf die Transaktionskosten, vgl. Williamson, 1985, S. 52.
[462] Vgl. Breuer, Mark, 2004, S. 72.
[463] Vgl. Martin-Pérez, Berger, 2004, S. 18.
[464] Vgl. Picot, Reichwald, Wigand, 2001, S. 52.
[465] Kernkompetenz im Sinne der von Prahalad, Hamel (1990) postulierten Form.
[466] Vgl. Breuer, Mark, 2004, S. 73.
[467] Vgl. Martin-Perèz, Berger, 2004, S. 18.
[468] Breuer, Mark, 2004, S. 73.

des Transaktionsbündel ein Überwachsungssystem zu implementieren. Des Weiteren ist zu konstatieren, dass bei häufig wiederkehrenden Transaktionen eine Steuerung durch Reputationseffekte erfolgen kann. Bei Problemen im Transaktionsablauf können sich die Beteiligten einfacherer auf eine Lösung verständigen, weil alle ein Interesse daran haben, dass eine profitable Transaktionsbeziehung weiterhin besteht.[469]

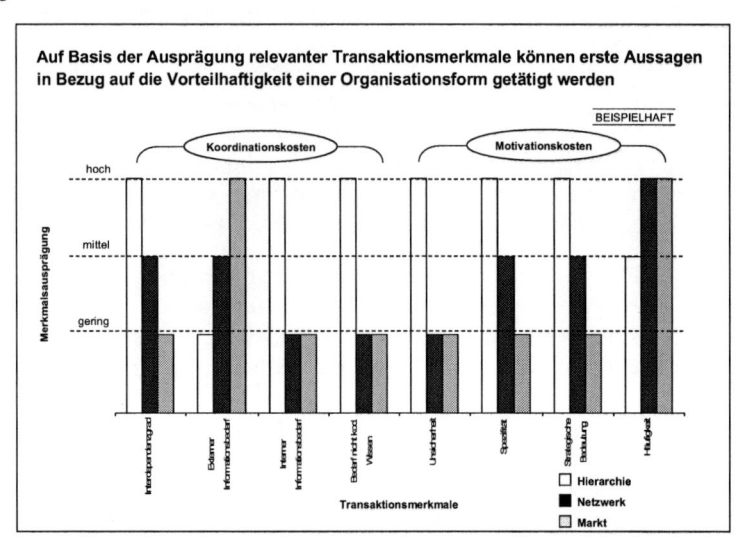

Abbildung 4-3: **Ausprägung der für den Koordinations- und Motivationskostenanfall relevanten Transaktionsmerkmalen**[470]

Ziel der folgenden Betrachtung ist es aufzuzeigen, dass bei der Überlegung, Leistungsbereiche in eine Shared-Service-Einheit auszulagern, eine Reihe von verschiedenen Transaktionsmerkmalen zu berücksichtigen sind, die einen Einfluss auf die Höhe der anfallenden Koordinations- und Motivationskosten besitzen.

---

[469] Vgl. Breuer, Mark, 2004, S. 73.
[470] Eigene Darstellung in Anlehnung an Breuer, Breuer, 2006, S. 108 f. Zu Gestaltungsempfehlungen der Koordinationsformen bei bestimmten Ausprägungen von Transaktionskostenmerkmalen vgl. auch Sydow, 2002, S. 143 f.

4.1.3.3 Berücksichtigung der Koordinations- und Motivationskosten bei Bewertung der Vorteilhaftigkeit der Organisationsalternative Shared Services

4.1.3.3.1 Koordinationskosten und Organisationsform

Die Ausprägung der vier aufgezeigten Merkmale „Interdependenzgrad", „externer Informationsbedarf", „interner Informationsbedarf" und „Bedarf an nichtkodifizierbaren Wissen" können eine erste Aussage darüber gegeben, ob die Leistung über eine hierarchische, netzwerkartige oder marktliche Koordination abgewickelt werden sollte.

Um eine Aussage dahingehend zu treffen, ob sich Sekundärleistungen für eine Ausgliederung in eine Shared-Service-Einheit und damit in eine netzwerkartige Organisationsform eignen, ist eine Überprüfung dahingehend erforderlich, welche Koordinations- und Motivationskosten bei einer hierarchischen oder marktlichen Organisation der entsprechenden Sekundärleistungsbereiche anfallen würden.

Bei Betrachtung der für den Koordinationskostenanfall verantwortlichen Transaktionsmerkmalen ist zu konstatieren, dass eine hohe Ausprägung der Merkmale „Interdependenzgrad", „Interner Informationsbedarf" und „Bedarf an nicht kodifizierbarem Wissen" in Verbindung mit einer niedrigen Ausprägung des Merkmals „Externer Informationsbedarf" auf eine Vorteilhaftigkeit der Organisationsform Hierarchie hinweisen. Speziell bei einem hohen Interdependenzgrad im Rahmen der Leistungserstellung bietet die Organisationsform Hierarchie Vorteile in Bezug auf die Koordinationskosten, da es bei Leistungen mit einem hohen Interdependenzgrad erforderlich ist das ausgeprägte Informationsflüsse gesteuert und zentrale Entscheidungen gefällt werden müssen.[471] In diesem Fall können innerhalb der Organisationsform Hierarchie verbindliche Handlungsanweisungen vorgegeben werden, mit denen ein für Entscheidungen ausreichendes Abstimmungsniveau erreichbar ist.

Im Gegensatz dazu ist bei einer niedrigen Ausprägung des „Interdependenzgrades", des „Internen Informationsbedarfs" sowie einer geringen Ausprägung des „Bedarfs an nicht kodifizierbarem Wissen" in Verbindung mit einer hohen Ausprägung des Merkmals „Externer Informationsbedarf" im Hinblick auf Koordinationskosten zu konstatieren dass Vorteile der Organisationsform Markt existieren.[472] Beispielsweise ist es aufgrund des geringen Interdependenzgrades möglich, die Verhaltenskoordination mit einem geringen Aufwand über Markt-

---

[471] Vgl. Breuer, Breuer, 2006, S. 107.
[472] Vgl. Breuer, Breuer, 2006, S. 108.

preise zu steuern.[473] Eine mittlere Ausprägung der oben genannten für den Koordinationskostenanfall relevanten Transaktionsmerkmale gibt dagegen tendenziell einen Hinweis auf die Vorteilhaftigkeit einer netzwerkartigen[474] Organisationsform wie dem Shared-Service-Konzept.

Es ist anzumerken, dass hinsichtlich der Ausprägung der aufgeführten Transaktionsmerkmale verschiedene Kombinationsalternativen existieren können und eine allgemeingültige Aussage nicht möglich ist. Es ist davon auszugehen, dass die Ausprägung der Merkmale bei patientenfernen Sekundärleistungen einen erheblichen Unterschied zur Ausprägung der Merkmale bei patientennahen Sekundärleistungen aufweisen könnte. Ebenso ist hier zu berücksichtigen, ob die Leistungsprozesse der Shared-Servivce-Organisation expertenbasierte oder transaktionsbasierte Merkmale aufweisen. Dieser Aspekt darf bei Hinzuziehung dieser transaktionskostentheoretischen Implikationen im Rahmen der Entscheidungsunterstützung nicht vernachlässigt werden und zeigt auf, dass eine spezifische Betrachtung der jeweiligen Sekundärleistungsbereiche erforderlich ist.

Die hier aufgezeigten Standardmerkmalsausprägungen[475] zeigen hinsichtlich der organisatorischen Gestaltung der Sekundärleistungsbereiche lediglich eine Tendenz auf.

4.1.3.3.2 Motivationskosten und Organisationsform

Verfügen Sekundärleistungen über ein hohes Maß an Unsicherheit in Bezug auf den Leistungserstellungsprozess, eine hohe strategische Bedeutung oder eine hohe Spezifität zeigt die Organisationsform „Hierarchie" Vorteile hinsichtlich der Höhe des Motivationskostenanfalls zur Vermeidung opportunistischen Verhalten.[476] Die Vermeidung von opportunistischen Verhalten ist explizit bei Leistungen mit einer hohen strategischen Bedeutung von Relevanz, da es sich hierbei um interne Dienstleistungen handelt, die einen direkten Wertschöpfungsbeitrag zum Kerngeschäft des Unternehmens leisten.[477]

Es zeigen sich die Vorteile der hierarchischen Organisation, bei der durch permanente Weisungs- und Sanktionskompetenzen der Unternehmensleitung der Schutz spezifischer Investitionen zu geringeren Kosten gewährleistet ist als bei netzwerkartigen oder marktlichen Organisationsformen.

---

[473] Vgl. Breuer, Breuer, 2006, S. 107.
[474] Breuer, Breuer (2006) verwenden in diesem Kontext den Begriff der Hybrid-Organisation. Siehe Anmerkungen im Abschluss des Folgenden Abschnitts.
[475] Vgl. Abbildung 4-3.
[476] Vgl. Breuer, Breuer, 2006, S. 108.
[477] Vgl. Gerybadze, Martin-Pèrez, 2007, S. 478.

	Ausprägungen der für den Koordinationskostenanfall relevanten Transaktionskostenmerkmale				Ausprägungen der für den Motivationskostenanfall relevanten Transaktionskostenmerkmale			
Merkmale / Bereiche	Interdependenzgrad	Externer Informationsbedarf	Interner Informationsbedarf	Bedarf an nicht kodifizierbaren Wissen	Unsicherheit	Spezifität	Häufigkeit	Strategische Bedeutung
Labor								
Radiologie								
Pathologie								
Einkauf								
Controlling								
Buchhaltung								
Personal								
IT-Services								
Gebäudedienste								
Speisenversorgung								
etc.								

Es sind die Ausprägungen der für Koordinations- und Motivationskostenanfall relevanten Transaktionskostenmerkmale je Sekundärleistungsbereich zu ermitteln

Zur Bestimmung der Merkmalsausprägungen ist eine genaue Prozess- und Aufgabenanalyse erforderlich

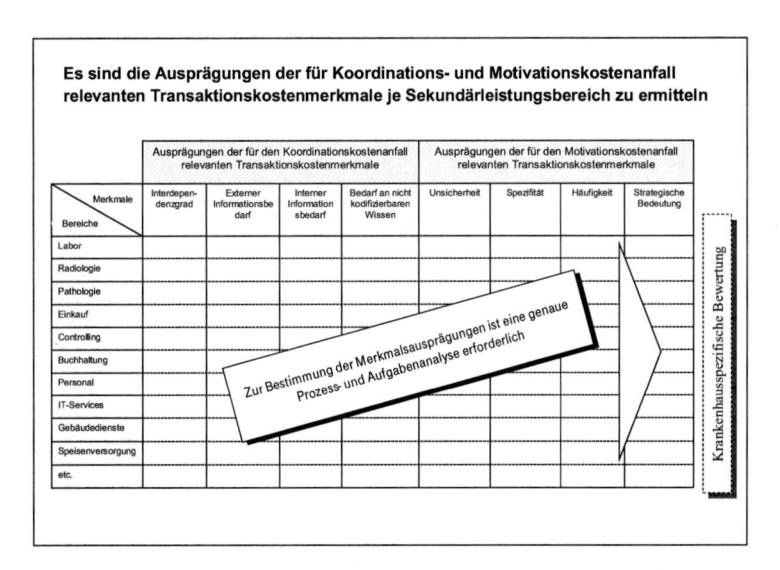

Krankenhausspezifische Bewertung

Abbildung 4-4: Bewertungsmatrix im Rahmen der strategischen Entscheidungskomponente

Die Organisationsform Markt eignet sich vor allem bei Leistungserstellungsprozessen, die sich durch ein geringes Maß an Unsicherheit, Spezifität, strategische Bedeutung und eine starke Ausprägung des Transaktionsmerkmals Häufigkeit auszeichnen. Liegen diese Transaktionsmerkmale vor, besteht ein geringes Risiko, dass Transaktionsteilnehmer durch Anwendung opportunistischen Verhaltens der Unternehmung einen Schaden zufügen. Dementsprechend sind die über eine marktliche Koordination erzielbaren Anreizwirkungen für die Organisation dieser Dienstleistungen unter dem Gesichtspunkt der anfallenden Motivationskosten positiver. Bei Transaktionen, die eine hohe Spezifität aufweisen, können erhebliche Problemen auf Ebene der marktlichen Koordination auftreten, da aufgrund der Investitionsaufwendungen und der damit verbundenen einseitigen Beschränkung des Sanktionspotenzials die wettbewerbsindizierten Verhaltensanreize negativ beeinflusst werden.[478]

Bei einer Änderung der Transaktionskostenmerkmale dahingehend, dass Unsicherheit, Spezifität und strategische Bedeutung ansteigen erweist sich die Organisation der Aktivitäten in einer Shared-Service-Einheit zunehmend als vorteilhaft. Dies ist dadurch bedingt, dass bei einer Einbettung der Dienstleistungserstellung in eine interne Organisationsstruktur die Kosten für notwendige Kontroll- und Überwachsungstätigkeiten im Zuge der Dienstleistungserstellung geringer ausfallen. Des Weiteren sind gerade expertenbasierte Leistungen durch

---

[478] Vgl. Breuer, Mark, 2003, S. 8.

einen hohen Komplexitätsgrad gekennzeichnet. Dies führt dazu, dass möglicherweise künftige Veränderungen in diesen Bereichen schwer vorhersehbar sind und über ein hohes Maß an Unsicherheit verfügen. Eine vertragliche Fixierung gestaltet sich als schwierig, wodurch die Eignung der Koordinationsform Markt in den Hintergrund rückt.

Wie bereits mit Darstellung der im Zusammenhang mit dem Koordinationskostenanfall stehenden Merkmale aufgezeigt, ist eine exakte, unternehmensspezifische Aufgabenbeurteilung der jeweiligen Sekundärleistungsbereiche erforderlich, um eine Aussagen über die Höhe des Motivationskostenanfalls durchführen zu können.[479] Abbildung 4-4 zeigt schematisch potenzielle Bewertungsbereiche in Verbindung mit den dazugehörigen Transaktionskostenmerkmalen.

Die Faktoren zur Bestimmung des Koordinations- und Motivationskostenanfalls können im Rahmen der strategischen Entscheidungskomponente einen Ansatzpunkt für die Wahl einer geeigneten Organisationsform aufzeigen. Aus Sicht der Unternehmensleitung kann unter Berücksichtigung der Motivations- und Transaktionskosten ein Entscheidungskorridor für die Organisation von Sekundärleistungsbereichen aufgespannt werden. Durch Ergänzung um operative Auswahlverfahren kann eine mögliche Entscheidung zum Aufbau von Shared Services unter Kostengesichtspunkten weiter fundiert und präzisiert werden.[480]

Kritisch ist darauf zu verweisen, dass vor allem die Höhe der anfallenden Motivations- und Koordinationskosten ausschlaggebend für die Wahl einer bestimmten Organisationsform sind und das Transaktionskostenerträge vernachlässigt werden. Aufgrund der im Rahmen der Transaktionskostentheorie nicht betrachteten Transaktionserträge bleiben die bei den unterschiedlichen Koordinationsformen (Markt, Netzwerk, Hierarchie) inhärenten Potenziale zur Nutzenstiftung, in Form von der Sicherstellung einer hohen Dienstleistungsqualität oder der internen Kundenorientierung im Rahmen der Entscheidungsunterstützung, unberücksichtigt.[481]

Des Weiteren ist die Wirksamkeit der Transaktionskostentheorie als Analyseinstrument bei Ausgliederungsentscheidungen von Sekundärleistungen in eine Shared-Service-Einheit als umstritten einzuschätzen. Dies liegt zum einen in der grundsätzlich schwierigen Operationalisierbarkeit bezüglich der Aussagen über die Höhe von Unsicherheit, Spezifität oder strategischer Bedeutung in Verbindung mit dem daraus resultierenden Transaktionskostenanfall. Zum anderen fehlen derzeit empirisch gestützte Untersuchungen, die es ermöglichen, die bislang

---

[479] Vgl. Breuer, Breuer, 2006, S. 109. Eine Entscheidungsunterstützung auf Basis der anfallenden Koordinations- und Motivationskosten erscheint nur dann als sinnvoll, wenn für die hier aufgestellten skizzierten Hypothesen eine umfassende empirische Untersuchung durchgeführt wird.
[480] Vgl. Kapitel 4.2
[481] Zur Kritik an der Transaktionskostentheorie vgl. Burr, 2003, S. 118.

rein hypothetischen Aussagen in Bezug auf die Höhe der anfallenden Motivations- und Koordinationskosten zu überprüfen.

Ergänzend ist anzumerken, dass die im vorherigen Abschnitt identifizierten Ausprägungen der für Koordinations- und Motivationskostenanfall relevanten Transaktionskostenmerkmale sich auf die Einordnung von Shared Services als Hybridform beziehen.[482]

Die Effekte der bei Netzwerken im Zusammenhang mit dem trichotomen Modell existierenden Vertrauensdimension auf die Transaktionskosten sind weitestgehend unberücksichtigt geblieben. Die im vorherigen Abschnitt getätigten Aussagen über den Motivations- und Koordinationskostenanfall bei Shared-Service-Aktivitäten beziehen sich somit auf die vor-trichotome Zeit.

Unter der Voraussetzung, dass Shared Services Netzwerke darstellen ist eine Berücksichtigung der Wirkung von Vertrauen auf die Transaktionskosten künftig zu berücksichtigen. Vertrauen innerhalb eines Netzwerks zwischen Akteuren kann beispielsweise die Notwendigkeit verringern, Kontrollmechanismen zu installieren, wodurch eine Senkung der Kontrollkosten und damit der Transaktionskosten möglich ist.[483]

4.1.4 Qualitativ-orientierte Instrumente der Entscheidungsunterstützung

Neben den Überlegungen auf strategischer Ebene hinsichtlich entscheidungstheoretischer Aspekte, die im Wesentlichen aus der Neuen Institutionenökonomik abgeleitet sind, ist es für den Entscheidungsprozess ebenfalls erforderlich, die qualitativen Aspekte zu berücksichtigen, die mit dem Shared-Service-Konzept verbunden sind. Bei den sogenannten qualitativen Methoden zur Entscheidungsunterstützung handelt es sich um Argumentenbilanzen, Punktwertverfahren, Portfolio-Modelle, Checklistenverfahren und Unternehmensmodelle.[484] Im Folgenden soll die Argumentenbilanz als qualitatives Entscheidungsinstrument exemplarisch eingehender betrachtet werden.

Bei Anwendung der Argumentenbilanz werden die Vor- und Nachteile einer Ausgliederung von Sekundärleistungen gegenübergestellt, um dem Entscheidungsträger die Möglichkeit zur Beurteilung der Vorteilhaftigkeit der Entschei-

---

[482] Breuer/Breuer bezeichnen Shared-Service-Center als hybride Organisationsform. Vgl. Breuer, Breuer, 2006, S. 111. Ergänzend vgl. Kapitel 3.3.3.
[483] Vgl. Kale, Singh, Perlmutter, 2000. Eine Zusammenstellung der Bedeutung des Vertrauens für Unternehmen und Netzwerke sowie weiterführende Literatur bezüglich des Zusammenhangs von Vertrauen und Transaktionskosten ist bei Gilbert zu finden, vgl. Gilbert, 2007.
[484] Ausführlicher zur thematischen Auseinandersetzung mit einzelnen qualitativen Verfahren der Entscheidungsunterstützung, vgl. Kagelmann, 2001, S. 146 ff.

dung, Leistungen in eine Shared-Service-Einheit auszugliedern aufzuzeigen.[485] Im Gegensatz zu der auf Ebene der operativen Entscheidungskomponente durchzuführenden Analyse der mit Einführung des Shared-Service-Konzeptes verbundenen Kosten und gegebenenfalls Erlösen ist bei der Argumentenbilanz als Instrument zur Gegenüberstellung der qualitativen Aspekte eine Quantifizierung nur sehr schwer möglich ist.[486] Im Rahmen der Gegenüberstellung von Argumenten im Rahmen der strategischen Entscheidungskomponente können sowohl Argumente für und gegen die Ausgliederung von Sekundärleistungsaktivitäten in Shared-Service-Organisationen identifiziert werden. In Bezug auf die in Abbildung 4-5 dargestellte Argumentenbilanz steht dem Argument der Kostensenkung das Gegenargument der bei der Einführung von Shared-Service-Organisationen zu berücksichtigenden Umstellungskosten gegenüber. Hier zeigt sich, dass es unter Umständen hilfreich ist für die betroffen Sekundärleistungsbereiche, die im Bereich der operativen Entscheidungskomponente durchgeführten Kalkulationen zur Argumentationsführung heranzuziehen.

Die Höhe der Umstellungskosten kann maßgeblich davon abhängig sein, ob in dem jeweiligen Krankenhaus bereits Anpassungsprozesse im Sekundärleistungsbereich angestoßen worden sind. Bei der Existenz von Responsibility-Center-Strukturen[487] im Sekundärleistungsbereich ist aufgrund der damit bereits vorhandenen Führungs- und Steuerungsmodelle ein geringeres Ausmaß an Umstellungskosten zu erwarten. Zudem können bereits vorhandene Steuerungselemente im Sekundärleistungsbereich wie beispielsweise Performance-Measurement-Systeme für den Einsatz in Shared-Service-Organisationen angepasst werden.[488]

Weitere Argumente und Gegenargumente sind die Qualitätssteigerung versus Know-how-Verlust in den einzelnen dezentralen Geschäftseinheiten oder Standardisierung versus Berücksichtigung von Spezialanforderungen bei der Bestellung bestimmter Medizinprodukte durch dezentrale Einkäufer in den Kliniken.

---

[485] Zur Anwendung der Argumentenbilanz als qualitatives Entscheidungsinstrument, vgl. Wißkirchen, 1999, S. 285 ff.
[486] Vgl. Stadlbauer, 2007, S. 206.
[487] Vgl. Kapitel 6.2.
[488] Vgl. Kapitel 6.3.

	PRO	CONTRA
Strategie	• Interne Kundenorientierung • Konzentration auf das Kerngeschäft • Generierung zusätzlicher Erlöse • Flexibilität bei Verkäufen und Fusionen • Überarbeitung und Standardisierung von Prozessen • Prozessorientierung	• Verlust von Know-how in dezentralen Abteilungen • Fehlende Einflussnahme auf Qualität der Shared-Service-Leistung • Machtverluste dezentral agierender Abteilungs- und Institutsleiter fördern Widerstände – ggf. mangelnde Akzeptanz im Bezug auf die Shared Services in der Fachabteilung
Leistungen	• Interne Dienstleistung wird zur Kernkompetenz des Shared-Service-Center -Folge: Qualitätsverbesserungen • Klar definierte Leistungsvereinbarungen über Service-Level-Agreements • Konzentration von Leistungen in einer Einheit reduziert Fehlerquote – insbes. bei patientennahen Sekundärleistungen von Relevanz • Aufbau eines Kompetenzzentrums im patientennahen Sekundärleistungsbereich	• Überwindung räumlicher Distanzen kann im patientennahen Sekundärleistungsbereich kann zu Qualitätsverlusten führen • Verlust von Know-how in dezentralen Abteilungen • Fehlende dezentrale Qualitätskontrolle • Erhöhter Abstimmungsbedarf bei Leistungserstellung • Widerstand gegen Konzept zur Leistungsverrechnung in den Geschäftseinheiten
Kosten	• Reduktion der Kosten in Sekundärleistungsbereichen sowohl im Bereich der Personal- als auch der Sachkosten • Economies of Scale • Erreichung finanzwirtschaftlicher Ziele	• Anfallende Koordinations- und Motivationskosten bleiben unberücksichtigt • Hohe Errichtungskosten • Geringe effektive Einsparpotenziale • Kündigung von bestehenden Outsourcing-Verträgen schwer durchsetzbar (Kosten für rechtliche Beratung)
Personal	• Höhere Motivation der Mitarbeiter in Sekundärleistungsbereichen • Höhere Wissenstransferquote im Shared-Service-Center	• Widerstände des Personals in den dezentralen Unterstützungsbereichen gegen eine Konzentration und Arbeitsplatzverlagerung • Geringe Veränderungsbereitschaft des Personals bzgl. der Anerkennung einer neuen Servicebereitschaft • Freisetzung von Mitarbeitern aufgrund arbeitsrechtlicher Vorschriften schwierig umsetzbar

Abbildung 4-5: Argumentenbilanz als Entscheidungsmethode im Rahmen von Shared Services[489]

Unter Bezugnahme auf die in Kapitel 6 aufgeführten Lösungsvorschläge der Gesamtkonzeption ist darauf hinzuweisen, dass das Argument der fehlenden Einflussnahme auf die Qualität von Shared Services durch die entsprechende Ausgestaltung der organisatorischen Verankerung von Shared Services in der Krankenhausorganisation entkräftet werden kann. Hier könnte sich beispielsweise eine funktionale organisatorische Verankerung als nützlich erweisen, die das jeweilige Shared-Service-Center inhaltlich und qualitativ führt und Weisungsbefugnis besitzt.[490]

Es ist Aufgabe des Klinikmanagements und des dort eingesetzten Gremiums, diese Argumente gegebenenfalls unter Zuhilfenahme externer Berater zu diskutieren, um somit einen Entscheidungskorridor für Shared-Service-Organisationen aufbauen zu können. Hinsichtlich des Entscheidungsinstruments Argumentenbilanz ist anzumerken, dass sich die Bewertung der mit den verschiedenen Argumenten verbundenen strategischen Implikationen in der Praxis aufgrund einer Vielzahl an zu berücksichtigen Aspekten und den damit verbundenen Unsicherheiten als problematisch darstellen kann.

Grundsätzlich ergibt sich bei Verwendung der Argumentenbilanzen als Bestandteil der strategischen Entscheidungskomponente die Problematik, dass die Ei-

---

[489] Beim Einsatz von Argumentenbilanzen ist stets eine unternehmensspezifische Betrachtung erforderlich.
[490] Vgl. Kapitel 6.2.

geninteressen der Beteiligten und schwer quantifizierbare Argumente bei der Bewertung der Argumente ein erhebliches Unsicherheitspotenzial aufweisen.[491] Diesem Nachteil kann entgegengewirkt werden, wenn eine Untermauerung der qualitativ-gestützten Argumentationsführung durch quantifizierbare Aussagen erfolgt. Die im Rahmen der operativen Entscheidungskomponente eingehender betrachteten und im Zusammenhang mit der Implementierung und dem Betrieb von Shared-Service-Centern identifizierten Kostenpositionen vervollständigen den Einsatz von Argumentenbilanzen als Instrument der Entscheidungsunterstützung im Rahmen von Shared Services.

4.2 Operative Entscheidungskomponente

Bei der operativen Entscheidungskomponente ist es erforderlich, die Vorteilhaftigkeit des Shared-Service-Konzeptes für die Anwendung auf einzelne Sekundärleistungsbereiche unter Berücksichtigung der Implementierungs- und Betriebskosten zu ermitteln. Die quantitativen Aspekte der operativen Entscheidungskomponente beziehen sich in der Regel auf Wirtschaftlichkeitsrechnungen, die weiter in statische und dynamische Verfahren unterteilt werden können.[492]

Die Kostenvergleichsrechnung als statische Ausprägung der Wirtschaftlichkeitsrechnung dient dazu, mehrere Alternativen auf ihre Vorteilhaftigkeit hin miteinander zu vergleichen, indem sie die von den Alternativen[493] verursachten Kosten einander gegenüberstellt.[494] Zur Begründung rationaler Entscheidungen im Sinne der Kostenvergleichsrechnung ist es erforderlich, dass die entscheidungsrelevanten Kosten ermittelt werden. Zu diesen Kosten zählen unter anderem die bisherigen Eigenkosten, die tatsächlich anfallen, wobei zwischen kurz-, mittel- und langfristig abbaubaren Kosten zu unterscheiden ist.[495] Zeigt sich bei Betrachtung der beiden Alternativen lediglich eine interne Verlagerung von Kosten, sind diese nicht als entscheidungsrelevante Kosten zu deklarieren. Der Unterschied zwischen dynamischen und statischen Verfahren der Wirtschaftlichkeitsrechnung liegt vornehmlich darin, dass dynamische Verfahren den Zeithorizont und den

---

[491] Zum Einsatz von Argumentenbilanzen bei Outsourcing-Entscheidungen, vgl. Wißkirchen, 1999, S. 285 ff. Des Weiteren führt Kagelmann auf, dass Argumentenbilanzen in Kombination mit einem quantitativen Verfahren als Entscheidungsunterstützungsinstrument für Shared-Service-Entscheidungen geeignet ist, vgl. Kagelmann, 2001, S. 148.
[492] Vgl. Renner, 2001, S. 82 sowie Becker, 2007, S. 38.
[493] Anmerkung: Alternative 1: Aufbau einer Shared-Service-Organisation, Alternative 2: Kein Aufbau von Shared Services.
[494] Vgl. Böckenhoff et al., 1996, S. 24.
[495] Vgl. Renner, 2001, S. 85.

periodisch unterschiedlichen Anfall von Aus- und Einzahlungen berücksichtigen.[496]

Aufgrund der mittel- bis langfristigen Auswirkung von den mit der Einführung von Shared Services existierenden Entscheidungen ist eine dynamische Betrachtung als zweckmäßig anzusehen.[497] Zentrales Element der dynamischen Investitionsrechnung ist der Vergleich der dafür relevanten Ein- und Auszahlungen über mehrere Perioden bei dem eine Berücksichtigung des zeitlich unterschiedlichen Anfalls von Ein- und Auszahlungen erfolgt.[498] Die Aspekte einer Investitionsrechnung für Shared-Service-Einheiten als Element der operativen Entscheidungskomponente sind in den folgenden Ausführungen dargestellt.

4.2.1 Identifizierung von Zahlungsströmen bei Einrichtung und Betrieb eines Shared-Service-Centers

Um eine Aussage über die Vorteilhaftigkeit von Investitionsentscheidungen zu tätigen ist es erforderlich, gemäß dem Marginalprinzip sämtliche durch die Entscheidung tangierte Zahlungsströme bei der Bewertung zu berücksichtigen.[499] Einzahlungen bei der Errichtung von Shared-Service-Organisationen werden in erster Linie durch zwei Faktoren verursacht. Erstens können Einzahlungen über die Erzielung von Einsparungen erreicht werden, die das Ergebnis von Business-Process-Reengineering Maßnahmen darstellen. Zweitens besteht die Möglichkeit der Berücksichtigung von Einzahlungen, wenn das Shared-Service-Center seine Leistungen unternehmensexternen Kunden zur Verfügung stellt.

Grundidee des Business-Process-Reengineering ist durch völlige Neugestaltung unternehmensinterner Abläufe eine radikale Verbesserung auf Ebene der operativen Leistungsfähigkeit zu erhalten.[500] Die im Rahmen des BPR erzielten Kostensenkungen sind bei Ermittlung der zukünftig anfallenden Ausgaben der Shared-Service-Einheit zu berücksichtigen. Beispielsweise können durch Eliminierung von Prozessschritten und bestimmten Aktivitäten komplette Teilprozesse entfallen. Des Weiteren kann durch Eliminierung von Prozessschleifen und der Reduktion von Schnittstellen der Zeitbedarf für einen Teilprozess verringert

---

[496] Vgl. Renner, 2001, S. 82.
[497] Breuer/Kreuz verweisen explizit daraufhin, dass Shared-Service-Center in der Praxis in erster Linie anhand von Kostenvergleichsrechnungen oder qualitativen Instrumenten wie beispielsweise Scoring-Modellen oder Argumentenbilanzen beurteilt werden. Des Weiteren merken sie an, dass bei den angewendeten Verfahren nicht alle durch die Implementierung eines Shared-Service-Centers entstehenden Kosten quantifiziert werden. Es unterbleibt beispielsweise eine Quantifizierung der entscheidungsrelevanten Komplexitätskosten wie beispielsweise den Transaktionskosten, die bei einer Ausgliederung von Leistungen aus den dezentralen Einheiten in die Shared-Service-Organisation verursacht werden. Vgl. Breuer, Kreuz, 2006, S. 147.
[498] Vgl. Becker, 2007, S. 38 sowie Renner, 2001, S. 92.
[499] Vgl. Breuer, Kreuz, 2006, S. 148.
[500] Vgl. Kapitel 3.

werden, was letztendlich zu einer Verringerung der Personalkosten führt. Eine Anpassung der Personalkosten ist im Krankenhaussektor von verschiedenen externen Faktoren wie beispielsweise der Trägerschaft abhängig. Aufgrund restriktiver arbeitsrechtlicher Vorschriften im öffentlichen Bereich ist eine Auflösung von Arbeitsverträgen dort nur schwierig durchsetzbar. Zusammenfassend lassen sich Personaleinsparungen deshalb am ehesten über die Performance und den daran geknüpften Arbeitskräftebedarf des Shared-Service-Centers langfristig erreichen. Darüber hinaus ist mit einer Verringerung der Mietausgaben für Gebäude zu rechnen, die im Rahmen der dezentralen Sekundärleistungserstellung von den dezentralen Geschäftseinheiten benötigt worden sind.

Bestimmung von mit Errichtung und Betrieb in Verbindung stehenden Transaktionskosten zur Quantifizierung von Auszahlungen der Investitionsrechung

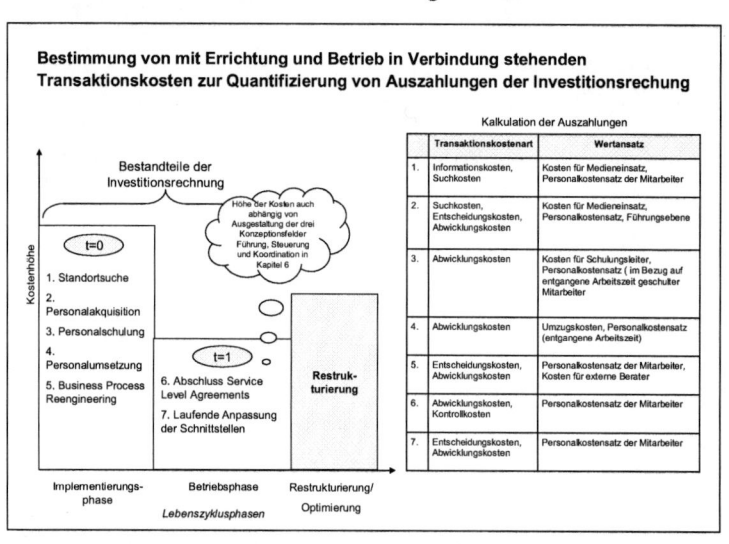

	Bestandteile der Investitionsrechnung		Kalkulation der Auszahlungen	
			Transaktionskostenart	Wertansatz
			1. Informationskosten, Suchkosten	Kosten für Medieneinsatz, Personalkostensatz der Mitarbeiter
t=0 1. Standortsuche 2. Personalakquisition 3. Personalschulung 4. Personalumsetzung 5. Business Process Reengineering		Höhe der Kosten auch abhängig von Ausgestaltung der drei Konzeptionsfelder Führung, Steuerung und Koordination in Kapitel 6	2. Suchkosten, Entscheidungskosten, Abwicklungskosten	Kosten für Medieneinsatz, Personalkostensatz, Führungsebene
			3. Abwicklungskosten	Kosten für Schulungsleiter, Personalkostensatz (im Bezug auf entgangene Arbeitszeit geschulter Mitarbeiter
	t=1 6. Abschluss Service Level Agreements 7. Laufende Anpassung der Schnittstellen	Restrukturierung	4. Abwicklungskosten	Umzugskosten, Personalkostensatz (entgangene Arbeitszeit)
			5. Entscheidungskosten, Abwicklungskosten	Personalkostensatz der Mitarbeiter, Kosten für externe Berater
			6. Abwicklungskosten, Kontrollkosten	Personalkostensatz der Mitarbeiter
			7. Entscheidungskosten, Abwicklungskosten	Personalkostensatz der Mitarbeiter

Implementierungsphase — Betriebsphase — Restrukturierung/Optimierung
Lebenszyklusphasen

Abbildung 4-6: Quantifizierung von Transaktionskosten im Rahmen der Quantifizierung von Auszahlungen[501]

Abhängig von der Art der in eine Shared-Service-Organisation auszugliedernden Sekundärleistungen entstehen zusätzliche Kosten, die im Rahmen einer Vorteilhaftigkeitsentscheidung zu berücksichtigen sind. Zu diesen Kosten zählen Anfangsinvestitionen zu Beginn eines Projektes, die vornehmlich durch Infrastrukturkosten getrieben werden.[502] Diese wiederum sind abhängig von Art der auszugliedernden Dienstleistung. Ist es erforderlich, ein komplett neues Laborzentrum aufzubauen, fallen möglicherweise erheblich höhere Sachkosten an, als wenn eine bestehende Laboreinrichtung in einem Klinikum im Rahmen einer entsprechenden Erweiterung genutzt werden kann. Weitere Sachausgaben resul-

---

[501] Vgl. Breuer, Kreuz, 2006, S. 155.
[502] Vgl. Breuer, Kreuz, 2006, S. 151.

tieren aus der Notwendigkeit zur Vereinheitlichung der IT-Systeme, da diese für den Leistungsaustausch zwischen dem Shared-Service-Center und den Geschäftseinheiten eine zentrale Rolle einnehmen.[503]

Für die Implementierung einer Shared-Service-Einheit sind demnach in der Anfangsperiode in erster Linie Kosten für den Umzug, gebäudetechnische Umbauten, technische Ausstattung und die Vereinheitlichung von damit verbundenen IT-Strukturen zu berücksichtigen. Des Weiteren sind Transaktionskosten als zusätzliche Auszahlungen mit einzuplanen. Vereinfacht ausgedrückt geht es bei der Transaktionskostenbetrachtung darum aufzuzeigen, welche Kosten durch die Ausgliederung von Sekundärleistungsbereichen in eine Shared-Service-Einheit entstehen.[504] Da die Transaktionskosten, die mit der Errichtung und dem Betrieb eines Shared-Service-Centers in Verbindung stehenden Auszahlungen erheblich beeinflussen, dürfen diese nicht unberücksichtigt bleiben.[505]

In Bezug auf die einzelnen Kostenpositionen ist eine Unterscheidung zwischen Kosten für die Einrichtung und Änderung einer Organisationsstruktur, Entscheidungs- und Informationskosten im Rahmen des Betriebs sowie Kontroll- und Überwachungskosten möglich. Kosten für die Einrichtung oder Änderung einer Organisationsstruktur fallen insbesondere bei der Einrichtung von Shared-Service-Organisationen zum Zeitpunkt der Anfangsinvestition in der Implementierungsphase an. Dazu zählen unter anderem Kosten für die Durchführung von BPR-Maßnahmen oder die Suche eines geeigneten Standortes.[506] Gegebenenfalls sind mit Durchführung BPR-Maßnahmen weitere Mitarbeiterschulungen erforderlich, die ebenfalls Transaktionskosten verursachen.

Während des Betriebes einer Shared-Service-Organisation sind weitere Transaktionskosten im Entscheidungs- und Informationsbereich sowie hinsichtlich der Kontrolle und Überwachung zu berücksichtigen. Kosten für Kontrolle und Überwachung werden dabei durch Elemente der Gesamtkonzeption determiniert, wie sie in Kapitel 6 dieser Arbeit eingehender betrachtet werden. Diesbezüglich ist beispielsweise auf die Implementierung von Key-Performance-Indicators und die damit verbundene Performance-Messung hinzuweisen. Zwar kann durch Schaffung eines hohen Automatisierungsgrades der Aufwand verringert werden, die Evaluierung von Qualitätskennzahlen zur Steuerungsunterstützung der Shared-Service-Organisation erfordert aber erfahrungsgemäß Abstimmungen zwischen Shared-Service-Center und den Geschäftseinheiten. Dies macht es erforderlich, die im Rahmen der Investitionsrechnung zu erwartenden

---

[503] Die Implementierung eines geeigneten IT-Konzeptes gilt als einer der Haupthebel zur Prozessstandardisierung bei Shared-Service-Projekten, vgl. Venohr, 2006, S. 1141.
[504] Siehe Abbildung 4-6.
[505] Vgl. Breuer, Kreuz, 2006, S. 157.
[506] Vgl. Kapitel 6.4.1.

Transaktionskosten der jeweiligen Konzeptionsfelder[507] zu berücksichtigen. Dabei darf die Kosten-Nutzen-Relation nicht unbeachtet bleiben. Zudem sollte die aus Transaktionskostensicht aufwendige Einführung marktorientierter Verrechnungspreise vor dem Hintergrund der strategischen Ausrichtung der Shared-Service-Einheit vertretbar erscheinen.

Im Klinikbereich ist davon auszugehen, dass ein Großteil der Transaktionskosten durch eine Überführung der jeweiligen Dienstleistung in die neue Organisationsstruktur entsteht. Dies ist vor dem Hintergrund zu sehen, dass im Klinikbereich die Prozessorientierung eine geringe Ausprägung besitzt.[508] Darüber hinaus ist es bei der Anwendung des Shared-Service-Konzeptes im Rahmen des Business-Process-Reegineerings notwendig komplette Prozesse neu zu definieren. Damit wird bei bestehender Prozessorientierung nicht nur eine einfache Verlagerung der Prozesse von den jeweiligen dezentralen Geschäftseinheiten in das Shared-Service-Center durchgeführt, sondern es erfolgt eine Restrukturierung der Prozesse.[509] Je nach Größe der betrachteten Organisationseinheit ist für die Durchführung der Implementierung einer Prozessorientierung oder der Neudefinition von Prozessen im Sinne eines Business-Process-Reengineering ein Zeitraum von mehreren Wochen zu berücksichtigen. Dies verursacht im Wesentlichen Transaktionskosten für die Einrichtung und Änderung innerhalb der Organisation. Vorzugsweise sind hier Personalkosten durch Überstunden und zeitlich befristete Neueinstellungen oder aufgrund von Beratereinsätzen zu berücksichtigen.[510] Im Gegensatz zu der Bewertung unternehmensinterner Personalressourcen erscheint es bei der Ermittlung der Transaktionskosten im Bereich der unternehmensexternen Personalressourcen vergleichbar einfach, durch Auswertung von Angeboten den wertmäßigen Ressourceneinsatz zu ermitteln.[511]

Zur Bestimmung der mit den unternehmensinternen Personalressourcen in Verbindung stehenden Transaktionskosten kann auf das Instrumentarium der Prozesskostenrechnung zurückgegriffen werden. Wie bereits aufgeführt sind die Transaktionskosten des laufenden Betriebes in Form von Entscheidungs- und Informationskosten zu berücksichtigen.[512] Als zeitintensiv wird in der Literatur der Verhandlungsprozess zum Abschluss von Service-Level-Agreements zwischen den dezentralen Geschäftseinheiten und dem Shared-Service-Center aufgeführt.[513] Service-Level-Agreements als Koordinationsinstrument bilden einen zentralen Bestandteil der Gesamtkonzeption zur Gestaltung der Shared-Service-

---

[507] Vgl. Kapitel 6.
[508] Vgl. Töpfer, Großekatthöfer, 2006, S. 118 ff.
[509] Vgl. Breuer, Kreuz, 2006, S. 153.
[510] Ähnlich vgl. Breuer, Kreuz, 2006, S. 153.
[511] Vgl. Breuer, Kreuz, 2006, S. 158.
[512] Siehe Abbildung 4-7.
[513] Vgl. Schimank, Strobl, 2002, S. 296.

Organisation.[514] An dieser Stelle ist auf die Thematik des Verrechnungspreiskonzeptes hinzuweisen, das einen zentralen Bestandteil der Service-Level-Agreements bildet. Anzumerken ist, dass der Zeitaufwand für die Preisfindung durch die strategische Ausrichtung der Shared-Service-Organisation geprägt wird. Beispielsweise werden marktorientierte Verrechnungspreise zwar leichter von den jeweiligen Geschäftseinheiten akzeptiert – die Bestimmung marktorientierter Verrechnungspreise ist aber mit einem erhöhten Aufwand verbunden, der durch den Einsatz einer Conjoint-Analyse bedingt ist.[515] Wird durch die Konzernleitung dagegen ein kostenorientierter Verrechnungspreis festgelegt und existiert auf Seiten der dezentralen Einheiten ein Kontrahierungszwang ist davon auszugehen, dass die Preisfindung im Rahmen der Service-Level-Agreements einen deutlich geringen Zeitaufwand in Anspruch nimmt, da in diesem Fall eine verbindliche Vorgabe durch die Konzernzentrale erfolgt, die von den Geschäftseinheiten zu befolgen ist.

4.2.2 Prozesskostenrechnung zur Quantifizierung der Ein- und Auszahlungen

Im Rahmen der Orientierung an der Vorgehensweise der Investitionsrechnung und der hinter diesem Konzept stehenden Gegenüberstellung der Ein- und Auszahlungen ist es durch Einsatz eines geeigneten Instrumentariums erforderlich, die oben aufgeführten Zahlungsströme im Bereich der Ein- und Auszahlungen zu quantifizieren. Im Folgenden wird auf die Prozesskostenrechnung als ein mögliches Instrumentarium verwiesen, um sowohl die Einzahlungen durch verbesserte Prozesse als auch die transaktionskostenbedingten Auszahlungen bezüglich der internen Personalressourcen zu quantifizieren.[516]

Anzumerken ist, dass die klassische Prozesskostenrechnung in erster Linie für die indirekten Bereiche von Industriebetrieben und für die direkten Bereiche von Dienstleistungsunternehmenkonzipiert worden ist.[517] Eine Prozesskostenrechnung auf Basis der eng ausgelegten „deutschen" Prozesskostenrechnung lässt sich demnach vor allem auf patientenferne Sekundärleistungsbereiche im Sinne typischer Verwaltungsbereiche übertragen. Es ist aber darauf zu verweisen, dass innerhalb der in dieser Arbeit aufgeführten patientennahen Sekundärleistungsbereiche ebenfalls gute Möglichkeiten bestehen Prozesse zu definieren, da sich die

---

[514] Vgl. Kapitel 6.3.1.
[515] Ausführlicher zum Einsatz der Conjoint-Analyse im Rahmen der marktorientierten Preisfestlegung von Dienstleistungen für ein Shared-Service-Center, vgl. Breuer, Kreuz, 2006, S. 160 ff. Die Conjoint-Analyse ist ein dekompositionelles Einstellungs-Präferenzmessverfahren. Sie geht auf Entwicklungen von Luce, Tukey (1964) zurück.
[516] Grundlegende Überlegungen zur Entwicklung der Prozesskostenrechnung in Deutschland, vgl. Wäscher, 1987, S. 297 ff. sowie Horvath, Mayer, 1989, S. 214 ff.
[517] Vgl. Schmidt-Rettig, Böhning, 1999, S. 126.

dort erbrachten Leistungen in der Regel abgrenzen lassen.[518] Die im Folgenden getätigten Aussagen zur Anwendung der Prozesskosten und der Prozessorientierung beziehen sich damit ebenso auf die Anwendbarkeit in patientennahen Sekundärleistungsbereichen.

Unter der Voraussetzung, dass die Prozesse im entsprechenden Sekundärleistungsbereich identifiziert worden sind, baut die Prozesskostenrechnung auf den bestehenden Kostenstellengliederungen auf.[519] Bei Einsatz der Prozesskostenrechnung wird auf Kostenstellenebene der Gemeinkostenblock in Prozesskosten aufgeschlüsselt. Hinsichtlich der Bewertung von Shared-Service-Entscheidungen gilt diesem Aspekt eine besondere Beachtung, da die bei der Aufschlüsselung des Gemeinkostenblocks identifizierten Prozesskosten in der Regel nicht alle in einer Kostenstelle anfallen.[520] Die Prozesskostenrechnung ermöglicht es in diesem Falle, Wertansätze für die Prozesse des jeweiligen Sekundärleistungsbereichs zu bilden.

Grundlage für die Durchführung einer Prozesskostenrechnung ist die Erfassung der Tätigkeiten eines Sekundärleistungsbereichs. Die damit verbundene Tätigkeitsanalyse in den betroffenen Sekundärleistungsbereichen ist ein sehr aufwendiger Bearbeitungspunkt und verfolgt in erster Linie drei Ziele:[521]

¶ Erhebung der von den Mitarbeitern zu verrichtenden Aktivitäten (Teilprozesse).

¶ Schätzung des für die jeweiligen Aktivitäten aufgewendeten Anteils der regulären Arbeitszeit ohne Berücksichtigung von Überstunden oder Fehlzeiten.

¶ Abstimmung mit den Mitarbeitern über die für die Leistungserbringung relevanten Bezugsgrößen.

Die erfassten Prozesse können in leistungsmengenneutrale und leistungsmengeninduzierte Aktivitäten unterteilt werden. Bei leistungsmengeninduzierten Aktivitäten verändern sich die Kosten der Teilprozesse in Abhängigkeit von der zu erbringenden Leistung – sie verhalten sich somit mengenproportional. Im Gegensatz dazu fallen bei leistungsmengenneutralen Prozessen die Kosten ohne Bezug zum Leistungsvolumen an.[522] Klassisches Beispiel für eine leistungsmengenneutrale Tätigkeit ist die Aktivität „Abteilung leiten".[523]

---

[518] Vgl. Kapitel 5.
[519] Vgl. Breuer, Kreuz, 2006, S. 154.
[520] Vgl. Wißkirchen, 1999, S. 287 f.
[521] Vgl. Wißkirchen, 1999, S. 293.
[522] Vgl. Töpfer, 2006a, S. 80.
[523] Vgl. Coenenberg, 1993, S. 206 sowie Wöhe, Döring, 2000, S. 1189.

Nachdem die Teilprozesse identifiziert und analysiert worden sind, ist es erforderlich, den jeweils notwendigen Personal- und Sachmitteleinsatz sowie die Prozessmengen beziehungsweise die Durchführungshäufigkeit der Teilprozesse zu ermitteln. Des Weiteren sind für die Teilprozesse die Kostenarten zu planen, oder alternativ die Gesamtkosten der Kostenstelle über geeignete Schlüssel den Prozessen zuzuordnen.[524] Die Durchführungshäufigkeit wird in Form von Maßgrößen ermittelt, die innerhalb der Kostenstelle als Kostentreiber einzuordnen sind, da sie den Grund für die Verrichtung der Teilprozesse darstellen.[525] Vereinfacht dargestellt sind die Prozesskosten eines identifizierten Teilprozesses das Ergebnis aus der Multiplikation des Kostensatzes (Wertkomponente) eines Teilprozesses mit der Anzahl der Maßgrößen (Mengenkomponente).[526] Aus der Summe der Prozesskosten der entsprechenden Teilprozesse ergeben sich die Prozesskosten des Hauptprozesses.[527]

Bei der Quantifizierung von Zahlungsströmen auf der Einzahlungsseite ist die Ermittlung der eingesparten Prozesskosten unter Berücksichtigung des Business-Process-Reengineerings erforderlich.[528] Die Methodik basiert auf dem Aspekt, dass im Vergleich zur gegenwärtigen Situation, bei der die Aktivitäten von den dezentralen Einheiten ausgeführt werden, eine Reduktion der dafür entstandenen Aufwendungen erfolgt.[529] Die Berücksichtigung der Einsparungen als Einzahlungen in einer Investitionsrechnung ist an die Erfüllung von zwei Bedingungen geknüpft:[530]

¶ Es ist es erforderlich, dass gemäß dem Marginalprinzip exakt die Zahlungen bei der Bewertung der Shared-Service-Einheit berücksichtigt werden, die zusätzlich aufgrund der Shared-Services-Entscheidung entstehen. Daraus resultiert, dass die Prozesskostenrechnung auf Basis einer Teilkostenrechnung durchgeführt wird und nicht als Vollkostenrechnung. Im Ergebnis bedeutet dies, dass nur eine Berücksichtigung leistungsmengeninduzierter Prozesse stattfindet.[531]

¶ Es ist es notwendig, dass die Einsparungen zahlungswirksam sind. In der Regel handelt es sich bei dem überwiegenden Teil der Prozesskosten um Personalkosten. Dies macht es erforderlich, dass der Reduktionszeitraum bei der Investitionsrechnung zu berücksichtigen ist. Ist es im betrachteten Zeitraum nicht möglich, die identifizierten Prozesskosten mit den darin enthalte-

---

[524] Vgl. Horvath et al., 1993, S. 613.
[525] Vgl. Cooper, 1990, S. 345 ff.
[526] Vgl. Breuer, Kreuz, 2006, S. 154.
[527] Vgl. Wöhe, Döring, 2000, S. 1191.
[528] Vgl. Breuer, Kreuz, 2006, S. 156.
[529] Vgl. Breuer, Kreuz, 2006, S. 156.
[530] Vgl. Breuer, Kreuz, 2006, S. 156 f.
[531] Vgl. Breuer, Kreuz, 2006, S. 156.

nen Personalkosten zu eliminieren, beispielsweise aufgrund arbeitsrechtlicher Aspekte, erfolgt lediglich eine Umschichtung von Nutz- in Leerkosten ohne eine Reduktion der Personalkosten.[532] Unter Berücksichtigung des gesamten Planungszeitraums der Investitionsrechnung kann unterstellt werden, dass aufgrund der effizienteren Gestaltung der Prozesse im Shared-Service-Center geringere Auszahlungen entstehen, die im Wesentlichen das Resultat einer Verringerung des Personals und einer veränderten Aufgabenverteilung in den dezentralen Geschäftseinheiten sind.[533]

Ebenfalls kann sich die Prozesskostenrechnung als geeignetes Instrument erweisen, um Transaktionskosten zu bewerten, die sich auf den Einsatz unternehmensinterner Personalkapazitäten beziehen. Eine der größten Herausforderungen im Rahmen der Identifizierung von Prozesskosten liegt bei der Ermittlung der beanspruchten Arbeitszeit eines Teilprozesses, beispielsweise der Personalschulung oder der Standortsuche.[534] Bedingt durch den Effekt, dass es sich bei der Implementierung von Shared-Service-Organisationen um einmalige Aktivitäten handelt ist es nicht möglich, dass die Messung auf Basis der durchschnittlich aufgewendeten Arbeitszeit zur Erbringung eines bestimmten Prozesses erfolgt. Eine Alternative dazu kann die Berücksichtigung von geschätzten Arbeitstagen je Prozess darstellen, woraus der Kostensatz je Teilprozess abgeleitet werden kann.[535] Die gesamten Prozess-Transaktionskosten ergeben sich dann wiederum aus der Multiplikation von Anzahl Maßgröße mit dem Kostensatz des Transaktionsprozesses.[536]

Zusammenfassend ist zu konstatieren, dass je nach strategischer Ausrichtung der Shared-Service-Organisation auf der Einzahlungsseite der Investitionsrechnung zusätzliche Einzahlungen durch die Bereitstellung von Sekundärleistungen für externe Kliniken und andere externe Organisationen zu berücksichtigen sind. Gehört das Angebot der Leistungen an externe Kunden nicht zum Bestandteil der Unternehmensstrategie ist die Vorteilhaftigkeit einer Shared-Service-Entscheidung auf Basis der Gegenüberstellung von Ein- und Auszahlungen zu treffen, wobei sich die Höhe der zu berücksichtigenden Einzahlungen, wie oben skizziert, aus den Einsparungen im Vergleich zur dezentralen Leistungserbringung ergibt.[537] Die Herausforderung liegt dabei zum einen in der Bestimmung

---

[532] Vgl. Breuer, Kreuz, 2006, S. 157.
[533] Vgl. Wißkirchen, 1999, S. 297.
[534] Vgl. Breuer, Kreuz, 2006, S. 159.
[535] Vgl. Breuer, Kreuz, 2006, S. 159.
[536] Ausführlicher zur Quantifizierung der Transaktionskosten der Prozesse vgl. Breuer, Kreuz, 2006, S. 159.
[537] Eine Investitionsrechnung, in der die verschiedenen oben genannten Ein- und Auszahlungsbestandteile unter Berücksichtigung eines für alle Perioden konstanten Zinssatzes berücksichtigt worden sind, ist exemplarisch für die Ausgliederung von IT-Leistungen in ein Shared-Service-Center von Breuer/Kreuz beschrieben worden, vgl. Breuer, Kreuz, 2006, S. 164 ff.

des Einsparungsvolumens im Rahmen des mit der Einführung von Shared-Service-Organisationen verbundenen Business-Process-Reengineerings[538] und zum anderen in der Quantifizierung der mit der Einrichtung und des Betriebes einer Shared-Service-Organisation verbundenen Transaktionskosten. Allerdings darf der Aufwand bei der Einführung einer Prozesskostenrechnung im Sekundärleistungsbereich von Kliniken nicht unterschätzt werden.

Mit Blick auf die Anwendbarkeit bei Shared-Service-Entscheidungen im Klinikbereich ist darauf hinzuweisen, dass der Einsatz einer Kostenvergleichsrechnung, bei der die Ausgaben für die Shared-Service-Organisation denen der dezentralen Leistungserstellung in den einzelnen Kliniken gegenübergestellt wird, möglicherweise aufgrund der einfacheren Rechnungsmethodik und des reduzierten Aufwandes als geeigneter erscheint. Allerdings ist hier wiederum kritisch anzumerken, dass aufgrund des statischen Ansatzes dieser quantitativen Berechnungsmethode künftige Kostenentwicklungen unberücksichtigt bleiben.[539]

---

[538] Vgl. Kapitel 3.
[539] Vgl. Kagelmann, 2001, S. 145 sowie Eilenberger, 1997, S. 173.

5 Einsatzspektrum in Kliniken

In diesem Kapitel werden die Einsatzmöglichkeiten des Shared-Service-Ansatzes im Krankenhausbereich untersucht. Den Rahmen dafür bilden die in Kapitel 2 aufgeführten Sekundärleistungsbereiche. Die Untersuchung in den jeweiligen Sekundärleistungsbereichen entspricht weitestgehend einer einheitlichen Vorgehensweise. Nach Skizzierung der Aufgaben und Organisation werden Veränderungstreiber aufgeführt und diskutiert. Anschließend werden potenzielle Formen von Shared Services und die damit verbundenen Vorteile herausgearbeitet. Dies bedingt zunächst eine Betrachtung der Rahmenbedingungen, die als Voraussetzung für die Nutzung von Shared Services als Gestaltungsalternative einzustufen sind.

5.1 Rahmenbedingungen

Aufgrund der im Kapitel 3 aufgestellten zentralen Merkmale des Shared-Service-Konzeptes wird ersichtlich, dass sich die Frage nach einem Aufbau entsprechender Organisationsstrukturen vorzugsweise für Krankenhausträger stellt, die zwei oder mehrere Krankenhäuser betreiben. Dieser Sachverhalt ist der Regel bei Krankenhauskonzernen und Krankenhausverbünden erkennbar, nicht aber bei einzelnen Krankenhäusern, die weder Konzern- noch Verbundstrukturen aufweisen.

Im deutschen Rechtssprachgebrauch ist unter dem Begriff „Konzern" die Verbindung von zwei oder mehreren rechtlich selbstständigen Unternehmen, d.h. Gesellschaften zu verstehen, die ihre selbstständige, eigene Rechtsform behalten haben.[540] Bei einem Konzern stehen ein oder mehrere abhängige Unternehmen unter der Leitung eines herrschenden Unternehmens, bei dem eine einheitliche Leitung über Mehrheitsbeteiligungen oder Verträge sowie personelle Verflechtungen in Vorständen und Aufsichträten gewährleistet wird.[541] Des Weiteren können aus betriebswirtschaftlicher Sicht folgende charakteristischen Merkmale eines Konzerns bestimmt werden:[542]

¶ Organisation als eine wirtschaftliche Entscheidungs- und Handlungseinheit.

¶ Beibehaltung der rechtlichen Selbstständigkeit der einzelnen Konzerngesellschaften.

---

[540] Vgl. Emmerich, Sonnenschein, 1989, S. 79 f.
[541] Vgl. Breuer, Breuer, 2006, S. 101.
[542] Vgl. Theisen, 1991, S. 20.

¶ Die faktische und/oder vertragliche Zuordnung aller Konzernunternehmen unter einer einheitlichen Leitung.

¶ Einschränkung der unternehmerischen Entscheidungsfreiheit an den Spitzen der einzelnen Konzernunternehmen.

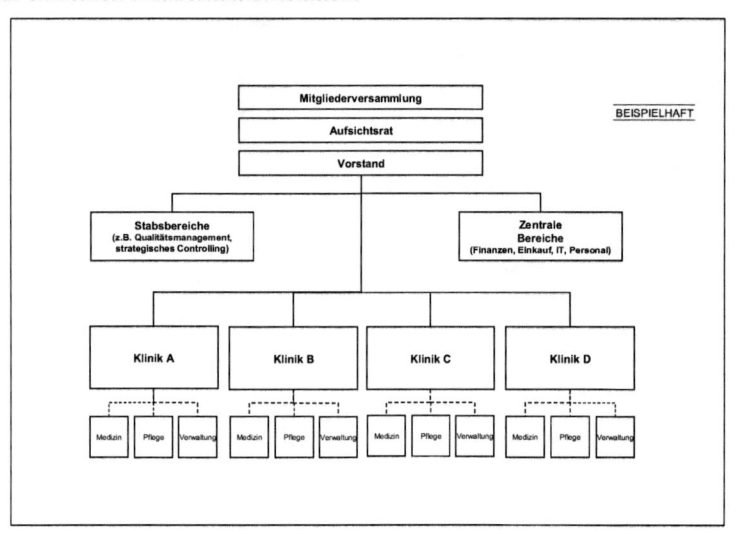

Abbildung 5-1: Schematische Darstellung eines Krankenhauskonzerns

Als ein Grund zur Etablierung von Konzernstrukturen im Klinikbereich wird der zunehmende Kostendruck in Verbindung mit der Einführung des DRG-Systems gesehen. Explizit vor dem Hintergrund eingeschränkter Außenfinanzierungsmöglichkeiten[543] bleibt den Klinikbetreibern nur die Freisetzung von Innenfinanzierungsmöglichkeiten. Voraussetzung dafür ist, bei steigenden Umsätzen und sinkenden Erlösen eine Verbesserung des Ergebnisses zu erzielen. Aufgrund der nur begrenzten Möglichkeiten die Umsätze zu erhöhen, gewinnt der bereits in der Einführung dieser Arbeit aufgeführte Kostenaspekt an Bedeutung. Vor diesem Hintergrund wird aufgeführt, dass sich Konzernstrukturen dazu eignen, Kosten zu reduzieren, wenn ein oder mehrere kommunale Träger ihre Kliniken unter einem gemeinsamen Dach der sogenannten Konzernobergesellschaft zusammenführen.[544] Als Hebel zur Kostensenkung werden in erster Linie die Mög-

---

[543] Neue Finanzierungsformen wie beispielsweise Sale and Lease Back, Public Private Partnership oder Asset Back Securities eignen sich zwar grundsätzlich dazu, Kapital zu generieren, aufgrund der damit verbundenen hohen Initiierungskosten sind diese Formen nur bedingt geeignet.
[544] Vgl. PwC, 2007.

lichkeiten zur Bündelung von administrativen Aufgaben gesehen.[545] Insgesamt ist zu konstatieren, dass sich die Idee des Zusammenschlusses mehrerer Krankenhäuser unter dem Dach des Konzerns im Krankenhauswesen immer mehr durchsetzt.[546]

Klinikverbünde und Klinikkonzerne weisen differenzierende Charakteristika auf	
In Deutschland ist eine Zunahme an Verbund- und Konzernstrukturen zu beobachten	
Kennzeichen von Klinikverbünden	Kennzeichen von Klinikkonzernen
▸ Bottom-Up-Struktur	▸ Top-Down-Struktur
▸ Förderauftrag	▸ bei Privaten Organisationen: Gewinnmaximierung, Shareholder-Value
▸ Weitgehende Eigenständigkeit der einzelnen Mitgliedsunternehmen	▸ Beherrschungs- und Abhängigkeitsverhältnis
▸ Subsidiarität / Identität	▸ Zentralistisch, hierarchisch
▸ Selbsthilfe, -verwaltung, -verantwortung	▸ Undifferenzierte, meist hohe Betriebsgröße
▸ Dezentrale, förderale Struktur	
▸ Simultane Größe und Kleinheit	

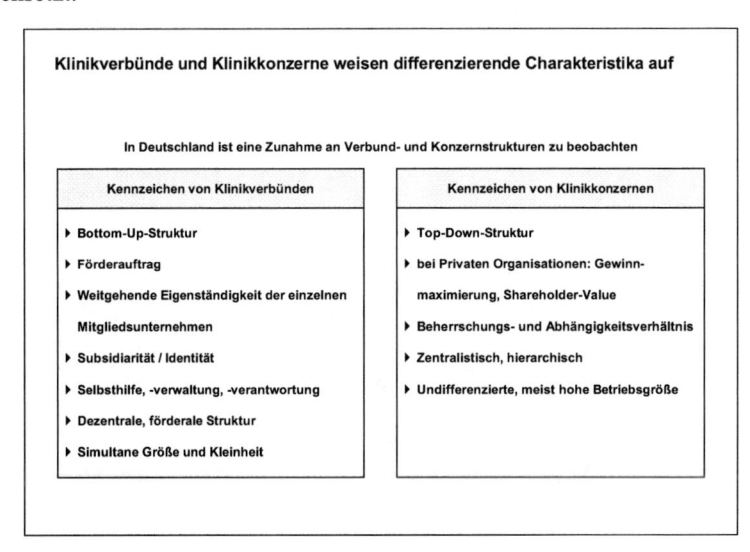

Abbildung 5-2: **Unterschiedliche Kennzeichen von Verbund- und Konzernstrukturen im Krankenhausbereich**[547]

Im Gegensatz zu Konzernen schließen sich in Unternehmensverbünden rechtlich und wirtschaftlich völlig selbstständige und unabhängige Unternehmen zu Kooperationen[548] zusammen.[549] In den meisten Fällen geschieht diese Aufgabe der unternehmerischen Handlungsfreiheit mit dem Ziel, Effizienzvorteile zu nutzen. Ein zentraler Unterschied zur Konzernorganisation ist der innerhalb von Ver-

---

[545] Neben den Kostensenkungen durch die beschriebene Bündelung von Aufgaben werden zudem Einsparungen genannt, die durch Begleiterscheinungen von Konzernstrukturen entstehen wie beispielsweise der Ausrichtung an einem einheitlichen Konzernziel oder der Einführung standardisierter unternehmensweiter Behandlungsprozesse – sogenannter Clinical Pathways. Darüber hinaus bestehen Möglichkeiten zu einem effizienteren Personaleinsatz durch Schaffung interner Job-Agenturen. Ausführlicher vgl. PwC, 2007.
[546] Ausführlicher zu den Vorteilen von Konzernstrukturen im Krankenhauswesen, vgl. Schwarz, 2007, S. 434 ff.
[547] In Anlehnung an Brixner, 2006, S. 59 f. Es wurde vom Autor eine Ergänzung um krankenhausspezifische Aspekte durchgeführt.
[548] In der betriebswirtschaftlichen Literatur ist unter dem Begriff der Kooperation ein Tatbestand zu verstehen, der durch eine partnerschaftliche Zusammenarbeit gekennzeichnet ist. Der Begriff „Kooperation" ist einer sehr unpräzisen Begriffsbestimmung unterworfen. Ausführlicher zum Begriff der Kooperation im Kontext mit dem Gesundheitswesen, vgl. Dreßler, 2000, S. 57 ff.
[549] Vgl. Breuer, Breuer, 2006, S. 101.

bundstrukturen von unten nach oben verlaufende Willensbildungsprozess und die in den meisten Fällen dezentrale und auf unabhängige Verbundpartner verteilte Führungsmacht. Da die heutige Krankenhauslandschaft noch durch eine große Anzahl an nicht in Verbundstrukturen vernetzten Organisationseinheiten gekennzeichnet ist, ist von einem Anstieg der Anzahl an Klinikverbünden auszugehen.[550]

Einen Sonderfall stellen Shared-Service-Organisationen dar, die sich auf Basis einer Kooperation herausbilden.[551] Diese Art von Shared-Service-Organisationen könnten im Krankenhausumfeld bei einzelnen, kleineren Krankenhäuser entwickelt werden, die aufgrund der in Kapitel 3 genannten Zielsetzungen in bestimmten Sekundärleistungsbereichen Shared Services aufbauen wollen, aber als individuell agierende Krankenhäuser über einen zu geringen Umfang an Sekundärleistungsaktivitäten verfügen oder bestimmte Sekundärleistungen gar nicht bereitstellen können.[552] In diesem Kontext besteht die Möglichkeit, dass sich einzelne, kleinere Krankenhäuser auf Basis einer bestimmten Kooperationsform[553] zusammenschließen. Die einzelnen Kooperationspartner würden ihre Ressourcen dann in einer gemeinsam betriebenen Einheit bündeln oder bestimmte Sekundärleistungskompetenzen in einer gemeinsam betriebenen Einheit aufbauen und allen Kliniken zur Verfügung stellen. Dieses Kooperationsprinzip ist am ehesten innerhalb eines Gemeinschaftsunternehmens zu realisieren. Die gemeinsame Gründung einer Shared-Service-Organisation würde beispielsweise dazu führen, dass alle beteiligten Krankenhäuser über die identischen Rechte und Pflichten verfügen.

Eine vertragliche Absprache zwischen zwei einzelnen Kliniken zum Beispiel im Bereich Einkauf ohne Aufbau von entsprechenden Organisationsstrukturen[554] bei der lediglich mittels einer gemeinsamen Ressourcennutzung eine Fixkostenverringerung und eine stärkere Marktposition gegenüber Lieferanten geschaffen werden soll, kann nicht als Ausgestaltungsform des Shared-Service-Konzeptes eingestuft werden. Damit ist hier eine deutliche Abgrenzung gegenüber einer Vielzahl vor allem angelsächsischer Veröffentlichungen erkennbar, bei denen bereits die gemeinsame, vertraglich geregelte Nutzung eines Computertomographen oder anderen medizintechnischen Geräten durch einzelne, rechtlich

---

[550] Vgl. Salfeld, 2006, o.S.
[551] Keuper/Albrecht/Hintzpeter setzen sich in ihrer Arbeit ausführlich mit kooperativ gegründeten Shared-Service-Centern im Controllingbereich für kleine und mittlere Unternehmen eingehend auseinander. Vgl. Keuper, Albrecht, Hintzpeter, 2008.
[552] Moscovice et al. setzen sich beispielsweise in ihrer Arbeit mit Krankenhaus-Netzwerken in ländlichen Regionen der Vereinigten Staaten von Amerika auseinander. Vgl. Moscovice et al., 1995.
[553] Unter dem Begriff Kooperation ist hier die Zusammenarbeit von mindestens zwei rechtlich selbstständigen Unternehmen verstanden. Dreßler, 2000, S. 21 sowie vgl. Schrader, 1993, S. 223.
[554] Unter Organisationsstruktur sind hier u.a. die in Kapitel 6 untersuchten Konzeptionsfelder Führung, Steuerung und Koordination zu verstehen.

unabhängige Kliniken oder Arztzentren als „Shared Services" bezeichnet werden.[555]

Beschränkt sich die Untersuchung der Einsatzbereiche von Shared Services auf den Bereich des Klinikkonzerns oder des Klinikverbundes, ergeben sich grundsätzlich drei mögliche Ausgangsszenarien, die in diesem Kontext zugleich als strategische Triebfedern zu bezeichnen sind:[556]

¶ Dezentral organisierte Sekundärleistungsbereiche. Ein hoher Dezentralisierungsgrad ist bei kommunalen Krankenhauskonzernen zu beobachten, die aus Übernahmeprozessen anderer städtischer Gesundheitseinrichtungen entstanden sind oder bei privaten Klinikunternehmen, die im Rahmen von Übernahmen andere private oder öffentliche Kliniken aufgekauft haben. Diese „zusammengestückelten" Klinikkonzerne sind in vielen Fällen von einem hohen Autonomiecharakter ihrer Geschäftseinheiten geprägt, mit dem Effekt, dass jeder einzelne Bereich dazu tendiert, seine eigenen Sekundärleistungsbereiche weiterhin selbstständig zu organisieren. Dies führt dazu, dass bei dieser Art von Klinikunternehmen eine einheitliche Linie sowie Systematik bei der Strukturierung patientennaher sowie patientenferner Sekundärleistungsbereiche nur bedingt erkennbar ist und Synergie- und Bündelungseffekte verloren gehen.[557]

¶ Umfangreiche Zentralbereiche. Diese Ausgangssituation ist insbesondere bei Klinikkonzernen vorstellbar, die über umfangreiche Zentralbereiche verfügen. Typische Problemstellungen sind hier umfassende patientenferne Sekundärleistungsbereiche im Bereich der Krankenhausverwaltung. Wie aus Unternehmen der Industrie bekannt, fehlt in diesen Bereichen zudem eine systematische Trennung zwischen unterstützenden Serviceleistungen wie beispielsweise der Personalabrechnung und strategisch orientierten Konzerndienstleistungen.[558] Eine mangelnde interne Markt- und Kundenorientierung sowie fehlende Preis-Leistungstransparenz aufgrund einer Abrechung der Dienstleistungen auf Basis des Umlageverfahrens sind weitere Eigenschaften umfangreicher Zentralbereiche.

¶ Großer Anteil von Sekundärleistungsbereichen, die an externe Unternehmen ausgelagert sind. Diese strategische Triebfeder zum Aufbau von Shared-Service-Strukturen im Klinikbereich beruht auf der Erkenntnis, dass das Out-

---

[555] Beispielsweise bei Wellever, 2001.
[556] Die Darstellung dieser Szenarien basiert auf Überlegungen von Martin-Perèz und Berger zur Organisation und Steuerung von internen Dienstleistungen in multinationalen Unternehmen, vgl. Martin-Perèz, Berger, 2004. Die beschriebenen Ausgangssituationen sind auf Basis von Klienten-Gesprächen des Autors auf mögliche Situationen im Krankenhausbereich transferiert worden.
[557] Siehe Kapitel 3.
[558] Vgl. Martin-Perèz, Berger, 2004, S. 9.

sourcing von Sekundärleistungen in der Vergangenheit nicht zu den erhofften Kosteneinsparungen geführt hat. Dies wird vor dem Hintergrund der Betrachtung der Erwartungen an das Outsourcing und den tatsächlichen Erfahrungen deutlich. Die von Outsourcing-Maßnahmen erwarteten Rationalisierungs- und Kostensenkungseffekte sind bei einem Großteil von Kliniken nicht eingetreten.[559] Des Weiteren sind die bereits im Rahmen von Kapitel 3 skizzierten Nachteile des Outsourcings, wie die Entstehung von Abhängigkeiten und die geringen Einflussmöglichkeiten des Managements, aufzuführen.

5.2 Potenzielle Einsatzbereiche

In den folgenden Ausführungen werden verschiedene Einsatzbereiche von Shared Services in Sekundärleistungsbereichen von Kliniken aufgeführt. Die oben genannten Szenarien werden wieder aufgegriffen und mit den Einsatzbereichen des Shared-Service-Konzeptes in Beziehung gesetzt. Ob die Bereitstellung von Sekundärleistungen durch ein Shared-Service-Center durchgeführt werden kann, ist im Wesentlichen von der Art der Sekundärleistung abhängig. Unter Berücksichtigung der in Kapitel 3 dargestellten Prämissen für die Transformation einer internen Leistung in eine Shared-Service-Einheit ist vor allem im patientennahen Sekundärleistungsbereich zu beachten, dass durch die Leistungserstellung in einem Shared-Service-Center keine rechtlichen Vorschriften im medizinischen Bereich verletzt werden.[560]

5.2.1 Patientennahe Sekundärleistungen

5.2.1.1 Labordiagnostik

5.2.1.1.1 Aufgaben und Organisation

Die Labordiagnostik, die durch moderne Analysegeräte unterstützt wird, ist ein wesentlicher und unverzichtbarer Beitrag zur Patientenbehandlung.

Laborbefunde orientieren sich an Art und Schwere der Krankheit und sind oft in der Lage, einen entscheidenden Beitrag für eine medizinisch zweckmäßige Versorgung[561] des Patienten zu geben.[562] In klinischen Laboratorien werden in der

---

[559] Vgl. v. Eiff, 2005, S. 112.
[560] Eine Auseinandersetzung mit rechtlichen Fragestellungen ist nicht Gegenstand der folgenden Ausführungen.
[561] Laboruntersuchungen dienen in vielen Fällen der Effektivitätskontrolle einer Therapie und werden ebenfalls zur Verlaufskontrolle einer bekannten Erkrankung eingesetzt. Unter Umständen ist es möglich, eine Aussage zum Verlauf der Erkrankung aus dem Abfall oder Anstieg oder der Höhe bestimmter Messgrößen zu tätigen. Vgl. Pietzsch, 2006, S. 7 ff.
[562] Vgl. Köller, 2002, S. 41.

Regel Untersuchungen der klinischen Chemie, Mikrobiologie, Hämatologie und Histologie durchgeführt.[563] Dabei nehmen Leistungen im Bereich der klinischen Chemie den größten Anteil an Laboruntersuchungen ein.[564]

Die Arbeitsschritte in den Labors sind auf die „Produktion" klinischer Befunde ausgerichtet. Typische Arbeitsschritte in einem Labor sind die Dokumentation der eingegangenen Proben und die anschließende Analyse mit dem Ziel, einen Laborbefund zu erstellen. Die Befunde werden zur Information des behandelnden Arztes an die anfordernde Stelle ausgeliefert.[565] Bei Krankenhäusern, die über ein Intranet verfügen, in dem Patientendaten in Form einer elektronischen Patientenakte[566] abrufbar sind, hat der behandelnde Arzt die Möglichkeit, diese unmittelbar nach Befunderstellung durch das Labor auf elektronischem Wege abzurufen. Nicht Bestandteil der Tätigkeit im Labor ist dabei die Erfassung der Patientendaten und die damit verbundene Vergabe einer Identifikationsnummer sowie die Materialgewinnung und Annahme des klinischen Befundes.

Bei zentralen und dezentralen klinischen Laboreinrichtungen werden die entsprechenden Leistungen primär durch die Abteilungen des Krankenhauses nachgefragt. Zwar stellen einige Krankenhauslabore ihre Leistungen zu einem geringen Teil externen Kunden wie niedergelassenen Ärzten oder anderen Krankenhäusern bereit, der überwiegende Teil erfolgt aber für die „internen Kunden" (Fachabteilungen). Zunehmende Mechanisierung und Automatisierung labordiagnostischer Verfahren sowie die Installation von automatisierten Probentransportsystemen führen dazu, dass der Prozess der eigentlichen Laboruntersuchung oft vollautomatisch durch computergesteuerte Messgeräte erfolgt.[567] Bei den großen Mengen an Laboruntersuchungen ist diese Analytik für zeitnahe Untersuchungen unverzichtbar. Abhängig von der Größe des Krankenhauslabors sind mehrere tausend Untersuchungen im Monat keine Seltenheit.[568]

Die entsprechenden technischen Geräte werden vorwiegend von medizinisch-technischen Assistenten und Assistentinnen (MTA) bedient, an deren Ausbil-

---

[563] Vgl. o.V., 2007a.
[564] Beispielsweise werden bei einem 600-Betten-Klinikum ca. 800.000 Laborleistungen im Bereich der klinischen Chemie durchgeführt, gefolgt von der Mikrobiologie mit rund 148.000 Leistungen, vgl. Gässler, 2004, S. 10. In einem Krankenhauszentrallabor entfallen ca. 80 Prozent der Gesamtleistung auf Untersuchungen im Bereich der klinischen Chemie, vgl. Dörner, Ventzke, 2006, S. 10.
[565] Vgl. Hummel, 2006, S. 6.
[566] Die Elektronische Patientenakte (EPA) als Zusammenfassung aller elektronisch gespeicherten Dokumente eines Patienten wird zunehmend in der klinischen Routine vieler Krankenhäuser eingesetzt. Sie stellt eine zentrale elektronische Sammlung und Verwaltung aller den Krankheits- und Behandlungsverlauf eines Patienten betreffenden Daten (wie beispielsweise Befunddaten, Diagnosen, Behandlungsverlauf, Behandlungsergebnis) dar. Es werden dabei die Informationen der beteiligten medizinischen Bereiche in geeigneten Formaten zusammengefasst und verfügbar gemacht. Zu Aspekten der elektronischen Patientenakte, vgl. Adelhard, Nissen-Meyer, Reiser, 1999, S. 311.
[567] Vgl. Fischer, Röben, 1997, S. 251.
[568] Vgl. Herzog, Renner, 2001, S. 240.

dung und Kenntnisse sehr hohe Ansprüche gestellt werden, wie etwa medizinisches Grundlagenwissen, berufstypische Arbeitsweisen (zum Beispiel Mikroskopieren) sowie ein hohes Maß an Aufgeschlossenheit gegenüber dem technischen Service von Geräten.[569] Der Einsatz der MTA beschränkt sich dabei in erster Linie auf die Sortierung und gegebenenfalls Vorbehandlung der eingehenden Proben, Zusammenführung von Reagenzien in Probengefäße, mikroskopische Auswertungen oder die Instandhaltung von labormedizinischen Geräten. Sie werden in ihren Tätigkeiten von Personal mit akademischer Ausbildung beaufsichtigt. Dabei handelt es sich in Deutschland vorwiegend um Ärzte, während in anderen Ländern die labormedizinischen Untersuchungen ganz oder überwiegend von Nicht-Ärzten (Pharmazeuten, Chemikern, Biochemikern) durchgeführt werden.[570] Zu dem Aufgabenspektrum der Laborärzte gehört damit typischerweise die Qualitätssicherung, die Durchführung seltener und schwieriger Laboruntersuchungen sowie die Beratung und Weiterbildung der Labormitarbeiter.[571]

In Bezug auf die Organisation von Krankenhauslaboratorien existieren im Krankenhausbereich derzeit drei unterschiedliche Formen der Leistungserbringung: Die dezentrale Erbringung von Laborleistungen im Rahmen von POCT[572], die Erstellung von Laboruntersuchungen in einem zentralen Krankenhauslaboratorium sowie die Durchführung von Untersuchungen in einem externen Großlaboratorium.[573] Im Rahmen von POCT wird die Untersuchung meist von Pflegekräften und Ärzten durchgeführt, bei Großlaboratorien sind es neben medizinisch-technischen Angestellten Mitarbeiter mit biotechnologischer Ausbildung.[574]

Abhängig vom Versorgungsauftrag, der Patientenklientel, dem Ausbildungsstand des Personals und dem Sicherheitsbedürfnis der Mediziner bewegen sich die Aufwendungen für Laborleistungen im Krankenhausbereich mit drei bis fünf Prozent im niedrigen Bereich. Allerdings ist zu beachten, dass in zwei Drittel aller Behandlungsfällen Laboruntersuchungen für die eindeutige Diagnostik von

---

[569] Vgl. Hummel, 2006, S. 5.
[570] Vgl. Schottdorf, 2002, S. 21.
[571] Schottdorf führt eine Reihe verschiedener laborärztlicher Tätigkeitsbereiche auf, die sich auf die Bereiche Eingangskontrolle, Probensortierung/Probenvorbereitung, Auftragserfassung, Analyse und Bewertung sowie Beratung erstrecken. Vgl. Schottdorf, 2002, S. 18 ff.
[572] POCT = Point of care Testing = Patientennahe Sofortdiagnostik (Deutsche Übersetzung, Anmerkung des Autors). Entsprechend der Arbeitsgruppe POCT der deutschen Gesellschaft für Klinische Chemie und Laboratoriumsmedizin bedeutet POCT die patientennahe Durchführung von Laboruntersuchungen mit einem einfach bedienbaren Messsystem, das in der unmittelbaren Krankenhausversorgung eingesetzt wird. Die Untersuchungen können in Räumlichkeiten, die zu bettenführenden Abteilungen, Ambulanzen oder besonderen Funktionsbereichen gehören, durch Personal durchgeführt werden, das keine eingehende medizinisch-technische Ausbildung und Erfahrung auf dem Gebiet der Laboratoriumsmedizin hat, vgl. Schimke et al., 2006, S. 145.
[573] Vgl. Dörner, Ventzke, 2006, S. 9.
[574] Vgl. Dörner, Ventzke, 2006, S. 10.

Krankheiten ausschlaggebend und somit unverzichtbar sind.[575] Dies zeigt, wie essentiell qualitativ hochwertige Diagnostik im Rahmen der Krankenhausbehandlung ist.[576]

5.2.1.1.2 Veränderungstreiber

Im Krankenhausbereich ist die Entwicklung zu beobachten, dass dezentrale Abteilungs- oder Einzelkliniklaboratorien zugunsten von Zentrallaboratorien aufgegeben werden.[577] Eine Untersuchung der Wirtschaftlichkeit von Laboreinrichtungen einer Universitätsklinik hat gezeigt, dass die 13 dezentralen Laboreinrichtungen über einen zu geringen Leistungsumfang und eine zu geringe Personalausstattung verfügen, als dass sie in der Lage wären, wirtschaftlich zu arbeiten. Insbesondere zu kleine Organisationseinrichtungen beeinträchtigten eine gleichmäßige Auslastung des Personals und der technischen Geräte und erleichtern nicht das Abfangen von Arbeitsstößen, sondern können bei Krankheit und Urlaub Arbeitsengpässe verursachen. Des Weiteren wurde ersichtlich, dass bei Personalausfällen Laboranforderungen an das Zentrallabor abgegeben werden mussten. In Bezug auf die Überwachung der Qualitätssicherung ist erkannt worden, dass mehrere Kliniken den Betrieb ihrer Laboreinrichtungen nicht an die zuständigen Eichbehörden gemeldet hatten.[578]

Neben dem beobachtbaren Trend zur Herausbildung von Zentrallaboratorien ist auf dem Gebiet der patientennahen Sofortdiagnostik (POCT) eine Entwicklung hin zu einer dezentralen Struktur feststellbar. Der Einsatz dieser dezentralen Laboreinheiten eignet sich im Rahmen der unmittelbaren Krankenversorgung zum Beispiel in der Notaufnahme, dem Operationssaal und auf der Intensivstation.[579]

Die heutigen POCT-Geräte erlauben die Durchführung eines umfangreichen Spektrums an Untersuchungen im Bereich der klinischen Chemie, Hämatologie, Hämostasiologie, Drogenscreening oder Liquordiagnostik. Ebenso besteht be-

---

[575] Vgl. Köller, 2002, S. 41 sowie Reinhard, 1996, S. 383.
[576] Vgl. Pietzsch, 2006, S. 7.
[577] Der Rechnungshof des Landes Rheinland-Pfalz hat die Wirtschaftsführung von zwei Krankenhäusern der Grundversorgung in der Trägerschaft des Landkreises untersucht. In diesem Zusammenhang konnte festgestellt werden, dass in beiden Kreiskrankenhäusern Laboreinrichtungen vorgehalten werden. Eines der Krankenhäuser verfügte zudem neben dem Zentrallabor über Laboreinrichtungen innerhalb bestimmter Abteilungen. Der Rechnungshof hat bei einer Zentralisierung von Laboreinrichtungen auf die Vorteile standardisierter und automatischer Verfahren hingewiesen. Vgl. Rechnungshof Rheinland Pfalz, 1996, S. 3 f.
[578] Der Rechnungshof des Landes Rheinland-Pfalz hat die Wirtschaftsführung einer Universitätsklinik in den Wirtschaftsjahren 1998 bis 2000 geprüft. Die Prüfung erstreckte sich auf die zentralen Laboreinrichtungen des Instituts für Klinische Chemie und Laboratoriumsmedizin und die dezentralen Labors von insgesamt 13 Kliniken. Schwerpunkt der Prüfung war es u.a. Möglichkeiten zur Verbesserung der Wirtschaftlichkeit durch Zusammenführung der bisher dezentral erbrachten Laborleistungen aufzuzeigen. Vgl. Rechnungshof Rheinland-Pfalz, 2001, S. 1 ff.
[579] Vgl. Gässler, 2005, S. 1 ff.

reits die Möglichkeit, den Herzinfarktmarker Fatty-Acid-binding (FAB) oder einen Herzinsuffizienzmarker zu bestimmen.[580] Diesen Errungenschaften stehen hohe Kosten gegenüber, die den Bereich der zentralisierten Labordiagnostik um ein Vielfaches übersteigen. Darüber hinaus besteht Klärungsbedarf bei rechtlichen Fragen bezüglich der Verantwortlichkeiten für die im Rahmen von POCT ermittelten Ergebnisse, deren Qualitätssicherung und die Dokumentation im Behandlungsverlauf des Patienten.[581] Vor dem Hintergrund der stetigen technischen Verbesserungen von POCT-Geräten ist der Betrieb und Leistungsumfang von Krankenhauslaboratorien neu zu bewerten.

Weitere Veränderungen ergeben sich aus der DRG-Implementierung.[582] Im Zuge der DRG-Einführung ist mit einem weiteren Anstieg der Zahl von Laboruntersuchungen zu rechnen, da die Labordiagnostik eine wichtige Rolle zur Feststellung von Nebendiagnosen spielt und damit über den Schweregrad (A bis E) die Höhe der DRG-Vergütung beeinflusst. In einer 2004 mit dem Titel „The Significance of Laboratory Testing for the German Diagnosis-Related Group System" erschienenen Studie wurde festgestellt, dass 62 Prozent aller vergütungsrelevanten Nebendiagnosen ausschließlich oder überwiegend auf Basis von Laborwerten erstellt werden.[583] Damit wird es umso wichtiger, dass die Labordiagnostik innerhalb aller drei Dimensionen operativer Leistungsfähigkeit (Qualität, Zeit, Kosten) optimale Ergebnisse liefert. Damit die Labordiagnostik im Hinblick auf DRG-relevante Nebendiagnosen Unterstützung bietet, ist eine qualitativ hochwertige Laboranalyse erforderlich, bei der auf EDV-Hilfsmittel[584] und spezialisiertes Personal zurückgegriffen werden muss. Eine schnelle Diagnostik ist ebenfalls unter DRG-Bedingungen von großer Bedeutung, da Labore bei verkürzten Liegezeiten nicht erst nach Tagen Ergebnisse liefern können. Es ist davon auszugehen, dass sich die Frequenz der eingehenden Anforderungen erhöhen wird und die Auswahl der Anforderungen an den Diagnosen orientiert.[585] Im Rahmen von DRG ist weiter zu beobachten, dass das Labor Teil des Patientenmanagements wird und aufgrund der Einbindung in klinische Pfade eine Steuerung der Laborprozesse anhand von Vorgaben notwendig wird.[586] Damit gewinnt die Labordiagnostik vor dem Hintergrund der Vergütungssicherung für das Krankenhaus an Bedeutung.

---

[580] Vgl. Schimke et al., 2006, S. 144.
[581] Vgl. Schimke et al., 2006, S. 145.
[582] Zur Einführung des DRG-Systems siehe Kapitel 2.
[583] Vgl. Hoffmann et al., 2004, S. 599 ff. sowie Gässler, 2005, S. 1 ff.
[584] An dieser Stelle sei darauf hingewiesen, dass bereits EDV-Programme zur Unterstützung des medizinischen Personals im Einsatz sind, um eine optimale Fallkodierung durchzuführen und die große Anzahl an Fallberechnungen entsprechend zu verarbeiten. Die Programme geben Hinweise, wenn durch Unvollständigkeit, Kodierung oder Dokumentation von Nebendiagnosen der Fallerlös gefährdet ist. Vgl. Verband der Diagnostica-Industrie e.V., 2004, S. 12.
[585] Vgl. Gässler, 2005, S. 2.
[586] Vgl. Gässler, 2005, S. 2.

5.2.1.1.3 Shared Services

Zunächst ist bei Überlegungen hinsichtlich des Aufbaus von Shared-Service-Strukturen im Laborbereich zu bestimmen, welche Leistungen innerhalb einer Konzernstruktur auf dezentraler Ebene in den einzelnen Kliniken beziehungsweise Abteilungen verbleiben. Die Zusammenführung von Laborleistungen in einer Dienstleistungseinheit, wie sie sich im Rahmen der Anwendung des Shared-Service-Konzeptes herausbilden, weisen typische Zentralisierungseffekte auf. Demnach führt der relativ hohe Fixkostenanteil (zwischen 60 und 80 Prozent) bei zunehmender Leistungsmenge zu einem spürbaren Fixkostendegressionseffekt. Bestandteil der Fixkosten ist ein verhältnismäßig hoher Anteil an Betriebsbereitschaftskosten, die den vorgenannten Effekt verstärken.[587] Eine ansteigende Mechanisierung in Verbindung mit der Nutzung von IT-Instrumenten führt zu Rationalisierungen und in deren Folge zu einer höheren Produktivität.[588]

In den einzelnen Geschäftseinheiten[589] verbleiben Basislaboratorien, die sich wiederum zu einem überwiegenden Teil aus dezentralen POCT-Einheiten zusammensetzen. Die POCT-Einheiten, die sich direkt auf den Stationen befinden, stellen in diesem Modell das Rückgrat der zeitkritischen (Notfall-)Labordiagnostik dar.[590] Den höheren Kosten bei der Anwendung der patientennahen Sofortdiagnostik stehen potenzielle Kosteneinsparungen gegenüber, die aus dem in der Folge des POCT-Einsatzes optimierten Behandlungsprozesses und den daraus resultierenden medizinischen und sozialen Folgen für den Patienten ergeben.[591] In dem hier aufgeführten Modell besteht die Aufgabe des Basislabors nicht in der Durchführung der eigentlichen Labordiagnostik, sondern vielmehr in der technischen Wartung und Qualitätskontrolle der innerhalb der Geschäftseineinheiten dezentral verteilten POCT-Geräte.[592] Eine weitere Aufga-

---

[587] Vgl. Henker et al., 2005, S. 19.
[588] Vgl. Henker et al., 2005, S. 19.
[589] Unter einer Geschäftseinheit ist im Kontext der hier aufgestellten Überlegungen ein Krankenhaus der Akutversorgung zu verstehen.
[590] Um den hohen POCT-Kosten im Vergleich zu einem auf Ebene der Geschäftseinheit zentralisierten Labor entgegenzuwirken, besteht die Möglichkeit, POCT-Leistungen stationsübergreifend zur Verfügung zu stellen. Dies führt allerdings zwangsläufig zu einer arbeitsteiligen Trennung von Laborarbeit unter Einschluss der notwendigen Arbeiten zur Gerätewartung und Qualitätskontrolle durch dafür spezialisiertes Personal auf der einen Seite und Stationsarbeit mit Probennahme und -transport sowie Umsetzung des Laborresultats in medizinisches Handeln auf der anderen Seite. Schimke et al., 2006, S. 148.
[591] Überlegungen hinsichtlich der Kosteneinsparungen können nur mittels umfassender betriebswirtschaftlicher Überprüfungen fundiert werden.
[592] Im Bereich des POCT-Einsatzes sind Qualitätsmanagementaspekte zu beachten, welche u.a. in der Richtlinie der Bundesärztekammer zur Qualitätssicherung quantitativer laboratoriumsmedizinischer Untersuchungen (RiLiBÄK) aufgeführt sind. Demnach gilt für Krankenhäuser: (1) Messgeräte, die in der patientennahen Sofortdiagnostik eingesetzt werden, sind nach den Anweisungen des Herstellers zu bedienen und, sofern vorgesehen, mindestens ein Mal benutzungstäglich mit einem physikalischen und/oder technischen Standard zu kontrollieren. (2) Mindestens einmal je Woche, in der Patientenproben gemessen werden, muss eine Kontrollmessung vorgenommen und nach (RiLiBÄK) Anlage 1,

be des Basislabors ist der zeitnahe Transport von Proben in die zentralisierte Shared-Services-Einheit. Diese Tätigkeit darf nicht unterschätzt werden, da der Versand der Proben an die Shared-Service-Einheit auch die Probenvorbereitung und Verpackung beinhaltet.[593] Unter Berücksichtigung infrastruktureller Faktoren könnte an einer Stelle innerhalb der Konzern- oder Verbundstruktur, am besten in einem Krankenhaus, das von der Größe und Lage geeignet erscheint, eine Shared-Service-Einheit für die Durchführung von Laboranalysen aufgebaut werden.[594] Das Leistungsspektrum eines Labor Shared-Service-Centers wird durch Service-Level-Agreements mit den einzelnen Geschäftseinheiten abgestimmt. Die in das Shared-Service-Center übertragenen Leistungen können grundsätzlich folgende Merkmale aufweisen:

¶ Es handelt sich nicht um zeitkritische Notfalluntersuchungen.

¶ Der Untersuchungsprozess inklusive Transport und Befundübermittlung sollte bei Proben aus der Normalpflegestation eine Zeitspanne von 3,5 Stunden nicht überschreiten, sofern es sich um Routineparameter handelt. Bei ausgewählten Spezialparametern kann die Bestimmung einen Untersuchungszeitraum von einer Woche haben.[595]

¶ Probenuntersuchungen können hohe variable Kosten aufweisen (teure Reagenzien) und es ist eine aufwendige, hoch qualifizierte, personalintensive Analytik notwendig.

Die Effizienz und Effektivität der Shared-Service-Organisation kann gesteigert werden, wenn das Shared-Service-Center mit den dezentralen Einheiten vernetzt ist und Systeme wie beispielsweise die elektronische Patientenakte angewendet werden. Der Befund wird direkt in das System eingegeben und erscheint in der elektronischen Patientenakte, auf die der behandelnde Arzt unmittelbaren Zugriff hat.

Ein weiteres Aufgabengebiet des Labor-Shared-Service-Centers könnte sich auf die Qualitätssicherung im Bereich der dezentralen Einheiten erstrecken. Im Zuge der Qualitätssicherung kann die Verpflichtung von POCT einsetzenden Organisationseinheiten zur Teilnahme an der externen Qualitätskontrolle entfallen, wenn die interne Qualitätssicherung für die patientennahe Sofortdiagnostik in

---

Spalte 7, beurteilt werden. Es sind abwechselnd Kontrollproben in unterschiedlichen Konzentrationsbereichen einzusetzen, sofern dies medizinisch sinnvoll ist. Deutsches Ärzteblatt, 2001, S. A2755.
[593] Unter Umständen kann in einem Basislabor die Probenentnahme durchgeführt werden. In dem hier skizzierten Modell wird davon ausgegangen, dass die Entnahme auf den einzelnen Stationen stattfindet und die Proben dann an das Basislabor weitergeleitet werden.
[594] Standortentscheidungen können nur unter Einsatz einer fundierten medizinischen und betriebswirtschaftlichen Analyse getroffen werden.
[595] Vgl. Renner, Reisinger, Linzatti, 2001, S. 45.

der Verantwortung einer zentralisierten Laboreinrichtung durchgeführt wird.[596] Entsprechend den hier aufgeführten Überlegungen könnte die Unternehmensführung dem Labor-Shared-Service-Center in seiner Rolle als Zentrallabor die Aufgabe zur Überwachung der internen Qualitätssicherungsmaßnahmen in den POCT durchführenden Organisationseinheiten übertragen werden.[597]

Um die Qualitätssicherung zu gewährleisten, könnten die einzelnen POCT-Geräte in den Geschäftseinheiten mit dem Shared-Service-Center vernetzt werden. Diese Vernetzung kann über ein Krankenhauskommunikationssystem oder Krankenhausinformationssystem erfolgen. Die zentrale Administration innerhalb der Shared-Service-Einheit nimmt für die in den einzelnen Geschäftseinheiten verteilten POCT-Geräte folgende Aufgaben im Zuge der Qualitätssicherung wahr:[598]

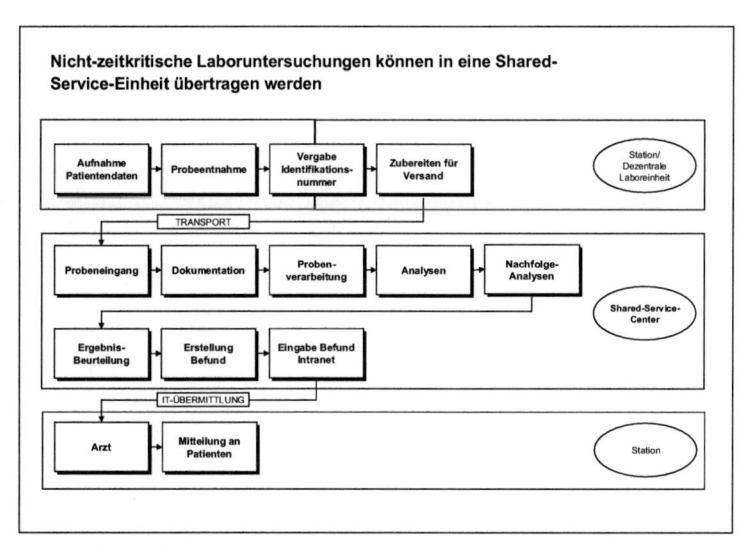

Abbildung 5-3: Hauptprozesse in einem Shared-Service-Center für Laborleistungen

Verwaltung (Erstellen, Verwalten, Sperren) der Benutzer-ID, Verwaltung der Kontrollmaterialien (Zielwerte etc.), Gesamtübersicht über Systemzugriffe durch Benutzer, Dokumentation der Qualitätskontrollreports, Übermittlung Qualitätskontrollreports, Übermittlung von Patientenberichten, Hilfestellung bei Fehlern und Problemen, Schulung der POCT-Anwender und Zugangssperrung von POCT-Geräten.

---

[596] Schimke et al., 2006, S. 150.
[597] Ähnlich vgl. Schimke et al., 2006, S. 150.
[598] Vgl. Schimke et al., 2006, S. 151 sowie DGKL, 2004, S. 55 ff.

Neben den bereits erwähnten Reduktionen, die sich allein über die Bündelung von Leistungsmengen ergeben, kann die Implementierung von Shared Services innerhalb von Verbund- oder Konzernstrukturen weitere Vorteile mit sich bringen. Bei der Konzentration von Laborleistungen besteht die Möglichkeit zur Freisetzung von Konsolidierungs- und Integrationspotenzialen, indem die verschiedenen analytischen Technologien auf ein System zusammengeführt werden und Prozesse vom Probeneingang bis zur Archivierung miteinander verknüpft werden. Dies führt über eine Verringerung der Laborkomplexität zu insgesamt verringertem Arbeitsaufwand und damit verbunden möglicherweise zu einer Kostenreduktion. Neben der Reduktion von Kosten ergeben sich durch den Aufbau einer Shared-Service-Organisation für das Krankenhaus Erlöspotenziale, wenn Laborleistungen zu marktfähigen Preisen für andere Kliniken oder niedergelassene Ärzte angeboten werden.[599]

Vor dem Hintergrund der hohen Bedeutung des Qualitätsaspektes von Laborleistungen bietet das Shared-Service-Konzept Vorteile in Bezug auf die komplette Auslagerung von Laborleistungen an externe Anbieter. Bei einer Leistungserstellung innerhalb der Shared-Service-Organisation ist eine interne Qualitätskontrolle weiterhin gegeben, zudem wird einem möglichen Know-how-Verlust im Bereich der Laborinfrastruktur oder Personalabwanderung entgegengewirkt. Nicht zu vernachlässigen ist die Realisierung von Effektivitätssteigerungen durch Einführung einer internen Kundenorientierungsstrategie.

5.2.1.2 Radiologie

5.2.1.2.1 Aufgaben und Organisation

Radiologische Leistungen in der Krankenhausversorgung befassen sich mit der Diagnostik, der Intervention, der konsiliarärztlichen Interpretation vorgelegter externer Bilddokumente, der Durchführung klinisch-radiologischer Konferenzen, der Teleradiologie sowie der medizinischen Fort- und Weiterbildung. Als Hilfsmittel dienen die Projektionsradiographie, Festkörperdetektorradiographie, Computertomographie, Magnetresonanztomographie, Sonographie und verschiedene elektronische Systeme zur Verarbeitung von Daten.[600]

In Bezug auf das Leistungsspektrum der Radiologie sind Verknüpfungen mit dem Krankheitsspektrum in der Gesellschaft erkennbar.[601] Der Leistungsumfang

---

[599] In diesem Zusammenhang sind gesetzliche Vorschriften zu beachten – vor allem solche, die sich auf übergreifende Kooperationen zwischen dem Krankenhaus- und dem ambulanten bzw. niedergelassenen Sektor beziehen. Vorschriften ergeben sich beispielsweise aus dem GMG.
[600] Vgl. Arlart, 2004, S. 71.
[601] Das Einsatzspektrum radiologischer Leistungen bezieht sich damit vorwiegend auf kardiovaskuläre Erkrankungen, Tumorerkrankungen, degenerative Erkrankungen des Stützgewebes sowie akute Traumatologie. Vgl. Arlart, 2004, S. 71.

radiologischer Krankenhausabteilungen ist individuell bestimmt durch den Versorgungsauftrag des Hauses, den ökonomischen Möglichkeiten des Managements, der Investitionsbereitschaft des Krankenhausträgers für Geräteausstattungen, die Zahl der Fach- und Spezialbteilungen des Hauses sowie den Auftrag zur ärztlichen beziehungsweise medizinisch-technischen Fort- und Weiterbildung.[602]

Krankenhäuser verfügen in der Regel über eine zentrale radiologische Einheit, die für die Abteilungen des Krankenhauses ihre Leistungen zur Verfügung stellt. Aufgrund der hochwertigen technischen Ausstattung radiologischer Abteilungen und des für die Bedienung erforderlichen Fachpersonals ist es sowohl aus medizinischen als auch ökonomischen Aspekten in der Regel nicht üblich, dass einzelne Stationen einer Klinik über eigene radiologische Einrichtungen verfügen. Wird nur ein einzelnen Krankenhauses betrachtet ist eine Zentralisierung der Radiologie erkennbar.[603]

Als interner Kunde der Radiologie können die Ärzte der verschiedenen Abteilungen betrachtet werden.[604] Der behandelnde Arzt erteilt den Auftrag für die Röntgenuntersuchung. Prozesse der diagnostischen Radiologie beziehen sich damit primär auf den internen Kunden.[605]

Die ausgeprägte Patientennähe radiologischer Leistungen wird vor dem Hintergrund deutlich, dass im Rahmen der Patientenbehandlung zur besseren Abklärung des Krankheitsbildes eine radiologische Untersuchung erfolgt. Der behandelnde Arzt erwartet durch die Ergebnisse eine höhere Qualität der Informationsbasis zur Planung der weiteren Behandlung des Patienten.[606] In den einzelnen Prozessschritten existiert in der Regel durchgängig direkter Patientenkontakt. Es besteht ein unmittelbarer Bezug zum Wertschöpfungsprozess im Krankenhaus, da die weitere Therapie gegebenenfalls von dem Ergebnis der radiologischen Untersuchung abhängig ist.

---

[602] Vgl. Arlart, 2004, S. 72.
[603] In Anlehnung an Arlart, 2004, S. 73.
[604] Nur wenige Patienten lassen aus eigenem Antrieb heraus eine Röntgenuntersuchung an sich vornehmen. Ein Bedürfnis des Patienten für eine bestimmte Untersuchung besteht mit Ausnahme bildgebender Präventionsuntersuchungen in der Regel nicht. Aus Sicht des Patienten werden die Marktleistungen der diagnostischen Radiologie als „notwendiges Übel" angesehen, in denen er keinen direkten Nutzen erkennt. Als eigentlicher Kunde der Radiologie ist daher der Arzt zu sehen, der den Auftrag zur Durchführung einer Röntgenuntersuchung erteilt. Vgl. Gocke, Dabatin, Dürselen, 2002, S. 334.
[605] Im Zusammenhang mit der integrierten Versorgung soll eine Auflösung der starren Aufgabenteilung zwischen dem ambulanten und stationären Sektor erreicht werden, um in diesem Zusammenhang die radiologischen Krankenhausabteilungen für die ambulante Versorgung von Patienten zu öffnen, vgl. Hamm, 2002, S. M153.
[606] Vgl. Gocke, Debatin, Dürselen, 2002, S. 334.

5.2.1.2.2 Veränderungstreiber

Es können verschiedene Veränderungstreiber identifiziert werden, die radiologische Einrichtungen im Krankenhaus in unterschiedlicher Art und Weise beeinflussen.

¶ Auswirkungen der DRG: Eine Erweiterung ambulanter Leistungen in radiologischen Bereichen ist nur dann zu erwarten, wenn das Krankenhaus an der integrierten Versorgung teilnimmt, sich an medizinischen Versorgungszentren als Träger beteiligt oder zugelassene Spezialambulanzen bereitstellt.[607] Grundsätzlich ist eine signifikante Reduktion radiologischer Leistungen zu erwarten. Dies resultiert aus dem Effekt, dass die Krankenhausradiologie bei Kostenkalkulationen durch die DRGs nur eingeschränkt berücksichtigt wird. Grund dafür ist die Annahme, dass die gesamte elektive Diagnostik vor planbaren Eingriffen zu einem überwiegenden Teil in externen Versorgungszentren erbracht wird. Es wird davon ausgegangen, dass sich das im Krankenhaus verbleibende radiologische Leistungsspektrum auf Notfälle, Nacht- und Bereitschaftsdienste, die intensivmedizinische Versorgung, Leistungen im Rahmen eines stationären Aufenthaltes sowie auf teleradiologische Aufgaben mit Partnerkrankenhäusern, Praxen und Versorgungszentren beschränken wird.[608]

¶ Zunehmende Bedeutung des Qualitätsmanagements[609]: Zum Bereich des Qualitätsmanagements gehört die Optimierung des Geräteparks in Bezug auf Investitionen, Auslastung, Service und Konstanz. Darüber hinaus ist die leitlinienbasierte Optimierung radiologischer Untersuchungsleistungen sowie die Ausarbeitung evidenzbasierter Untersuchungsprotokolle mit Bevorzugung des kostengünstigsten und effektivsten Verfahrens sowie der Verzicht von nicht mehr übernommenen Doppeluntersuchungen ebenfalls ein Aspekt des Qualitätsmanagements, mit dem sich Abteilungen der Krankenhausradiologie auseinandersetzen müssen.[610]

---

[607] Vgl. Arlart, 2004, S. 72.
[608] Vgl. Arlart, 2004, S. 72
[609] Den Aspekt des Qualitätsmanagements thematisiert § 137 SGB V „Qualitätssicherung für zugelassene Krankenhäuser". Maßnahmen des Qualitätsmanagements ergeben sich zudem aus dem Gesetz zur Einführung des diagnose-orientierten Fallpauschalensystems für Krankenhäuser (Fallpauschalengesetz – FPG). In diesem wird Krankenhäusern beispielsweise vorgeschrieben, einen strukturierten Qualitätsbericht im Internet zu veröffentlichen.
[610] Vgl. Arlart, 2004, S. 72

¶ Organisationsstrukturelle Herausforderungen:[611] Organisationsstrukturelle Herausforderungen ergeben sich in erster Linie aus der Vielzahl an unterschiedlichen Leistungen, die von krankenhausradiologischen Abteilungen erbracht werden. Aufgrund nicht optimaler Prozesse entstehen Probleme bei der Terminvergabe, Verzögerungen im Untersuchungsablauf oder Verzögerungen bei der Befundung. Vor dem Hintergrund des allgemeinen Kosten- und Qualitätsdrucks wächst die Notwendigkeit, die Reformierung der Strukturen und Abläufe im Sinne einer Prozessoptimierung voranzutreiben.[612]

¶ Technologische Entwicklungen im Bereich der digitalen Aufbereitung und Übertragung radiologischer Befunde:[613] Durch die Entwicklung auf dem Gebiet der Picture Archiving and Communication Systems (PACS) und Radiologieinformationssystemen (RIS) in Verbindung mit den Kommunikationsmöglichkeiten des Internets ergeben sich neue Möglichkeiten zur digitalen Übermittlung der Bilder

5.2.1.2.3 Shared Services

Radiologische Untersuchungen zeichnen sich im Vergleich zu Laboruntersuchungen nicht durch große Mengenvolumina aus.[614] Dies trifft vor allem für komplexe radiologische Untersuchungen (CT, MR) zu. Der Grad der Wissensorientierung ist davon abhängig, wie der radiologische Prozess definiert ist. Bei einer beschränkten Betrachtung auf den Untersuchungsprozess ohne Befundung ist zwar eine hohe Wissensintensität notwendig, um den eigentlichen Untersuchungsprozess durchzuführen, die Einbindung ärztlicher Fachkräfte ist aber nur bedingt erforderlich. Ärztliches Spezialwissen ist im Vorfeld der Untersuchung zur Bestimmung der radiologischen Untersuchungsmethode und im Zuge der Befundung des Ergebnisses unbedingt notwendig.

Weiter ist festzustellen, dass radiologische Abteilungen auf Ebene des einzelnen Krankenhauses in der Regel zentralisiert aufgestellt sind. Da im Rahmen dieser Arbeit vorzugsweise Verbund- und Konzernstrukturen betrachtet werden, sind bei Einbeziehung mehrerer Kliniken, die über jeweils eigene radiologische Zentren verfügen, Redundanzen erkennbar, aufgrund derer die Ausgliederung von

---

[611] Im Bereich der diagnostischen Radiologie existiert ein umfassendes Optimierungspotenzial hinsichtlich der Ausgestaltung medizinischer Prozesse und der damit verbundenen Qualitätssteigerung und Kostensenkung. Vor dem Hintergrund einer begrenzten Kosten- und Erlöstransparenz sind demnach die Aktivitäten in den meisten radiologischen Krankenhausinstituten nur indirekt von wirtschaftlichen Merkmalen geprägt. Vgl. Gocke, Debatin, Dürselen, 2002, S. 332.
[612] Vgl. Arlart, 2004, S. 72.
[613] Zu den Möglichkeiten der elektronischen Übertragung radiologischer Aufnahmen, vgl. Adelhard, Nissen-Meyer, Reiser, 1999, S. 310 ff.
[614] In einem Krankenhaus der Schwerpunktversorgung werden inklusive der Berücksichtigung externer Patienten ca. 220 radiologische Untersuchungen (Tages- und Nachtschicht) durchgeführt. Vgl. Klose, Böttcher, 2003.

Radiologie-Prozessen in ein Shared-Service-Center für den Klinikverbund oder Konzern mit Vorteilen verbunden sein könnte.

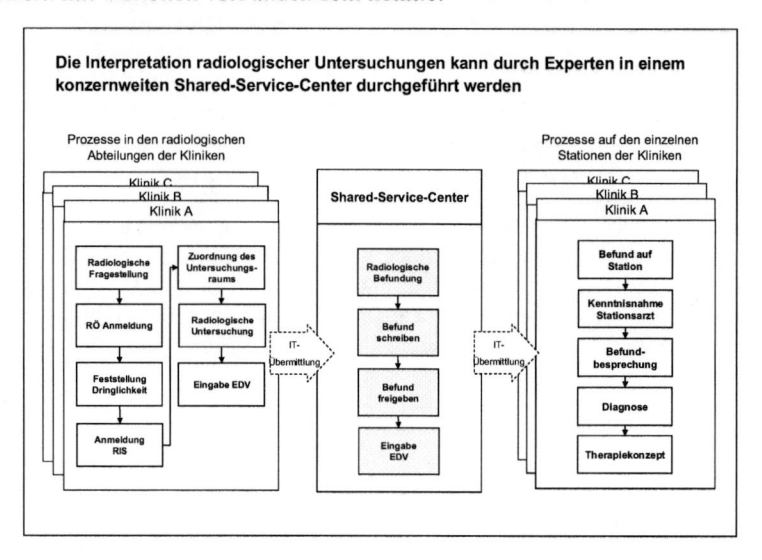

Abbildung 5-4: Potenzielle Einbindung eines Shared-Service-Centers für radiologische Leistungen

Bei der Anwendung des Shared-Service-Konzeptes ist zu prüfen, welche Prozessbestandteile der Radiologie in ein Shared-Service-Center ausgelagert werden können. Grundsätzlich könnten zwei mögliche Varianten in Betracht gezogen werden. Der Aufbau von Shared Services basiert bei der ersten Variante auf der Überlegung, die gesamten radiologischen Prozesse für bestimmte Untersuchungen in eine Shared-Service-Einheit auszugliedern. Die Notwendigkeit der Verfügbarkeit konventioneller radiologischer Untersuchungsmethoden zur Bestimmung von Diagnosen im Rahmen der Behandlung von Akutpatienten ist nicht abstreitbar. Zu diskutieren ist aber, inwiefern das Vorhalten von radiologischen Großgeräten wie beispielsweise CT und MRT notwendig ist. Für diese Geräte könnte sich eine Ausgliederung in eine Shared-Service-Organisation eignen.[615] Aufgabe des Radiologie-Shared-Service-Centers wäre die Zurverfügungstellung radiologischer Leistungen im Bereich der Großgeräte Radiologie (CT, MRT). Das dem einzelnen Krankenhaus verbleibende radiologische Leis-

---

[615] Im Zuge der DRG-Einführung ist eine signifikante Reduktion radiologischer Leistungen im Krankenhausbereich zu erwarten. Einigen Autoren zufolge wird künftig die gesamte elektive Diagnostik vor planbarer stationärer Aufnahme nur noch in externen Versorgungszentren und Praxen erbracht werden. Siehe Arlart, 2004, S. 72. Des Weiteren ist zu beachten, dass die Großgeräteplanung der einzelnen Bundesländer in vielen Fällen eine Kooperation zwischen Krankenhaus und niedergelassenen Ärzten erzwingt. Vgl. Eichhorn, Seelos, v. der Schulenburg Graf, 2000, S. 176.

tungsspektrum würde sich beschränken auf Notfälle, Nacht- und Bereitschaftsdienste, die intensivmedizinische Versorgung sowie die konsiliarärztliche Interpretation unbefundeter externer Röntgenbilddokumente.

Aufgrund des hohen Grades der Patientenbindung bei der Erstellung radiologischer Leistungen spielt die Erreichbarkeit eines Radiologie-Shared-Service-Centers bei der ersten Variante eine besondere Rolle, um die Patientenzufriedenheit nicht negativ zu beeinflussen. Offenkundig ist, dass sich die Implementierung eines Shared-Service-Centers innerhalb regional weit verzweigter Klinikkonzerne nur für bestimmte Leistungen eignet. Des Weiteren sind ökonomische Aspekte zu berücksichtigen, da durch den Transport von Patienten aus den dezentralen Einheiten zum Shared-Service-Center Transportkosten entstehen.[616] Ein Vorteil dieser Shared-Service-Variante würde in erster Linie in einer höheren Auslastung der radiologischen Spezialgeräte bestehen. Weitere Vorteile würden sich aus einer Bündelung des Wissens in Bezug auf die Handhabung der Spezialgeräte (CT, MRT) und die Befundung der Untersuchungen in einer organisatorischen Einheit ergeben.

Nachteile dieser Variante ergeben sich aus einer geringen organisatorischen Flexibilität aufgrund der Berücksichtigung von Transportwegen der Patienten.

Die zweite Variante umfasst nicht mehr die gesamten Radiologie-Prozesse, sondern konzentriert sich auf den Befundungsprozess. Bei dieser Variante verbleiben die radiologischen Einrichtungen in den einzelnen dezentralen Abteilungen und Kliniken. Durch die technischen Weiterentwicklungen auf dem Gebiet der Digitalisierung und der Übertragung großer Datenvolumen per Internet ergeben sich neue Möglichkeiten der Telemedizin für die Durchführung einer zentralisierten Befundung, die nicht am Ort der radiologischen Untersuchung des Patienten stattfindet.[617] Die radiologischen Einrichtungen in den dezentralen Einheiten könnten über eine verschlüsselte Internetleitung mit dem Shared-Service-Center verbunden sein, wo Arbeitsplätze für eine Auswertung der übermittelten Daten zur Verfügung stehen. Die Durchführung der Befundung würde somit abhängig von der Komplexität der radiologischen Untersuchung teilweise oder vollständig in eine Shared-Service-Einheit übertragen werden. In der Shared-Service-Einheit würden Experten für die dezentralen Einheiten eine grundsätzli-

---

[616] Der Transport von 360 stationär behandelten Patienten zu einem externen CT führte zu Transportkosten in Höhe von 63.000 Euro, vgl. Adelhard et al., 2002, S. 85.
[617] Deutsch umschreibt den Begriff Telemedizin wie folgt: „Telemedizin ist ein Sammelbegriff für alle modernen Kommunikationsdienste, die die medizinische Versorgung eines Patienten unterstützen und ergänzen können. Dies umfasst die gesamte Kette ärztlicher Behandlungsstationen: Vom Hausarzt über den Facharzt bis hin zu Kliniken und Forschungseinrichtungen. Die Unterstützung des Arztes bei Diagnose und Therapie, die medizinische Dokumentation sowie das Beschaffen von Informationen über Online-Datenbanken gehören ebenso in diesen Bereich wie die elektronische Verarbeitung und Archivierung von Patientendaten und die Leistungsabrechnung zwischen Arzt und Krankenkassen". Deutsch, 1996, S. 787 f.

che Befundung des Untersuchungsergebnisses vornehmen oder bei unklaren Befunden zur Qualitätserhöhung beitragen und die Ärzte vor Ort somit als Berater bei ihren Entscheidungen unterstützen. Vorteile eines Shared-Service-Centers für radiologische Leistungen ergeben sich vorzugsweise aus der Verbesserung der Befundungsqualität, woraus sich wiederum Kostensenkungseffekte durch die Verringerung von Fehlinterpretationen ergeben können. Ebenfalls ist davon auszugehen, dass die Auslastung der Radiologie-Experten im Bereich der Interpretation radiologischer Untersuchungen dadurch erhöht werden kann, wenn eine Konzentration dieser Leistungen in einer darauf spezialisierte Dienstleistungseinheit erfolgt.

Bei der zweiten Variante ist zu diskutieren, inwiefern eine Entkopplung von radiologischer Untersuchung und Befundung möglich ist, wenn, wie oben skizziert, telemedizinische Aspekte beim Aufbau von Shared-Service-Strukturen genutzt werden. In diesem Kontext ist die Existenz der dafür notwendigen rechtlichen Voraussetzungen zu überprüfen.[618]

5.2.1.3 Pathologie

5.2.1.3.1 Aufgaben und Organisation

Die Hauptaufgabe der Pathologie ist es, für diagnostizierte Krankheiten oder Krankheitssymptome das Ursachen-Wirkungsgefüge zwischen den krankheitsauslösenden Faktoren und der Krankheitsbereitschaft sowie darüber hinaus die strukturellen und funktionalen Veränderungen während des Krankheitsverlaufs aufzuzeigen.[619] Die Pathologie gliedert sich in die beiden Hauptbereiche Histologie und Zytologie. Bei dem Teilgebiet Histologie (Gewebelehre) wird die Gewebestruktur menschlicher Organe im mikroskopischen Bereich erforscht, bei der Zytologie, die dem Gebiet der allgemeinen Biologie zugerechnet wird, geht es um die Erforschung des Baus und der Funktion der Zellen. Zum Zwecke der Diagnoseerstellung werden auf der einen Seite am lebenden Patienten Zellen oder Gewebeproben entnommen, auf der anderen Seite können im Rahmen der Sektion Erkrankungen oder Todesursachen festgestellt werden.[620] Eine der häufigsten Untersuchungen der Pathologie ist die Biopsie, bei der dem Patienten Gewebeproben entnommen werden. Untersuchungen der Pathologie haben vor

---

[618] In der Regel ist vor der Durchführung einer Untersuchung gemäß der Röntgenverordnung die Überprüfung der Indikation durch einen Radiologen unerlässlich. Nach dieser Indikation kann die Behandlung durch medizinisch-technische Radiologieassistenten fortgeführt werden. Vgl. Adelhard et al., 2002, S. 84.
[619] Vgl. Grundmann, 1994, S. 2 ff. Bei telemedizinischen Fragestellungen ist grundsätzlich zu prüfen, inwiefern eine Überprüfung der Indikation bei radiologischen Untersuchungen auf telemedizinischer beziehungsweise teleradiologischer Ebene möglich ist. Sie dazu rechtliche Aspekte der Telemedizin, z.B. bei Schöne, 2005, S. 143-149.
[620] Vgl. Hoffmann-La Roche AG, 1993, S. 755 u. 1820

allem bei der Tumordiagnostik und der Krebsfrüherkennung eine wichtige Bedeutung.

Pathologische Leistungen werden zu einem überwiegenden Teil für die Krankenhausärzte zur Verfügung gestellt, die die Diagnose für die weitere Behandlung des Patienten benötigen.[621] Für die Erstellung eines pathologischen Befundes ist durchgängig das Know-how eines Arztes für Pathologie notwendig, weil nur dieser über eine erforderliche Qualifikation zur mikroskopischen Befundung verfügt.[622]

5.2.1.3.2 Shared Services

Die Erstellung pathologischer Leistungen könnte vollständig unter Berücksichtigung der Nutzung telemedizinischer Möglichkeiten in eine Shared-Service-Center-Organisation ausgegliedert werden. Bei Unternehmenszusammenschlüssen von Krankenhäusern oder bei Wirtschaftlichkeitsanalysen in bestehenden Krankenhauskonzernen stellt sich die Frage, inwiefern die (medizinische) Notwendigkeit besteht, dezentrale pathologische Einheiten vorzuhalten.

Eine zeitnahe Beurteilung von Proben durch einen Pathologen ist beispielsweise erforderlich, wenn der Chirurg während eines Eingriffs Veränderungen in Teilen der Haut feststellt. In solchen Fällen wird in der Regel eine Gewebeprobe der betroffenen Stelle für eine sofortige pathologische Diagnose entnommen. Der weitere Verlauf des Eingriffs ist abhängig von der jeweiligen Diagnose.[623] Transportwege, die den Eingriff am Patienten erheblich verlängern, sind aus medizinischen und ökonomischen Gründen nicht hinnehmbar. Die Existenz dezentraler pathologischer Einrichtungen innerhalb eines Konzerns oder Verbundes scheint weiterhin notwendig zu sein.[624]

Die Frage ist aber, ob diese dezentralen pathologischen Einrichtungen mit einem Arzt der Pathologie ausgestattet sein müssen oder ob der Einsatz telepathologische Mittel möglich ist.[625] Bei der Telepathologie findet die mikroskopische Gewebeuntersuchung über räumliche Distanzen statt.[626] Ein Arzt der Pathologie

---

[621] Vgl. Lang, 2006, S. 358.
[622] Vgl. Poremba, Pickhardt, 1998, S. 323
[623] Ähnlich vgl. Poremba, Pickhardt, 1998, S. 319.
[624] Im Rahmen einer praxisbezogenen Betrachtung wäre zu überprüfen, welchen Anteil nicht zeitkritische Proben an dem Gesamtprobenaufkommen besitzen.
[625] Die Telepathologie ist ein Teilbereich der Telemedizin. Vgl. Becker, Grünwoldt, Meinel, 1997, S. 22 ff.
[626] Um eine erfolgreiche telepathologische Befundung zu erzielen, ist es erforderlich, dass die Aufarbeitung des Operationspräparates einschließlich der Anfertigung des Gefrierschnittes und der Probeneinfärbung in der operativen Abteilung bzw. einer entsprechend ausgestatteten dezentralen Einrichtung nach allen Regeln der ärztlichen Kunst erfolgt. Dies ist vor dem Hintergrund zu sehen, dass der Pathologe nur für die Befundung des vorgelegten Schnittes verantwortlich sein kann. Damit er kraft

betrachtet die zu untersuchenden Gewebepräparate über einen Videomonitor anstelle direkt durch ein Mikroskop.[627] Das entnommene Gewebematerial würde durch einen fachlich geschulten Chirurgen direkt im Krankenhaus für die mikroskopische Untersuchung aufbereitet und unter ein bereitstehendes, für die Telemikroskopie konzipiertes Mikroskop gelegt werden.[628]

In einer zentralisierten Einheit, die im Rahmen dieser Überlegungen als Shared-Service-Center aufgebaut ist, könnte die Befundung der Gewebeprobe auf Basis der übermittelten Daten erfolgen. Dabei übernimmt der Pathologe ferngesteuert die vollständige Kontrolle des Mikroskops in der dezentralen pathologischen Einheit des Klinikums. Das Ergebnis der Befundung wird dem Chirurgen dann telefonisch mitgeteilt.[629]

Die Vorteile des Einsatzes von Shared Services werden in Verbesserungen für die Behandlung von Patienten ersichtlich. Bei zeitkritischen Befundungen entfällt der Transportweg zu einer pathologischen Einrichtung. Dies führt im Falle von Schnellschnittbefundungen zu kürzeren Operationszeiten und damit verbunden zu kürzeren Narkosezeiten für den Patienten.[630] Hier kann die ständige Verfügbarkeit eines Pathologen im Shared-Service-Center, der über Datennetze mit den jeweiligen Kliniken verbunden ist, bei zeitkritischen Eingriffen zu einer Verbesserung der Heilungs- und Überlebenschancen führen. Des Weiteren erfolgt innerhalb der Shared-Service-Organisation eine Konzentration von Spezialisten, die darüber hinaus in direktem Wissensaustausch zueinander stehen, was zu einer Erhöhung der Befundungsqualität beitragen kann. Es sei angemerkt, dass bei schwierigen Fällen die Möglichkeit besteht, dass aufgrund der Konzentration von Spezialisten in einem Shared-Service-Center mehrere Pathologen einen Schnellschnitt gemeinsam beurteilen können.

Darüber hinaus können wie bei anderen in ein Shared-Service-Center ausgegliederten Leistungen durch die Konzentration von pathologischen Aktivitäten in einem Shared-Service-Center Skaleneffekte erzielt werden. Ähnlich wie im Bereich der Laborleistungen erkennbar, können eine Degression der Fixkosten pro Ausbringungseinheit sowie eine effizientere „Produktion"[631] erreicht werden.

Weitere Vorteile ergeben sich aus der Möglichkeit, pathologische Leistungen des Shared-Service-Center externen Dritten (Kliniken, ambulante Einrichtun-

---

Gesetz haftbar bleibt, muss das für die Befundung relevante Gewebe in optimaler Form aufbereitet sein, vgl. Poremba, Pickhardt, 1998, S. 319.
[627] Vgl. Poremba, Pickhardt, 1998, S. 319.
[628] Vgl. Poremba, Pickhardt, 1998, S. 319.
[629] Ausführlicher zu den Aspekten der diagnostischen Genauigkeit in der Telepathologie sowie der Beurteilung von Kosten und Nutzen, vgl. Poremba, Pickhardt, 1998.
[630] Vgl. Hufnagl, Nguyen-Dobinsky, 1999, S. 16 f.
[631] Ein typisches Produkt, das von einer pathologischen Einrichtung erzeugt wird, ist beispielsweise der histologische Befund. Vgl. Lang, 2006, S. 358.

gen) zur Verfügung zu stellen und somit zusätzliche Erlöse zu generieren. Die Betrachtung telepathologischer Maßnahmen zeigt zudem Vorteile hinsichtlich der Behandlungsmöglichkeiten in kleineren Kliniken, die bislang nicht direkt mit einem Pathologen in Kontakt standen. Dies wiederum könnte eine Verbesserung der Versorgungsqualität in ländlichen Regionen mit sich bringen.

Kritisch an diesem Konzept ist zu hinterfragen, ob rechtliche Probleme und Qualitätseinbußen im Rahmen der Schnellschnittbefundung per Telepathologie auftreten können. Hier ist zu diskutieren, inwiefern die Aufbereitung des Präparats für die Schnellschnittdiagnostik als originäre Leistung des Pathologen anzusehen ist und ob diese Aufbereitung überhaupt durch einen nicht-pathologisch ausgebildeten Arzt durchgeführt werden kann.[632]

5.2.1.4 Sonstige patientennahe Sekundärleistungsbereiche

Wie im Rahmen von Kapitel 2.2 aufgeführt, können den patientennahen Sekundärleistungen ebenfalls die Bereiche Blutbank, Dialyse, Nuklearmedizin, Krankengymnastik, Virologie (Bereich Labor), Zentralsterilisation, Sterilgutversorgung, Zentraldesinfektion, Strahlenschutz oder Apotheke zugeordnet werden.

Ob sich diese Leistungen oder Teilleistungen davon für die Ausgliederung in eine Shared-Service-Organisation eignen kann nur durch eine detaillierte krankenhausspezifische Betrachtung ermittelt werden. Grundsätzlich ist hier festzustellen, dass sich diese Aktivitäten entweder durch eine hohe physische Nähe zum Patienten (zum Beispiel Krankengymnastik) oder durch einen hohen Anteil an Vor-Ort Aktivitäten auszeichnen, bei denen eine IT-gebundene Übertragung von Informationen nicht oder nur sehr eingeschränkt möglich ist (zum Beispiel Sterilgutversorgung). Zudem sind der Konzentration von Leistungen in einer organisatorischen Einheit aufgrund von physischen Transportwegen Grenzen gesetzt. Es ist fraglich, ob sich hier durch den Aufbau von Shared-Service-Organisationen tatsächlich die mit dieser Organisationsalternative in Verbindung stehenden Vorteile[633] für Krankenhauskonzerne und -verbünde entfalten könnten. Möglicherweise wäre für diese Sekundärleistungen eine dezentrale Leistungserbringung oder eine Auslagerung an externe Unternehmen mit mehr Vorteilen verbunden.

---

[632] Laut einer Stellungnahme der Bundesärztekammer ist die Aufbereitung eines Präparats für die Schnellschnittdiagnostik originäre Leistung des Pathologen. Vgl. Stolte, 2000, S. 393. Ausführlicher zu den juristischen Aspekten der Telemedizin vgl. Schöne, 2005, S. 143 ff. und Duftschmid et al., 2005, S. 673 ff. Bei der Schnellschnittdiagnostik wird der Primärzuschnitt grundsätzlich von einem Chirurgen getätigt. Das Argument der Fachfremdheit wird weiter relativiert, da der Chirurg den Zuschnitt an einem durch den Pathologen mittels Makrokamera kontrollierten Arbeitsplatz platziert und der Chirurg weitergehende Schnitte unter Kontrolle des Pathologen vornimmt. Vgl. Dietel et al., 2000, S. 392.
[633] Die Vorteile des Shared-Service-Konzeptes für Kliniken sind in Abbildung 6-1 zusammenfassend dargestellt.

Anforderung \ Sekundärleistung	Labor	Pathologie	Radiologie	Nuklearmedizin	Dialyse	Blutbank	Apotheke	Physiotherapie
1 Leistung kann per IT bereitgestellt werden	2	2	2					
2 Leistungen werden von vielen Geschäftseinheiten nachgefragt	3	3	3					
3 Möglichkeit zur Nutzung von Telemedizin	2	3	3					
4 Hoher Automatisierungsgrad bei Leistungserstellung	2	1	1					
5 Physischer Transport ist nicht erforderlich	2	2	2					
6 Nutzung von Expertenwissen	2	3	3					
Ergebnis	13	14	14					

Zur Bestimmung der Einsatzmöglichkeiten von Shared Services sind verschiedene Identifikationskriterien/Anforderungen zu prüfen und zu berücksichtigen — EXEMPLARISCH

Krankenhausspezifische Analyse inklusive Gewichtung der Anforderungen erforderlich → Insbesondere sind Faktoren wie bspw. räumliche Nähe der einzelnen Kliniken, Leistungsspektrum, externe Anbieter zu beachten

Punktvergabe:
1 = Trifft nicht zu
2 = Trifft teilweise zu
3 = Trifft voll und ganz zu

Interpretation des Ergebnisses:
bis 8 Punkte = Keine/geringe Eignung für Shared Services
9 bis 11 Punkte = Mittlere Eignung für Shared Services (Einzelne Prozesse)
mehr als 12 Punkte = Potentiell geeignet für Shared Services

Abbildung 5-5: Bewertungsmatrix zur Bestimmung der Einsatzmöglichkeiten von Shared Services im patientennahen Sekundärleistungsbereich[634]

Abbildung 5-5 zeigt vereinfacht eine Bewertungsmatrix für Sekundärleistungsbereiche. Mit Hilfe der wesentlichen Anforderungen/Identifikationskriterien und deren Ausprägungsgrad lässt sich eine erste Tendenzaussage über Einsatzmöglichkeiten der Organisationsalternative Shared Services ableiten.

5.2.2 Patientenferne Sekundärleistungen

Wie bereits in Kapitel 2.2 dargestellt worden ist, handelt es sich bei patientenfernen Sekundärleistungen um typische Prozesse, welche die Erstellung der Primärleistungen unterstützen und wenn überhaupt nur über ein geringes Maß an Nähe zum Patienten verfügen. Dennoch darf die strategische Bedeutung dieser Leistungen nicht unberücksichtigt bleiben. Im Krankenhaus gehören dazu neben den Bereichen Speisenversorgung, Wäscheversorgung, Reinigung, Einkauf, Logistik oder Gebäudemanagement auch Bereiche wie Einkauf oder Personalmanagement.[635]

---

[634] Diese Abbildung zeigt stark vereinfacht ein Bewertungsschema für Sekundärleistungsbereiche auf. Für eine exakte Prüfung der Einsatzmöglichkeiten von Shared Services sind eine krankenhausspezifische Analyse der Sekundärleistungen und deren Prozessbestandteile erforderlich. Insbesondere bei im Rahmen dieser Arbeit nicht fokussiert betrachteten patientennahen Sekundärleistungsbereichen, bei denen begrenzte Möglichkeiten der IT-Nutzung existieren, ist eine genaue Untersuchung der Vor-Ort-Bedingungen notwendig.
[635] Zum Abgrenzungskriterium Patientennähe im Sekundärleistungsbereich vgl. o.V., 2005b, S. 38 ff.

Anders als zur Organisation von patientennahen Sekundärleistungsbereichen liegen, wie aus Abbildung 5-6 zu entnehmen ist, für den Bereich der patientenfernen Sekundärleistungsbereiche erste Erhebungen über die dort verwendeten Organisationsformen vor. Im Folgenden werden die Einsatzmöglichkeiten von Shared Services in den patientenfernen Sekundärleistungsbereichen Personalmanagement und Einkauf untersucht.

Patientenferne Sekundärleistungen werden zu einem überwiegenden Teil durch interne Fachabteilungen erbracht

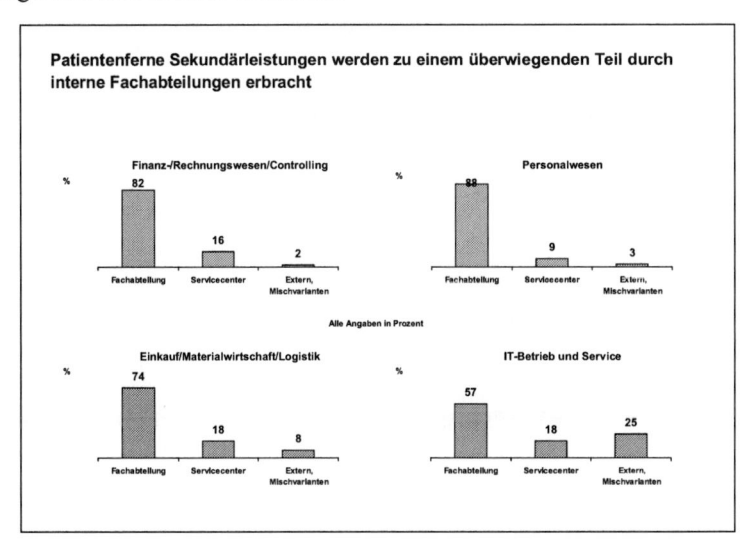

	Finanz-/Rechnungswesen/Controlling			Personalwesen		
%	82	16	2	88	9	3
	Fachabteilung	Servicecenter	Extern, Mischvarianten	Fachabteilung	Servicecenter	Extern, Mischvarianten

Alle Angaben in Prozent

	Einkauf/Materialwirtschaft/Logistik			IT-Betrieb und Service		
%	74	18	8	57	18	25
	Fachabteilung	Servicecenter	Extern, Mischvarianten	Fachabteilung	Servicecenter	Extern, Mischvarianten

Abbildung 5-6: Organisation der Leistungserstellung in Sekundärbereichen[636]

---

[636] Vgl. Accenture, UMIT, 2004, S. 14. Die im Schaubild genannten Angaben beruhen auf einer von der Beratungsgesellschaft Accenture durchgeführten Befragung von 150 Entscheidungsträgern aus unterschiedlichen Akut- und Rehaeinrichtungen in Deutschland (90 Entscheidungsträger), Österreich (30 Entscheidungsträger und der Schweiz (30 Entscheidungsträger). Die Entscheidungsträger wurden zu bestehenden Organisationsstrukturen und zukünftigen Entwicklungen der Verwaltungs- und IT-Dienstleistungen in ihrem Unternehmen befragt.

5.2.2.1 Personalmanagement

5.2.2.1.1 Aufgabenbereiche und Organisation

Die klassischen Personalmanagement-Aufgaben[637] gliedern sich in folgende Tätigkeitsbereiche:[638]

- Personalverwaltung: Für den Bereich der personalwirtschaftlichen Kernaufgaben hat die Personalabteilung die volle und ungeteilte Zuständigkeit und Verantwortung. Zu diesem Bereich zählen vor allem Verwaltungsaufgaben.

- Konsultationsaufgaben: Unter Konsultationsaufgaben der Personalabteilung sind Maßnahmen zu verstehen, die in Abstimmung mit der jeweiligen Fachabteilung wahrgenommen werden.

- Richtlinienaufgaben: Zu diesem Tätigkeitsbereich gehört die Erstellung, Kontrolle und Anpassung von personalpolitischen Richtlinien. Diese werden an die Fachabteilungen weitergeleitet, deren Aufgabe es ist, die Einhaltung dieser zu gewährleisten.

- Dienstleistungsaufgaben: Im Auftrag anderer Abteilungen nimmt die Personalabteilung Dienstleistungsaufgaben wahr.

Im Bereich der Personalabteilung und den damit verknüpften Aufgaben des Personalmanagements ist zwischen der dezentralen und zentralen Organisation zu unterscheiden.[639]

Im Falle einer zentralen Organisation werden die gesamten Personalmanagementaufgaben in einem zentralen Personalressort bearbeitet, das nahezu alle personalwirtschaftlichen Aufgaben durchführt und als Fachabteilung organisiert ist.

---

[637] In der Literatur zum Personalmanagement wird in verschiedenen Ausarbeitungen der Wandel von der Personalverwaltung zum Personalmanagement beschrieben. Demnach dominierte bis 1960 die Personalverwaltung, zu deren primären Aufgabe die Lohn- und Gehaltsabrechnung gehörte. Ab 1960 begann die Entwicklung formaler Hilfsmittel für die Personalarbeit, beispielsweise in Form strukturierter Kontrollberichte. Themen wie Personalentwicklung und Personalbetreuung gewannen in den 1970er-Jahren an Bedeutung und verschafften den Personalabteilungen einen Kompetenzzuwachs. Durch Einflüsse amerikanischer und japanischer Unternehmen wurden in den 1980er-Jahren erste Personalstrategien entwickelt und es wurde der Wertschöpfungsbeitrag der Personalarbeit erkannt. In den 1990er-Jahren wurden unter dem Einfluss von Lean Management und der neuen Dezentralisation Personalaufgaben über das gesamte Feld betrieblicher Funktionsbereiche verteilt, mit der Konsequenz, dass jede Führungskraft zu einem bestimmten Grad als Personalmanager agierte. Seit Beginn des 21. Jahrhunderts wird wieder verstärkt dazu übergegangen, die im Unternehmen verteilten personalwirtschaftlichen Kompetenzen zusammenzufassen. Der Krankenhaussektor befindet sich im Bereich des Personalmanagements derzeit auf der Entwicklungsstufe der 1980er-Jahre. Vgl. v. Eiff, Stachel, 2006, S. 32 sowie Drumm, 2005, S. 65.
[638] Vgl. Bisani, 1983, S. 61 ff. sowie Holtbrügge, 2005, S. 44 ff.
[639] Vgl. v. Eiff, Stachel, 2006, S. 89.

Das zentrale Personalressort erledigt ein breites Spektrum an Personalaufgaben und ist maßgeblich an der Entwicklung unternehmensweit verbindlicher Personalkonzepte beteiligt. Ausgenommen von der Zentralisierung sind Führungsaufgaben, da zur Durchführung dieser Aufgaben direkte Abstimmungen zwischen Vorgesetzten und Mitarbeitern notwendig sind. Im Verantwortungsbereich der Linie verbleibt die Unterstützung und Umsetzung der von der zentralisierten Personalabteilung erarbeiteten Konzepte.[640]

Bei einer dezentralen Organisation des Personalmanagements aus Konzernsicht existieren diverse hierarchische Personalabteilungen.[641] Der Schwerpunkt der Personalaufgaben verlagert sich in diesem Fall auf Geschäftseinheiten. Jede Geschäftseinheit besitzt eine eigene Personalabteilung, die abhängig vom Dezentralisierungsgrad über ein bestimmtes Maß an Entscheidungsautonomie in allen personalwirtschaftlichen Fragestellungen verfügt und in der Regel das komplette Tätigkeitsfeld der Personalaufgaben übernimmt.[642] Die organisatorische Ausgestaltung dieser Abteilungen kann in den jeweiligen Geschäftseinheiten unterschiedlich sein. Ein typisches Beispiel für eine dezentrale Verlagerung von Aufgaben der Personalabteilung ist das Personalreferentenmodell.[643] Ein Referent ist ein Mitarbeiter, der einem Personal- oder Bereichsleiter unterstellt ist und als Fachexperte einen eigenen Aufgabenbereich selbstständig verantwortet.[644] Zu den Aufgaben eines Personalreferenten gehören Tätigkeiten wie beispielsweise Personalplanung, Personalentwicklung, Gehaltsentwicklung, Mitarbeiterbeurteilung oder Bildungsplanung.[645]

Im Krankenhausbereich gibt es in 71 Prozent der Kliniken eine zentrale Personalabteilung.[646] 22 Prozent der Kliniken verfügen über dezentrale Abteilungen und/oder Referentenmodelle.[647] Bei sieben Prozent ist keine eindeutige Zuordnung zwischen zentraler und dezentraler Personalabteilung möglich.[648]

---

[640] Vgl. Scherm, Kleiner, 2006, S. 248.
[641] Vgl. v. Eiff, Stachel, 2006, S. 89.
[642] Vgl. Scherm, Kleiner, 2006, S. 248 sowie Eberl, Gieselmann, 2008, S. 351.
[643] Vgl. Drumm, 2005, S. 72.
[644] Vgl. v. Eiff, Stachel, 2006, S. 89. Eine einheitliche Verwendung des Begriffs „Referent" existiert nicht. Im öffentlichen Dienst ist ein Referent ein Mitarbeiter im höheren Dienst, in der Privatwirtschaft in der Regel ein Mitarbeiter, der einen eigenen Zuständigkeitsbereich verantwortet.
[645] Ausführlichere Betrachtung verschiedener Referentenmodelle in der Krankenhausorganisation, vgl. v. Eiff, Stachel, 2006, S. 90 ff.
[646] Das CKM hat eine Befragung von Krankenhäusern zum Thema Personalmanagement durchgeführt. Die Stichprobe bestand aus 95 Fragebögen. Die Fragebögen sind von einem Personalverantwortlichen oder der Klinikleitung ausgefüllt worden. 23 Prozent der Häuser sind in privater Trägerschaft, 45 Prozent in freigemeinnütziger und 32 Prozent in öffentlich-rechtlicher Trägerschaft. Vgl. v. Eiff, Stachel, 2006, S. 22.
[647] Auffallend ist, dass das Referentenmodell neben Zentralisierung und Dezentralisierung als eigene Organisationsalternative der Personalabteilung aufgeführt wird. Nach Auffassung des Autors handelt es sich bei dem Referentenmodell um eine dezentrale Organisation von Personalabteilungen. In Bezug

5.2.2.1.2 Veränderungstreiber

Die Identifizierung von Veränderungstreibern bezieht sich auf zwei wesentliche Aspekte. Der erste Aspekt fokussiert sich auf die Kompetenzen und das Rollenverständnis der Personalabteilungen. Der zweite Aspekt fokussiert sich auf Veränderungstreiber, die sich aufgrund von Anpassungen der Organisationsstruktur herausbilden.

Dem Personalmanagement wird zwar in der Unternehmenspraxis eine wachsende Bedeutung zugemessen, dennoch ist Image und Bedeutung des Personalmanagements in den meisten Unternehmen gering. Grund dafür ist eine Dominanz verwaltender Aufgaben, eine fehlende strategische Orientierung sowie eine geringe (interne) Kundenorientierung und Distanz zum wertschöpfenden Geschäft. Weitere Ursachen sind eine fehlende unternehmerische Orientierung durch Umlegung der anfallenden Kosten als Verwaltungsgemeinkosten auf die Kostenträger und eine geringe Neigung von besonders qualifizierten Mitarbeitern, eine Position in der Personalabteilung zu übernehmen.[649] Änderungen dieses Images sind bislang vorzugsweise in großen Unternehmen erkennbar, bei denen die klassische Personalabteilung zunehmend durch sogenannte „Human Resources Departments" abgelöst wird, die bereits durch ihren Namen einen Hinweis auf den sich verändernden Anspruch der Personalabteilung geben. Die Personalabteilung versteht sich in diesem Fall mehr als Partner der operativen Geschäftseinheiten, mit der Folge, dass strategische Personalaufgaben mit hoher Wertschöpfung wie beispielsweise Führungskräftemanagement, Personalplanung, Personalmarketing oder Personalkostenmanagement in den Vordergrund rücken.[650]

Für den Krankenhausbereich kann auf Basis einer Studie des Centrums für Krankenhausmanagement (CKM) festgestellt werden, dass Verwaltungsdenken die Personalarbeit dominiert. Personalwirtschaftliche Führungsinstrumente werden unregelmäßig und nur „semiprofessionell" eingesetzt.[651] Darüber hinaus ist im Rahmen der CKM-Studie ermittelt worden, dass sich im Krankenhausbereich derzeit nur wenige Kliniken mit dem Wertbeitrag des Personalmanagements auseinandersetzen.[652] Ein Merkmal dafür ist, dass bei 80 Prozent der befragten

---

auf die betrachtete empirische Untersuchung müsste demnach die Zahl der Nennungen für das Referentenmodell allein unter den Bereich „Dezentrale Organisation" zusammengefasst sein. Drumm, 2005, S. 72: „[..] Eine zweite Variante der in der Praxis beobachtbaren dezentralen Organisationsmuster ist das Referentensystem. Bei diesem Muster werden die Stellen dezentraler Personalreferenten eingerichtet, die jeweils für eine Gruppe des Personals zuständig sind [..]"

[648] Aus der Befragung ist nicht ersichtlich, wie viele Kliniken jeweils in einer Verbund- oder Konzernstruktur organisiert waren.
[649] Vgl. Scholz, 1995, S. 398 ff.
[650] Vgl. Arcache, Mueller-Oerlinghausen, Böhne, 2006, S. 50.
[651] Vgl. v. Eiff, Stachel, 2006, S. 32.
[652] Vgl. v. Eiff, Stachel, 2006, S. 223.

Kliniken der Wertbeitrag zum Personalmanagement nicht ermittelt wird.[653] Dabei darf nicht vernachlässigt werden, dass die Gestaltung eines aktiven Personalmanagements einen wichtigen Beitrag zur Wertschöpfung im Unternehmen liefert. Die künftige Rolle des Personalmanagements in Kliniken sollte demnach Hilfestellungen geben, damit Management und Mitarbeiter die Kernaktivitäten des Unternehmens qualifizierter und wirtschaftlicher erbringen können. Ebenso ist auf der Agenda des Personalmanagements zu verankern, dass die Implementierung von bedarfsgerechten und wirtschaftlichen Personalführungsinstrumenten vorangetrieben wird.[654]

Der zweite Aspekt fokussiert sich auf organisationsstrukturelle Veränderungstreiber, die bereits in der Einleitung zu diesem Kapitel und in Kapitel 3 erörtert wurden. Insbesondere bei Krankenhauskonzernen oder Krankenhausverbünden, die sich im Rahmen von Privatisierungen oder Übernahmen gebildet haben, existieren gleichartige Funktionen in den einzelnen dezentralen Personalabteilungen. Darin zeigt sich eine klassische Triebfeder zum Aufbau von Shared Services.

5.2.2.1.3 Shared Services

Im Zuge der Einsatzmöglichkeiten von Shared Services im Personalbereich von Krankenhäusern stehen verschiedene Optionen zur Verfügung:

¶ (A) Herauslösung von Personalverwaltungsaufgaben aus dezentral organisierten Personalabteilungen und Konzentration dieser Aufgaben in einem Shared-Service-Center.

¶ (B) Herauslösung von Personalverwaltungsaufgaben aus einer zentralisierten Personalabteilung und Übertragung dieser Aufgaben in ein Shared-Service-Center

¶ (C) Aufbau einer eigenständigen Shared-Service-Einheit, die sich neben Personalverwaltungsaufgaben auch mit wertschöpfenden Aktivitäten befasst. Dabei kann es sich sowohl um ehemals dezentral- als auch zentral organisierte Aktivitäten handeln.

Trotz des sich verändernden Rollenverständnisses gehören nicht strategische und nicht wertschöpfende Aufgaben weiterhin zum Aufgabenbereich des Personalwesens in zentralen und dezentralen Personalabteilungen. Vor dem Hintergrund des notwendigen Ressourceneinsatzes für strategische Aufgaben ist es erforderlich, Personalaufgaben mit geringen strategischen und wertschöpfenden Merkmalen in der geforderten Qualität so effizient wie möglich bereitzustellen.

---

[653] Vgl. v. Eiff, Stachel, 2006, S. 223.
[654] Zu den Zielsetzungen des Personalmanagements, vgl. v. Eiff, Stachel, 2006, S. 35.

Dies könnte erreicht werden, wenn Personalverwaltungsaufgaben in eine Shared-Service-Einheit übertragen werden. Bei der Übertragung von Personalverwaltungsaufgaben entsprechend der Optionen A und B sind durchaus unterschiedliche Zielsetzungen erkennbar. Bei der Option A geht es um die Vermeidung von Effizienzverlusten, die aus Doppeltätigkeiten, unterschiedlichen personalpolitische Verfahren und IT-Prozessen resultieren. Die Einführung von Shared Services für Personalverwaltungsaufgaben dürfte auf Seiten der weiterhin dezentral agierenden Personalabteilungen positiv eingestuft werden, da sie sich somit auf wertschöpfende Tätigkeit konzentrieren können. Der Aufbau von Shared-Service-Strukturen entsprechend der Option B zielt darauf ab, eine höhere interne Kundenorientierung bei der Bereitstellung von Personalverwaltungsaufgaben zu erzielen. Triebfeder ist hier die Überlegung, dass umfangreiche Zentralabteilungen Aspekte der internen Kundenorientierung nur zu einem geringen Maß ausgebildet haben. Option C stellt einen noch weiter gefassten Einsatzbereich dar. In diesem Fall werden Personalverwaltungsaufgaben und personalstrategische Aufgaben in einem Shared-Service-Center zusammengefasst.

Die Entstehung von Shared Services im Personalbereich geschieht in den meisten Fällen entweder durch die Zusammenlegung gleicher Personalprozesse aus den dezentralen Einheiten oder durch die Umwandlung bestehender Zentralbereiche.[655] Des Weiteren kann sich die Einführung von Shared Services im Personalbereich dann als sinnvoll erweisen, wenn bereits Teile der Personalfunktion outgesourct worden sind. Durch die Reintegration in eine selbstständige, aber unternehmensinterne Einheit besteht die Möglichkeit, Aufgaben dieser Dienstleistungseinheit um Leistungen zu erweitern, die aufgrund eines nur geringen Risikos an Know-how-Verlust in einem engen Zusammenhang mit den strategischen Kernprozessen stehen.

Wie in Abbildung 5-7 dargestellt, kann ein Shared-Service-Center im Personalbereich grundsätzlich Leistungen in vier Aufgabenkomplexen zur Verfügung stellen.[656] Diese können wiederum anhand der Dimensionen Häufigkeit Kundenkontakt und Ausprägung expertenorientierter Bestandteile unterschieden werden. Aktivitäten in den Aufgabenkomplexen Auskunfts- und Vermittlungsservice sowie Abrechnungs- Administrationsservice treten dabei in großer Zahl auf und sind durch ein hohes Maß an Routinetätigkeiten gekennzeichnet. Der Standardisierungsgrad ergibt sich wesentlich aus dem Funktionsumfang des verwendeten EDV-Systems.

Im Gegensatz dazu ist im Bereich der Aufgabenkomplexe Individueller Beratungsservice und Professioneller Standardservice davon auszugehen, dass zur

---

[655] Vgl. Wißkirchen, 2002, o.S.
[656] Eine ausführliche Beschreibung der Aufgabenkomplexe findet sich bei Eberl, Gieselmann, 2008.

Bearbeitung der Aufgaben mehr Expertenwissen erforderlich ist und Standardisierungspotenziale sehr begrenzt sind. Die Übertragung von Aktivitäten in diese beiden Aufgabenkomplexe basiert auf der Überlegung, dass für ein professionelles Personalmanagements ein qualitativ hochwertiges Fachwissen in personalbezogenen Fragestelllungen und darüber hinaus eine hohe soziale Kompetenz der Mitarbeiter, die sich mit entsprechenden personalbezogenen Aufgaben befassen, erforderlich ist.[657]

Um eine kontinuierliche Professionalität bei der Bearbeitung personalbezogener Aufgabenstellungen zu gewährleisten, sind umfassende Kenntnisse im Umgang mit personalwirtschaftlichen Instrumenten und den diese Instrumente umgebenden arbeitsrechtlichen Aspekten erforderlich.[658] Dies könnte möglicherweise über eine Spezialisierung der Mitarbeiter innerhalb der Shared-Servivce-Organisation besser erreicht werden als durch Führungskräfte auf dezentraler Ebene, da diese vorzugsweise über Spezialkenntnisse innerhalb ihres Handlungsbereichs verfügen.[659] Auf dezentraler Ebene verbleiben Personalaufgaben, die sich nicht für eine Zentralisierung innerhalb einer Shared-Service-Einheit eignen, da sie eine hohe Spezifität aufweisen, für die eine differenzierte Bearbeitung notwendig ist.[660]

Auf der Kostenseite führt die Implementierung von Shared Services zur Herausbildung von Skalenvorteilen durch Bündelung und Standardisierung administrativer Routinetätigkeiten. Des Weiteren erfolgt ein effizienter Einsatz der Personalkapazitäten durch die Einführung aufgabenadäquater Leistungs- und Qualifikationsprofile im Shared-Service-Center. Grundsätzlich lassen sich durch den Einsatz von ESS-Systemen in Verbindung mit der Bereitstellung von internetbasierten Informationsangeboten Personalkapazitäten einsparen. Die Verringerung des Aufwands für administrative Tätigkeiten setzt Kapazitäten für die Beratung und Betreuung von Führungskräften auf dezentraler Ebene frei.

---

[657] Vgl. Scherm, Süss, 2003, S. 232 f.
[658] Vgl. Scherm, Kleiner, 2006, S. 257.
[659] Vgl. Scherm, Kleiner, 2006, S. 257.
[660] Vgl. Laux, Liermann, 2005, S. 242.

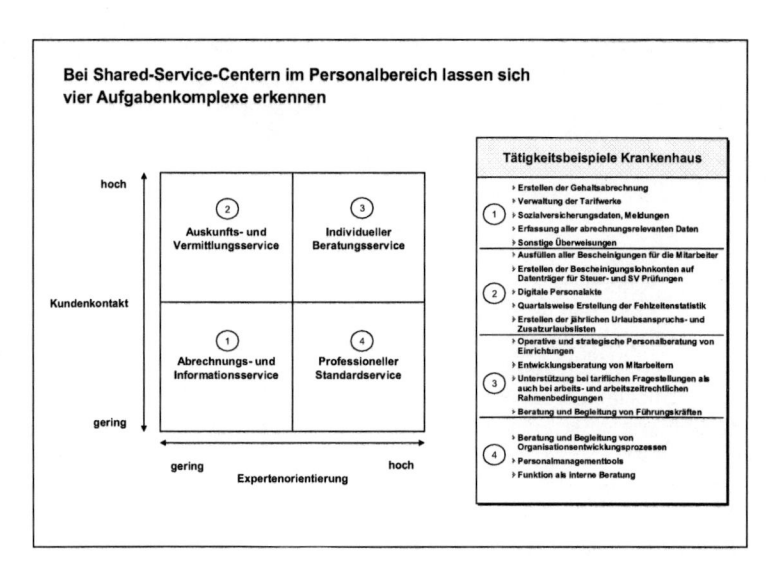

```
┌─────────────────────────────────────────────────────────────────────┐
│  Bei Shared-Service-Centern im Personalbereich lassen sich          │
│  vier Aufgabenkomplexe erkennen                                     │
│                                                                     │
│                                              Tätigkeitsbeispiele Krankenhaus │
│         hoch ↑                                                      │
│                  ┌──────────────┬──────────────┐   ► Erstellen der Gehaltsabrechnung │
│                  │      ②       │      ③       │ ① ► Verwaltung der Tarifwerke │
│                  │ Auskunfts- und│ Individueller│   ► Sozialversicherungsdaten, Meldungen │
│                  │Vermittlungsservice│Beratungsservice│ ► Erfassung aller abrechnungsrelevanten Daten │
│                  │              │              │   ► Sonstige Überweisungen │
│ Kundenkontakt    │              │              │   ► Ausfüllen aller Bescheinigungen für die Mitarbeiter │
│                  ├──────────────┼──────────────┤   ► Erstellen der Bescheinigungslohnkonten auf │
│                  │      ①       │      ④       │     Datenträger für Steuer- und SV Prüfungen │
│                  │Abrechnungs- und│Professioneller│ ② ► Digitale Personalakte │
│                  │Informationsservice│Standardservice│ ► Quartalsweise Erstellung der Fehlzeitenstatistik │
│                  │              │              │   ► Erstellen der jährlichen Urlaubsanspruchs- und │
│         gering ↓ └──────────────┴──────────────┘     Zusatzurlaubslisten │
│                                                   ► Operative und strategische Personalberatung von │
│                  gering              hoch           Einrichtungen │
│                      Expertenorientierung        ③ ► Entwicklungsberatung von Mitarbeitern │
│                                                   ► Unterstützung bei tariflichen Fragestellungen als │
│                                                     auch bei arbeits- und arbeitszeitrechtlichen │
│                                                     Rahmenbedingungen │
│                                                   ► Beratung und Begleitung von Führungskräften │
│                                                   ► Beratung und Begleitung von │
│                                                     Organisationsentwicklungsprozessen │
│                                                 ④ ► Personalmanagementtools │
│                                                   ► Funktion als interne Beratung │
└─────────────────────────────────────────────────────────────────────┘
```

Abbildung 5-7: **Typisierung von Aufgabenkomplexen und Tätigkeitsbeispiele im Krankenhaus**[661]

Durch Kombination der verschiedenen Aufgabenkomplexe besteht die Möglichkeit, eine hochwertige Personalberatung zur Verfügung zu stellen, die durch eine konsequente Kundenorientierung gekennzeichnet ist. Eine bereichsübergreifende Standardisierung erlaubt zudem eine schnelle Prozessbearbeitung durch Verringerung der Durchlauf- und Antwortzeiten. Für die Stakeholder eines Shared-Service-Centers, zu denen unter anderem die Mitarbeiter des Unternehmens gehören, führt dies zu einer höheren Mitarbeiterzufriedenheit durch die Optimierung des Serviceangebotes und einer besseren Erreichbarkeit. Zudem leistet die unternehmensweite Einführung von Shared Services einen Beitrag zur Schaffung einer größeren Geschlossenheit des unternehmerischen Zielsystems und stellt eine einheitliche Wahrnehmung personalwirtschaftlicher Aufgaben sicher.[662]

Grundprinzip eines Shared-Service-Centers für den Personalbereich ist dabei, dass die Mitarbeiter durch eine Serviceeinheit betreut werden, die über verschiedene Kontaktwege erreichbar ist. Aus informationstechnologischer Sicht muss dabei die Kommunikation zwischen dem Shared-Service-Center und den Nachfragern sichergestellt sein. In der Regel werden über zwei Kommunikati-

---

[661] Eigene Abbildung in Anlehnung an Eberl, Gieselmann, 2008, S. 352. Die Tätigkeitsbeispiele sind den Aufgabenbereichen der Personalabteilung eines frei-gemeinnützigen Krankenhauses entnommen. Vgl. Michel, 2006a, S. 100 ff.
[662] Vgl. Scherm, Kleiner, 2006, S. 255.

onswege Dienstleistungen des Personal Shared-Service-Centers in Anspruch genommen.[663]

¶ Telefonische Anfragen werden durch Unterstützung moderner Callcenter-Applikationen wie der „Automatic Call Distribution" (ACD) oder „Integrated Voice Response" (IVR) direkt an freie und für das jeweilige Fachgebiet zuständige Mitarbeiter durchgestellt, um eine zeitnahe und fachkundige Antwort sicherzustellen.

¶ Eine weitere Zugriffsmöglichkeit auf die Shared-Service-Center-Dienstleistungen besteht via E-Mail oder über ein Employee-Self-Service (ESS)-System. Der jeweilige Mitarbeiter verwaltet seine persönlichen Daten selbst. Der Mitarbeiter stellt über das ESS einen Urlaubsantrag. Der gestellte Urlaubsantrag wird dann auf elektronischen Weg zur Bestätigung oder Ablehnung an den Vorgesetzten weitergeleitet. Die Rückmeldung des Vorgesetzten wird automatisch an das Personal-Shared-Service-Center weitergeleitet, wo die administrative Bearbeitung durchgeführt wird.

Das ESS-System dient der eigenständigen Pflege von personenbezogenen Daten und dem Abruf von Informationen durch den Mitarbeiter.[664] Voraussetzung dafür ist, dass die Mitarbeiter über einen rechnergestützten Zugang in das entsprechende System verfügen. Dies kann in Krankenhausorganisationen dadurch gewährleistet werden, dass die auf den einzelnen Stationen existierenden Rechner über einen personalisierten Zugang zu einem HR-Infoweb[665] oder einem ESS-System verfügen. Darüber hinausgehende Anfragen und Änderungswünsche werden von einem Callcenter bearbeitet.

Ein Nachteil der Bereitstellung von Dienstleistungen in einem Shared-Service-Center resultiert aus dem Effekt, dass eine zentralisierte Personaleinheit das Maß an operativer Flexibilität, welches durch eine überwiegend dezentrale Personalorganisation erzielt wird, reduziert. Bei zunehmender Unternehmensgröße birgt dies die Gefahr einer „Problemferne" mit der Folge, dass bei personalwirtschaftlichen Lösungen die Individualität der Mitarbeiter nur bedingt berücksichtigt wird.[666] Das Shared-Service-Konzept versucht durch seine ausgeprägte Kundenorientierung diesem Effekt der Problemferne und dem bei zunehmender Zentralisierung entstehenden Risiko der Bürokratisierung und Schwerfälligkeit

---

[663] Vgl. Sanborn, Punz, 2006, o.S.
[664] ESS-Lösungen bauen auf intranet- oder internetbasierten Systemen auf. Die Integration mit einem Workflow-Management-System sowie die Vernetzung mit vorhandenen Personalabrechnungs- und Personalinformationssystemen gelten als Voraussetzung für die Sicherstellung einer durchgängigen Bearbeitung. Vgl. Atlantic Consultants, 2007, o.S.
[665] Unter einem HR-Infoweb ist hier die Bereitstellung von Informationen über verschiedene Personalthemen zu verstehen, auf die Mitarbeiter per Intranet Zugriff haben.
[666] Vgl. Drumm, 2005, S. 70.

entgegenzuwirken.[667] Scherm/Kleiner merken an, dass die operative Flexibilität durch Aufbau eines Shared-Service-Centers nur dann gefördert werden kann, *"wenn eine streng nachfrageorientierte Erstellung personalwirtschaftlicher Leistungen gelingt."*[668] Als ein weiterer Nachteil im Rahmen der Implementierung von Shared Services wird aufgeführt, dass aufgrund größerer organisatorischer Distanzen zwischen den Personalreferenten oder den Linienmanagern, die nach wie vor für bestimmte Aufgaben des Personalwesens zuständig sind, und dem in Form des Shared-Service-Center zentralisierten Personalbereich, die Gefahr besteht, dass Maßnahmen des Personalmanagements in Zielkonflikten und Bereichsegoismen untergehen.[669]

Wie bereits eingangs erwähnt haben die Aufgaben von Personalabteilungen in Kliniken derzeit einen überwiegend verwaltenden Charakter und verfügen nur über eine begrenzte strategische Bedeutung, woraus letztendlich ein begrenzter Wertschöpfungsbeitrag ableitbar ist. Die Zukunft des Personalwesens liegt in der Fokussierung auf den internen Kunden, der Erhöhung des Wertschöpfungsbeitrags und der strategischen Planung sowie in der Minimierung des Verwaltungsaufwandes. Die Etablierung von Shared Services kann, wie oben skizziert, einen Beitrag zur Erfüllung der zukünftigen Funktion des Personalmanagements in Krankenhausunternehmen liefern.

5.2.2.2 Beschaffung

Zentrale Merkmale von Unternehmen sind im Rahmen der volkswirtschaftlichen Arbeitsteilung die Erzeugung von Gütern und Leistungen. Die Unternehmen wiederum, deren Zweck in der Fremdbedarfsdeckung besteht, sind auf den Einsatz von Gütern angewiesen, die sie von anderen Unternehmungen beschaffen.[670] Um dies zu gewährleisten, existieren die drei betriebswirtschaftlichen Grundfunktionen: die Beschaffung, die Produktion und der Absatz.[671] Beschaffung wird auch als *"die auf die Gewinnung von Kräften und Stoffen zur Verwirklichung von Wirtschaftszwecken gerichtete Tätigkeit der Unternehmung"* verstanden.[672] Anzumerken ist, dass in Theorie und Praxis anstelle des Beschaffungsbegriffs der Begriff „Einkauf" verwendet wird. Dies führt zu einer häufig synonymen Verwendung der beiden Begriffe.[673]

---

[667] Vgl. Scherm, Kleiner, 2006, S. 255.
[668] Scherm, Kleiner, 2006, S. 255.
[669] Vgl. Scherm, Kleiner, 2006, S. 256.
[670] Vgl. Kosiol, 1966, S. 17.
[671] Vgl. Stark, 1973, S. 1.
[672] Sandig, 1971, S. 83.
[673] Ausführlicher zu Herkunft und Verwendung des Begriffs Beschaffung vgl. Grochla, Schönbohm, 1980, S. 2 ff. Im Rahmen dieser Arbeit erfolgt ebenfalls eine synonyme Verwendung der beiden Begriffe.

In ihrer Rolle als Grundfunktion der Unternehmung ist es Aufgabe der Beschaffung, die erforderlichen Güter und Leistungen[674] von den Lieferanten für die Bedarfsträger im Rahmen von Transaktionsprozessen zu beschaffen.[675] Diese Transaktionsprozesse lassen sich in rechtliche, materielle, finanzielle, raumzeitliche und informationelle Transaktionsprozesse unterteilen. Bei rechtlichen Transaktionen besteht die Aufgabe des Beschaffers darin, durch den Abschluss entsprechender Verträge eine Verpflichtung des Lieferanten gegenüber der Unternehmung herzustellen. Eine genauere Konkretisierung findet dabei über die Auswahl und inhaltliche Ausgestaltung der Verträge statt. Verträge sind in der Regel die Basis für den materiellen Übergang der Objekte vom Lieferanten zum Bedarfsträger (materielle Transaktionen) und um den finanziellen Ausgleich in entgegengesetzter Richtung zu bestimmen (finanzielle Transaktionen). Aufgrund in den meisten Fällen nicht identischer Standorte des Lieferanten und des Bedarfsträgers sowie unterschiedlicher Zeitpunkte ist eine raum-zeitliche Überwindung notwendig (raum-zeitliche Transaktionen). Zudem sind allen Transaktionsprozessen zwischen Beschaffer und Lieferant Informationsflüsse in unterschiedlichem Umfang vor- und nachgelagert (informationelle Transaktionen). Die generelle Aufgabe der Beschaffung ist es, das zwischen der nachfragenden Unternehmung und ihren Lieferanten existierende Spannungsverhältnis hinsichtlich der oben genannten Transaktionsdimensionen auszugleichen.[676]

Diese abstrakte Gliederung von Transaktionsprozessen kann im Rahmen einer weiteren Differenzierung in operativ-verwaltende und strategisch gestaltende Aufgaben unterteilt werden.[677] Typische operativ-verwaltende Aufgaben in der Beschaffung sind die Erstellung von Bezugsquellen und Bedarfsermittlungen, die Einholung von Angebots- oder Ausschreibungsunterlagen oder die Bestellüberwachung, Rechnungsprüfung und Dokumentation.[678] Als strategisch gestaltende Aufgaben sind Maßnahmen zur Optimierung von Beschaffungsprozessen im Bereich der operativ-verwaltenden Tätigkeiten, die Produkt- und Lieferantenbewertung, Controllingaufgaben oder Beschaffungsmarktforschung einzustufen.[679]

---

[674] Im weiteren Sinne sind unter Leistungen neben Dienstleistungen und Rechten auch die Beschaffung von Arbeitskräften und Kapital zu verstehen. Bei der Beschaffung von Arbeitskräften und Kapital haben sich objektzentrierte Teillehren entwickelt. Die Beschaffung von Arbeitskräften ist demnach Aufgabe der Personalabteilung, die Beschaffung von Kapital Kompetenzbereich der Finanzabteilung. Vgl. Grochla, Schönbohm, 1980, S. 19.
[675] Vgl. Grochla, 1981, S. 246.
[676] Vgl. Treis, 1986, S. 133.
[677] Vgl. Eichler, 2003, S. 23 ff.
[678] Ausführlicher vgl. Drees, 2003, S. 7.
[679] Ausführlicher vgl. Drees, 2003, S. 8.

5.2.2.2.1 Aufgaben und Organisation

Angelehnt an die originären Beschaffungsaufgaben ist die Zielsetzung der Krankenhausbeschaffungsfunktion, die für die Ausübung des Betriebszwecks erforderlichen medizinischen und medizintechnischen Güter und Dienstleistungen in der erforderlichen Qualität zum günstigsten Preis und in der gebrauchten Menge zum richtigen Zeitpunkt zu beschaffen und prioritätsabhängig an den jeweiligen Ort zu steuern.[680]

Die Einkaufsaktivitäten im Krankenhaussektor unterliegen einer höheren Komplexität als in den meisten Industrieunternehmen. Dieser höhere Komplexitätsgrad ergibt sich aus dem dualen Finanzierungssystem, aufgrund dessen eine Beschaffungsentscheidung nicht nur von ökonomisch-rationalen Gesichtspunkten abhängig ist, sondern auch von haushaltstechnischen Rahmenbedingungen.[681] Ebenfalls sind bei dem Betrieb von medizinischen Geräten im Krankenhaus hygienische Gesichtspunkte zu beachten, wodurch eine besondere Beachtung dieses Aspektes notwendig ist.[682]

Neben den oben beschriebenen zentralen Aufgaben der Beschaffung ist es Aufgabe der Krankenhausbeschaffung, dass sich abzeichnende Versorgungsengpässe erkannt werden und eine reale Einschätzung der Versorgungspriorität erfolgt. Dies schließt die Beobachtung von Entwicklungen auf dem Gebiet der Medizintechnik mit ein. Die dort gewonnnen Ergebnisse sind vorzeitig und versorgungswirksam in den Krankenhausbetrieb mit einzubinden.[683]

Trotz diesen komplexen Aufgabenstrukturen der Krankenhausbeschaffung, sind die Tätigkeiten des Klinikeinkäufers dominiert von Anforderungsbearbeitungen, Rückfragen, Unklarheiten über den tatsächlichen Bedarf, mehrfachen Dateneingaben, Rechnungsprüfungen, Reklamationen, Mahnungen sowie weiteren operativen, nicht wertschöpfenden Tätigkeiten.[684]

Zudem ist die Krankenhausbeschaffung öffentlicher Kliniken durch umfassende Verwaltungsstrukturen und -regularien geprägt.[685] Vergaberechtliche Vorgaben[686] wirken sich auf Vorgaben bei der Organisationsbildung in Form eines

---

[680] Vgl. v. Eiff, 1985, S. 105.
[681] Zum System der dualen Finanzierung im Krankenhaussektor vgl. Kapitel 2.1.
[682] Vgl. v. Eiff, 1985, S. 104.
[683] Vgl. v. Eiff, 1985, S. 105.
[684] Vgl. Drauschke, 2002, S. 16.
[685] v. Eiff weist darauf hin, dass der Einkäufer im Krankenhaus kein „Verwalter" sein darf, der ausschließlich die administrative Abwicklung eines Beschaffungsvorgangs durchführt. Gefordert sei dagegen ein professioneller Manager, der aufgrund von Berufserfahrung und Management-Fähigkeiten aktiv in das Versorgungsgeschehen eingreift. Vgl. v. Eiff, 1985, S. 106.
[686] Die Krankenhausbeschaffung sieht sich vor allem im öffentlichen Bereich dem Konflikt ausgesetzt, auf der einen Seite eine schnelle und bedarfsgerechte Beschaffung durchzuführen und auf der anderen Seite Beschaffungsvorschriften beispielsweise in Form von Ausschreibungsverfahren einzuhalten.

VOL/VOB-orientierten Prozess-Layouts aus. Zudem existiert eine mangelnde Transparenz über Beschaffungsdaten aufgrund fehlender Warenwirtschaftssysteme.[687]

Charakteristisches Merkmal der ablauforganisatorischen Stellung der Krankenhausbeschaffung ist, dass die Vertriebsmitarbeiter der Lieferanten in der Regel direkt an die Bedarfsträger herantreten. Die Aktivitäten der Kostenbindungsphase befinden sich damit außerhalb des Einflussbereiches der Einkaufsabteilung, was durch eine Fokussierung auf die Abwicklungsfunktion erkennbar wird.[688] Darüber hinaus ist die Krankenhausbeschaffung durch heterogene Entscheidungsstrukturen und subjektive Entscheidungskriterien in Verbindung mit fehlender Kompetenz der Einkäufer gekennzeichnet.[689]

Diese negativen Kennzeichen im Bereich der Krankenhausbeschaffung werden durch eine mangelnde Akzeptanz des Krankenhausmanagements für einkaufsrelevante Fragestellungen weiter gesteigert, mit der Folge, dass Krankenhäuser über eine zu hohe Artikel- und Lieferantenvielfalt verfügen und Marktmechanismen versagen.[690]

In Bezug auf die Einbettung der Krankenhausbeschaffung in die Gesamtorganisation des Krankenhauses konnte im Rahmen einer DKI-Studie[691] festgestellt werden, dass bei rund 74 Prozent der befragten Krankenhäuser die Beschaffung des medizinischen Bedarfs zentral organisiert ist und im Bereich der Beschaffung des Verwaltungsbedarfs eine Zentralisierung bei rund 80 Prozent der befragten Häuser gegeben ist.[692] Aus der Studie ist ersichtlich, dass eine Korrelation zwischen Krankenhausgröße und Zentralisierung der Beschaffung existiert. Während nur 59 Prozent der kleinen Häuser über eine zentrale Beschaffung verfügen, existiert bei großen Kliniken ein Zentralisierungsgrad von 89 Prozent.[693]

Die Ergebnisse der oben genannten Studie scheinen zwar auf eine zentralisierte Organisation hinzuweisen, mit Blick auf die bereits erwähnten kleineren Häuser und auf öffentliche Akutkliniken ist zu konstatieren, dass dezentrale Beschaf-

---

[687] Vgl. BAH, 2007, S. 4. Die Aussagen beziehen sich auf die Thematik der „öffentlichen Beschaffung".
[688] Vgl. Drees, 2003, S. 16 und Kalbfuß, 1998, S. 26 f.
[689] Vgl. Drees, 2003, S. 17 sowie Drauschke, 2002, S. 31 ff.
[690] Vgl. Drauschke, 2002, S. 31 ff.
[691] Das DKI und die Unternehmensberatung A.T. Kearney haben eine Studie zur Beschaffung im Krankenhaus durchgeführt. Ziel der Studie war es, den Status quo im Beschaffungsmanagement der Krankenhäuser zu analysieren und wesentliche Entwicklungstrends zu ermitteln. Es wurde eine Umfrage zur Beschaffung unter 1000 Krankenhäusern durchgeführt. 409 Krankenhäuser nahmen an der Befragung teil und lieferten verwertbare Ergebnisse ab.
[692] Vgl. DKI, A.T. Kearney, 2003, S. 21.
[693] Größeneinteilung der Krankenhäuser: Kleine Kliniken = unter 100 Betten, kleinere Kliniken = 100 bis 299 Betten, größere Kliniken = 300 und mehr Betten, große Kliniken = 600 und mehr Betten.

fungsstrukturen im Krankenhaussektor existieren. Die mit einer dezentralen Beschaffung verbundenen Nachteile zeigt die folgende Zusammenstellung:[694]

¶ Eine zergliederte, ungebündelte Einkaufskraft bringt den Verlust von Skaleneffekten mit sich.

¶ Eine dezentrale Entwicklung und Einführung unterschiedlicher Einkaufsprozesse, -methoden und -tools führt zu einer Art „Wildwuchs", in dessen Folge neben einer negativen Beeinflussung des Professionalisierungsgrades im Rahmen einer gemeinsamen Beschaffungsplanung die systemtechnische Verzahnung erschwert wird.

¶ Die gleichzeitige Bearbeitung identischer oder ähnlicher Beschaffungsaufgaben führt zu einem unnötigen Verbrauch knapper Ressourcen.

¶ Die vielfältigen Kontaktpunkte bei einer dezentralen Struktur ermöglichen es den Lieferanten, separate Einkaufsverhandlungen durchzuführen – diese können aufgrund einer fehlenden Gesamtsicht der dezentralen Einheiten dadurch entstehende Freiheitsgrade opportunistisch nutzen und eine Maximierung ihres Profits erzielen.

Die aufgeführten Nachteile einer dezentralen Beschaffungsorganisation können sich im Rahmen des hier fokussierten Betrachtungsfeldes der Krankenhauskonzerne und Klinikverbünde ergeben. Ein hoher Dezentralisierungsgrad in der Beschaffung mit einer Vielzahl an gleichartigen Funktionen ist vor allem bei Gründungen von Beteiligungsgesellschaften, Akquisitionen und Zusammenschlüssen von Kliniken ein oft zu beobachtendes Phänomen.

5.2.2.2.2 Veränderungstreiber

Vor dem Hintergrund ihrer Zielsetzung darf die Krankenhausbeschaffung nicht aus rein verwaltungstechnischen Aufgaben wie dem technischen Abwickeln von Bedarfsmeldungen und Bestellungen bestehen. Dies gilt für die zentralen und dezentralen Beschaffungseinrichtungen. Die Krankenhausbeschaffung ist im Sinne einer produktiven, aktiven Gestaltungsfunktion für das Krankenhaus zu entwickeln.[695] Erklärtes Ziel des Krankenhausmanagements sollte sein, die Beschaffung im Krankenhaus durch eine Reduktion ineffizienter verwaltender Tätigkeiten stärker auf strategisch gestaltende Aktivitäten auszurichten. Vor allem bei operativ-verwaltenden Tätigkeiten wie der Entgegennahme von Bedarfsanforderungen und der Ausführung von Bestellungen sind notwendige Effizienzverbesserungen unabdingbar. Das Ergebnis ist, dass operative Tätigkeiten mit

---

[694] Vgl. Halbleib, 2005, S. 384. Ergänzend sind die in Abbildung 5-8 genannten Aspekte zu berücksichtigen.
[695] Vgl. v. Eiff, 1985, S. 105.

einem hohen Transaktionsvolumen einen Großteil der Arbeitskapazität von Beschaffungsabteilungen binden und strategische Aufgaben wie Marktanalysen und Konditionsverhandlungen vollständig ausfallen oder mangelhaft durchgeführt werden.[696]

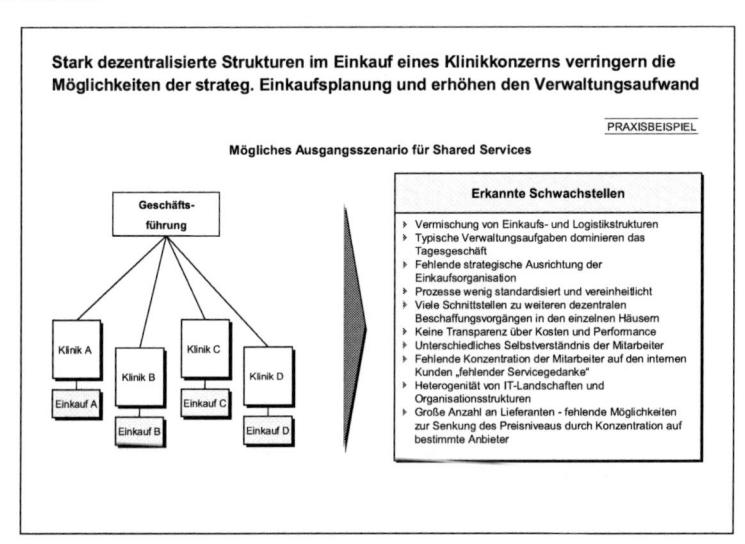

Stark dezentralisierte Strukturen im Einkauf eines Klinikkonzerns verringern die Möglichkeiten der strateg. Einkaufsplanung und erhöhen den Verwaltungsaufwand

PRAXISBEISPIEL

Mögliches Ausgangsszenario für Shared Services

Geschäftsführung
Klinik A, Klinik B, Klinik C, Klinik D
Einkauf A, Einkauf B, Einkauf C, Einkauf D

Erkannte Schwachstellen
- Vermischung von Einkaufs- und Logistikstrukturen
- Typische Verwaltungsaufgaben dominieren das Tagesgeschäft
- Fehlende strategische Ausrichtung der Einkaufsorganisation
- Prozesse wenig standardisiert und vereinheitlicht
- Viele Schnittstellen zu weiteren dezentralen Beschaffungsvorgängen in den einzelnen Häusern
- Keine Transparenz über Kosten und Performance
- Unterschiedliches Selbstverständnis der Mitarbeiter
- Fehlende Konzentration der Mitarbeiter auf den internen Kunden „fehlender Servicegedanke"
- Heterogenität von IT-Landschaften und Organisationsstrukturen
- Große Anzahl an Lieferanten - fehlende Möglichkeiten zur Senkung des Preisniveaus durch Konzentration auf bestimmte Anbieter

Abbildung 5-8 Ausgangslage der Beschaffungsorganisation in einem freigemeinnützigen Krankenhauskonzern[697]

Zwar wird aufgrund der Priorität von operativen Aufgaben wie die Eilbestellung von Arzneimitteln oder Reklamationen von Fehllieferungen der Versorgungsauftrag einer Klinik gewährleistet, allerdings bleiben die wirtschaftlichen Potenziale des Einkaufs im Sinne einer Beschaffung von Waren und Dienstleistungen zu günstigen Konditionen ungenutzt.[698] Mit der strategischen Ausrichtung der Einkaufsorganisation darf der Aspekt des Global Sourcings in der Krankenhausbeschaffung nicht unberücksichtigt bleiben. Das Internet eignet sich als sehr gute Informationsquelle für den strategischen Einkauf. Vorzugsweise bei Ausschreibungen im Wert von mehreren Millionen Euro ist ein international aktives Beschaffungsmarketing, das nicht durch die Veröffentlichung in europäischen Ausschreibungsblättern eingegrenzt werden darf, erforderlich.

---

[696] Vgl. Perillieux et al., 2006, S. 2.
[697] Die Beschreibung der Ausgangslage im Bereich der Krankenhausbeschaffung basiert auf Angaben eines Krankenhauskonzerns mit insgesamt 1.400 Betten. Vgl. Rhenus Eonova GmbH, 2006, o.S. Des Weiteren fand eine Ergänzung um Erfahrungen aus Klientengesprächen des Verfassers statt.
[698] Vgl. Perillieux et al., 2006, S. 2.

5.2.2.2.2.3 Shared Services

Vor dem Hintergrund der aufgezeigten Problemfelder könnte es sich für die Krankenhausbeschaffung als vorteilhaft erweisen, eine Shared-Service-Organisation aufzubauen.[699] Wichtig ist dabei, dass innerhalb der Shared-Service-Beschaffungsorganisation die drei Kernfunktionen „Operative Beschaffung", „Taktische Beschaffung" und „Strategische Beschaffung" weitestgehend abgedeckt werden. Die Zuordnung der Aufgaben orientiert sich dabei an der grundsätzlichen Einteilung in operativ-verwaltende Tätigkeiten und strategisch gestaltende Aufgaben. Im Sinne typischer Shared-Service-Merkmale sind strategische und taktische Beschaffungsaufgaben dem Bereich der expertenbasierten Services zuzuordnen und operative Aufgaben vorwiegend Bestandteil der transaktionsbasierten Services. Wichtiges Element ist die Serviceorientierung des Shared-Service-Center-Einkaufs gegenüber seinen internen Kunden. Entsprechend präsentiert sich das Shared-Service-Center als Bestellcenter, bietet eine Hotline bei beschaffungsrelevanten Fragestellungen an, arbeitet an der Umsetzung von Beschaffungsaufträgen und leistet Unterstützung bei Vertragsformalitäten oder der Klärung bei Unstimmigkeiten im Zuge des Beschaffungsprozesses.

Der Stellenwert der Einbindung von ärztlichen Entscheidungsträgern in die Beschaffung von Krankenhausgütern darf nicht vernachlässigt werden. Unter vollständiger Gewährleistung einer hohen medizinischen Behandlungsqualität ist es für den finanziellen Erfolg unerlässlich, dass kaufmännisches, medizinisches und technisches Fachwissen in sämtliche relevante Entscheidungsprozesse der Krankenhausbeschaffung mit einfließt.[700] Entscheidungen auf Ebene des Prozessschritts „Produkt- und Dienstleistungsspezifikation" finden in der Regel innerhalb der dezentralen Einheiten statt, um behandlungsspezifische Schwerpunkte berücksichtigen zu können. Bei Produktgruppen, die einer hohen Nachfrage in den einzelnen dezentralen Einheiten unterliegen, besteht die Möglichkeit, damit verbundene Entscheidungsprozesse unter Einbeziehung aller Akteure auf zentraler Shared Service Ebene durchzuführen.

Abbildung 5-10 skizziert verschiedene Optimierungshebel[701], die im Rahmen der Shared-Service-Center-Implementierung und während des laufenden Betriebes eingesetzt werden können.

Die Implementierung eines Shared-Service-Centers im Einkaufsbereich in Klinikkonzernen oder Krankenhausverbünden ergibt verschiedene Vorteile, die zusammengefasst durch die Senkung von Sachkosten, den Aufbau umfassender

---

[699] Vgl. Kapitel 3.
[700] Vgl. Perillieux et al., 2006, S. 3.
[701] Zum Aufbau des Beschaffungsprozesses vgl. DKI, A.T. Kearney, 2003, S. 31.

und nachhaltiger Beschaffungskompetenz sowie der Ablauforganisationsoptimierung ersichtlich werden. Die Senkung der Sachkosten ergibt sich im Wesentlichen über eine Bündelung des Einkaufsvolumens und den damit verbundenen Größeneffekten, da sämtliche Kliniken und Fachabteilungen ihre Beschaffung über das Shared-Service-Center abwickeln und Nachfragevolumen somit konzentriert wird. Offen ist allerdings, ob die potenzielle Senkung der Sachkosten über die Weitergabe tatsächlich günstigerer Produktionskosten oder aus der gebündelten und folglich vergrößerten Markt- und Verhandlungsmacht des Shared-Service-Centers resultiert.[702]

Im Arzneimittelbereich kann beispielsweise durch eine klinikweite oder konzernweite Normierung der Thromboseprophylaxemedikation eine Reduktion der Lieferantenzahl und eine Volumenbündelung erreicht werden.[703] Ein weiteres Beispiel für die Reduktion der Lieferantenanzahl wäre eine konzern- oder verbundweite Standardisierung von Routineimplantaten für Orthopädie, Unfallchirurgie und/oder Neurochirurgie.[704]

Ein weiteres Ziel, das mit der Implementierung eines Shared-Service-Centers verfolgt wird, ist der Aufbau nachhaltiger Beschaffungskompetenz. Die Konzentration von expertenbasiertem Beschaffungswissen im Shared-Service-Center kann zu einer Steigerung der analytischen und konzeptionellen Beschaffungskompetenz führen.

Durch den Aufbau einer Shared-Service-Einkaufsorganisation, mit der alle drei Kernfunktionen der Beschaffung abgedeckt werden, werden Kompetenzsteigerungen im Umgang mit Lieferanten und in Bezug auf die notwendigen Produktkenntnisse erreicht.

---

[702] Ähnlich vgl. Halbleib, 2005, S. 394.
[703] Ähnlich vgl. DKI, A.T. Kearney, 2003, S. 32.
[704] Erfahrungen bei nicht Shared-Service-Organisationen haben gezeigt, dass durch die Standardisierung der eingesetzten Produkte und durch die Optimierung von Produktspezifikationen mit einem Einsparpotenzial von maximal 10 bis 15 Prozent des Beschaffungsvolumens gerechnet wird. Vgl. DKI, A.T. Kearney, 2003, S. 32.

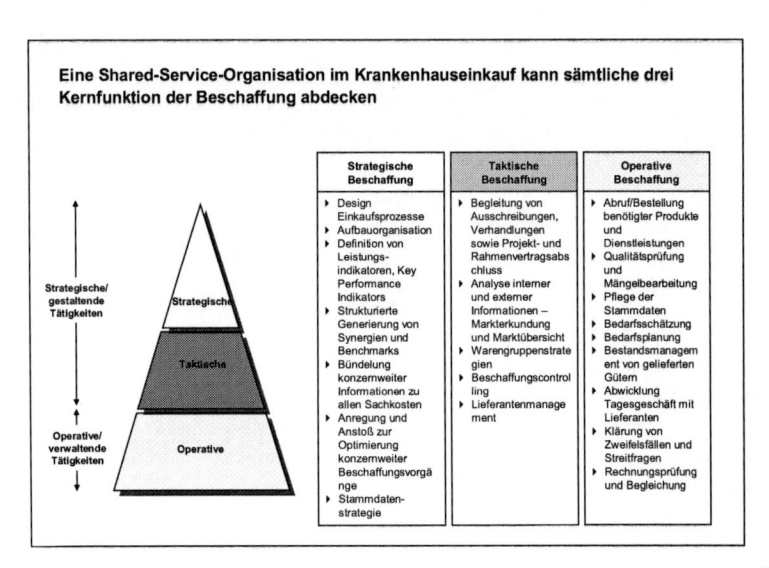

	Strategische Beschaffung	Taktische Beschaffung	Operative Beschaffung
Eine Shared-Service-Organisation im Krankenhauseinkauf kann sämtliche drei Kernfunktion der Beschaffung abdecken	▸ Design Einkaufsprozesse ▸ Aufbauorganisation ▸ Definition von Leistungsindikatoren, Key Performance Indikators ▸ Strukturierte Generierung von Synergien und Benchmarks ▸ Bündelung konzernweiter Informationen zu allen Sachkosten ▸ Anregung und Anstoß zur Optimierung konzernweiter Beschaffungsvorgänge ▸ Stammdatenstrategie	▸ Begleitung von Ausschreibungen, Verhandlungen sowie Projekt- und Rahmenvertragsabschluss ▸ Analyse interner und externer Informationen – Markterkundung und Marktübersicht ▸ Warengruppenstrategien ▸ Beschaffungscontrolling ▸ Lieferantenmanagement	▸ Abruf/Bestellung benötigter Produkte und Dienstleistungen ▸ Qualitätsprüfung und Mängelbearbeitung ▸ Pflege der Stammdaten ▸ Bedarfsschätzung ▸ Bedarfsplanung ▸ Bestandsmanagement von gelieferten Gütern ▸ Abwicklung Tagesgeschäft mit Lieferanten ▸ Klärung von Zweifelsfällen und Streitfragen ▸ Rechnungsprüfung und Begleichung

Abbildung 5-9: Kernfunktionen der Beschaffung im Rahmen von Shared Services[705]

Die Optimierung der Ablauforganisation fokussiert sich auf die Etablierung effizienter und effektiver Prozesse sowohl im operativ-verwaltenden Bereich als auch auf Ebene der strategisch gestaltenden Prozesse. Im operativen Bereich sind vorzugsweise Reengineering-Maßnahmen notwendig, wie sie bei der Zusammenführung von Prozessen vormals dezentraler Bereiche eingesetzt werden. Eine weitere Optimierungsmöglichkeit besteht darin, durch Einführung elektronischer Prozesse und Strukturen (e-Procurement) intern (Bedarfsanforderung aus den einzelnen Geschäftseinheiten) und extern bei Bestell-, Liefer- und Rechnungsabwicklung effizientere Strukturen zu etablieren. Zudem können durch den Aufbau von Shared Services Potenziale im Bereich der Erlöserzielung erkannt und genutzt werden.[706]

---

[705] Eigene Darstellung in Anlehnung an BAH, 2007, S. 8.
[706] Vgl. Abbildung 5-10.

Im Rahmen des Einsatzes eines SSC in der Beschaffung stehen drei zentrale Stellschrauben zur Auswahl

	Optimierungshebel	Ansatzpunkte
	Preisniveau	▸ Senkung des Preisniveaus durch Konzentration hoher Mengen auf bestimmte Anbieter (Erhöhung der Verhandlungsmacht)
Produkte	Produktportfolio	▸ Reduzierung der Lieferantenzahl durch Bündelung, ▸ Reduzierung der Produktvielfalt durch Standardisierung, ▸ Reduktion von Sonderbestellungen
	Verbrauchsmenge	▸ Möglichkeit des Benchmarkings über alle Kliniken/Fachabteilungen, Identifizierung von Kostentreibern bei auffälligen Abteilungen
Optimierung Ablauforganisation Prozesse	Kosten Einkaufsprozess	▸ Reengineering des gesamten Hauptbeschaffungsprozesses (Vereinfachung, Automatisierung, Standardisierung)
	Sonstige Prozesskosten	▸ Aufbau IT-Unterstützung ▸ Bündelung von Anfragen in einem Servicecenter
	Kompetenz	▸ Neudefinition Verbrauchsrichtlinien ▸ Verbesserung der Verbrauchsplanung ▸ Aufbau strategischer u. taktischer nachhaltiger Beschaffungskompetenz
Erlöserzielung	Verkäufe an Dritte	▸ Gewinnung von Neukunden
	Beratungsleistungen	▸ Nutzung des Kompetenzaufbaus für die Beratung von externen Gesundheitseinrichtungen

(SSC ← Klinik A, Klinik B, Klinik C, Klinik D)

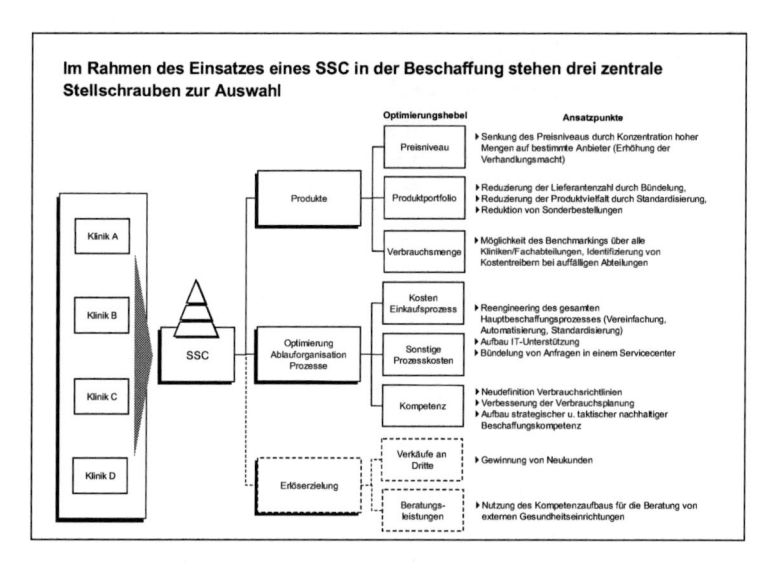

Abbildung 5-10: Handlungsfelder von Shared-Service-Center-Organisationen im Einkauf[707]

Nicht zu verwechseln ist das beschaffungsbezogene Shared-Service-Konzept mit den sogenannten Einkaufskooperationen. Zwar finden sich dort Elemente des Shared-Service-Konzeptes wieder, allerdings beschränken sich diese in der Regel ausschließlich auf die Bündelung des Beschaffungsvolumens. Eine Optimierung im Bereich der internen Prozesse und Einkaufsstrukturen der Kliniken findet nicht statt. Die typischen Merkmale einer Shared-Service-Organisation sind bei Einnahme dieser Betrachtungsperspektive nicht wiederzufinden.

Aufgrund der Ausgliederung von Beschaffungsaktivitäten in eine Shared-Service-Einheit darf nicht vernachlässigt werden, dass weiterhin vor dem Hintergrund der Sicherstellung einer hohen Patientenzufriedenheit und Versorgungsqualität individuelle Anforderungen der Ärzte in den Kliniken und Fachabteilungen in Bezug auf die Bereitstellung des Produktsortiments zu berücksichtigen sind.

5.2.2.3 Weitere Einsatzbereiche

Neben den oben eingehender betrachteten Einsatzbereichen von Shared Services in Kliniken existieren weitere Sekundärleistungsbereiche, die sich für den Aufbau von Shared-Service-Strukturen eignen. Klassischer Einsatzbereich ist das Finanz- und Rechnungswesen. In Anlehnung an die Entwicklungen im Bereich

---

[707] Eigene Abbildung. Die Ansatzpunkte im Bereich der Optimierungshebel basieren u.a. auf Angaben von Wettke, 2005, o.S.

des Personalmanagements stellt sich in diesem Bereich die Frage danach, welche Aufgaben nicht zu den Kernkompetenzen des Finanz- und Rechnungswesens gehören und somit aus dem regulären Geschäftsbetrieb herausgenommen werden können.[708] Zu diesen Tätigkeiten der Finanzfunktion gehören in der Regel transaktionsbasierte Prozesse, wie zum Beispiel die Abwicklung im Bereich der Kreditoren- und Debitorenbuchhaltung, die Anlagenbuchhaltung, der Zahlungsverkehr, das Mahnwesen und die Fakturierung. Im Bereich des Controllings eignen sich Tätigkeiten die sich mit der Aufbereitung des finanziellen Zahlenmaterials und der Erstellung von standardisierten Berichten und -analysen befassen. Nicht unberücksichtigt bleiben darf die Bereitstellung von expertenbasierten Leistungen für das Finanz- und Rechnungswesen durch eine Shared-Service-Einheit. Vorteil bei der Implementierung eines Shared-Service-Centers im Bereich des Finanz- und Rechnungswesens ist der Effekt, dass aufgrund der Nutzung der Informationstechnik eine regionale Leistungserbringung nicht erforderlich ist, woraus sich hinsichtlich der Ausgestaltung des Shared-Service-Centers ein hohes Maß an Flexibilität ergibt.

Beispielsweise erreichte ein deutscher öffentlicher Krankenhauskonzern durch Einführung eines übergreifend organisierten und standardisierten Finanz- und Rechnungswesens vollständige Kostentransparenz.[709] Es ist eine Service-Einheit für den Finanzbereich aufgebaut worden, die alle Häuser des Konzerns betreut. Die jeweiligen Kliniken sind auf ein optimiertes, standardisiertes Finanz-Informationssystem umgestellt worden, mit dem eine Abdeckung der Geschäftsbuchhaltung, Kostenrechnung und Forderungsabrechung erzielt wurde. Die Kosten des Finanz- und Rechnungswesens konnten um mehr als 20 Prozent reduziert werden.[710]

Der IT-Bereich bietet eine weitere Einsatzmöglichkeit für Shared Services. Die Rolle der IT-Unterstützung im Zuge der Bereitstellung der Dienstleistungen im Krankenhaus ist in den vergangenen Jahren immer stärker in den Vordergrund gerückt. Die Implementierung eines systematischen und vollständigen Informationsmanagements im Sinne eines Managements der gesamten Informations- und Kommunikationsinfrastruktur eines Krankenhauses ist zum strategischen Erfolgs- und Wettbewerbsfaktor geworden.[711] Daraus resultiert, dass die Anforderungen an die IT-Abteilung einer Klinik hinsichtlich einer effektiven und effizienten Leistungserstellung gestiegen sind. Demgegenüber steht die Situation einer heterogenen IT-Landschaft in Kliniken.

---

[708] Vgl. Hermes, Schwarz, 2004, S. 42.
[709] Vgl. Accenture, 2002, S. 16.
[710] Vgl. Accenture, 2002, S. 16.
[711] Vgl. Gräber et al., 2002.

Eine Untersuchung der IT-Strukturen in einem Krankenhauskonzern zeigte, dass zentrale und dezentrale IT-Organisationen betrieben wurden.[712] Dies führte dazu, dass die Leiter dezentraler Institute über eine starke Position innerhalb ihrer Organisation verfügten und in der Lage waren, die zentralen Bereiche zu umgehen und IT-Sytsteme oder unterstützende IT-Dienstleistungen dezentral zu beschaffen. Neben der damit verbundenen nicht transparenten Kosten- und Leistungssituation in dem gesamten Konzern wurden durch die dezentralen Aktivitäten ebenfalls zentrale Sicherheitsbedürfnisse unterwandert, wodurch neben den Ineffizienzen auch Risiken in Bezug auf die Informationssicherheit generiert wurden.

Neben den Bereichen Personal und Einkauf existieren weitere patientenferne Sekundärleistungsbereiche, die sich für den Einsatz von Shared Services eignen

Beispiele für weitere Aufgaben in Shared-Service-Organisationen

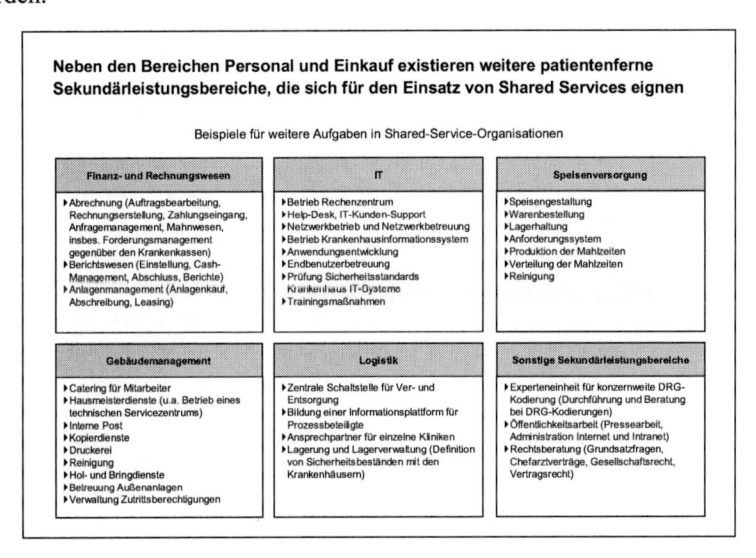

Finanz- und Rechnungswesen	IT	Speisenversorgung
▶ Abrechnung (Auftragsbearbeitung, Rechnungserstellung, Zahlungseingang, Anfragemanagement, Mahnwesen, insbes. Forderungsmanagement gegenüber den Krankenkassen) ▶ Berichtswesen (Einstellung, Cash-Management, Abschluss, Berichte) ▶ Anlagenmanagement (Anlagenkauf, Abschreibung, Leasing)	▶ Betrieb Rechenzentrum ▶ Help-Desk, IT-Kunden-Support ▶ Netzwerkbetrieb und Netzwerkbetreuung ▶ Betrieb Krankenhausinformationssystem ▶ Anwendungsentwicklung ▶ Endbenutzerbetreuung ▶ Prüfung Sicherheitsstandards Krankenhaus IT-Systeme ▶ Trainingsmaßnahmen	▶ Speisengestaltung ▶ Warenbestellung ▶ Lagerhaltung ▶ Anforderungssystem ▶ Produktion der Mahlzeiten ▶ Verteilung der Mahlzeiten ▶ Reinigung

Gebäudemanagement	Logistik	Sonstige Sekundärleistungsbereiche
▶ Catering für Mitarbeiter ▶ Hausmeisterdienste (u.a. Betrieb eines technischen Servicezentrums) ▶ Interne Post ▶ Kopierdienste ▶ Druckerei ▶ Reinigung ▶ Hol- und Bringdienste ▶ Betreuung Außenanlagen ▶ Verwaltung Zutrittsberechtigungen	▶ Zentrale Schaltstelle für Ver- und Entsorgung ▶ Bildung einer Informationsplattform für Prozessbeteiligte ▶ Ansprechpartner für einzelne Kliniken ▶ Lagerung und Lagerverwaltung (Definition von Sicherheitsbeständen mit den Krankenhäusern)	▶ Experteneinheit für konzernweite DRG-Kodierung (Durchführung und Beratung bei DRG-Kodierungen) ▶ Öffentlichkeitsarbeit (Pressearbeit, Administration Internet und Intranet) ▶ Rechtsberatung (Grundsatzfragen, Chefarztverträge, Gesellschaftsrecht, Vertragsrecht)

Abbildung 5-11: Aufgaben von Shared-Service-Organisationen in patientenfernen Sekundärleistungsbereichen[713]

Es ist anzunehmen, dass die hier skizzierten Effekte noch verstärkt werden, wenn sich durch den Zusammenschluss ehemals unabhängiger Kliniken mit einer Vielzahl an unterschiedlichen IT-Systemen und verschiedenen IT-Abteilungen Konzernorganisation herausbilden.

Die Implementierung von Shared-Service-Strukturen bietet die Möglichkeit, sämtliche IT-Prozesse oder nur einzelne Prozessketten beziehungsweise IT-Dienste in einer organisatorischen Einheit zu zentralisieren. Bestandteil der in-

---

[712] Die folgenden Ausführungen zum IT-Bereich basieren auf einem Klientengespräch des Autors.
[713] In Bezug auf die Eignungsfähigkeit der hier skizzierten transaktions- und expertenbasierten Leistungsprozesse ist eine krankenhausspezifische Analyse der Sekundärleistungsbereiche unbedingt erforderlich.

formationstechnologischen Leistungen, die durch eine Shared-Service-Einheit den einzelnen Geschäftseinheiten und den dort agierenden Mitarbeitern zur Verfügung gestellt werden, ist unter anderem die Durchführung von Wartungsarbeiten an den Client-/Server-Systemen, der Netzinfrastruktur und den Kommunikationssystemen. Darüber hinaus können Leistungsbereiche aus der eigentlichen IT-Organisation wie die Betreuung von IT-Projekten und die Auseinandersetzung mit Fragestellungen zur Weiterentwicklung der IT des Krankenhauses von einer Shared-Service-Einheit bearbeitet werden, die ein entsprechendes Expertenwissen zur Verfügung stellt. Durch die Bündelung der IT-Dienste in einer Shared-Service-Organisation ergeben sich zudem Vorteile hinsichtlich einer einheitlichen Aufstellung der IT-Anforderungen sowie der Einhaltung zentraler Sicherheitsstandards und die Durchführung von Qualitätsprüfungen der IT-Systeme. Die Funktionsfähigkeit von IT-Systemen spielt vor dem Hintergrund der steigenden Bedeutung der IT für die Patientenversorgung eine wichtige Rolle.

Ein weiteres krankenhausspezifisches Anwendungsfeld von Shared Services könnte im Bereich der Speisenversorgung/Catering existieren. Dieser Bereich nimmt im Krankenhaus einen wichtigen Stellenwert ein und darf als ein relevanter Wettbewerbsfaktor im Verhältnis des Krankenhauses zu anderen Krankenhäusern nicht vernachlässigt werden. Während auf der einen Seite eine qualitativ hochwertige Verpflegung zu einer wichtigen Therapiemaßnahme zählt können auf der anderen Seite die Patienten und Mitarbeiter des Krankenhauses die Qualität der Speisenversorgung im Gegensatz zur ärztlichen Leistungserstellung leicht beurteilen und somit die Reputation der Einrichtung in nicht unerheblichen Maße beeinflussen. Der hohe Stellenwert der Speisenversorgung wird in verschiedenen Umfragen bestätigt und von den Patienten als wichtiges Zufriedenheitskriterium nach Behandlungsqualität und Freundlichkeit des Personals eingestuft.[714]

Im Bereich der Speisenversorgung werden große Mengenvolumina bewegt, die je nach Größe des Krankenhauses auf mehr als tausend Mahlzeiten pro Tag beziffert werden können. Da jedes Krankenhaus und jede bettenführende Abteilung Mahlzeiten benötigt, ist eine entsprechend ausgeprägte Nachfrage durch den internen Kunden ersichtlich. Aufgrund der großen Menge an gleichartigen Speisen ist ein hohes Maß an Standardisierung möglich. Durch den Einsatz von Maschinen ist ebenfalls davon auszugehen, dass bis zu einem gewissen Grad eine Automatisierung der Leistungserstellung durchführbar ist. Die Nutzung von IT bei der Speisenversorgung ist in der Regel nur im Rahmen von Bestellanforderungen möglich. Daraus resultiert ein hoher physischer Ausführungsgrad der Leistungsübermittlung, womit ein physischer Transport der Leistung vom Ort

---

[714] Vgl. Hartinger; Lang, 2001, S. 318.

der Leistungserstellung bis zum Ort der Leistungsnachfrage notwendig wird. Aufgrund der Tatsache, dass es sich bei der Leistung um Lebensmittel handelt sind besondere transportspezifische Faktoren, ähnlich wie bei der Durchführung von Laboranalysen zu berücksichtigen. Expertenwissen ist für den Großteil der Leistungserstellung nicht notwendig. Bis auf die Kreation der Speisen und die Bestimmung der Zutaten kann ein Großteil des Leistungserstellungsprozesses durch Hilfskräfte ausgeführt werden. Die Berücksichtigung von Transportwegen und die zum Teil erforderliche dezentrale Aufbereitung der Speisen schränken die Einsatzfähigkeit und die Flexibilität des Shared-Service-Konzeptes bei dieser Sekundärleistung aber erheblich ein.

6 Gesamtkonzeption zur Gestaltung einer Shared-Service-Organisation für Sekundärleistungen in Kliniken

Im vorherigen Kapitel sind verschiedene Einsatzmöglichkeiten der Organisationsalternative Shared Services im Sekundärleistungsbereich von Krankenhäusern aufgezeigt worden. Die Betrachtung der Einsatzmöglichkeiten von Shared Services machte deutlich, dass zur Bewältigung der Komplexität und Dynamik, mit der potenzielle Shared-Service-Einheiten im Krankenhausumfeld konfrontiert sind, eine Gesamtkonzeption notwendig ist, mit der die im Rahmen der Implementierung von Shared Services verfolgten Zielsetzungen erreicht werden können.[715] Unter Berücksichtigung der Einsatzmöglichkeiten erfolgt eine detaillierte Betrachtung der drei Konzeptionsfelder Führung, Steuerung und Koordination. Den Abschluss dieses Kapitels bilden die Skizzierung von Standortaspekten und die einführende Betrachtung eines Vorgehensmodells zur Implementierung von Shared Services.

6.1 Ausgangsüberlegungen

Das im Folgenden entwickelte Gesamtkonzept zur Gestaltung von Shared-Service-Organisationen basiert auf der Überlegung, dass zur Erreichung der mit dem Aufbau von Shared Services verbundenen Ziele bestimmte organisationsstrukturelle Maßnahmen und betriebswirtschaftliche Instrumente erforderlich sind.[716]

Bevor im Rahmen dieses Kapitels eingehender auf die mit diesen Maßnahmen und Instrumenten verbundenen Konzeptionsfelder eingegangen wird, werden zunächst die mit der Einführung von Shared Services in Krankenhäusern verbundenen Zielsetzungen noch einmal zusammenfassend dargestellt. Die Vorteile, die Krankenhäuser mit der Einführung von Shared Services erreichen können, lassen sich unter Bezugnahme auf die in Kapitel 2.2 aufgezeigten strategischen Zielsetzungen vier Systematisierungskriterien zuordnen:[717]

¶ Steigerung der Versorgungsqualität und Patientenzufriedenheit

¶ Senkung der Kosten

¶ Erzielung zusätzlicher Erlöse

¶ Verbesserung der Qualität in strategisch relevanten Unterstützungsprozessen

---

[715] Vgl. zu den allgemeinen Triebfedern und Zielsetzungen Kapitel 3.4.
[716] Die Ausführungen beziehen sich auf den Untersuchungsgegenstand Krankenhauskonzern.
[717] Vgl. Abbildung 6-1.

Exemplarisch soll an dieser Stelle der Zusammenhang zwischen der Zielsetzung von Shared Services und den für die Zielerreichung auszuprägenden Konzeptionsfeldern, wie sie in Abbildung 6-2 aufgezeigt sind, dargestellt werden. Zunächst ist zu konstatieren, dass eine Steigerung der Versorgungsqualität in Verbindung mit einer Steigerung der Patientenzufriedenheit im Wesentlichen aus den im Folgenden dargestellten Vorteilen des Shared-Service-Konzeptes resultieren.

Systematisierung der mit Einführung von Shared Services in Krankenhäusern verbundenen Vorteile

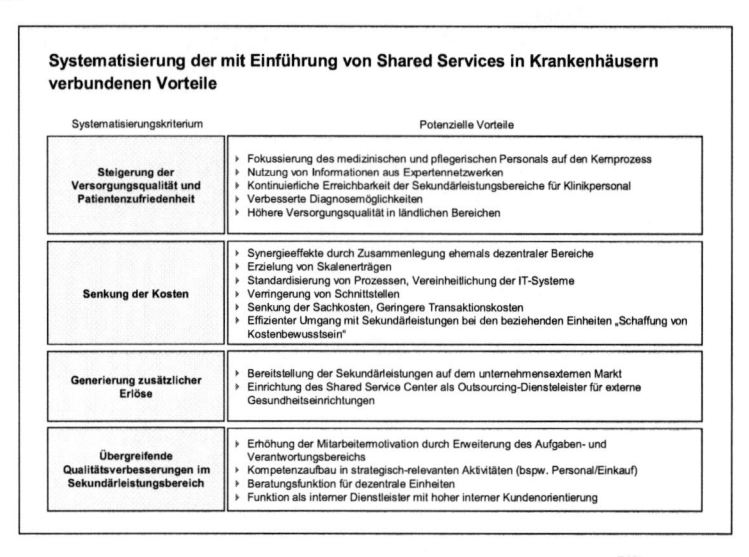

Systematisierungskriterium	Potenzielle Vorteile
Steigerung der Versorgungsqualität und Patientenzufriedenheit	▸ Fokussierung des medizinischen und pflegerischen Personals auf den Kernprozess ▸ Nutzung von Informationen aus Expertennetzwerken ▸ Kontinuierliche Erreichbarkeit der Sekundärleistungsbereiche für Klinikpersonal ▸ Verbesserte Diagnosemöglichkeiten ▸ Höhere Versorgungsqualität in ländlichen Bereichen
Senkung der Kosten	▸ Synergieeffekte durch Zusammenlegung ehemals dezentraler Bereiche ▸ Erzielung von Skalenerträgen ▸ Standardisierung von Prozessen, Vereinheitlichung der IT-Systeme ▸ Verringerung von Schnittstellen ▸ Senkung der Sachkosten, Geringere Transaktionskosten ▸ Effizienter Umgang mit Sekundärleistungen bei den beziehenden Einheiten „Schaffung von Kostenbewusstsein"
Generierung zusätzlicher Erlöse	▸ Bereitstellung der Sekundärleistungen auf dem unternehmensexternen Markt ▸ Einrichtung des Shared Service Center als Outsourcing-Dienstleister für externe Gesundheitseinrichtungen
Übergreifende Qualitätsverbesserungen im Sekundärleistungsbereich	▸ Erhöhung der Mitarbeitermotivation durch Erweiterung des Aufgaben- und Verantwortungsbereichs ▸ Kompetenzaufbau in strategisch-relevanten Aktivitäten (bspw. Personal/Einkauf) ▸ Beratungsfunktion für dezentrale Einheiten ▸ Funktion als interner Dienstleister mit hoher interner Kundenorientierung

Abbildung 6-1: Systematisierung potenzieller Vorteile[718]

Explizit die patientennahen Sekundärleistungen unterstützen Ärzte bei der Behandlung der Patienten. Durch Bündelung von Expertenwissen sowie durch Nutzung von Expertennetzwerken in entsprechenden Shared-Service-Centern kann das medizinische- und pflegerische Personal in den Kliniken und Abteilungen Sekundärleistungen zur Unterstützung von Diagnose- und Therapiemaßnahmen in Anspruch nehmen, die durch ein hohes Maß an Qualität gekennzeichnet sind. Dies kann sich positiv auf die Versorgungsqualität und die Patientenzufriedenheit auswirken, womit wiederum eine Erhöhung der Fallzahlen erreicht werden kann. Des Weiteren führt die Entlastung des medizinischen und pflegerischen Personals von administrativen Aufgaben wie beispielsweise der

---

[718] Diese Systematisierung stellt eine Zusammenfassung der in Kapitel 3 und 5 erörterten Triebfedern und Einsatzmöglichkeiten des Shared-Service-Konzeptes dar.

aufwendigen DRG-Kodierung oder der Erstellung von Abrechnungen[719] zu einer Konzentration auf patientenbezogene Aktivitäten.

Aus Sicht des Patienten ist dies mit einer höheren Behandlungsqualität verbunden, da mehr Zeit für Fragen hinsichtlich der durchzuführenden Untersuchungen zur Verfügung steht. Die einzelnen Kliniken und Abteilungen werden quasi aus der Verpflichtung genommen, eigene Sekundärleistungsbereiche zu betreiben, mit der Folge, dass Personal für andere Aufgaben zur Verfügung steht. Durch Bereitstellung von Sekundärleistungen für Krankenhäuser in exponierter Lage ergibt sich ebenfalls die Möglichkeit, die Versorgungsqualität zu verbessern, was wiederum Auswirkungen auf die Wettbewerbsposition haben könnte. Dazu eignen sich vor allem radiologische und pathologische Leistungen, bei denen Shared-Service-Center die Möglichkeiten haben, große Datenmengen per Intranet oder Internet zu übermitteln.

Die Potenziale der Krankenhäuser, die Vorteile der Implementierung von Shared Services zu nutzen, ist dabei von der Ausgestaltung einzelner Konzeptionsfelder abhängig. Exemplarisch sind im Folgenden die Zusammenhänge zwischen den Zielen von Shared Services im Krankenhaus und den Konzeptionsfeldern skizziert.

Als Unterstützung zur Zielerreichung im Rahmen des Systematisierungskriteriums „Erhöhung der Versorgungsqualität und Patientenzufriedenheit" ist es innerhalb des Konzeptionsfeldes „Führung" notwendig, eine entsprechende organisatorische Verankerung der Shared-Service-Organisation durchzuführen. Dies kann beispielsweise erreicht werden, wenn Shared-Service-Center von einem klinischen Institut geführt werden. Innerhalb des Konzeptionsfeldes „Steuerung" eignen sich Performance-Measurement-Instrumente dazu, Kennzahlen zu erheben, die wiederum als Grundlage für Qualitätssicherungsmaßnahmen eingesetzt werden können. Nicht zu vernachlässigen sind die Überlegungen zur Entwicklung eines Standortkonzeptes, das wiederum Auswirkungen auf die Versorgungsqualität haben könnte.

---

[719] Prozesse der DRG-Kodierung und der Patientenabrechnung können, wie in Kapitel 5.2.2.3 skizziert, ebenfalls durch eine Shared-Service-Einheit bereitgestellt werden. Dieser Aspekt bezieht sich auf die Thematik, dass Ärzte und Pflegekräfte Abrechnungsaufgaben im Sinne einer DRG-Kodierung der einzelnen Patienten wahrnehmen. Mitarbeiter, deren originäre Aufgabe die Versorgung der Patienten ist, befassen sich also mit Tätigkeiten, die tendenziell dem Sekundärleistungsbereich zugeordnet werden können. Die Bereitstellung dieser Aufgaben durch eine Shared-Service-Einheit würde auf Seiten des ärztlichen und pflegerischen Personals zu einer Entlastung führen, da diese Kodierungsaufgaben nun durch speziell ausgebildete Fachkräfte wahrgenommen werden.

Die Ausgestaltung einzelner Konzeptionsfelder dient der Erreichung der mit Einführung von Shared Services verbundenen Zielsetzungen

EXEMPLARISCH

Ausgewählte Ziele der Implementierung von Shared Services in Kliniken [Entnommen aus Abbildung 6-1]

Konzeptionsfeld	Zielbeitrag	Erhöhung interne Kunden-orientierung	Einführung marktlicher Prinzipien	Sicherung der Qualität	Verbesserung der Patienten-zufriedenheit	Senkung der Kosten	Generierung zusätzlicher Erlöse	Verbesserung Mitarbeiter-motivation
Führung	Organisatorische Verankerung	+	+	+ +	+	+	+	+
	Responsibility-Center	+	+ +	o	o	+	+ +	+
Steuerung	Performance Management	+	o	+	+	+	+	+
	Key Performance Indikators	+	o	+	+	+	+	+
Koordination	Service-Level-Agreements	+	+	+ +	+	+	+	+
	Verrechnungs-preiskonzept	+	+	o	o	+ +	+ +	+
Sonstige	Standortwahl	o	o	+	+	+	+	+

o = Tendenziell zielerreichungsneutral + = Tendenziell geringe bis mittlere Unterstützung Zielerreichung + + = Tendenziell hohe Unterstützung Zielerreichung

Bei einer krankenhausspezifischen Betrachtung ist eine unterschiedliche Gewichtung der Ziele zu berücksichtigen

Abbildung 6-2: Zusammenhang zwischen Konzeptionsfeld und Zielerreichung[720]

Ein weiteres Systematisierungskriterium zeigt sich in der Senkung der Kosten. Die Kostensenkung resultiert unter anderem aus der Erzielung von Skalenerträgen und durch eine Erhöhung des Kostenbewusstseins. Skaleneffekte lassen sich wie beschrieben durch die Zusammenlegung von Routine-Laboruntersuchungen in einer gemeinsamen Einheit erreichen. Darüber hinaus führt die im Zuge der Implementierung von Shared Services veranlasste Verringerung der Heterogenität an IT-Systemen und die Standardisierung von Prozessen zu einer geringen Komplexität mit der Folge, dass sich der Arbeitsaufwand reduziert, was wiederum eine Senkung der Personalausgaben bedeuten kann. Ebenfalls lassen sich im Krankenhauseinkauf Sachkostensenkungen durch eine Konzentration auf bestimmte Lieferanten erzielen.

Zur Erreichung und nachhaltigen Sicherung von Kostensenkungen sind im Rahmen des Konzeptionsfeldes „Steuerung" entsprechende Controlling-Systeme zu implementieren und ein aus Kostengesichtspunkten akzeptables Standortkonzept aufzustellen. Ebenfalls lassen sich über eine exakte Aussteuerung der Service-Level-Agreements Koordinations- und Motivationskosten reduzieren.

Neben einer Senkung der Kosten können Krankenhäuser durch eine entsprechende strategische Ausrichtung der Shared-Service-Einheiten Erlöse am Markt

---

[720] Die Abbildung dient der Verdeutlichung des Zusammenhangs zwischen den einzelnen Lösungsansätzen der Gesamtkonzeption und den Zielsetzungen des Shared-Service-Ansatzes.

erzielen.[721] Grundsätzlich eignen sich dafür sämtliche Sekundärleistungen, mit Ausnahme hausinterner, spezialisierter Leistungen, für die keine unternehmensexterne Nachfrage existiert oder bei denen rechtliche Beschränkungen einer marktlichen Bereitstellung entgegenstehen. Dies erfordert von der Krankenhausleitung und dem Management der Shared-Service-Organisation eine permanente Anpassung der Verrechnungspreise und der Leistungen auf die Marktfähigkeit.[722]

Hier wird die Notwendigkeit deutlich, dass im Rahmen des Konzeptionsfeldes „Koordination" ein geeignetes Verrechnungspreiskonzept zu entwickeln ist, mit dem eine preisliche Marktfähigkeit der Leistung erzielt werden kann. Darüber hinaus sind Steuerungsmaßnahmen erforderlich, die eine Bereitstellung von Sekundärleistungen auf dem externen Markt unterstützen.

In den folgenden Ausführungen werden im Rahmen der oben skizzierten Gesamtkonzeption die drei zentralen Konzeptionsfelder Führung, Steuerung und Koordination eingehender betrachtet.

6.2 Führung

6.2.1 Die Rolle der Krankenhausgeschäftsführung bei der Einführung von Shared Services

Zu den zentralen Aufgaben Krankenhausgeschäftsführung gehören die Festlegung der strategischen Ziele und die Verteilung der finanziellen Ressourcen des Krankenhauses.[723] Daraus abgeleitet ist davon auszugehen, dass die Entscheidungen der Geschäftsführung maßgeblich für die Gestaltung einer Shared-Service-Organisation im Krankenhausumfeld verantwortlich sind.[724] Im Folgenden sollen die zentralen Handlungsfelder der Geschäftsführung bei der Gestaltung von Shared-Service-Organisationen skizziert werden.

Bei Festlegung der strategischen Ausrichtung sind auf Geschäftsführungsebene Fragen dahingehend zu entscheiden, ob das Shared-Service-Center seine Leis-

---

[721] Zur Thematik der Unternehmenswertsteigerung durch Shared-Service-Center, vgl. Deimel, 2006, S. 215 ff.
[722] Vgl. Kapitel 6.4.
[723] Vgl. Körfer, 2001, S. 157.
[724] Die Krankenhausgeschäftsführung wird auch als klinischer Vorstand bezeichnet. Der klinische Vorstand setzt sich gemäß dem Prinzip der klassischen Dreiteilung der Führung einer Klinik in der Regel aus dem Ärztlichen Direktor, dem Verwaltungsdirektor und dem Pflegedirektor zusammen. Bei Krankenhauskonzernen wird die Geschäftsführung vielfach durch einen kaufmännischen Geschäftsführer und einen medizinischen Geschäftsführer erbracht. In den einzelnen Geschäftsbereichen (Kliniken) erfolgt dann wieder die klassische Dreiteilung der Führung. Ein Beispiel für diese Aufteilung zeigt sich bei Betrachtung des Organigramms eines städtischen Krankenhausunternehmens, vgl. o.V., 2007b.

tungen nur den zum Konzern gehörenden Krankenhäusern zur Verfügung stellt oder ob Leistungen ebenso externen Kunden angeboten werden sollen. Eine Beantwortung der Frage, ob durch die Implementierung des Shared-Service-Centers eine Optimierung der Kosten oder der Qualität der Sekundärleistung im Vordergrund steht ist ebenfalls interessant. Von Bedeutung ist auch, ob zwischen dem Shared-Service-Center und den einzelnen Kliniken beziehungsweise Abteilungen ein dauerhafter Kontrahierungszwang besteht. Nicht zu vernachlässigen ist die Definition einer Vision und eines Leitbildes für die Shared-Service-Organisation, in denen die langfristigen Zielsetzungen und ein grundsätzliches Werteverständnis aufgeführt werden.[725] Ebenfalls ist es Aufgabe der Krankenhausgeschäftsführung, das Management der Shared-Service-Einheiten auszuwählen und einzustellen. Ein wesentliches Tätigkeitsfeld der Krankenhausgeschäftsführung liegt in der Einberufung und Durchführung von Abstimmungsgremien zwischen Management der jeweiligen Shared-Service-Einheit und der Leitung der jeweiligen Kliniken. In größeren Krankenhauskonzernen und in Krankenhausverbünden ist hier davon auszugehen, dass die jeweilige Führung der Kliniken sich aus dem Personenkreis der drei Berufsstände eines Krankenhauses zusammensetzt.[726]

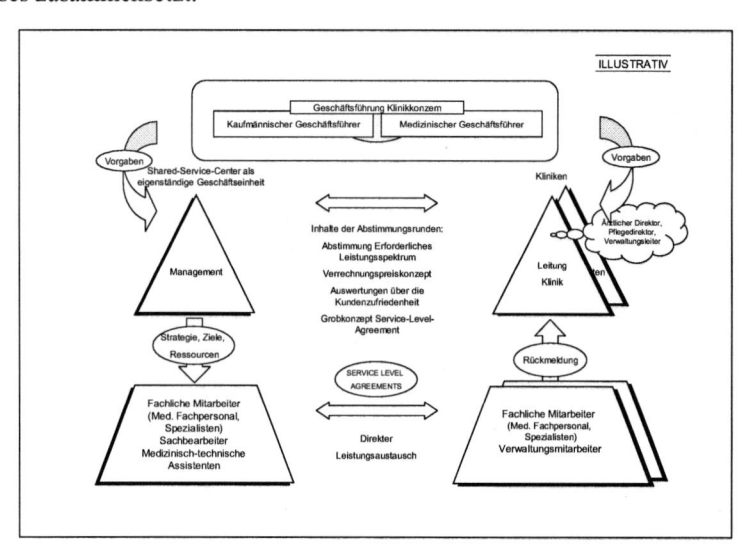

Abbildung 6-3: Zusammenspiel von Shared-Service-Center und Geschäftseinheiten

In Verhandlungsrunden sind auf dieser Ebene beispielsweise Abstimmungen über das Leistungsspektrum der Shared-Service-Organisation oder das einge-

---

[725] Vgl. Kapitel 6.3.
[726] Vgl. Kapitel 2.2.

setzte Verrechnungspreiskonzept erforderlich. Gerade bei Leistungen, die über einen geringeren Standardisierungsgrad verfügen, sind Abstimmungen zwischen den Leitungsfunktionen der Geschäftseinheiten und der Führung des Shared-Service-Centers wichtig, da aufgrund der meist höheren Komplexität ein vermutlich höherer Anpassungsbedarf des Leistungsumfangs besteht.

Bei der Ausgestaltung von Shared-Service-Organisationen im Krankenhausbereich ist die Geschäftsführung mit einem potenziellen Steuerungsproblem konfrontiert, das daraus resultiert, dass auf der einen Seite die Autonomie der einzelnen Shared-Service-Center zu gewährleisten ist und auf der anderen Seite dem unternehmerischen Handeln der Shared-Service-Center Grenzen gesetzt werden müssen und die Einhaltung von Unternehmensrichtlinien stattfindet. Speziell im patientennahen Sekundärleistungsbereich ist sicherzustellen, dass sich die Aktivitäten der Shared-Service-Einheiten nicht verselbstständigen und dass keine Verzögerung in der Leistungserstellung für die internen Fachabteilungen erfolgt, die im Rahmen des Behandlungsprozesses auf eine zeitnahe Bereitstellung interner Dienstleistungen unbedingt angewiesen sind.

6.2.2 Organisatorische Verankerung

Für die organisatorische Verankerung einer Shared-Service-Einheit innerhalb der Krankenhausorganisation könnten sich verschiedene Gestaltungsvarianten eignen, die im Folgenden diskutiert werden.[727]

Bei einer funktionalen Ausrichtung wird die Shared-Service-Einheit dem fachlich verantwortlichen Sekundärleistungsbereich zugeordnet. Für den patientennahen Sekundärleistungsbereich bedeutet dies beispielsweise, dass ein Shared-Service-Center im Laborbereich dem Institut für klinische Chemie zugeordnet wird. Diesem Aufbau liegt der Gedanke zugrunde, dass patientennahe Sekundärleistungsbereiche häufig in Form von Instituten aufgebaut sind. Durch das Institut beziehungsweise dem Direktor des Instituts erfolgt die Führung der entsprechend fachlich orientierten Shared-Service-Einheit. Das Institut gibt Vorgaben hinsichtlich der Qualitätssicherung labormedizinischer Untersuchungen, der Kosten und der eingesetzten Technologien. Zudem ist es für die Aus- und Fortbildung des Personals verantwortlich.[728]

---

[727] Die hier aufgeführten Varianten der organisatorischen Verankerung beruhen auf Überlegungen von Bangemann/Dressler, die sich mit der Ausgestaltung von Shared-Service-Organisationen im Back-Office-Bereich von Konzernen auseinandergesetzt haben. Bangemann unterscheidet zwischen vier „alternative SSO organizational models": Stand-alone legal entity, independent business unit, functionally aligned, functional/independent business unit hybrid. Vgl. Dressler, 2007b, S. 51 ff. sowie Bangemann, 2005, S. 106.
[728] Ausführlicher zu den Einsatzmöglichkeiten von Shared Services im Laborbereich vgl. Kapitel 5.

Ergänzend ist anzumerken, dass bei der organisatorischen Verankerung von Shared Services im Klinikbereich die verschiedenen Berichtsebenen zu berücksichtigen sind. Während es im Bereich der typischen Unternehmensfunktionen wie Finanzen und Einkauf ersichtlich ist, dass die Shared-Service-Center an die entsprechenden Vorstands- und Leistungsfunktionen berichten, ist im Bereich der patientennahen Sekundärleistungsbereiche gegebenenfalls auf Konzernebene eine zentrale Funktion zu schaffen, mit der die jeweiligen Bereiche geführt werden können. Dies könnte für den Bereich der Labordiagnostik, wie bereits oben erläutert, durch die Leitung eines Zentralinstituts für Labordiagnostik erreicht werden.

Vorteil dieser funktionalen Ausrichtung ist die Sicherstellung einer fachbezogenen Führung durch das Management der einzelnen Funktionsbereiche, das in seinem Aufgabenfeld über Spezialwissen verfügt, wodurch wiederum eine hohe Qualität in der Leistungserstellung zu erwarten ist. Darüber hinaus weisen funktional ausgerichtete Shared-Service-Einheiten im Allgemeinen eine hohe interne Kundenorientierung auf.[729] Die Fokussierung des Managements auf den eigenen Bereich führt zwar zu Spezialisierungsvorteilen – bei einer konzernweiten Verankerung funktionsorientierter Shared Services kann aber der Effekt auftreten, dass Entscheidungen im Hinblick auf IT-Systeme oder Prozessstruktur in den einzelnen Sekundärleistungsbereichen grundlegend anders getroffen werden. Dies kann mit Blick auf den gesamten Krankenhauskonzern oder -verbund zu Schnittstellen- und Koordinationsproblemen führen, mit der Folge, dass die mit der Einführung von Shared Services beabsichtige Freisetzung von Synergiepotenzialen nicht erreicht wird.

Wie die Erörterung der Einsatzmöglichkeiten im vorherigen Kapitel gezeigt hat, ist eine Standardisierung von IT-Systemen und Prozessen in den jeweiligen Sekundärleistungen und auch übergreifend nur bedingt möglich. Eine sekundärleistungsübergreifende Standardisierung von IT-System und Prozessen ist vermutlich ausschließlich in stark transaktionsorientierten Prozessen möglich, wie sie beispielsweise in Bereichen des Personal- oder Finanzwesens zu finden sind. Vor allem expertenbasierte Leistungsprozesse im patientennahen Sekundärleistungsbereich eignen sich wenig für funktionsübergreifende Standardisierungen.

In einer multifunktionalen Shared-Service-Einheit werden mehrere Funktionsbereiche miteinander vereinigt.[730] Es wird eine zentrale Organisationseinheit aufgebaut, die für die Führung der Shared Services verantwortlich ist, und verschiedene Sekundärleistungen werden aus einem Center heraus bereitgestellt. Diese Bereitstellung von Leistungen verschiedener Fachgebiete aus einem Cen-

---

[729] Dressler schreibt in diesem Zusammenhang von einer „effizienten und kundenorientierten Servicementalität". Vgl. Dressler, 2007b, S. 52.
[730] Ähnlich vgl. Dressler, 2007b, S. 52.

ter heraus eignet sich zur Bündelung von transaktionsbasierten Leistungsprozessen. Aufgrund von ähnlich gelagerten Aktivitäten können Prozessstandardisierungen und eine Vereinheitlichung der IT-Struktur auf ein breites Feld an Aktivitäten angewendet werden, während bei der funktionalen Sichtweise die Standardisierungen und Vereinheitlichungen von IT-Systemen in den einzelnen Bereichen einen unterschiedlichen Ausprägungs- und Gestaltungsgrad aufweisen können. Bezogen auf das Gesamtunternehmen ist davon auszugehen, dass bei multifunktionalen Shared Services im transaktionsorientiertem Bereich aufgrund der oben genannten Punkte umfassendere Kostensenkungseffekte auftreten.

Zusammenfassend ist zu konstatieren, dass sich vor allem Sekundärleistungen mit einem hohen Maß an Patientennähe und strategisch bedeutsamen Aktivitäten für eine Verankerung in funktionalen Shared-Service-Einheiten eignen, während bei transaktionsorientierten Leistungsprozessen durch eine multifunktionalen Verankerung mehr Vorteile freigesetzt werden können.

Eine weitere Form der organisatorischen Verankerung zeigt sich in einer als eigenständige Geschäftseinheit geführten Shared-Service-Organisation. Dabei werden die jeweiligen Leistungsprozesse der Sekundärleistungen aus den einzelnen Geschäftseinheiten und Fachabteilungen vollständig herausgelöst und in einer eigenen Geschäftseinheit konsolidiert. Diese eigenständigen Geschäftseinheiten könnten ähnlich wie bei der funktionalen oder multifunktionalen Verankerungen entweder nur spezifische Prozesse oder Leistungsprozesse verschiedener Fachdisziplinen bereitstellen, wobei anzunehmen ist, dass ähnliche wie die oben genannten Vor- und Nachteile auftreten würden.

Im Unterschied zu den funktionalen und multifunktional verankerten Shared-Service-Organisationen zeigt sich hier jedoch ein deutlich höherer Autonomiegrad. Somit wäre auch eine Führung als Profit-Center denkbar, bei dem externe Kunden bedient werden, um zusätzliche Erlöse zu erwirtschaften. Bei der Entwicklung dieser Art von Shared Service-Centern besteht aber die Gefahr, dass die interne Kundenorientierung vernachlässigt wird, wenn eine zu ausgeprägte Fokussierung auf Bedienung externer Kundenbedürfnisse stattfindet. Es ist demnach erforderlich, durch eine entsprechende Strategieausrichtung und Vereinbarung von Service-Level-Agreements die interne Kundenorientierung sicherzustellen.[731]

---

[731] Vgl. Kapitel 6.3.

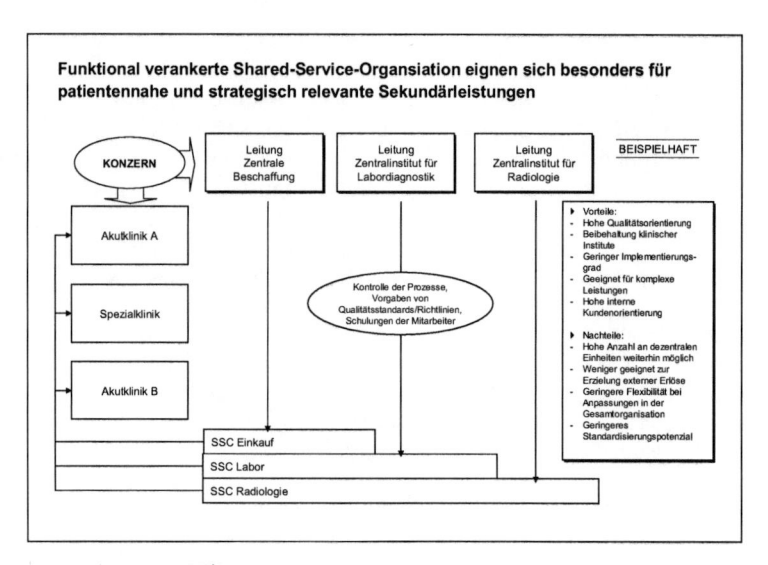

Abbildung 6-4: Möglichkeiten der organisatorischen Verankerung von Shared Services im Klinikkonzern[732]

In Bezug auf die juristische Form können Shared-Service-Center zum einen als nichtselbstständige Organisationseinheiten innerhalb einer rechtlich selbstständigen Einheit angesiedelt werden. Zum anderen treten sie als rechtlich selbstständige Gesellschaften auf. Dies ist insbesondere bei der organisatorischen Verankerung als eigenständige Gesellschaft zu finden.[733] Rechtlich selbstständige Shared-Service-Center existieren in der Regel in Form von Personengesellschaften, Kapitalgesellschaften und Genossenschaften.[734] Die Rechtsform der Kapitalgesellschaft findet vor allem im Bereich konzerngebundener Shared Services eine breite Anwendung. Aufgrund der Tatsache, dass bei einer GmbH eine geringere Mindestkapitalausstattung und moderatere Formvorschriften als bei Aktiengesellschaften und Kommanditgesellschaft auf Aktien gelten, kann angenommen werden, dass daher die Gesellschaftsrechtsform „GmbH" eine breitere Verwendung findet. Bei rechtlich nichtselbstständigen Shared-Service-Einheiten erfolgt die Führung des Shared-Service-Center als Organisationseinheit innerhalb einer größeren, rechtlich selbstständigen Konzerneinheit oder als Niederlassung. Diese Art der Rechtsstruktur besitzt in erster Linie Vorteile aufgrund

---

[732] Eigene Abbildung. Die Darstellung orientiert sich ihrer Struktur nach an der Darstellung von Dressler zur SSC Governance (nicht krankenhausbezogen), vgl. Dressler, 2007b, S. 54.
[733] Vgl. Bangemann, 2005, S. 106.
[734] Ausführlicher zu den Aspekten der juristischen Form von Shared Services innerhalb von Konzernstrukturen vgl. Kagelmann, 2001, S. 98 ff.

nicht existierender Kosten für Gründungs- und Prüfungsaktivitäten, wie sie im Falle einer eigenen Rechtspersönlichkeit anfallen würden.[735]

6.2.3 Responsibility-Center-Struktur

In Bezug auf die Gestaltung von Shared-Service-Einheiten innerhalb der Krankenhausorganisation können verschiedene Führungssysteme mit unterschiedlichen Autonomiegeraden zur Verfügung stehen. Abhängig von der eingeräumten Verantwortung und Entscheidungsfreiheit wird in der Literatur zwischen verschiedenen Formen sogenannter Responsibility-Center[736] unterschieden.[737] Vor allem die daraus abgeleiteten Formen Expense-Center, Cost-Center und Profit-Center eignen sich für den Einsatz im internen Dienstleistungsbereich und werden im Folgenden skizziert.[738]

Das Verständnis, verschiedene Centerstrukturen[739] als Steuerungsmodelle anzusehen und diese in Bezug auf die Art der Steuerung untereinander abzugrenzen, ist auf Überlegungen von Autoren der Harvard Business School zurückzuführen.[740] Demnach erfolgt die Steuerung durch Einräumen verschiedener Handlungsspielräume (Verantwortlichkeiten) und Zielgrößen (Kennzahlen, Verrechnungspreise). Die Erkenntnisse dieser Autoren ist damit eine Basis für die Typisierung von Centern anhand rechentechnischer Größen (Kosten, Erlöse, Erfolg, Rendite), wie dies beispielsweise in der Form von Cost-Centern, Revenue-Centern, Profit-Centern oder Investment-Centern umgesetzt wird.[741]

---

[735] Vgl. Kagelmann, 2001, S. 98 ff.

[736] Unter dem Begriff „Responsibility Center" werden in der Literatur Einheiten verstanden, die sich sowohl durch eindeutige Verantwortungsbereiche als auch durch den Ausweis von Erfolgsgrößen auszeichnen, vgl. Melumad, Mookherjee, Reichelstein, 1992, S. 445 ff.

[737] Vgl. Buscher, 1997, S. 21.

[738] Ausführlicher zur Darstellung dieser hier aufgeführten drei Führungsmodelle zur Steuerung interner Servicebereiche vgl. Weber, Neumann-Giesen, Jung, 2006, S. 31 ff.

[739] Frese führt eine Einordnung des Center-Begriffs unter organisationstheoretischen Aspekten durch. Demnach ist eine Centerorganisation durch Aufteilung des Unternehmens in mehrere teilautonome Einheiten gekennzeichnet, deren Aufgaben sich vor allem aus Leistungsbeschreibungen und Dienstleistungsvereinbarungen und nicht mehr aus einem Organigramm ergeben. Frese differenziert in diesem Zusammenhang zwischen zwei Gruppen, die sich mit der Abgrenzung des „Centerbegriffs" im Kontext der Centerorganisation auseinandergesetzt haben. Die erste Gruppe von Autoren benutzt den Begriff „Center" für organisatorische Einheiten, denen besonders gekennzeichnete Aufgaben zugewiesen werden. Dieses Autorenteam versteht unter einem „Center" eine Einheit, in der solche Aufgaben gebündelt werden, die eine unternehmensweite Kernkompetenz prägen. Die Erkenntnisse der zweiten Gruppe von Autoren sind durch Forschungsbeiträge der Harvard Business School geprägt und sind Basis für die Überlegungen in dieser Arbeit. Ausführlicher vgl. Frese, 2004, S. 135 ff.

[740] Vgl. Merchant, 1985 sowie Anthony, Dearden, Govindarajan, 1992.

[741] Vgl. Frese, 2004, S. 135 sowie zu den verschiedenen Centerarten vgl. Friedrich, 1996, S. 984 ff.

6.2.3.1 Expense-Center

Bei der Steuerung als Expense-Center wird die Einhaltung von Budgets für Sach- und Personalausgaben gemessen.[742] Steuerungsgrößen sind damit in den meisten Fällen die Budgeteinhaltung und gegebenenfalls besondere qualitative und quantitative Größen. Im Bereich der finanziellen Dimension wird unter Berücksichtigung der erwarteten Leistung des Shared-Service-Centers in der Regel ein Kostenbudget festlegt, an dessen Einhaltung der Verantwortliche für das Shared-Service-Center gemessen wird. Die Transparenz der Leistung im Rahmen der Steuerung über Expense-Center existiert zumeist funktionsintern und ist daher selten explizit ausgewiesen. Daraus folgt, dass in der Regel keine mengenbasierte Verrechnung der Leistung stattfindet, sondern eine Umlegung der Kosten auf Konzernelemente durchgeführt wird.

Eine Ausgestaltung von Shared-Service-Organisationen im Krankenhaus als Expense-Center könnte sich aufgrund geringerer Umstellungsaktivitäten in der Anfangsphase der Einführung von Shared Services eignen oder innerhalb von Krankenhausorganisationen zum Einsatz kommen, bei denen die Einhaltung von Budgetvorgaben noch einen Effizienzmaßstab darstellt. Der Aufbau von Shared-Service-Organisationen in Form eines Expense-Centers ist zudem geeignet, wenn aufgrund fehlender technischer oder organisatorischer Voraussetzungen der Zusammenhang zwischen Output und Input schwer ermittelbar ist. Dies kann beispielsweise bei Krankenhausunternehmen der Fall sein, die nicht über leistungsfähige Instrumente zur Erfassung der Kosten- und Leistungsströme verfügen. Die Verantwortlichkeit der Führung des Shared-Service-Centers besteht in diesem Fall somit nur für die Höhe der Ausgaben der betreffenden Leistung.[743]

6.2.3.2 Cost-Center

Bei der Führung von Shared Services als Cost-Center existiert von Seiten des Shared-Service-Managements eine Verantwortung über die Effizienz der Leistungserstellung, die über die Kosten gemessen wird.[744] Abhängig von der Ausgestaltung des Steuerungskonzeptes werden bei einer Führung als Cost-Center die für die Leistungserstellung entstehenden Kosten an die Geschäftseinheiten auf Basis von Verrechnungspreisen oder Kostenumlagen weitergegeben.

Die Erfolgsbeurteilung findet nicht auf Basis des ausgewiesenen Ergebnisses, sondern aufgrund der Ermittlung der Differenz zwischen den Plan- und Ist-

---

[742] In Unternehmen sind administrative Dienstleistungen häufig in Form von Expense-Centern organisiert, häufig werden sie nicht als „Expense-Center", sondern direkt als „Controlling-Abteilung" oder „Personalabteilung" bezeichnet, vgl. Weber, Neumann-Giesen, Jung, 2006, S. 31.
[743] Vgl. Ewert, Wagenhofer, 2008, S. 401.
[744] Ähnlich vgl. Ewert, Wagenhofer, 2008, S. 401.

Kosten einer Periode statt. Die Plankosten ergeben sich aus der Budgetkalkulation, deren Grundlagen sich in der Leistungsarten- und Leistungsmengenplanung wiederfinden lassen. Ziel der Shared-Service-Einheit ist es, mit den Ist-Kosten die Plankosten nicht zu überschreiten. Eine Wirtschaftlichkeitsermittlung kann durch Bildung des Quotienten aus Ist- und Plankosten durchgeführt werden oder durch Messung der Abweichung als absolute Differenz zwischen Ist- und Plankosten erfolgen.[745] Die Höhe der Differenz ist ein Indikator für eine effiziente oder ineffiziente Bearbeitung der Aufgaben im Cost-Center.[746] Allerdings ist die Aussagefähigkeit davon abhängig, ob und wie zuverlässig die Informationen über die bereitgestellten Leistungen und die dabei entstandenen Kosten ermittelt werden können.

Die Steuerung von Shared Services als Cost-Center kann ausdrücklich dann erfolgen, wenn kein Zugang zum externen Markt vorhanden ist und der Output weitestgehend durch die Entscheidungen anderer Organisationseinheiten determiniert wird.[747],[748] Zwar existieren innerhalb des Unternehmens entsprechend der Idee des Shared-Service-Konzeptes marktähnliche interne Verflechtungen, von besonderem Gewicht ist aber, dass das Shared-Service-Center nicht auf Erlöserzielung ausgerichtet ist, sondern die Leistungsabstimmung[749] mit den internen Kunden im Vordergrund steht.[750]

Der Einsatz von Cost-Center-Strukturen für Shared Services in Kliniken eignet sich speziell beim Vorliegen von folgenden Merkmalen:[751]

¶ Das Klinikmanagement lässt aufgrund weitreichender finanzieller Vorgaben, Qualitätsvorgaben und einer umfassenden Produktvielfalt nur wenig Raum für operationale Unabhängigkeit.

---

[745] Ähnlich vgl. Weber, Neumann-Giesen, Jung, 2006, S. 35.
[746] Vgl. Frese, 2005, S. 498. Des Weiteren kann die Wirtschaftlichkeitsmessung eines Cost-Centers durch Ermittlung der Ist-Kosten vs. Sollkosten, Stückkosten oder durch Einsatz von Produktivitätskonzepten erfolgen, vgl. Weber, Neumann-Giesen, Jung, 2006, S. 35.
[747] Bezüglich der Eignung des Steuerungskonzeptes „Cost-Center" für Shared Services sind in der Literatur unterschiedliche Auffassungen zu finden. Während einige Autoren darauf hinweisen, dass Cost-Center-Strukturen generell zur Steuerung von Shared-Service-Einheiten nicht geeignet sind, da sie die wirtschaftlichen Prinzipien eines funktionsfähigen Marktes nicht hinreichend unterstützen (beispielsweise bei Keuper, Oecking, 2006, S. 399), nennen andere Autoren Cost Center als geeignetes Steuerungskonzept dann, wenn das Shared-Service-Center lediglich als interner Dienstleister fungiert, da kein Gewinnbeitrag erwartet wird und die Steuerung über interne Vorgaben erfolgt, vgl. Bogaschewsky, Kohler, 2007, S. 156.
[748] Vgl. Frese, 2005, S. 498.
[749] Die Leistungsabstimmung bezieht sich dabei sowohl auf den Aufbau eines gemeinsamen Verständnisses der zu erbringenden Leistungen als auch auf eine Abstimmung hinsichtlich der Mengenplanung. Fundament der Leistungsabstimmung in einem Shared-Service-Center sind Service-Level-Agreements.
[750] Ähnlich vgl. Weber, Neumann-Giesen, Jung, 2006, S. 33.
[751] Ähnlich vgl. Siemering, Backens, 1999, S. 81. Siemering/Backens beziehen sich in ihrem Aufsatz auf grundlegende Aspekte der Cost-Center-Organisation in der Speisenversorgung.

¶ Die Mengenplanung der internen Dienstleistung ist aufgrund der Mengenplanung der Abnehmer in den Fachabteilungen weitestgehend fremdbestimmt.

¶ Es existiert eine Beeinflussung bei der Erstellung der Sekundärleistung durch Budgetierung von Wareneinsatzkosten seitens der Krankenhausleitung.

¶ Die von Shared-Service-Center bereitgestellten Sekundärleistungen besitzen aufgrund rechtlicher Aspekte keine Marktfähigkeit.

Exemplarisch dargestellt könnte die Leitung eines als Cost-Center geführten Shared-Service-Centers hauptsächlich auf die Einkaufspolitik (Auswahl der Lieferanten, Preisverhandlungen, Lieferverträge) und auf die Organisation der Sekundärleistungserstellung Einfluss nehmen. Dies verdeutlicht, dass eine Cost-Center-Steuerung für Shared Services explizit in Bereichen sinnvoll ist, bei denen die Führung lediglich auf die Wirtschaftlichkeit und Qualität der Leistungserstellung Einfluss nehmen kann und die Möglichkeit zur Leistungsgestaltung (im Sinne einer Produktgestaltung) und Mengenanpassung nicht existiert.

Ergänzend ist anzumerken, dass, wie oben bereits erwähnt, bei der Führung von Shared-Service-Organisationen als Cost-Center die einzelnen Sekundärleistungen an die internen Kunden auf Basis von Leistungsmengen und Verrechnungspreisen verrechnet werden.[752] Dabei dient das daraus resultierende Ergebnis aber nicht wie bei der Führung von Shared Services als Profit-Center als Steuerungsgröße. Die Verrechnung dient meist dazu, einen Kostenausweis auf dem Endprodukt zu erzielen oder um einen Gewinnausweis zu Steuerzwecken aufzustellen. Mit Blick auf die im Rahmen des Konzeptionsfeldes Koordination beschriebene Verrechnungspreisthematik spielt es keine Rolle, ob Leistungen auf Basis von Marktpreisen, Vollkosten, Teilkosten oder anderen Methoden verrechnet werden.[753]

6.2.3.3 Profit-Center

Im Gegensatz zu einer Cost-Center-Gestaltung existiert bei einer Profit-Center-Organisation eine Gewinnerzielungsabsicht.[754] Als Profit-Center gesteuerte Einheiten treten in Form von Verantwortungs- und Abrechnungseinheiten auf, deren Beitrag zum Gesamtergebnis durch eine Gegenüberstellung der Kosten und Erlöse dargestellt wird.[755] Damit umfasst der Handlungsspielraum der Geschäftsbereiche nicht nur die Leistungs-, sondern ebenfalls die Absatzdimension und damit die Beeinflussung der Erlöse. Anders ausgedrückt handelt es sich bei

---

[752] Ähnlich vgl. Weber, Neumann-Giesen, Jung, 2006, S. 34.
[753] Vgl. Weber, Neumann-Giesen, Jung, 2006. S. 35.
[754] Vgl. Weber, Neumann-Giesen, Jung, 2006, S. 38.
[755] Vgl. Friedrich, 1996, S. 988.

Profit-Centern um Teilbereiche einer Unternehmung, für die ein gesonderter Erfolgsausweis durchgeführt wird.[756] In Bezug auf Shared-Service-Organisationen bedeutet dies, dass Erlöse in erster Linie durch das Anbieten von Leistungen an den internen Kunden und über die Bereitstellung von Dienstleistungen an externe Dritte erzielt werden. Somit geht bei dieser Art der Organisation die Überlegung mit einher, dass die Leistungen, die das Shared-Service-Center auf dem internen Markt anbietet, auch auf dem externen Markt angeboten werden und der Leitung der Shared-Service-Einheit somit die notwendigen Handlungskompetenzen zur Erzielung von Markterfolg zugestanden werden.

Profit-Center eignen sich in besonderem Maße zur Führung von Shared-Service-Organisationen, da die stärkste Angleichung an die Eigenschaften von denjenigen Wirtschaftssubjekten stattfindet, die auf dem unternehmensexternen Markt unter Wettbewerbsbedingungen agieren.[757] Des Weiteren führt eine Steuerung von Shared-Service-Einheiten als Profit-Center dazu, dass aufgrund der Gewinnverantwortung und den sich daraus ergebenden Effekten der Entscheidungsverantwortung und -autonomie eine Aura geschaffen wird, die geprägt ist von unternehmerischem, marktorientiertem und eigenverantwortlichem Handeln. Damit wird das Management von Shared-Service-Centern bei der Anwendung dieses Führungsprinzips zu einem ökonomischen Umgang der vorhandenen Ressourcen und zur Ausschöpfung von Rationalisierungspotenzialen motiviert. Darüber hinaus werden bei Profit-Center-basierten Steuerungskonzepten Anreize geschaffen, die zu einer qualitativ hochwertigen Leistungserbringung und daraus resultierend zu einer Verbesserung des Kundennutzens motivieren.[758]

Vor dem Hintergrund, dass Shared-Service-Einheiten oft als Profit-Center bezeichnet werden oder dazu aufgefordert wird, Shared-Service-Einheiten als Profit-Center zu deklarieren ist zu konstatieren, dass Service-Einheiten, deren Umsätze ausschließlich auf Basis interner Leistungsverrechnungen basieren, die den anfallenden Kosten gegenübergestellt werden, nicht als echte Profit-Center eingestuft werden können. In diesem Fall handelt es sich vielmehr um die Steuerung als Cost-Center mit Ergebnisausweis[759] Das Management der Shared-Service-Einheit hat ausschließlich Einfluss auf die Wirtschaftlichkeit der Leistungserstellung und verfügt nicht über die Möglichkeit zur Einflussnahme auf die Leistungsgestaltung und Mengenanpassung. Die Führung von Shared-Service-Einheiten, die ausschließlich interne Kunden bedienen, als „echte" Profit-Center könnte zudem dazu führen, dass das Shared-Service-Center-Management versucht, Preisverhandlungen als Hebel einzusetzen, um die inter-

---

[756] Vgl. Frese, 1995, S. 80.
[757] Vgl. Keuper, Oecking, 2006, S. 399.
[758] Vgl. Keuper, Oecking, 2006, S. 399.
[759] Ähnlich vgl. Weber, Neumann-Giesen, Jung, 2006, S. 39 sowie Merchant, Van der Stede, 2003, S. 256.

nen Verrechnungspreise zu erhöhen. Dies würde zwar aus Sicht des Shared-Service-Centers das Ergebnis verbessern, wäre aber aus Sicht des Konzerns ohne Bedeutung, da eine Konsolidierung auf Konzernebene stattfindet.

Es wird zwar auf Seiten der Shared Services ein Bewusstsein für den effizienten Umgang mit den Ressourcen im Sekundärleistungsbereich geschaffen – es ist aber auf Seiten der Abnehmer und dort aus Sicht des Gesamtunternehmens durch entsprechende Steuerungskonzepte sicherzustellen, dass ein effizienter und effektiver Umgang mit den Sekundärleistungen erfolgt. Dies lässt sich dadurch erreichen, dass Kliniken und Abteilungen selbst innerhalb der jeweiligen Geschäftseinheiten als Profit-Center geführt werden und somit eine Basis für den wirtschaftlichen Umgang bei der Nachfrage nach internen Dienstleistungen gesetzt wird.[760]

Bei der Ausgestaltung von Shared-Service-Einheiten als Responsibility Center ist auch die Entwicklungsphase der Shared-Service-Organisation zu berücksichtigen. Die Gestaltung als Profit-Center macht demnach nur dann Sinn, wenn das Shared-Service-Center seine Leistungen externen Kunden anbietet beziehungsweise die internen Kunden hinsichtlich des Leistungsbezugs keinen Kontrahierungszwang zugunsten der Shared-Service-Einheit haben und der Führung des Shared-Service-Centers unternehmerische Freiheiten und Verantwortung gewährt werden.

Vor dem Hintergrund, dass die Entwicklung von Shared-Service-Strukturen im Krankenhausbereich noch in den Kinderschuhen steckt, ist davon auszugehen, dass im Rahmen der Errichtung von Shared Services zunächst keine Wahlfreiheit zwischen internen und externen Kunden besteht und eine geringe Ausprägung unternehmerischer Freiheiten existiert. Vor diesem Hintergrund bilden Shared-Service-Einheiten in der Aufbauphase Cost-Center oder Expense-Center. Ob diese zu „echten" Profit-Centern[761] werden ist davon abhängig, ob die Strategie des Klinikmanagements langfristig darauf abzielt, durch das Shared-Service-Center externe Kunden zu beliefern und der Führung der Service-Einheit einen größeren Handlungsspielraum zur Verfügung stellt. Darüber hin-

---

[760] Es wird in der Literatur zum Klinikmanagement die Frage aufgeworfen, ob Fachabteilungen (die ja Leistungen der Shared-Service-Einheiten beziehen) überhaupt als Profit-Center geführt werden können, da die Leistungsstruktur einer Fachabteilung in der Regel keiner autonomen Gestaltung unterliegt, sondern von Vorgaben des Krankenhausplans und des Versorgungsauftrags abhängig ist. Vgl. Hoppe, Schmidt-Rettig, Weygoldt, 1999, S. 58.
[761] Der Begriff „echtes" Profit-Center bezieht sich auf den hier skizzierten Aspekt, dass Servicebereiche von Unternehmen z.T. als Profit-Center bezeichnet werden, obwohl es sich eigentlich um Cost-Center mit Ergebnisausweis handelt.

aus ist zu hinterfragen, ob sich krankenhausspezifische Sekundärleistungen[762] überhaupt dazu eignen, externe Erlöse zu erzielen.[763]

6.3 Steuerung

6.3.1 Performance Measurement

„Unter dem Bereich Performance Measurement werden in der englischsprachigen Managementliteratur seit Mitte der 1980er Jahre die Bemühungen subsumiert, integrierte Kennzahlensysteme zur Unternehmenssteuerung aufzubauen und in der Praxis einzusetzen."[764] Ziel dieser Kennzahlensysteme ist es, die erbrachten Leistungen umfassend und multidimensional (in den Dimensionen Kosten, Zeit, Qualität, Innovationsfähigkeit) zu bewerten.[765] Dies führt zu einer Erweiterung der klassischen, vorwiegend bereichsbezogenen Sach- und Formalzielplanung in der Hinsicht, dass die Sach- und Formalziele verstärkt objektorientiert formuliert und die Strategien stärker operationalisiert, quantifiziert und komplementär verknüpft werden.[766] Diese Vorgehensweise findet in den Konzepten der Data Envelopment Analysis, dem Quantum-Performance-Konzept von Hronec sowie dem Balanced-Scorecard-Konzept ihre Anwendung.[767]

6.3.2 Balanced Scorecard

Die von Kaplan und Norton entwickelte Balanced Scorecard (BSC) zählt in diesem Zusammenhang zu dem wohl bekanntesten und meist genutzten Ansatz dieser Art und hat sich als erfolgreiches Rahmenwerk zur Performancemessung etabliert.[768]

---

[762] Vgl. Kapitel 5.2.
[763] Vgl. Kapitel 6.4.
[764] Keuper, 2001, S. 283. Gleich versteht unter Performance Measurement den Aufbau und Einsatz meist mehrerer quantifizierbarer Maßgrößen verschiedenster Art (z.B. Kosten, Zeit, Qualität, Innovationsfähigkeit, Kundenzufriedenheit), die zur Beurteilung der Effektivität und Effizienz der Leistung und Leistungspotenziale unterschiedlichster Objekte im Unternehmen (Organisationseinheiten unterschiedlichster Größe, Mitarbeiter, Prozesse) herangezogen werden, vgl. Gleich, 1997, S. 115.
[765] Die Idee und Grundlage des Performance Measurements basiert auf der Überlegung, die Defizite und Problemfelder klassischer Steuerungssysteme zu überwinden. Zentrale Problemfelder klassischer Steuerungskonzepte liegen demnach in einer starken Vergangenheitsorientierung, einer überwiegend finanziellen Prägung, einer mangelnden Strategiefokussierung sowie in der Fokussierung auf kurzfristige Optimierungsüberlegungen, vgl. Horvath, Gleich, 1998, S. 562.
[766] Vgl. Keuper, 2001, S. 283.
[767] Vgl. Keuper, 2001, S. 283; Hronec, 1996, S. 13. Weitere bekannte Vertreter dieser Konzepte sind die Performance Pyramid von Lynch/Cross, 1991, sowie das Performance Measurement in Dienstleistungsunternehmen nach Fitzgerald et al., 1991.
[768] Vgl. Coenenberg, Salfeld, 2003, S. 260. Ausführlicher zur Balanced Scorecard Thematik vgl. Keuper, 2001, S. 283 ff.

Kaplan/Norton haben mit dem Balanced-Scorecard-Konzept unter anderem zwei Modelle für Scorecards zum Einsatz in einer Shared-Service-Organisation entwickelt:[769]

¶ Modell A „Strategischer Partner": Bei diesem Modell haben die Geschäftseinheiten eine eigene Balanced Scorecard entwickelt, in der sich ihre Strategien jeweils widerspiegeln. Das Shared-Service-Center ist in diesem Prozess als Partner verankert.

¶ Modell B „Unternehmen im Unternehmen": Bei diesem Modell verfügen die Geschäftseinheiten über keine eigenen Balanced Scorecards. Das Selbstverständnis des Shared-Service-Centers ist hier sich selber als Unternehmen und die Geschäftseinheiten als seine Kunden zu sehen. Die Beziehungen zwischen der Geschäftseinheit und dem Shared-Service-Center werden über die Balanced Scorecard definiert.

Im Folgenden soll der Ansatz B „Unternehmen im Unternehmen" eingehender betrachtet werden. Die Fokussierung auf den Ansatz B ist vor dem Hintergrund einzuordnen, dass davon auszugehen ist, dass bei einer Implementierung von Shared-Service-Strukturen im Klinikbereich die jeweiligen Geschäftseinheiten aufgrund des Verbreitungsgrades von Managementkonzepten in Krankenhausunternehmen noch nicht über Balanced Scorecards verfügen.[770] Das Shared-Service-Center nimmt durch die Implementierung einer Balanced Scorecard somit eine Vorreiterrolle ein. Der Einsatz einer BSC für die entsprechenden Shared-Service-Einheiten erlaubt es ihnen, einen professionellen Management-Ansatz aufzubauen, der sie dazu motiviert, sich kunden- und wettbewerbsorientiert in der Gesamtorganisation zu platzieren. Beispielsweise wird die Laborabteilung als Shared-Service-Center aufgebaut. In diesem Fall entwickelt das Labor-Shared-Service-Center zu den jeweiligen Kliniken und Abteilungen eine professionelle Schnittstelle. Abhängig von der strategischen Ausrichtung des Klinikkonzerns treten externe Anbieter von Laborleistungen als Konkurrenten des eigenen Shared-Service-Center für Laborleistungen auf.

Eine auf Ebene der Shared-Service-Center entwickelte Balanced Scorecard bildet die Basis für ein multidimensionales Performance Measurement.[771] Sie dient

---

[769] Vgl. Kaplan, Norton, 2001, S. 172 ff. Die klassischen BSC-Perspektiven haben sich im Rahmen der Auseinandersetzung mit dem Controlling in Shared-Service-Center bewährt, vgl. z.B. KPMG, 2007, S. 15.

[770] Vgl. allgemein zu den Erfahrungen mit der Balanced Scorecard im Klinikbereich Schmeisser, Tröger, 2006, S. 41.

[771] Der Einsatz der Balanced Scorecard im Primärleistungsbereich von Krankenhäusern ist in der Literatur bereits in zahlreichen Veröffentlichungen diskutiert worden (siehe Überblick über Erfahrungen mit der BSC im Gesundheitswesen bei Brinkmann et al., 2003, S. 950). Es wird in diesem Zusammenhang angemerkt, dass zur patientenorientierten Positionierung und zur Sicherung der Existenz der Krankenhäuser eine Integration von auf den ersten Blick konkurrierenden Perspektiven erforderlich

damit als zentrales Controlling-Instrument innerhalb der Shared-Service-Einheiten. Weber und Schäffer definieren Controlling als Funktion zur Sicherstellung der Rationalität der Führung.[772] Ohne auf den Rationalitätsbegriff an dieser Stelle näher einzugehen dient das Controlling damit der Sicherstellung rationaler[773] Führungsentscheidungen, um eine effiziente und effektive Zielerreichung im Unternehmen herbeizuführen.[774] Nach Fischer/Sterzenbach sind im Rahmen des Shared-Service-Centers Controlling zwei Sachverhalte zu beachten.[775] Zum einen ist eine Ausrichtung der Shared-Service-Center-Ziele auf die Erreichung des unternehmerischen Gesamtziels erforderlich, zum anderen ist eine Koordination der internen Shared-Service-Center-Aktivitäten im Hinblick auf die Erreichung der spezifischen Ziele des jeweiligen Shared-Service-Centers notwendig.

Ausgehend von einer Vision der Shared-Service-Einheit werden auf Ebene der einzelnen Scorecard-Perspektiven Ziele formuliert. In Anlehnung an die in Abbildung 6-5 aufgeführten Scorecard-Perspektiven der strategischen Agenda können vor dem Hintergrund, ein Shared-Service-Center-Controlling aufzubauen, verschiedene Ziele definiert werden. Auf Ebene der Finanzperspektive ist für den Krankenhaussektor zu konstatieren, dass öffentliche und freigemeinnützige Kliniken andere finanzielle Ziele haben als private.[776]

Dieser Aspekt würde sich ebenfalls auf die entsprechende Scorecard der Shared-Service-Einheit des Unternehmens auswirken. Während bei einem öffentlichen oder freigemeinnützigen Klinikkonzern in erster Linie die Existenzsicherung und ein solide finanzielle Basis im Vordergrund stehen ist bei privaten Einrichtungen eher davon auszugehen, dass Aspekte der wertorientierten Unternehmensführung und damit die Generierung zusätzlicher positiver Wertbeiträge im Vordergrund stehen, was die strategische Ausrichtung der Shared-Service-Organisation dahingehend beeinflusst, dass eine Erlöserzielung mit externen Kunden im Vordergrund steht.

---

ist, um der Steuerung von Krankenhäusern über rein monetäre Aspekte entgegenzuwirken. Die Balanced Scorecard stellt ein strategisches Führungs- und Steuerungsinstrument dar, das der Mehrdimensionalität der Zielsetzungen eines Krankenhauses speziell im Primärleistungsbereich entspricht, vgl. Brinkmann et al., 2003, S. 947 ff.
[772] Vgl. Weber, Schäffer, 1999, S. 731 ff.
[773] Eine Erwähnung von Rationalität im betriebswirtschaftlichen Kontext ist bei Wöhe/Döring zu finden: „Das wirtschaftliche Handeln unterliegt, wie jedes auf Zwecke gerichtete menschliche Handeln, dem allgemeinen Vernunftprinzip (Rationalitätsprinzip), das fordert, ein bestimmtes Ziel mit dem Einsatz möglichst geringer Mittel zu erreichen." Wöhe, Döring, 2000, S. 1.
[774] Vgl. Dyckhoff, Ahn, 2001, S. 112 ff.
[775] Vgl. Fischer, Sterzenbach, 2007, S. 464.
[776] Vgl. Schmeisser, Tröger, 2006, S. 43.

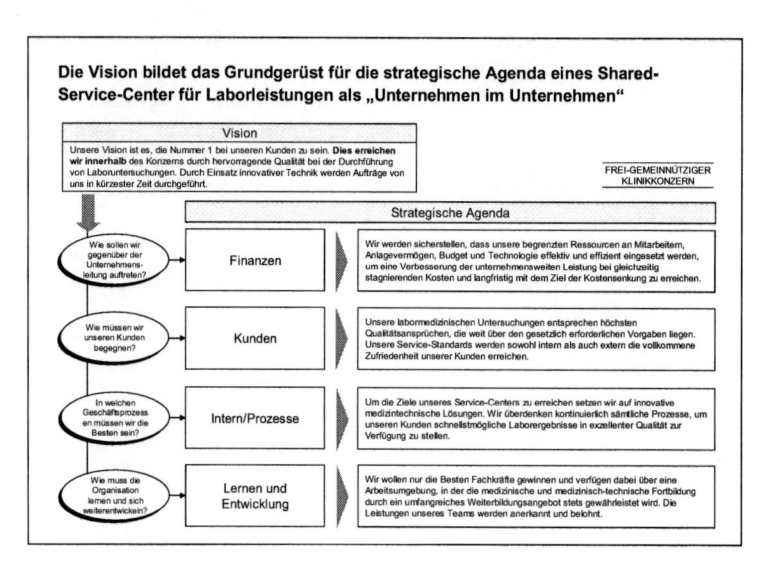

Abbildung 6-5: Mögliche Vision und strategische Agenda eines Shared-Service-Centers im Laborbereich[777]

Für Shared-Service-Einheiten in öffentlichen, freigemeinnützigen und privaten Kliniken gilt, dass eine Reduktion der Kosten je Leistungseinheit als ein zentrales Ziel auf Ebene der Finanzperspektive anzusehen ist. Voraussetzung dafür ist, dass eine effiziente und effektive Erbringung der Leistungen erfolgt.[778] Je nach Gesamtausrichtung der Shared-Service-Einheit und des Unternehmens kann ein weiteres Ziel auf finanzieller Ebene die Steigerung von Erlösen darstellen – besonders dann, wenn Leistungen des Shared-Service-Centers externen Kliniken oder anderen Einrichtungen bereitgestellt werden.

Eine weitere Perspektive der strategischen Scorecard-Agenda ist die Klienten- oder Kundenperspektive. Die auf dieser Ebene zu erreichenden Ziele ergeben sich unter anderem aus mit den einzelnen Kliniken und Abteilungen vereinbarten Service-Level-Agreements.[779] In den Service-Level-Agreements werden Angaben über Qualität, Menge und Preis der jeweiligen Outputgrößen der Dienstleistungen auf Vertragsbasis festgelegt.[780] Im Klinikbereich könnten mit den Service-Level-Agreements vorzugsweise Qualitätsangaben über die zu erbringende Leistung vereinbart werden (Einhaltung von Qualitätsstandards und Qualitätskontrollen).

---

[777] Eigene Abbildung in Anlehnung an Kaplan, Norton, 2001, S. 185.
[778] Zu Effizienz- und Effektivitätsaspekten vgl. Kapitel 3.
[779] Vgl. Kapitel 6.3.
[780] Vgl. Fischer, Sterzenbach, 2007, S. 464.

Ergänzend ist darauf zu verweisen, dass sich zwecks Überwachung der internen Kundenorientierung die Implementierung eines kundenorientierten Controllings durch den Einsatz von internen Kundenbarometern als sinnvoll erweisen kann. Mittels dieser Kundenbarometer könnten die relevanten Erfolgsgrößen der internen Kundenorientierung erfasst und für die Eingliederung in ein geeignetes Controlling-System genutzt werden.[781] Hier wäre beispielsweise eine Verknüpfung mit der oben genannten Kundenperspektive der Balanced Scorecard denkbar.

Auf Ebene der Prozess- oder Infrastrukturperspektive werden Prozesse identifiziert, die notwendig sind, um die Bedürfnisse der internen und externen Kunden des Krankenhausunternehmens zu befriedigen und die den finanziellen Erfolg der Klinik sicherstellen.[782] Ja nach Art der Dienstleistung, die das Shared-Service-Center zur Verfügung stellt, steht innerhalb dieser Perspektive die Minimierung von Prozessdurchlaufzeiten unter Einhaltung der geforderten medizinisch notwendigen Qualität im Vordergrund. Für ein Shared-Service-Center im Laborbereich kann dies bedeuten, dass unter Verwendung innovativer medizintechnischer Systeme Prozesse entwickelt werden, die zu einer Minimierung der Bearbeitungszeit von Laborproben führen.

Ziele der Lern- und Entwicklungsperspektive beziehen sich in erster Linie auf die im Shared-Service-Center eingesetzten Personalressourcen. In diesem Kontext ist es für die Shared-Service-Einheiten eines Krankenhauses wichtig, dass sie über mitdenkende und kreative Mitarbeiter verfügen, die mit dazu beitragen, die Ziele der strategischen Agenda zu erreichen. Als Mittel, um dies zu gewährleisten, eignen sich Zielvereinbarungen in Verbindung mit daran gekoppelten Anreizsystemen.

Zur Sicherstellung einer wirkungsvollen Performance-Messung und eines effektiven Controllings werden die einzelnen Scorecard-Perspektiven mit verschiedenen Schlüsselkennzahlen hinterlegt. Diese Kennzahlen werden als Key Performance Indicators (KPI) bezeichnet.[783] Aus Sicht des Shared-Service-Center-Controllings ergeben sich durch die Verbindung der Balanced Scorecard mit Key Performance Indicators dahingehend Vorteile, dass im Gegensatz zu den klassischen Kennzahlensystemen, bei denen inner- oder außerbetriebliche Vergleiche nach Inhalten oder periodenbasierte Vergleiche durchgeführt werden, bei dem Konzept der Balanced Scorecard die Key Performance Indicators aus

---

[781] Vgl. Bruhn, Georgi, 2006, S. 177.
[782] Vgl. ähnlich Schmeisser, Tröger, 2006, S. 43.
[783] Vgl. Bauer, Hayessen, 2006, S. 62.

verschiedenen Perspektiven des Unternehmensprozesses unter Berücksichtigung prozesstypischer Umweltmerkmale zueinander in Beziehung gesetzt werden.[784]

6.3.3 Key Performance Indicators

Key Performance Indicators (KPI) sind messbare Größen, mit denen der Zielerreichungsgrad festgestellt werden kann. Sie erfassen quantitativ messbare Sachverhalte in konzentrierter Form und werden als Kenngrößen eingesetzt, um die Leistung eines Shared-Service-Centers anhand vordefinierter Sollgrößen zu messen.[785] Sie sind damit ein Bereich des Shared-Service-Center-Controllings und in der Regel Bestandteil des Service-Level-Agreement zwischen dem Shared-Service-Center und dem internen Kunden und haben Auswirkungen auf die Leistungsabrechnung. Dies zeigt sich darin, dass bei Nichterreichen der in den Service-Level-Agreement vorgegebenen Sollgrößen Vertragsstrafen für das Shared-Service-Center ausgesprochen werden können; umgekehrt kann das Shared-Service-Center Prämien erhalten, wenn es die Sollgrößen übertrifft.[786]

Kenngrößen können Auslastungsgrad, Servicequalität oder Kundenzufriedenheit sein. Von entscheidendem Nutzen für eine Steuerung über diese Art von Kenngrößen ist, dass mit den KPI die jeweiligen Besonderheiten des Geschäftes möglichst treffend in Bezug auf die untergeordneten Ziele der Shared-Service-Organisation erfasst werden. Daraus resultiert der Effekt, dass für ein und dieselbe Dienstleistung unterschiedliche Indikatoren von Bedeutung sind.[787] Werden in einem als Shared-Service-Center aufgebauten Krankenhauslabor für Blutbilder Hämatologie-Analyzer-Automaten verwendet, ist die Auslastung dieser Geräte eine entscheidende Kennzahl. Eine weitere Kennzahl stellt beispielsweise die Bearbeitungszeit von Proben dar.

Neben der Messung der Qualität eines Shared-Service-Centers anhand der Outputs sollen KPI berücksichtigen, auf welchen Inputfaktoren die Arbeit eines Shared-Service-Centers aufbaut und wie der Leistungsgrad in den einzelnen Prozessen gestaltet ist. Dies erfordert die Einrichtung von drei verschiedenen KPI-Arten je Geschäftsprozess.[788]

¶ Input-KPI messen die Qualität der Daten bei Übergabe an das Shared-Service-Center zu Beginn eines Geschäftsprozesses. Wichtig ist, dass die Inputdaten in einer zuvor definierten Mindestqualität vorliegen, damit die Vereinbarungen im Service-Level-Agreement erreicht werden können.

---

[784] Vgl. Gleißner, Femerling, 2008, S. 256. Zur alternativen Zusammenstellung von KPI vgl. Weber, Schäffer, 2006, S. 438.
[785] Vgl. Schneider-Neureither, 2006, S. 59.
[786] Vgl. Schneider-Neureither, 2006, S. 60.
[787] Ähnlich vgl. Weber, Neumann-Giesen, Jung, 2006, S. 40.
[788] Vgl. Schneider-Neureither, 2006, S. 60.

¶ Prozess-KPI dienen der Performancemessung eines Geschäftsprozesses oder einer Aktivität des Shared-Service-Centers.

¶ Output-KPI messen das Ergebnis der Verarbeitung eines Geschäftsprozesses oder einer Aktivität durch das Shared-Service-Center. Diese Art von KPI wird auf Basis des Service-Level-Agreements in der Regel den Kunden des Shared-Service-Centers mitgeteilt.

In einem Shared-Service-Center[789], das die Befundung radiologischer Leistungen durchführt, könnten – beruhend auf der oben dargestellten Dreiteilung – folgende KPI eingesetzt werden:[790]

¶ Input-KPI: Vollständigkeit der Patientendaten in der elektronischen Patientenakte bei Erbringung der Dienstleistung durch das Shared-Service-Center. Anzahl der Rückfragen aufgrund unvollständiger Angaben, Anzahl der einwandfreien elektronischen Patientendaten, Anzahl der Systemausfälle der elektronischen Patientendatenverwaltung bei oder kurz vor Leistungserstellung, Anzahl der Rückfragen des radiologischen Personals aufgrund widersprüchlicher Angaben des Befundes laut elektronischer Patientenakte und den eigenen Angaben des Patienten.

¶ Prozess-KPI: Durchschnittliche Befunddauer. Zeitraum zwischen Eingang des Röntgenbildes und erstelltem Befund. Dieser Indikator dient dazu, die gesamte Wertschöpfungskette innerhalb des Shared-Service-Centers abzubilden und trägt damit in zuverlässigem Maße zur Beurteilung der Prozessbewältigung bei. Als ein weiterer typischer Prozess-KPI kann die Anzahl der Arbeitsminuten je Befund betrachtet werden, die Aufschlüsse über die Auslastung der Abteilung, Mitarbeiterzufriedenheit sowie Prozessgeschwindigkeit gibt.[791]

¶ Output-KPI: Entwicklung der Untersuchungszahlen. Dieser KPI dient dem Aufzeigen von Abweichungen der im Berichtsmonat durchgeführten Untersuchungen, gemessen am gewichteten Mittel der letzten 24 Monate.[792] Werden vom Shared-Service-Center Leistungen auf dem externen Markt angeboten, können mittels diesem KPI Rückschlüsse auf die Außenwirkung der erbrachten Leistungen gezogen werden, beispielsweise hinsichtlich der Akzeptanz des Shared-Service-Centers bei nicht zu den internen Kunden gehörenden Fachabteilungen oder niedergelassenen Ärzten.

---

[789] Die folgenden Angaben beziehen sich auf eine Shared-Service-Einheit, die Befundungen für dezentral operierende radiologische Abteilungen durchführt, vgl. Kapitel 5.
[790] In Anlehnung an Gocke, Debatin, Dürselen, 2002, S. 332 ff.
[791] Vgl. Gocke, Debatin, Dürselen, 2002, S. 340 f.
[792] Vgl. Gocke, Debatin, Dürselen, 2002, S. 340.

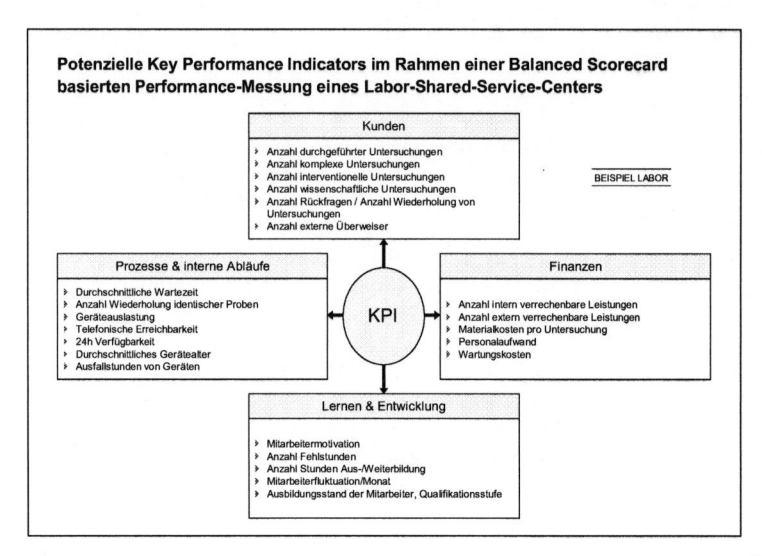

Potenzielle Key Performance Indicators im Rahmen einer Balanced Scorecard basierten Performance-Messung eines Labor-Shared-Service-Centers

Kunden
- Anzahl durchgeführter Untersuchungen
- Anzahl komplexe Untersuchungen
- Anzahl interventionelle Untersuchungen
- Anzahl wissenschaftliche Untersuchungen
- Anzahl Rückfragen / Anzahl Wiederholung von Untersuchungen
- Anzahl externe Überweiser

BEISPIEL LABOR

Prozesse & interne Abläufe
- Durchschnittliche Wartezeit
- Anzahl Wiederholung identischer Proben
- Geräteauslastung
- Telefonische Erreichbarkeit
- 24h Verfügbarkeit
- Durchschnittliches Gerätealter
- Ausfallstunden von Geräten

KPI

Finanzen
- Anzahl intern verrechenbare Leistungen
- Anzahl extern verrechenbare Leistungen
- Materialkosten pro Untersuchung
- Personalaufwand
- Wartungskosten

Lernen & Entwicklung
- Mitarbeitermotivation
- Anzahl Fehlstunden
- Anzahl Stunden Aus-/Weiterbildung
- Mitarbeiterfluktuation/Monat
- Ausbildungsstand der Mitarbeiter, Qualifikationsstufe

Abbildung 6-6: Mögliche KPI eines Shared-Service-Centers für Laborleistungen[793]

6.4 Koordination

6.4.1 Service-Level-Agreements

Neben den vom Shared-Service-Konzept ausgehenden marktorientierten Grundsätzen sind Aktivitäten zur Koordination der Zusammenarbeit zwischen den Leistungsempfängern und den Shared-Service-Einheiten erforderlich.[794] Dies kann erreicht werden, indem die Leistungen in Bezug auf die Merkmale Preis, Zeit, Qualität und Menge beschrieben werden und auf Basis dieser Merkmale nach erfolgter Leistungserstellung durch das Shared-Service-Center verrechnet werden. Eine Beschreibung der internen Dienstleistung in Verbindung mit den genannten spezifischen Merkmalen erfolgt in Form von Service-Level-

---

[793] Eigene Darstellung in Anlehnung an Gocke, Debatin, Dürselen, 2002, S. 340 ff. Ergänzend vgl. Kapitel 6.3.
[794] Vgl. Schimank, Strobl, 2002, S. 295.

Agreements (Service-Level-Agreement)[795] zwischen dem Shared-Service-Center und der jeweiligen Geschäftseinheit.[796]

Hinsichtlich der hier behandelten Shared-Services-Thematik werden unter der Bezeichnung Service-Level-Agreement individuelle, schriftlich getroffene Leistungsvereinbarungen verstanden, die der klaren Aufgabenverteilung und Definition der Leistungen beider Seiten dienen.[797] Dies und die oben aufgeführten Merkmale unterscheiden Service-Level-Agreements von Vereinbarungen, die nur mündlich getroffen worden sind oder sich durch eine informelle Art auszeichnen.[798] Ebenfalls nicht als Service-Level-Agreements zu bezeichnen sind Vereinbarungen, die „Ad-hoc"-Charakter besitzen und zur Regelung eines Sachverhaltes erlassen worden sind.[799]

Es ist zu konstatieren, dass im Gegensatz zu den Verträgen bei der Auslagerung von Unterstützungsleistungen bei den internen Austauschbeziehungen mit einer Shared-Service-Organisation in der Regel keine juristisch abgrenzbaren Verantwortlichkeiten festgelegt werden.[800] Anstelle von juristisch begründeten Verantwortlichkeiten werden Vereinbarungen über den Servicegrad der Leistungserbringung zwischen den Handlungspartnern in Form von Service-Level-Agreements abgeschlossen.[801]

Aufgrund der gemeinsamen Nutzung von Ressourcen durch segmentierte Geschäftsbereiche bilden sich in der Regel bereichsübergreifende Kooperationen

---

[795] Die Betrachtung der Worte Service, Level und Agreement geben bereits einen Hinweis auf den Begriffsgegenstand. Der Begriffsgegenstand „Service" bringt zum Ausdruck, dass es inhaltlich um den Objektbereich der Dienstleistung geht. Im Zusammenhang mit der Begriffsbestimmung von „Level" hat Berger angemerkt, dass dieser Begriff mit „Niveau" übersetzt werden kann und dass es in Verbindung mit dem Begriff „Service" Dienstleistungen verstanden werden sollen. Schließlich ergibt sich aus der Übersetzung des Wortes „Agreement", dass es sich um eine Vereinbarung handelt. Ausführlicher zur semantischen Betrachtung vgl. Berger, 2005, S. 11.
[796] Zur Ausgestaltung von Service-Level-Agreements vgl. beispielsweise Weber Neumann-Giesen, Jung, 2006, S. 50 ff. sowie Berger, 2005, S. 67 ff.
[797] Vgl. Voegelin, Spreiter, 2003, S. 834. Der Gedanke der Service-Level-Agreements findet sich zuerst in Veröffentlichungen zum Management unternehmensinterner IT-Leistungen in den 1980er-Jahren. Eine weitere Verbreitung dieser Überlegungen und ihre Anwendung in der Praxis sind seit den 1990er-Jahren zu beobachten. Ausführlich zur Herkunft und zu verschiedenen Definitionsansätzen von Service-Level-Agreements, vgl. Berger, 2005, S. 18 ff. sowie Schmidt, 2007, S. 64 ff.
[798] Schneider-Neureither definiert ein Service-Level-Agreement wie folgt: Ein Service-Level-Agreement ist ein Vertrag, der eine detaillierte Leistungsbeschreibung des Shared-Service-Centers enthält, ebenso das Leistungsniveau (Qualität), die Verrechnungspreise und die Abgrenzung der Pflichten von Shared-Service-Center und Kunden, Schneider-Neureither, 2006, S. 59. Eine weitere Definition liefert Bergeron: "The service level agreement (SLA), while not necessarily a legal document, defines the practical aspects of the relationship between the shared business unit and its parent corporation, such as the service to be delivered, timeline, and quality standards". Bergeron, 2003, S. 207.
[799] Vgl. Berger, 2005, S. 22.
[800] Vgl. Wißkirchen, Mertens, 1999, S. 104 f.
[801] Vgl. Wißkirchen, Mertens, 1999, S. 104 f.

zwischen Shared-Service-Centern und den jeweiligen Geschäftsbereichen. Dieser Effekt führt zum Aufbau von internen Kunden-Lieferanten-Beziehungen, die sich durch den bereits erwähnten marktähnlichen Charakter auszeichnen und über die der Austausch der Prozessleistung erfolgt. Daraus resultiert die Notwendigkeit, Rahmenbedingungen und Merkmale des Leistungsaustausches zwischen den Organisationseinheiten festzulegen.[802]

Unter Berücksichtigung der in der Literatur vorhandenen Definitionen werden im Folgenden zentrale Merkmale und Bestandteile von Service-Level-Agreements aufgezeigt:[803]

¶ Leistungsbeschreibung: In Service-Level-Agreements erfolgt eine nähere Beschreibung hinsichtlich der vom Shared-Service-Center zu erbringenden Leistungen in Form einer schriftlich dokumentierten Vereinbarung. In dieser kann die namentliche Festlegung des Leistungserbringers und des Leistungsempfängers zur Sicherstellung der Verantwortlichkeiten enthalten sein.

¶ Pflichten des Kunden: Service-Level-Agreements beinhalten Informationen über die Pflichten des Kunden, damit das Shared-Service-Center seine Leistungen zweckmäßig erbringen kann. Darüber hinaus sollten Service-Level-Agreements eine exakte Abgrenzung der Pflichten zwischen Kunde und Shared-Service-Center enthalten.

¶ Leistungsniveau: Service-Level-Agreements beinhalten Angaben zum Leistungsniveau eines Shared-Service-Centers zum Beispiel in Form von Aktivitäts- und Antwortzeiten.

¶ Verrechnungspreiskonzept: Service-Level-Agreements enthalten neben der Definition eines Abrechnungssystems einen Preiskatalog für die zu erbringenden Leistungen.

¶ Gültigkeitsdauer: Service-Level-Agreements beinhalten Angaben über rechtliche Regelungen wie die Gültigkeitsdauer von getroffenen Vereinbarungen. Eine Bestätigung dieser Angaben erfolgt mit Unterzeichnung durch die Vertragsparteien (Kunde und Shared-Service-Center-Verantwortlicher).

¶ Marktzugang: Service-Level-Agreement beinhalten je nach Unternehmenspolitik Regelungen über die Möglichkeiten eines Marktzugangs der vom Shared-Service-Center angebotenen Leistungen.

---

[802] Vgl. Wißkirchen, Mertens, 1999), S. 104 f.
[803] Vgl. u.a. v. Campenhausen, Rudolf, 2001, S. 7; Berger, 2005, S. 21; Schimank, Strobl, 2002, S. 295 f. sowie Bangemann, 2005, S. 95.

Die Zweckmäßigkeit von Service-Level-Agreements ist je nach Art der Dienstleistung des Shared-Service-Centers unterschiedlich zu beurteilen. Werden interne Dienstleistungen erstellt, die nicht allein vom Regelablauf dominiert sind, sondern bei denen die Besonderheit von Einzelfällen ebenfalls eine Rolle spielt, kann sich eine zu ausgeprägte Fokussierung auf das Service-Level-Agreement als unzweckmäßig erweisen. Diese Einzelfälle in ihrem gesamten Ausmaß in einem Service-Level-Agreement zu dokumentieren würde erhebliche Zeitressourcen in Anspruch nehmen. Werthmann/Rixen weisen explizit darauf hin, dass bei bestimmten Dienstleistungen ein Service-Level-Agreement nur den Ausgangspunkt einer Diskussion wiedergeben kann – die Lösung eines Koordinationsproblems wird über Service-Level-Agreements nicht erreicht.[804] Es ist davon auszugehen, dass dieser Effekt hauptsächlich bei expertenbasierten Dienstleistungen auftreten wird, da in diesem Bereich ein höherer Anteil an Spezialfällen existiert.[805]

Für den Klinikbereich ist zu vermuten, dass speziell bei Dienstleistungen in patientennahen Sekundärleistungsbereichen Einzelfälle existieren, die nicht durch den Regelprozess abgedeckt werden können. Dies könnte zum einen durch eine größere Anzahl an Schnittstellen hervorgerufen werden und zum anderen aus speziellen medizinischen Anforderungen resultieren, die bei der Dienstleitungserstellung zu beachten sind.[806]

Ein weiterer Einsatzbereich von Service-Level-Agreementes zeigt sich im Aufbau eines Qualitätsmanagements. Um den Erreichungsgrad der Qualitätsvereinbarungen zwischen Shared-Service-Center und den Kliniken/Fachabteilungen zu messen könnten jährliche Kundenbefragungen eingeführt werden. Die Kliniken und Fachabteilungen könnten beispielsweise von jedem Shared-Service-Center, von dem sie Leistungen beziehen, einen Fragebogen erhalten.

Die Leiter der Abteilungen besprechen dann gemeinsam mit ihren Mitarbeitern anhand des zur Verfügung gestellten Bewertungsbogens die qualitativen Aspekte der bezogenen Leistungen und fixieren das Ergebnis der Besprechung auf dem Bewertungsbogen. Die Bewertungsbogen werden vom zentralen Krankenhauscontrolling ausgewertet und in einer jährlich oder halbjährlich stattfindenden Gesprächsrunde zwischen der Führung des Shared-Service-Centers und den jeweiligen Kunden (Kliniken/Fachabteilungen) besprochen. Zudem erscheint es

---

[804] Vgl. Werthmann, Rixen, 2005, S. 77.
[805] Die Einführung von Service-Level-Agreements kann sich nach einem sechsstufigen Prozess richten: (1) Ermittlung der Bedürfnisse und Anforderungen des Nachfragers (2) Detaillierte Beschreibung der Dienstleistung (3) Kalkulation von Kosten und Preisen (4) Vereinbarung von Mengen und Risikoverteilung bei Abweichungen (5) Festlegung von Abrechnungs- und Buchungsmodalitäten (6) Erstellung einer Dokumentation für Steuer- und Controllingbereich. Vgl. Weber, Neumann-Giesen, Jung, 2006, S. 51.
[806] Vgl. Kapitel 5.2.

hier nützlich, die Ergebnisse der Befragungen in den von der Krankenhausgeschäftführung einberufenen Abstimmungsrunden zu diskutieren. Die Besprechung der Fragebögen könnte damit gleichzeitig einen Anstoß für Maßnahmen zur Qualitätsverbesserung geben. Die Ergebnisse der Gespräche würden dann wieder zurück in die Service-Level-Agreements fließen und dort unter dem Aspekt „Verbesserungspotenziale" aufgeführt werden.

Zur Gewährleistung einer hohen Qualität ist es erforderlich, zwischen den in den Service-Level-Agreements aufgeführten Qualitätsaspekten und dem verwendeten System zur Performance-Messung eine Verknüpfung aufzubauen. Mögliche Qualitätsaspekte lassen sich durch Ausgestaltung Prozess- und Output-KPI erreichen. In Verbindung mit der Balanced Scorecard als Performance-Measurement-System könnten sich Qualitätsaspekte durch Ausgestaltung von KPI in der Kunden- und Prozessperspektive verankern lassen.

6.4.2 Verrechnungspreise

6.4.2.1 Relevanz von Verrechnungspreisen im Krankenhaus[807]

Bei Änderungen der Krankenhausorganisation dahingehend, dass Shared-Service-Strukturen implementiert werden, ist zu konstatieren, dass auf übergeordneter Ebene zunächst die Geschäftseinheiten die Leistungen nachfragen. Innerhalb der Geschäftseinheiten werden die Leistungen der Shared-Service-Einheiten wiederum von den einzelnen Fachabteilungen sowie von dort existierenden dezentralen Unterstützungsbereichen in Anspruch genommen. Dabei werden die patientennahen Sekundärleistungen überwiegend direkt von den Fachabteilungen benötigt.[808] Bei patientenfernen Sekundärleistungen ist davon auszugehen, dass diese von dezentralen Unterstützungsbereichen und von den jeweiligen Fachabteilungen der Geschäftseinheiten nachgefragt werden. Innerhalb der Krankenhausorganisation existiert ein interner Markt – bedingt durch die Transaktionsbeziehungen zwischen den Shared-Service-Einheiten und den jeweiligen Geschäftseinheiten sowie den dort existierenden Fachabteilungen.[809]

---

[807] Das Thema „Verrechnungspreise im Krankenhaus" ist bislang in der betriebswirtschaftlichen Literatur nur sehr rudimentär behandelt worden. Folgende Autoren haben sich mit dieser Thematik bislang umfassender auseinandergesetzt: Kuntz, Vera, 2005; Multerer, Friedl, Serttas, 2006 sowie Eichhorn, Schmidt-Rettig, 1999.
[808] Dezentrale Sekundärleistungsbereiche fragen wiederum Sekundärleistungen bei einer zentralen Service-Einheit nach. Dies könnte im Falle einer expertenbasierten Begutachtung radiologischer Aufnahmen durch eine spezialisierte Shared-Service-Einheit der Fall sein. Vgl. Kapitel 5.2.
[809] In Krankenhausorganisationen existiert beispielsweise eine Nachfrage der Fachabteilungen nach Röntgenuntersuchungen. Röntgenuntersuchungen werden vom Sekundärleistungsbereich angeboten. Es existiert eine Transaktionsbeziehung zwischen Primär- und Sekundärleistungsbereich. Der Primärbereich entrichtet für die Transaktion einen Verrechnungspreis an den Sekundärleistungsbereich, der als Anbieter auftritt. Vgl. Hurlebaus, 2001, S. 318.

Im Rahmen des Shared-Service-Konzepts ist für diese Leistungsbeziehungen zwischen der Shared-Service-Einheit und den Primär- und Sekundärbereichen der Geschäftseinheiten ein Verrechnungspreiskonzept zu entwickeln.[810]

Bevor der theoretische Hintergrund einer Verrechnungspreiskonzeption eingehender betrachtet wird ist eine Auseinandersetzung mit den im Krankenhausbereich existierenden Abrechnungsströmen erforderlich. Grundsätzlich stehen Krankenhäuser vor dem Hintergrund der DRG-Einführung vor der Problemstellung, dass sich Krankheitsbilder nicht exakt einer Facheinheit zuordnen lassen.[811] Bei der derzeitigen Verrechnungspraxis werden sämtliche DRG-Erlöse auf eine Kerneinheit gebucht. Das Krankenhaus muss einen Weg finden, nach welchen Kriterien der DRG-Erlös auf die einzelnen Facheinheiten zu verteilen ist.[812] Im Sekundärleistungsbereich werden in der Regel keine eigenen DRG-Erlöse erzielt. Das Entgelt für diese Bereiche ist in den größtenteils diagnosebezogenen Festpreisen schon kalkulatorisch veranschlagt.[813] Es wird damit deutlich, dass die Sekundärleistungsbereiche über einen individuell festgesetzten Verrechnungspreis zu entlohnen sind.[814]

Die Entwicklung eines Verrechnungspreiskonzeptes gehört zu einer der wichtigsten, aber zugleich auch schwierigsten Komponenten im Rahmen der Gestaltung von Shared- Service-Organisationen.[815] Die Implementierung der dem Verrechnungspreiskonzept zugrunde liegenden internen Leistungsverrechnung ist mit einem hohen Arbeitsaufwand der darin involvierten Akteure verbunden und verursacht beachtliche Kosten.[816] Diese Wirkungen werden aber in Kauf genommen, da neben einer erhöhten Transparenz eine bessere Anreizstruktur sowohl auf Nachfrage- als auch auf der Angebotsseite erwartet wird.

Wenn die Shared-Service-Einheit als Dienstleister innerhalb der Krankenhausorganisation und diese in der Form eines eigenständigen Unternehmens geführt

---

[810] Die Etablierung eines funktionsfähigen Verrechnungspreissystems gilt als grundlegender Bestandteil des Shared-Service-Konzeptes, vgl. Kapitel 3.
[811] Vgl. Multerer, Friedl, Serttas, 2006, S. 605.
[812] Vgl. Multerer, Friedl, Serttas, 2006, S. 605.
[813] Vgl. Multerer, Friedl, Serttas, 2006, S. 605.
[814] Multerer/Friedl/Serttas führen in diesem Kontext an, dass ebenfalls eine Entlohnung der (patientennahen) Sekundärleistungsbereiche auf Basis der Referenzkosten des InEK auf die interne Sekundärleistungseinheit erfolgen kann. Allerdings wird angemerkt, dass bei Anwendung dieser Verrechnung eine pauschale Abgeltung der einzelnen Aktivitäten erfolgt und geeignete Maßstäbe einer nachvollziehbaren Kalkulation der Preise fehlt. Vgl. Multerer, Friedl, Serttas, 2006, S. 605.
[815] Quinn/Cooke/Kris heben die elementare Bedeutung von Verrechnungspreiskonzepten im Kontext mit Shared Services hervor: "Pricing and charging business units or other clients for services [...] it is an essential vehicle for shifting the culture of the shared services group for changing the attidute of clients." Quinn, Cooke, Kris, 2000, S. 146.
[816] Dieser Aspekt ist bei der Entscheidung zum Aufbau von Shared-Service-Strukturen zu berücksichtigen und ist im Rahmen der Entscheidungsunterstützung gegebenenfalls bei den Shared-Service-Implementierungskosten mit einzukalkulieren. Siehe Kapitel 4.2.

werden soll erscheint es selbstverständlich, dass die angebotenen Leistungen mit Einzelpreisen versehen werden und das Shared-Service-Center somit über einen mit Preisen hinterlegten Preiskatalog verfügt. Die einzelnen Fachabteilungen und Unterstützungsbereiche, die Leistungen vom Shared Service-Center anfordern, können damit genau erkennen, welche Leistung welche Kostenbelastung bei ihnen auslöst. Dies ist dann relevant, wenn die Facheinheiten selber als Profit-Center konzipiert sind und der Bezug von Sekundärleistungen somit das Ergebnis beeinflusst. Die Facheinheiten können hierbei genau erkennen, welche Leistungen zu welcher Kostenbelastung führt und vor diesem Hintergrund diskutieren, ob das Erbringen dieser Leistung wirklich notwendig ist.[817] Wird das Shared-Service-Center ebenfalls als Profit-Center geführt erzeugt der Einsatz von Verrechnungspreisen auf der Angebotsseite ebenfalls einen Selbstregulierungseffekt.[818]

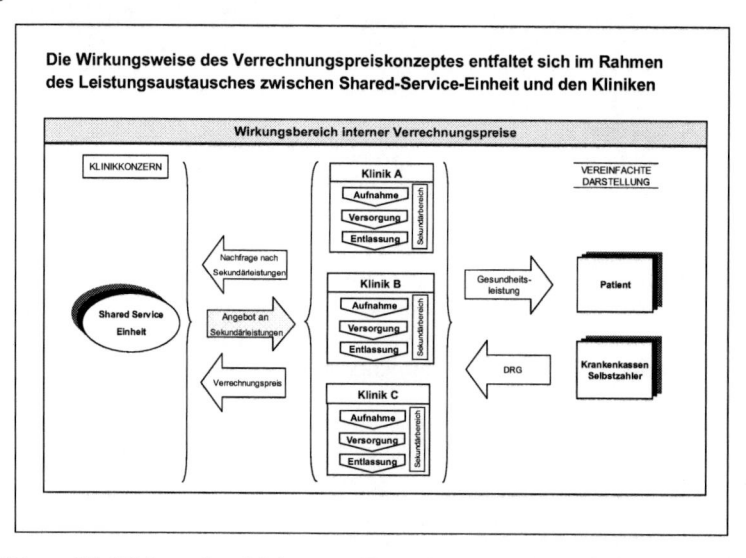

Abbildung 6-7: Wirkungsbereich interner Verrechnungspreise im Rahmen von Shared Services

Allerdings ist es zur Entfaltung dieser Selbstregulierungseffekte nicht zwangsweise erforderlich, dass die Shared-Service-Einheit oder die Fachabteilung als Profit-Center gesteuert werden. Der wirtschaftliche Umgang mit durch das Shared-Service-Center bereitgestellten Dienstleistungen wird erreicht, wenn die Facheinheiten, wie im Krankenhaus üblich, über Budgets gesteuert werden und bei Nicht-Einhaltung Sanktionsmechanismen greifen. Bei den einzelnen Berei-

---

[817] Vgl. Werthmann, Rixen, 2005, S. 74.
[818] Zur Führung von Shared Services als Profit-Center vgl. Kapitel 6.2.

chen, welche die Leistungen der Shared-Service-Einheiten abnehmen, erfolgt eine Budgetierung für in Anspruch genommene Sekundärleistungen. Diese dafür gewährten Geldmittel können aber auch alternativ verwendet oder ins nächste Haushaltsjahr mit übernommen werden. Die Budgetsteuerung lässt sich ebenfalls auf die Shared-Service-Einheiten übertragen.[819]

Die hier skizzierten Wirkungen von Verrechnungspreisen sind den grundlegenden Funktionen von Verrechnungspreisen entnommen, deren theoretische Fundierung im Folgenden durchgeführt wird.

6.4.2.2 Funktion von Verrechnungspreisen

Die Diskussion der Verrechnungspreisthematik wird in den Wirtschaftswissenschaften aus unterschiedlichen Perspektiven heraus geführt.[820] Aus Sicht des Rechnungswesens dienen Verrechnungspreise in erster Linie zur Kalkulation von Inventurwerten der handels- und steuerrechtlichen Bilanz sowie zur Vereinfachung der innerbetrieblichen Abrechnung und zur Festlegung von Preisuntergrenzen.[821] Darüber hinaus dienen Verrechnungspreise dazu, der Unternehmensführung ein Urteil darüber zu ermöglichen, ob die Erzeugung von Eigenleistungen oder die Inanspruchnahme von Fremdleistungen wirtschaftlicher ist.[822] Des Weiteren dienen Verrechnungspreise der Steuerung und Koordination von Teileinheiten in Unternehmen.[823] Verrechnungspreise sind in diesem Kontext Preise beziehungsweise Wertansätze, mit denen die internen Leistungen, die vom Shared-Service-Center an die Geschäftseinheiten transferiert werden, bewertet werden.[824]

6.4.2.2.1 Interne Funktion

Verrechnungspreise verfügen aus Sicht der Unternehmensführung über interne und externe Funktionen.[825] Im Folgenden sind zunächst die wesentlichen internen Funktionen von Verrechnungspreisen skizziert.[826]

---

[819] Zur Darstellung verschiedener Führungsmodelle von Shared-Service-Einheiten siehe Kapitel 6.2.
[820] Im Dienstleistungsbereich sind Verrechnungspreise lange Zeit nur selten verwendet worden, vielmehr wurden die Kosten für Dienstleistungen in der Regel durch zum Teil undurchsichtige Verrechnungsschlüssel auf die wertschöpfenden Einheiten verteilt. Die wirtschaftswissenschaftliche Forschung hat sich mit der Verrechnung interner Dienst- bzw. Serviceleistungen erst seit Ende der 1990er Jahre intensiver auseinandergesetzt, vgl. Scherz, 1998.
[821] Vgl. Coenenberg, 1992, S. 424.
[822] Vgl. Wöhe, Döring, 2000, S. 1127.
[823] Vgl. Mensch, 2003, Sp. 925 oder Erfort, 1998, S. 63.
[824] Zum Grundprinzip von Verrechnungspreisen vgl. Mensch, 2003, Sp. 925.
[825] Die Unterteilung in eine interne und externe Funktion von Verrechnungspreisen erfolgt bei Weber, Stoffels, Kleindienst, 2004, S. 14 sowie bei Clemens, 2008, S. 289 ff.
[826] Die organisationstheoretische Bedeutung von Verrechnungspreisen wurde bereits von Schmalenbach 1908/9 in seiner Schrift „Über Verrechnungspreise" erkannt und in seiner späteren Veröffentli-

Die Koordinationsfunktion von Verrechnungspreisen ergibt sich aus der Tatsache, dass Unternehmen die unterschiedlichen innerbetrieblichen Leistungen koordinieren müssen.[827] Ziel der Führung in den jeweiligen Unternehmensbereichen ist es, den Verrechnungspreis zu finden, bei dem die optimale Zwischenproduktmenge transferiert wird. Dies kann dazu führen, dass die Bereichsmanager Entscheidungen treffen, die zwar aus Sicht ihres Bereichs günstig sind, aber aus Sicht des Gesamtunternehmens als ungünstig eingestuft werden.[828] Die Unternehmensleitung kann durch Einsatz von Verrechnungspreisen auf die Entscheidungen der dezentral agierenden Bereichsmanager Einfluss nehmen. Die Unternehmensführung gibt mittels entsprechender Kalkulationen einen Rahmen vor, der dann als Grundlage für dezentrale Abstimmungen der Leistungsverflechtungen anzusetzen ist und zu dem interne Leistungen transferiert werden.[829] Über die dadurch erreichte Beeinflussung des Bereichsgewinns wird das Entscheidungsverhalten des Bereichsmanagers gesteuert – beispielsweise führt ein höherer Verrechnungspreis dazu, dass Anpassungen im Bereich der Leistungsmenge und der betroffenen Produktionsprozesse erfolgen.[830]

Aus diesem Grunde sollten in den Service-Level-Agreements keine Kostenpauschalen für die jährlich anfallenden Leistungen vereinbart werden, sondern Preise für jede einzelne Sekundärleistung, die vom Shared-Service-Center bereitgestellt wird. Bei Laboruntersuchungen wären demnach die Art der Untersuchung und der dazugehörige Preis aufzuführen. Daraus resultiert ein höheres Maß an Transparenz auf Seiten der internen Fachabteilung[831] über die nachgefragten Leistungen, was wiederum eine leichtere Identifizierung von Kostentreibern ermöglicht, um Anpassungen im Nachfrageverhalten vorzunehmen.

---

chung „Wirtschaftslenkung" konzeptionell ausgeführt. Hinter der Koordination durch pretiale Lenkung steckt die Idee, das externe Marktmodell auf das Unternehmen zu übertragen, um so eine effiziente Allokation durch Angebot und Nachfrage zu erreichen. Durch diesen Koordinationsansatz wird ein künstlicher interner Markt geschaffen, bei dem Verrechnungspreise für intern ausgetauschte Leistungen existieren. Vgl. Schuh, Gudergan, 2007, S. 206 sowie zu den Grundlagen der pretialen Lenkung Schmalenbach, 1948.

[827] Die Koordinationsleistungen erfolgen unter der Annahme, dass individual- und verhaltensbezogene Aspekte bei den handelnden Personen im Unternehmen unberücksichtigt bleiben und dass eine Bewertung und Verrechnung innerbetrieblicher Leistungen ausschließlich auf Verrechnungspreisbasis erfolgt, die auf Grundlage von Kosten entwickelt werden. Vgl. Strehlau-Schwoll, 1999, S. 72.

[828] Vgl. Ewert, Wagenhofer, 2005, S. 581.

[829] Vgl. Kreisel, 1995, S. 253 sowie Laux, Liermann, 1993, S. 416. Kreisel weist in diesem Zusammenhang darauf hin, dass eine Einschränkung der Preisautonomie durch Vorgabe von Verrechnungspreisen als eine Maßnahme der Komplexitätsreduktion betrachtet werden kann.

[830] Vgl. Ewert, Wagenhofer, 2005, S. 582.

[831] Der Begriff Fachabteilung bezieht sich in diesem Kontext auf die medizinischen Abteilungen der einzelnen Kliniken. Unter den Kliniken sind die einzelnen Geschäftseinheiten eines Krankenhauskonzerns zu verstehen. Siehe zur Veranschaulichung Abbildung 5-1.

Eine weitere zentrale Funktion von Verrechnungspreisen ist die sogenannte Motivationsfunktion.[832] Bei der Motivationsfunktion werden im Gegensatz zur Koordinationsfunktion explizit die verhaltensbezogenen Elemente in den Vordergrund gestellt.[833] Aufgrund der explizit oder implizit bestehenden Anreizsysteme sind die Verrechnungspreise so gestaltet, dass bestimmte Verhaltensweisen zu erwarten sind.[834]

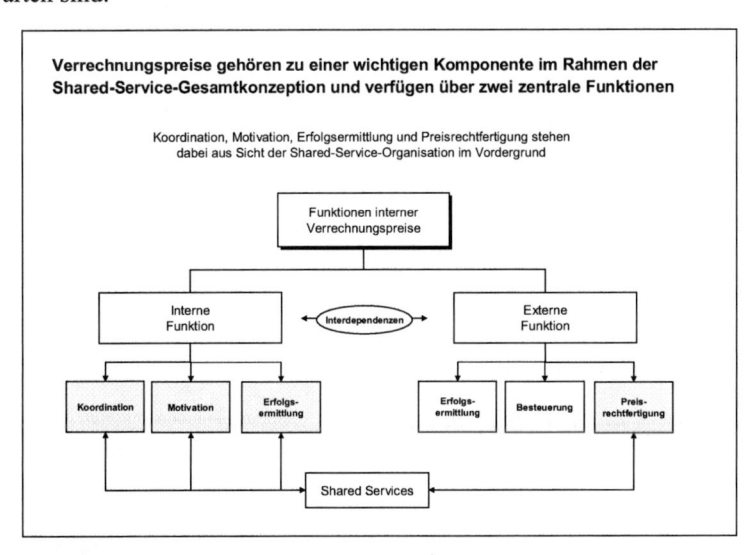

Abbildung 6-8: Interne und externe Funktion von Verrechnungspreisen[835]

Die verhaltensbezogenen Elemente zeigen sich darin, dass innerbetriebliche Verrechnungspreise zu Marktkonditionen gestaltet werden, um zu verhindern, dass Leistungen extern eingekauft werden – zugleich wird dabei den Preis- oder Kostenverantwortlichen deutlich gemacht, in welchem Kostenabstand zum Wettbewerb die Leistungen intern erbracht werden.[836] Eine Vergleichbarkeit mit anderen, speziell unternehmensexternen Dienstleistern kann folglich hergestellt werden. Unter dem Gesichtspunkt der damit beabsichtigten Vergleichbarkeit ist es möglich, unter Motivationsaspekten einen Druck zu einer wirtschaftlicheren Leistungserstellung zu erreichen.[837] Dieser Aspekt wirkt sich vor allem auf das Shared-Service-Center in seiner Rolle als Leistungsanbieter aus. Zudem ist die Ausgestaltung der Motivationsfunktion abhängig von dem Führungsmodell der

---

[832] Zwecks einer tiefergehenden Betrachtung des Motivationsbegriffs vgl. Staubach, 2005, S. 142 ff.
[833] Vgl. Strehlau-Schwoll, 1999, S. 73.
[834] Vgl. Strehlau-Schwoll, 1999, S. 73.
[835] Eigene Darstellung in Anlehnung an Weber, Stoffels, Kleindienst, 2004, S. 14.
[836] Vgl. Strehlau-Schwoll, 1999, S. 73.
[837] Ähnlich vgl. Kreisel, 1995, S. 254.

jeweiligen Shared-Service-Einheit (beispielsweise Cost-Center oder Profit-Center). Wird die Shared-Service-Einheit nicht als Profit-, sondern als Cost-Center geführt, entfällt die Notwendigkeit, Erlöse zu erwirtschaften. In diesem Fall hätte das Verrechnungspreiskonzept aus Sicht der Motivationsfunktion das Ziel, die Geschäftseinheiten zu einem wirtschaftlichen Handeln zu bewegen, da sich die Inanspruchnahme von Leistungen entsprechend auf das Budget der Geschäftseinheiten auswirkt.[838] Aus Sicht des Gesamtunternehmens trägt die Motivationsfunktion somit zur Sicherstellung eines zielkonformen Handelns der Beteiligten bei.

Die Erfolgsermittlungsfunktion beinhaltet die Ermittlung der Erfolge einzelner Unternehmenseinheiten. Um diesbezüglich eine Aussage treffen zu können wird der Erreichungsgrad vorgegebener Ergebnis- und Performanceziele bestimmt. Gerade bei als Profit-Center gesteuerten Shared-Service-Einheiten kann durch die Erfolgermittlungsfunktion von Verrechnungspreisen die Basis für ein Anreizsystem geschaffen werden, das die Mitarbeiter im Shared-Service-Center zu einer höheren Leistungsbereitschaft animiert.[839]

6.4.2.2.2 Externe Funktionen

Neben den aufgeführten internen Funktionen von Verrechnungspreisen existieren verschiedene externe Funktionen.[840] Unter Berücksichtigung der Shared-Service-Organisation ist zunächst festzulegen, was als „unternehmensextern" zu bezeichnen ist. Wird davon ausgegangen, dass unter dem Begriff „unternehmensextern" Organisationseinheiten zu verstehen sind, die sich zwar außerhalb der Shared-Service-Struktur, aber innerhalb der Konzernstruktur befinden, spielt als externe Funktion von Verrechnungspreisen im Rahmen des Einsatzes von Shared Services innerhalb von Klinikkonzernen vor allem der Preisrechtfertigungsaspekt eine wichtige Rolle, da eine stichfeste Dokumentation und Rechtfertigung von Preisen im Hinblick auf Leistungsvereinbarungen zwischen dem Shared-Service-Center und den jeweiligen Geschäftseinheiten als vorteilhaft erachtet werden sollte.

Dieser Aspekt spielt hinsichtlich der Kostenrechtfertigung- und Begründung gegenüber Krankenkassen und öffentlichen Regulierungsbehörden eine nicht zu vernachlässigende Rolle, da die im Krankenhaus vorliegenden Kosteninformationen die Grundlage für die Berechnung der DRG-Relativgewichte bilden.[841]

---

[838] Ähnlich vgl. Kreisel, 1995, S. 254.
[839] Vgl. Scherz, 1998, S. 118 sowie Clemens, 2008, S. 290.
[840] Vgl. Weber, Neumann-Giesen, Jung, 2006, S. 53 und 54.
[841] Vgl. Multerer, Friedl, Serttas, 2006, S. 607.

Darüber hinaus liegt aus Konzernsicht eine externe Funktion von Verrechnungspreisen in der Beeinflussung der Steuerlast.[842]

6.4.2.3 Arten von Verrechnungspreisen

Unter Berücksichtigung der organisatorischen Rahmenbedingungen sind für den Einsatz von Verrechnungspreisen innerhalb einer Shared-Service-Organisation nicht nur die im vorherigen Abschnitt genannten Funktionen entscheidend. Demnach spielen Aspekte wie Einfachheit und Akzeptanz der Verrechnungspreiskonzeption eine wichtige Rolle. Ebenfalls sind Fragen dahingehend zu klären, wer für die Festlegung der Preise zuständig ist oder über welche Gültigkeitsdauer die Verrechnungspreise verfügen. Zu bestimmen ist auch, ob ein konstanter oder vom Leistungsvolumen abhängiger Verrechnungspreis gewählt wird. Diese Aspekte sind in den Service-Level-Agreements zwischen den Shared-Service-Centern und den Geschäftseinheiten zu vereinbaren. Die Akzeptanz von Verrechnungspreisen innerhalb des Unternehmens ist davon abhängig, ob diese unter Markt- oder Kostengesichtspunkten gebildet werden.[843]

6.4.2.3.1 Marktorientierte Verrechnungspreise

Bei marktorientierten Verrechnungspreisen legt die Unternehmensleitung einen Wertansatz zugrunde, zu dem die transferierte Leistung auf dem unternehmensexternen Markt gehandelt würde.[844] Diese marktorientierten Verrechnungspreise sind aus Sicht der ökonomischen Theorie am sinnvollsten, da Marktpreise zu einer optimalen Allokation von Ressourcen führen und langfristig die internen Dienstleister einem Marktdruck aussetzen. Dieser Marktdruck ist vor allem dann gegeben, wenn die Shared-Service-Einheiten als Profit-Center mit externer Erlösgenerierung konzipiert sind. Zudem eignen sich marktorientierte Verrechnungspreise dazu, dass den Nachfragern der Dienstleistung nur ökonomisch effiziente Kosten belastet werden (von Seiten der internen Dienstleister werden keine Ineffizienzen die Kalkulation der Marktprodukte belasten).

Der Marktpreis wird dabei als effizienter Preis betrachtet, d.h. als ein Preis, der sich aufgrund von effizienten Handeln ergibt, da auf einem Markt mit vielen Anbietern und Nachfragern niemand bereit sein wird, erhöhte Preise zu zahlen, nur weil der Hersteller unwirtschaftlich arbeitet und dadurch hohe Preise hat.[845]

---

[842] Demnach werden bei internen Lenkpreisen Erfolge aus einem Organisationsbereich in einen anderen. steuerlich verschoben. Dieser Aspekt gewinnt bei international tätigen Unternehmen an Bedeutung, da in der Regel unterschiedliche nationale Steuersätze existieren. Eine weitere unternehmensexterne Funktion ist darüber hinaus die Beeinflussung der Ergebnisse rechtlich selbstständiger Tochtergesellschaften in Konzernen. Vgl. Crüger, Ritter, 2004, S. 497 sowie Weber, Stoffels, Kleindienst, 2004, S. 15.
[843] Vgl. Mensch, 2003, Sp. 927; Ewert, Wagenhofer, 2005, S. 585 sowie Kreisel, 1995, S. 258 ff.
[844] Kreisel, 1995, S. 260.
[845] Mensch, 2003, Sp. 927.

Ein weiterer Vorteil von Marktpreisen wird in der geringen Möglichkeit zur Manipulation gesehen. Dies resultiert daraus, dass Marktpreise als eine objektive Größe angesehen werden.[846] Dies impliziert wiederum eine hohe Wahrscheinlichkeit interner Akzeptanz im Gesamtunternehmen, die noch weiter verstärkt wird, wenn die Marktpreisinformationen den Beteiligten transparent erscheinen.[847]

Der Einsatz von marktorientierten Verrechnungspreisen ist an die Existenz bestimmter Voraussetzungen geknüpft, die bei krankenhausspezifischen internen Sekundärleistungen nur bedingt erfüllt werden.[848] Grundsätzlich muss eine Marktgängigkeit der innerhalb des Unternehmens transferierten Dienstleistung gegeben sein, d.h. es muss die Möglichkeit existieren, diese zu einem einheitlichen Preis am externen Markt zu beschaffen und abzusetzen.[849] Möglichweise erweist es sich bei Sekundärleistungen als schwierig, objektive Marktpreise zu identifizieren.[850] Hier existiert die Problematik zur Gewinnung der notwendigen Daten zur Preiskalkulation, die dann besonders ausgeprägt ist, wenn sich die Marktpreise häufig ändern.[851] Wird sich nach Abwägung der Vor- und Nachteile für die Einführung marktorientierter Preise bei bestimmten Dienstleistungen entschieden, kann sich das Target-Costing[852] als geeignetes Instrument zur Bestimmung des Verrechnungspreises erweisen.[853] Im Gegensatz zu Preisfestlegungsverfahren, die Kosten und Gewinnzuschläge berücksichtigen, wird beim Target-Costing der am Markt erzielbare Preis für die Dienstleistung als Basis für Rückschlüsse auf die Höhe der Kosten für die Dienstleistung genommen.[854] Zur Abschätzung möglichst realer Marktpreise im Rahmen des Target-Costings kann die Conjoint-Analyse herangezogen werden.[855]

---

[846] Vgl. Ewert, Wagenhofer, 2005, S. 589. In diesem Zusammenhang wird von „intersubjektiv nachprüfbaren" Marktpreisen gesprochen, vgl. Weber, Stoffels, Kleindienst, 2004, S. 20.
[847] Vgl. Weber, Neumann-Giesen, Jung, 2006, S. 56.
[848] Vgl. Ewert, Wagenhofer, 2005, S. 588. Des Weiteren führt Mensch in seinem Aufsatz „Verrechnungspreise als Controllinginstrument" fünf Voraussetzungen auf, die für einen geeigneten Einsatz von marktorientierten Verrechnungspreisen notwendig sind. Es handelt sich dabei um sehr restriktive Anforderungen, die aus der Theorie als Modellprämissen eines „vollkommenen Marktes" bekannt und die in der Realität nur in wenigen Fällen erfüllt sind. Vgl. Mensch, 2003, Sp. 927.
[849] Vgl. Trost, 1998, S. 57 sowie Mensch, 2003, Sp. 927.
[850] Vgl. Multerer, Friedl, Serttas, 2006, S. 608.
[851] Vgl. Scherz, 1998, S. 134 ff.
[852] Beim Target-Costing handelt es sich um ein von der japanischen Firma Toyota entwickeltes Konzept des Kostenmanagements, bei dem die Kostenstrukturen bereits frühzeitig im Hinblick auf die Marktanforderungen gestaltet werden. Ausführlicher zur Thematik des Target-Costings vgl. Seidenschwarz, 1993.
[853] Vgl. Schimank, Strobl, 2002, S. 299.
[854] Vgl. Breuer, Kreuz, 2006, S. 161.
[855] Ausführlicher zur Anwendung des Target-Costings im Rahmen der Conjoint-Analyse, vgl. Jonen, Lingnau, 2005, S. 354 sowie Breuer, Breuer, 2006, S. 160.

6.4.2.3.2 Kostenorientierte Verrechnungspreise

Im Gegensatz zu den marktorientierten Verrechnungspreisen lassen sich kostenbasierte Preise unmittelbar dem betrieblichen Rechnungswesen entnehmen.[856] Der Verrechnungspreis wird in diesem Fall auf Basis der Kosten der leistenden Teileinheit ermittelt.[857] Die kostenbasierte Bestimmung von Verrechnungspreisen umfasst ein breites Spektrum von Wertansätzen. Die verschiedenen Wertansatzkategorien unterscheiden sich hinsichtlich des Zeitpunktes der Kostenbestimmung und dem Umfang der berücksichtigten Kosten.[858]

Der Ist-Kosten-Ansatz, also die Bewertung der Leistung mit den tatsächlich bei ihrer Erstellung entstandenen Kosten, folgt dem Grundgedanken, dass die Kosten, die der leistenden Teileinheit für die empfangende Teileinheit entstehen, an diese weiterzubelasten sind. Im Krankenhaus werden der Shared-Service-Einheit somit sämtliche angesetzte Kostenarten von der beziehenden Einheit erstattet.[859] Dem Vorteil, dass die Ermittlung von Verrechnungspreisen auf Basis von Ist-Kosten zu einer exakten Deckung der Kosten der leistenden Teileinheit führt, steht der Nachteil gegenüber, dass die empfangene Teileinheit erst ex post die Höhe der Kosten erfährt.[860] Die leistungsbeziehende Teileinheit ist somit dem Risiko von Kostenschwankungen ausgesetzt. Sie kann den Verrechungspreis im Rahmen des Entscheidungsprozesses bzgl. der Leistungserstellung nicht nutzen – mit der Folge, dass die Koordinationsfunktion nur in ungenügender Weise erfüllt wird.[861]

Für die leistungsbeziehende Einheit kann durch diese Kalkulation von Verrechnungspreisen der Nachteil entstehen, dass die nachträgliche Ist-Kostenverrechnung möglicherweise nicht mehr ausreichend ist, um die angestrebten Margen zu generieren. Ebenfalls wird in der Literatur angemerkt, dass Ist-Kosten in der Regel Unwirtschaftlichkeiten beinhalten, die von der leistenden Teileinheit auf die leistungsbeziehende Teileinheit weiterbelastet werden. Ebenfalls besteht auf Seiten der Shared-Service-Einheit kein Anreiz dazu, durch erhöhte Arbeitsleistungen oder eine verbesserte Organisation Kosten zu reduzieren, da sich dieser Effekt ausschließlich auf die leistungsbeziehende Einheit positiv auswirkt.[862] Dadurch wird die Motivations- und Erfolgsermittlungsfunktion von Verrechnungspreisen nur bedingt erfüllt.[863] Zusätzlich zu den genannten

---

[856] Vgl. Kreisel, 1995, S. 258.
[857] Vgl. Mensch, 2003, Sp. 928.
[858] Vgl. Scherz, 1998, S. 132 sowie Weber, Stoffels, Kleindienst, 2004, S. 20
[859] Der Einsatz von Ist-Kosten führt zur Erfüllung der gesetzlichen Verpflichtung in Bezug auf die Durchführung einer G-DRG Nachkalkulation. Vgl. Multerer, Friedl, Serttas, 2006, S. 608.
[860] Vgl. Ewert, Wagenhofer, 2005, S. 596.
[861] Vgl. Mensch, 2003, Sp. 928.
[862] Ähnlich vgl. Multerer, Friedl, Serttas, 2006, S. 609.
[863] Vgl. Mensch, 2003, Sp. 928.

Nachteilen ist die ständige Notwendigkeit zur Neuermittlung von Verrechnungspreisen als sehr zeitaufwendig zu beurteilen.

Ebenso wie der Ist-Kostenansatz baut der Normal oder Standard-Kostenansatz auf Vergangenheitswerten auf. Im Gegensatz zum Ist-Kostensatz werden beim Normal-Kostenansatz die Leistungen mit den durchschnittlichen Kosten bewertet, wie sie bei den leistenden Teileinheiten in der Vergangenheit vorlagen.[864] Zur Ermittlung von Verrechnungspreisen werden hier nur die „normalen" Unwirtschaftlichkeiten weiterbelastet, und aufgrund der Tatsache, dass der Wert vor der Leistungserstellung bekannt ist, ist es nicht erforderlich, dass eine zeitaufwendige, laufende Ermittlung der Preise notwendig ist.[865] Im Gegensatz zum dem Ist-Kostenansatz erhält bei dem Standard-Kostenansatz die Shared-Service-Einheit ein Leistungsentgelt, das, wie oben erwähnt, in der Regel auf Basis der durchschnittlichen Kosten ermittelt worden ist. Somit wird das finanzielle Risiko der Leistungserbringung vollständig auf den Kostenverursacher übertragen. Aufgrund des Effektes, dass nur über eine Senkung der Kosten unter den Normal- beziehungsweise Standardpreis auf Seiten des Shared-Service-Centers Überschüsse zu erwarten sind, eignen sich Verrechnungskonzepte nach dieser Kalkulation dazu, Anreize für effizientes Handeln im Shared-Service-Center zu implementieren.

Es ist zu konstatieren, dass im Rahmen der Bildung von Verrechnungspreisen zwischen Shared-Service-Center und der leistungsabnehmenden Geschäftseinheit auf Ist-Kosten-Basis zwar die gesetzlichen Anforderungen erfüllt werden, die skizzierten internen Funktionen von Verrechnungspreisen im Hinblick auf Koordination und Motivation werden aber nur bedingt erfüllt. Durch Anwendung von Verrechnungspreisen auf Standardkostenbasis werden dagegen verbesserte Koordinations- und Motivationsmöglichkeiten erzielt. Vor dem Hintergrund der gesetzlich bedingten Kostennachweisfunktion können Verrechnungspreise auf Standardkostenbasis kalkuliert werden, wenn ebenfalls ein Ist-Kosten-Ausweis durchgeführt wird.[866]

Hinsichtlich Art und Umfang der einbezogenen Kosten wird zwischen Grenz- und Teilkosten oder Vollkosten unterschieden.[867] Bei reiner Verrechnung der Grenzkosten der internen Dienstleistung an den Abnehmer verbleiben die Fixkosten bei der leistenden Teileinheit[868] und können dort das Ergebnis belasten. Dieser Effekt kann die Motivation in diesem Bereich negativ beeinflussen.[869]

---

[864] Vgl. Mensch, 2003, Sp. 928.
[865] Vgl. Mensch, 2003, Sp. 928.
[866] Vgl. Multerer, Friedl, Serttas, 2006, S. 609.
[867] Auf einer Skala möglicher Verrechnungspreisumfänge bilden Grenzkosten den geringsten Kostensatz, der für die Bildung eines Verrechnungspreises eingesetzt wird. Vgl. Scherz, 1998, S. 129.
[868] Hier Shared-Service-Einheit.
[869] Vgl. Pfaff, Stefani, 2006, S. 523.

Dies führt dazu, dass langfristig Verrechnungen auf Grenzkostenbasis nicht kompatibel sind, wenn die Steuerung der Serviceeinheit auf die Generierung von Gewinnen ausgerichtet ist.[870, 871]

Ein ähnliches Bild ergibt sich bei Heranziehung der Teilkosten als Verrechnungsmaßstab. Aufgrund der fehlenden Berücksichtigung von Gemeinkosten sind die auf Basis von Teilkosten kalkulierten Verrechnungspreise nur bedingt für die Erfolgsermittlung geeignet. Diese Art der Preisermittlung kann aufgrund der nicht berücksichtigten Gemeinkosten Fehlentscheidungen begünstigen.[872] Kurzfristig kann der Einsatz von teilkostenbasierten Verrechnungspreisen unter Umständen in Betracht gezogen werden – allerdings nur, wenn die Deckung der Fixkosten bereits durch Verrechungsbeziehungen zu anderen Leistungseinheiten sichergestellt wird.[873] Eine andere Überlegung im Rahmen der Anwendung von Verrechnungspreisen auf Teilkostenbasis ist vor dem Hintergrund aufzuführen, dass Entscheidungsträger in den internen Dienstleistungseinheiten nur nach den Faktoren beurteilt werden können, die sie in ihrer Ausprägung beeinflussen können. Wird davon ausgegangen, dass Personalkosten in den Shared-Service-Einheiten von den dort eingesetzten Entscheidungsträgern nicht beeinflussbar sind, bleiben die Sachkosten als Steuerungsgröße übrig.

Besonders im hier untersuchten patientennahen und patientenfernen Sekundärleistungsbereich kann eine Verrechnung auf Teilkostenbasis Informationsdefizite verursachen. Der bei ausstattungsintensiven patientennahen Sekundärleistungen hohe Anteil an echten Gemeinkosten macht es erforderlich, die Planung und Kontrolle der Personalkosten fokussiert zu berücksichtigen.[874] Eine fehlende Beachtung dieser Kosten kann dazu führen, dass im Rahmen des Verrechnungspreises je nach Sekundärleistungsbereich keine Aussage für über 70 Prozent der Kosten möglich ist. Als Shared-Service-Center geführte Sekundärleistungsbereiche könnten dauerhaft Verluste in Höhe der Personalkosten ausweisen, was wiederum Auswirkungen auf die strategische Ausrichtung hat und die mit dem Shared-Service-Konzept verbundenen Wirkungen ungünstig darstellt.[875]

Im Gegensatz dazu werden bei der Kalkulation von Verrechnungspreisen auf Vollkostenbasis dem leistenden Bereich im Durchschnitt die gesamten Kosten erstattet.[876] Der leistende Bereich ist somit nicht mehr wie beim Teilkostenan-

---

[870] Vgl. Scherz, 1998, S. 129.
[871] Eine Studie einer Schweizer Universität kam zu dem Ergebnis, dass grenzkostenbasierte Verrechnungspreise trotz ihrer in der Literatur zugesagten Koordinationsfunktion in der Praxis als bedeutungslos eingestuft werden. Vgl. Pfaff, Stefani, 2006, S. 523.
[872] Vgl. Kagelmann, 2001, S. 127.
[873] Vgl. Weber, Neumann-Giesen, Jung, 2006, S. 58.
[874] Vgl. Multerer, Friedl, Serttas, 2006, S. 610.
[875] Ähnlich vgl. Multerer, Friedl, Serttas, 2006, S. 610.
[876] Ausführlicher vgl. Ewert, Wagenhofer, 2005, S. 603 ff.

satz erkennbar zur Verlustbildung verdammt. Ein Vorteil von Verrechnungspreisen auf Vollkostenbasis ist, dass diese sich vergleichsweise leicht bestimmen lassen, da sie der Vorgehensweise bei der sekundären Gemeinkostenrechnung im Rahmen der Kostenstellenrechnung entsprechen.[877] Sie werden in der betriebswirtschaftlichen Praxis gegenüber der Verrechnungspreisermittlung auf Grenz- oder Teilkostenbasis deutlich positiver beurteilt, da eine Abdeckung der vollen Kosten gewährleistet ist.[878]

Diesem Vorteil steht die Schwäche gegenüber, dass bei der Erstattung der vollen Ist-Kosten auf Seiten der leistenden Teileinheiten und somit auf Seiten des internen Dienstleisters kein Anreiz gesehen wird, kostensenkende Maßnahmen durchzuführen und die Effizienz zu steigern. Unter Umständen werden Kostenstrukturen verschleiert, da Fixkosten beim abnehmenden Teilbereich fälschlicherweise zu Grenzkosten werden und somit Fehlentscheidungen auslösen können.[879] Dies macht es erforderlich, dass die Aussagefähigkeit einer Verrechnung auf Vollkostenbasis sichergestellt ist und die Bildung des Verrechnungspreises beim Nachfrager der Sekundärleistung nachvollziehbar bleibt, damit sich die vom Verrechnungspreiskonzept erwünschten Wirkungen entfalten können.[880]

Im Rahmen der Vorgehensweise zur Bildung von Verrechnungspreisen im Sekundärleistungsbereich ist zwischen patientennahen und patientenfernen Sekundärleistungsbereichen zu unterscheiden. Für den patientennahen Sekundärleistungsbereich ist zu konstatieren, dass Marktpreise unter Umständen nur mit einem größeren Aufwand erhoben werden können, da es sich vorwiegend um krankenhausinterne Leistungen handelt, für die häufig keine funktionierenden Märkte existieren. Die Folge dieses Effektes ist, dass beim Aufbau von Verrechnungspreiskonzepten für Shared-Service-Organisationen im patientennahen Sekundärleistungsbereich überwiegend auf kostenorientierte Verrechnungspreise zurückgegriffen werden muss. Gegebenfalls können die Preise durch Aushandlungsprozesse zwischen Shared-Service-Center und den Geschäftseinheiten weiter verfeinert und angepasst werden, um eine größere Akzeptanz zu erhalten.

---

[877] Vgl. Ewert, Wagenhofer, 2005, S. 604 ff.
[878] Vgl. Pfaff, Stefani, 2006, S. 523. Dem Ansatz zur Kalkulation der Verrechnungspreise auf Vollkostenbasis wird hinsichtlich der praktischen Anwendung die größte Bedeutung zugeschrieben, vgl. dazu Scherz, 1998, S. 130 sowie Weilenmann, 1989, S. 945 ff.
[879] Vgl. Pfaff, Stefani, 2006, S. 523.
[880] Multerer/Friedl/Serttas haben in ihrer Veröffentlichung zur Gestaltung von Verrechnungspreisen im Krankenhaus darauf hingewiesen, dass zu Steuerungszwecken der Einsatz von sachkostenbezogenen Teilkostenpreisen bei der Bildung von Verrechnungspreisen zwischen Sekundärleistungseinheit und Facheinheit eingesetzt werden sollte. Sie weisen aber gleichzeitig daraufhin, dass diese Kalkulationsgrundlage vorzugsweise kurzfristige Entscheidungen unterstützt. Des Weiteren merken sie an, dass die unter DRG-Gesichtspunkten erforderliche Komplettkalkulation bei einer teilkostenbasierten Preisbildung unberücksichtigt bleibt. Schlussfolgernd wird darauf verwiesen, vollkostenbasierte Verrechnungspreise zu identifizieren, bei denen eine den Wirkungen von Verrechnungspreisen entsprechende Berücksichtigung der Personalkosten erfolgt. Vgl. Multerer, Friedl, Serttas, 2006, S. 610 ff.

Für patientenferne Sekundärleistungen ist es dagegen wahrscheinlicher, dass Marktpreise zur Verfügung stehen, da sich bestimmte Aktivitäten in diesen Bereichen nicht oder nur in geringem Umfang von Supportleistungen in anderen Dienstleistungs- und Industrieunternehmen unterscheiden und für die Unterstützungsleistung bereits ein externer Markt existiert. Damit eignet sich die marktorientierte Verrechnungspreisbestimmung eher für patientenferne Sekundärleistungsprozesse. Hier kann die zuvor erwähnte Methode des Target-Costings in Anspruch genommen werden.

Wird mit der Implementierung einer Shared-Service-Einheit das Ziel verfolgt, Erlöse mit externen Unternehmen zu erzielen und somit einen Wertbeitrag zu generieren gewinnt der Einsatz marktorientierter Preise an Bedeutung. Für Shared-Service-Leistungen, für die eine marktorientierte Preisfestlegung schwierig oder nicht möglich ist, wäre es hier denkbar eine Gewinnaufschlagsregel einzuführen.

Explizit ist darauf hinzuweisen, dass im Vorfeld der Entwicklung eines Verrechnungskonzeptes möglichst exakte Leistungsvereinbarungen zwischen Shared-Service-Center und internen Kunden im Sinne von Service-Level-Agreements durchgeführt werden, um eine argumentative Grundlage für die Ausgestaltung des Verrechnungspreiskonzeptes zu schaffen. Weiterhin darf in Bezug auf die Entwicklung eines Verrechnungskonzeptes für den Sekundärleistungsbereich von Kliniken nicht vernachlässigt werden, dass sowohl auf Seiten der Leistungsnachfrager als auch auf Seite des Shared-Service-Centers möglicherweise ein fehlendes Kosten- und Wertbewusstsein der Beteiligten existiert. Hier kann es erforderlich sein, dass in der Startphase auf marktorientierte Verrechnungspreise verzichtet wird, da dies auf Seiten der Shared-Service-Einheit eine fehlende Kostendeckung verursachen könnte.

6.5 Weitere Aspekte der Gesamtkonzeption

6.5.1 Auswahl eines geeigneten Standortes

Die Bestimmung der Anzahl der Shared-Service-Center und die damit verbundene Wahl eines geeigneten Standortes ist als eine strategische Entscheidung einzustufen, da sie langfristig angelegt ist und je nach Konzeption der Shared-Service-Organisation mit erheblichen Investitionen verbunden ist.[881]

Der Autor weist explizit darauf hin, dass zwischen Shared-Service-Centern, die für Back-Office-Prozesse in globalen Industrieunternehmen entwickelt und Sha-

---

[881] Vgl. Wißkirchen, Mertens, 1999, S. 87. Zum Aspekt der Standortanalyse vgl. Kagelmann, 2001, S. 104 ff. sowie grundsätzlich zur Thematik der Standort-Entscheidung bei Shared-Service-Centern, vgl. v. Glahn, 2006, S. 121 ff.

red-Service-Einheiten, die für den Einsatz innerhalb national agierenden Klinikorganisationen vorgesehen sind, insbesondere hinsichtlich der Relevanz der Standortthematik zu unterscheiden ist. Während bei globalen Industrieunternehmen die Errichtung von internationalen Shared-Service-Centern für Back-Office-Prozesse in verschiedenen Ländern im Fokus der Standortentscheidungen steht, beschränkt sich diese Diskussion bei Shared-Service-Centern im Klinikbereich in der Regel auf einen regionalen Bereich innerhalb Deutschlands, wobei im Rahmen dieser Betrachtung die unterschiedlichen Sekundärleistungsbereiche und die möglicherweise daran geknüpften Erreichbarkeitskriterien zu berücksichtigen sind. Es ist davon auszugehen, dass vor dem Hintergrund standortbezogener Kostensenkungspotenziale die Standortthematik bei global agierenden Industrieunternehmen einen höheren Stellenwert einnimmt als bei regional aufgestellten Krankenhauskonzernen. Zudem ist die Standortthematik bei international agierenden Unternehmen durch eine höhere Komplexität gekennzeichnet.[882] Dennoch darf diese Thematik auch bei einer vorwiegend regional-bezogenen Betrachtung im Krankenhausbereich nicht unberücksichtigt bleiben.

In Bezug auf die Wahl der Standorte konkurriert der Aufbau eines neuen Centers (sogenannte „Green-Field"-Lösung) mit der Nutzung von Einrichtungen, Räumlichkeiten und Infrastruktur an bereits bestehenden Standorten (sogenannte „Brown-Field"-Lösung) oder am Sitz der Unternehmenszentrale.[883] Bei einer betriebswirtschaftlichen Analyse der Standortwahl ist es erforderlich, die Einflussfaktoren auf die Standortbedingungen eines Shared-Service-Centers zu durchleuchten.[884] Mit diesem Aspekt setzt sich die Standortbestimmungslehre, bei der die Gründe für die Wahl eines Standortes untersucht werden, auseinander.[885] Vereinfacht dargestellt erfolgt die Ermittlung des optimalen Standortes aus dem Vergleich von Standortanforderungen und Standortbedingungen, allerdings ist aufgrund von Komplexitätseffekten eine vollständige Aufnahme sämtlicher entscheidungsrelevanter Faktoren nicht möglich.[886]

Unter Berücksichtigung der Ausprägungsformen zentraler Standortfaktoren werden Standorte vergleichbar gemacht.[887] Der Standortfaktor „Verfügbarkeit des Faktors Arbeit" ist im Wesentlichen durch die Faktoren Arbeitskräfteange-

---

[882] Vgl. v. Glahn, 2006, S. 121 ff.
[883] Vgl. Bangemann, 2005, S. 35.
[884] Vgl. ausführlicher v. Glahn, 2006, S. 124 ff.
[885] Die Systematisierung verschiedener standorttheoretischer Erklärungsrichtungen geht auf Überlegungen von Meyer-Lindemann, 1951, zurück. Bei der Standortwirkungslehre erfolgt eine Analyse der Auswirkungen von Standortentscheidungen auf betriebswirtschaftliche und teilweise volkswirtschaftliche Größen. Die Standortgestaltungslehre setzt sich mit der Erforschung der wirtschaftspolitischen Gestaltungsmöglichkeiten der Standortverteilung auseinander und besitzt somit eine volkswirtschaftliche Fokussierung. Bei der Standortentwicklungslehre geht es um die Analyse der Ausbildung von Standortstrukturen im zeitlichen Verlauf, vgl. v. Glahn, 2006, S. 123.
[886] Vgl. Korndörfer, 1993, S. 24.
[887] Vgl. Kagelmann, 2001, S. 106.

bot und Ausbildungsstand gekennzeichnet. Hauptsächlich die Verfügbarkeit von geeigneten Fachkräften spielt zum Beispiel im Rahmen der Standortbewertung bei patientennahen Sekundärleistungen eine große Bedeutung. Die Bewertung dieses Kriteriums könnte davon abhängig sein, ob am geplanten Standort labordiagnostische Dienstleister oder medizinische Ausbildungs- und Forschungseinrichtungen ihren Sitz haben.

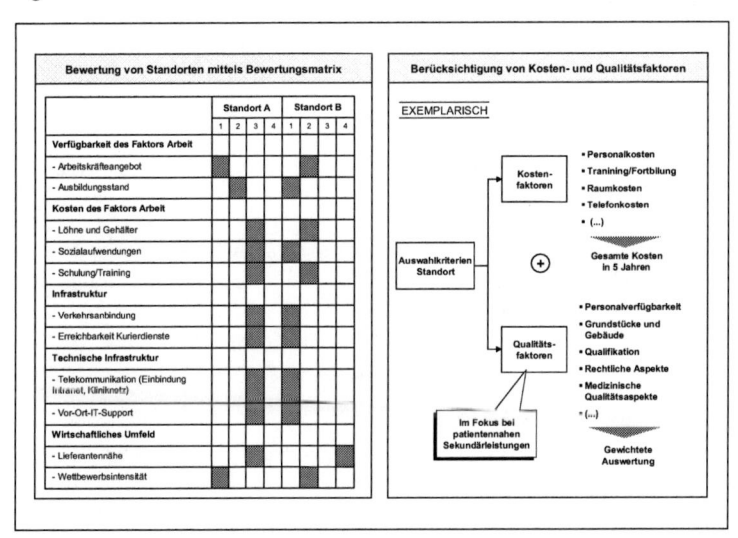

Abbildung 6-9: Zwei verschiedene Herangehensweisen zur Standortbewertung [888]

Wie bereits mit Darstellung der Einsatzbereiche von Shared Services im Laborbereich erläutert wurde, könnte die Möglichkeit zum elektronischen Datenaustausch mit den einzelnen Geschäftseinheiten sowohl in Bezug auf die POCT-Qualitätssicherung als auch vor dem Hintergrund der Übermittlung von Laborergebnissen als ein essentieller Bestandteil dieses Konzeptes eingestuft werden. In Bezug auf das Standortkriterium „technische Infrastruktur" ist somit eine hohe Verlässlichkeit bezüglich IT- und Telekommunikationseinrichtungen unverzichtbar. Neben der Telekommunikationsinfrastruktur gilt im Rahmen der Betrachtung von patientennahen Dienstleistungsbereichen wie der Labordiagnostik dem Standortfaktor „Infrastruktur" besondere Aufmerksamkeit, da Proben zur Untersuchung in das Shared-Service-Center transportiert werden müssen. Demnach sollte inklusive der Transportzeit der Gesamtprozess der Untersuchung bei Routineuntersuchungen zwei bis drei Stunden nicht überschreiten.[889] Die regio-

---

[888] Eigene Abbildung in Anlehnung an Wißkirchen, Mertens, 1999, S. 87 sowie Neuenkirchen, Vollmer, 2006, S. 322 ff.
[889] Die Qualität der Proben kann bei einer ausgedehnten Transportzeit abnehmen. Vgl. Renner, Reisinger, Linzatti, 2002, S. 45.

nale Infrastruktur im Sinne einer entsprechenden Verkehrsanbindung besitzt damit sowohl vor dem Hintergrund der genannten Qualitätsaspekte als auch bezogen auf mitarbeiterrelevante Aspekte hinsichtlich Fahrzeiten zur Arbeitsstätte eine wichtige Bedeutung. Unter dem Aspekt des wirtschaftlichen Umfeldes sind weitere Standortfaktoren subsumiert. Von Bedeutung sind in diesem Bereich die Lieferantennähe und Wettbewerbsintensität. Dies Bewertungskriterium ist vorzugsweise dann von Relevanz, wenn das Shared-Service-Center seine Leistungen neben den internen Kunden externen Einrichtungen zur Verfügung stellen möchte oder für die Leistungserstellung auf externe Einrichtungen zurückgegriffen werden müsste.

6.5.2 Einführungskonzept für eine Shared-Service-Organisation im Sekundärleistungsbereich

Im Folgenden wird im Rahmen eines Exkurses ein aus vier Phasen bestehendes Vorgehensmodell[890] zum Aufbau von Shared-Service-Organisationen in Krankenhäusern skizziert. Anzumerken ist, dass bei der Implementierung von Shared Services eine Vielzahl an Prozessen und Kennzahlen zu erheben ist. Bei dem hier entwickelten Einführungskonzept handelt es sich um eine stark vereinfachte Darstellung.

Zentraler Bestandteil einer umfassenden Bestandsaufnahme ist neben der Analyse der medizinischen Leistungsfähigkeit eine Untersuchung der wirtschaftlichen Situation hinsichtlich der existierenden Kosten- und Erlösstrukturen. Die Ist-Erhebung im Bereich der medizinischen Leistungsfähigkeit eignet sich zur Erfassung des Versorgungsspektrums und des Versorgungsniveaus. Darüber hinaus werden Ausstattungslücken und Angaben zur Patientenzufriedenheit erfasst. Die Ist-Erhebung im Bereich der Krankenhausbuchführung zeigt einen Überblick der Kosten- und Erlössituation in den einzelnen Geschäftseinheiten beziehungsweise Kliniken und Abteilungen. Auf Grundlage dieser Informationen können Bereiche mit einem hohen Erlöspotenzial und defizitär arbeitende Einheiten sowie zentrale Kostentreiber identifiziert werden. Des Weiteren ist es zur Darstellung der Ausgangssituation erforderlich, die Führungs- und Organisationsstruktur zu analysieren, um sämtliche Sekundärleistungsbereiche und die damit verbundenen Organisationseinheiten zu identifizieren. Dies ist vor allem in Krankenhauskonzernen mit einer stark dezentralisierten Struktur erforderlich.

In einem nächsten Schritt sind die Sekundärleistungsbereiche selbst zu durchleuchten. Zudem sind die spezifischen Aspekte der Sekundärleistungsbereiche hinsichtlich der dort auszuführenden Prozesse, IT-Systeme, Schnittstellen zu Primärleistungsbereichen und rechtlichen Anforderungen aufzunehmen.

---

[890] Siehe Abbildung 6-10.

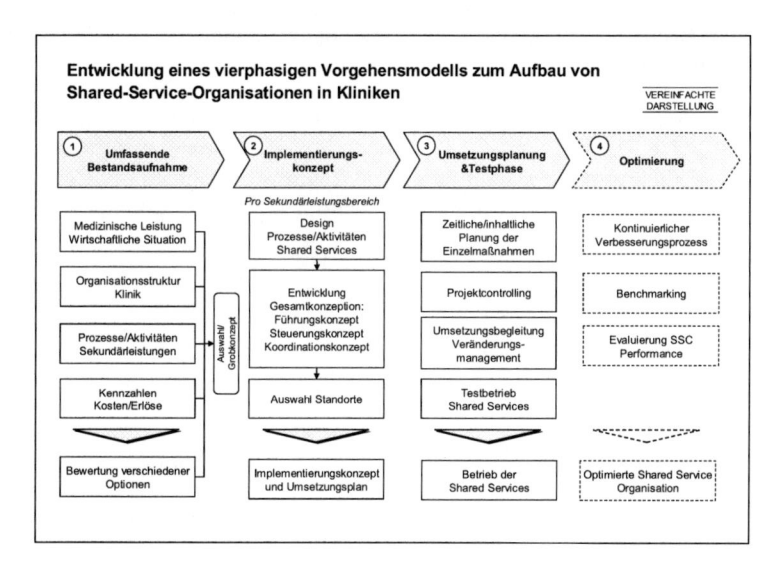

Abbildung 6-10: Vorgehensmodell zum Aufbau von Shared Services in Kliniken

Nicht zu vernachlässigen ist die Ermittlung zentraler Kennzahlen. Dazu gehören auf der Leistungsseite im Bereich der patientennahen Sekundärleistungen Behandlungskennzahlen und Qualitätsindikatoren. Im Bereich der Aufwand- und Ertragsseite sind vor allem die betrieblichen Aufwendungen für Personal, Infrastruktur und Sachmittel in den jeweiligen Sekundärleistungsbereichen relevant. Ebenfalls von Interesse sind Kennzahlen aus krankenhausindividuelle Verrechnungsbereichen wie bestehenden Service-Gesellschaften oder angemieteten Gebäuden und Ausgaben für eventuell bestehende Outsourcing-Verträge.

Die im Rahmen der Bestandsaufnahme ermittelte Ist-Situation liefert Informationen über Schwachstellen im Sekundärleistungsbereich sowie in den damit verknüpften Primärleistungsbereichen. Zugleich bildet sie eine Grundlage zur Entwicklung verschiedener Lösungsszenarien in Form von organisatorischen Gestaltungsalternativen.[891] Für das Klinikmanagement ist hier von besonderem Interesse, welcher Nutzen durch die jeweilige organisatorische Gestaltungsalternative zu erwarten ist und welche Kosten diesem Nutzen gegenüber stehen. Als Entscheidungsunterstützung können unter Berücksichtigung der zuvor durchgeführten Bestandsaufnahme Argumentenbilanzen und Investitionsrechnungen hinzugezogen werden.[892] Wichtig ist, dass abhängig vom Sekundärleistungsbereich

---

[891] Zu den organisatorischen Gestaltungsalternativen zählen hier neben dem Shared-Service-Ansatz folgende Alternativen: bereichsinterne und dezentrale Optimierung; Best-Practice Benchmarking, zentrale Dienstleistungseinheiten, kooperative Servicegesellschaften, Outsourcing, Public-Private-Partnership.
[892] Vgl. Kapitel 4.

neben der Erfüllung von Kostenzielen eine hohe medizinische Versorgungsqualität gewährleistet wird.

Zentrale Analyseergebnisse der einzelnen Bereiche können in einem Shared-Service-Center-Grobkonzept[893] oder einem Business-Case[894] weiterverarbeitet und festgehalten werden. Darauf aufgesetzt können im Rahmen der Darstellung der Ausgangssituation verschiedene Optionen für die Ausgestaltung der Shared-Service-Organisation aufgezeigt werden.

Wird sich entsprechend des hier skizzierten Vorgehensmodells[895] für die Einführung einer Shared-Service-Organisation entschieden ist das Leistungsspektrum und die Leistungstiefe der künftigen Shared-Service-Organisation zu bestimmen. Ebenfalls können erste Angaben zu möglichen Standorten aufgezeigt werden.

Je nach Ausgangssituation wird in Phase 2 für die jeweiligen Optionen ein Implementierungskonzept erarbeitet. Dies besteht zunächst aus einer Konzeption der jeweiligen Prozesse und Aktivitäten des künftigen Shared-Service-Centers. Im Anschluss daran sind die zentralen Konzeptionsfelder eines Shared-Service-Modells auf die spezifischen Rahmenbedingungen der geplanten Shared-Service-Organisation anzupassen und dementsprechend in den Bereichen Führung, Steuerung und Koordination auszuarbeiten. Abschließend ist die Entscheidung bezüglich des Standortes des Shared-Service-Centers zu finalisieren. Gegebenenfalls ist zusätzlich ein IT-Anforderungskonzept zu entwickeln, welches an die IT-Abteilung der Klinik oder an einen externen IT-Berater weitergegeben wird. Die Aktivitäten der zweiten Phase werden als Ergebnis in einem detaillierten Implementierungskonzept zusammengefasst. Weiterer Bestandteil dieser Phase ist die Aufstellung eines Umsetzungsplans, bei dem erforderliche Projektmanagement-Strukturen berücksichtigt werden. Nach der Erstellung des detaillierten Implementierungskonzeptes wird im Idealfall mit der Umsetzung des entwickelten Konzeptes begonnen.

---

[893] Das Grobkonzept ist im Zusammenhang mit dem Projektmanagement ein Begriff aus der Vorstudienphase. Die Ergebnisse der Vorstudienphase zeigen sich in verbindlichen Aussagen über Machbarkeit, Risiken und Nutzen. Lösungskonzepte stehen innerhalb dieser Phase noch nicht im Vordergrund. Es wird sich im Wesentlichen auf Grundlage von Analyse-Ergebnissen und Zielsetzungen auf Grobkonzepte oder Lösungsideen beschränkt. Ausführlicher vgl. Kuster et al., 2008, S. 45 ff.
[894] Bei einem Business Case handelt es sich um ein Szenario zur betriebswirtschaftlichen Beurteilung einer Investition. In einem Business Case werden nahezu alle entscheidungsrelevanten Aspekte eines Vorhabens, wie beispielsweise die Implementierung eines Shared-Service-Centers, mit dem Ziel zusammengefasst, die wirtschaftliche Vorteilhaftigkeit und strategische Konformität des Gesamtprojektes aufzuzeigen, um somit eine Management-Entscheidung in Bezug auf die Ausführung des Projektes zu ermöglichen. Ausführlicher vgl. Brugger, 2005, S. 13 ff. In dem Business Case werden in der Regel Aspekte einer Investitionsrechnung integriert. Zur Investitionsrechnung vgl. Kapitel 4.2.
[895] Vgl. Abbildung 6-10.

Die Implementierung einer Shared-Service-Organisation entsprechend der in Phase 2 aufgezeigten Handlungsfelder ist davon abhängig, wie die einzelnen Aktivitäten zeitlich und in Abstimmung mit den Führungskräften aus den drei funktionalen Bereichen[896] ausgeplant und durch ein entsprechendes Projektcontrolling überwacht werden. Unter dem Begriff des Projetcontrollings sind Prozesse und Regeln zu verstehen, die eingebettet in das Projektmanagement einen Beitrag zur Sicherung des Erreichens der Projektziele leisten.[897] Aufgrund der massiven Veränderungen in der Organisation und den Prozessen ist ein kontinuierliches Change Management erforderlich.[898] Schließlich stellt im Idealfall der reguläre Betrieb des Shared-Service-Centers das Ergebnis der Umsetzungsphase dar.

Die Optimierungsphase beginnt nicht unmittelbar nach der Umsetzungsphase, sondern in der Regel im Zeitraum zwischen dem 2. und 4. Jahr nach der Einführung der Shared-Service-Organisation. Mittels der Verankerung eines kontinuierlichen Verbesserungsprozesses[899], der Einführung von Benchmarking sowie der regelmäßigen Evaluierung der Leistung des Shared-Service-Centers kann weiteres Effizienz- und Effektivitätssteigerungspotenzial freigesetzt werden. Es ist kontinuierlich zu überprüfen, ob durch Einführung eines höheren Grades an Marktorientierung in bestimmten Sekundärleistungsbereichen eine Verbesserung erreicht werden kann.

---

[896] Darunter sind hier die Bereiche „Ärztlicher Dienst", „Pflege-Dienst" und „Verwaltungs-Dienst" zu verstehen. Vgl. Kapitel 2.2.

[897] Vgl. Kuster et al., 2008, S. 154.

[898] Zur Rolle des Change Managements bei der Einführung von Shared Services vgl. Kapitel 7.

[899] Aufgrund der Entwicklung neuer technischer und organisatorischer Möglichkeiten ist die Rationalisierung, Verbesserung und Umgestaltung als ein permanenter Prozess anzusehen. Diese Aktivität wird als kontinuierlicher Verbesserungsprozess (KVP) bezeichnet, vgl. Gudehus, 2005, S. 71. Es sind Maßnahmen zu implementieren, die den Erfolg dieses Prozesses sicherstellen. Maßnahmen zur Sicherstellung eines kontinuierlichen Verbesserungsprozesses können beispielsweise innerhalb einer Shared-Service-Organisation durch die Implementierung einer Leistungsmessung auf Basis von Key-Performance-Indicators (KPI) oder durch regelmäßige Überprüfung der Service-Level-Agreements sichergestellt werden. Der Erfolg dieser Maßnahmen ist aber nur möglich, wenn die Mitarbeiter sich für die Verbesserungsaktivitäten motivieren können. Ebenso ist eine Bereitschaft auf Seiten der Leitung des Shared-Service-Center erforderlich, die Leistungsmesssysteme zu verfeinern und auf Veränderungen zu reagieren.

7 Realisierungshindernisse und Problemfelder

In diesem Kapitel erfolgt die Betrachtung möglicher Realisierungshindernisse und Problemfelder, die sich im Zuge der Implementierung von Shared-Service-Organisationen herausbilden können. Die Ausprägung der möglichen Realisierungshindernisse und Problemfelder ist sehr stark von den existierenden Umweltzuständen und internen Rahmenbedingungen eines Krankenhauses abhängig.

7.1 Finanzielle Ausstattung

Der Aufbau von Shared-Service-Strukturen ist in der Regel mit einem erheblichen finanziellen Aufwand verbunden, und die Entscheidung, eine Shared-Service-Struktur aufzubauen, ist schwer revidierbar. Dieser Aufwand resultiert unter anderem aus infrastrukturellen Maßnahmen, Mitarbeiterschulungen und zum Teil umfassenden Reorganisationsmaßnahmen. Zu beachten ist, dass es sich bei dem Aufbau eines Shared-Service-Centers um eine Investitionsentscheidung handelt, bei der im Rahmen der Einführungsphase möglicherweise hohe Anfangsauszahlungen zu tätigen sind, die sich erst nach mehreren Jahren amortisieren.[900]

Diesen Aspekten steht die Situation gegenüber, dass der finanzielle Handlungsspielraum von Krankenhäusern zum Teil sehr eingeschränkt ist. Die Ursachen dafür liegen zum einen in einem Investitionsstau für Einzelförderungsanträge, zum anderen sind die aus den Behandlungsleistungen generierten Erlöse möglicherweise nicht ausreichend, um neben den Ausgaben in medizinischen Kernbereichen umfassende Umstrukturierungsmaßnahmen in patientennahen und patientenfernen Sekundärleistungsbereichen zu finanzieren. Unsicher ist ebenfalls noch, wie sich das eingeführte DRG-System auf das Budget der Krankenhäuser auswirken wird.[901]

Es liegt nahe, dass die damit verbundenen Unsicherheiten auf Seiten des Krankenhausmanagements dazu führen, dass Umstrukturierungsmaßnahmen und die Anwendung von im Klinikbereich noch wenig erprobten Organisationsalternativen wie das Shared-Service-Konzept nur zögerlich angegangen werden. Zudem existieren bestimmte finanzielle Risiken dieses Organisationskonzeptes, die sich bei der Implementierung in Industrieunternehmen herausgestellt haben. Die Implementierung dieses Konzeptes in der Industrie hat unter anderem gezeigt, dass Risiken sowohl hinsichtlich einer Erhöhung der zuvor veranschlagten Kosten in der Einführungsphase als auch während der laufenden Anwendung des

---

[900] Vgl. Breuer, Kreuz, 2006, S. 147.
[901] Zu Aspekten des DRG-Systems und zur wirtschaftlichen Situation von Krankenhäusern in Deutschland vgl. Kapitel 2.1.

Konzeptes bestehen.[902] Dieser Aspekt wird in der Literatur als unerwartet auftretender Anfall von Implementierungskosten beschrieben. Dabei wird auf die Problematik von Kostenrisiken hingewiesen, die erst bei der Betrachtung eines höheren Detaillierungsgrades sichtbar werden.[903]

Da zur Lösung der Probleme zusätzliche interne und/oder externe Personalkapazitäten in Anspruch genommen werden, entstehen weitere Kosten. In Verbindung mit einer – wenn überhaupt – nur begrenzten Erfahrung hinsichtlich der Implementierung von Shared-Service-Strukturen ist davon auszugehen, dass auf Seiten der Kliniken erhebliche Unsicherheiten existieren und das Risiko besteht, dass Shared-Service-Projekte fehlschlagen oder die gesetzten Erwartungen hinsichtlich Kostensenkung und Qualitätssteigerung nur unvollständig erfüllt werden.

Für Klinikkonzerne, die trotz angespannter Finanzierungslage das Risiko der Implementierung von Shared-Service-Organisationen dennoch auf sich nehmen wollen, könnte eine Möglichkeit darin bestehen, bereits in der Planungs- und Konzeptionsphase die Erzielung von Erlösen mit externen Kunden explizit zu berücksichtigen und dazu mit anderen Gesundheitseinrichtungen Verhandlungen aufzunehmen. In diesem Fall würde das Shared-Service-Center gegenüber den externen Kliniken als Outsourcer auftreten. Damit könnte über die Erzielung von Umsätzen des Shared-Service-Center mit Externen ein Beitrag zu einer gesicherten Finanzierung geleistet werden.

7.2 Informations- und Kommunikationstechnik

Die in Kapitel 5 durchgeführte Untersuchung potenzieller Einsatzbereiche von Shared Services hat aufgezeigt, dass bei der Ausgliederung von Sekundärleistungsbereichen in ein Shared-Service-Center je nach Art der Sekundärleistung umfassende technologische Veränderungen notwendig sind, die sich in erster Linie auf die Informations- und Kommunikationstechnik beziehen. Damit sind als wesentliche Voraussetzungen für den erfolgreichen Aufbau von Shared-Service-Strukturen die Existenz und die Verfügbarkeit einer angemessenen Informations- und Kommunikationstechnik erkennbar.

Die verschiedenen Einsatzmöglichkeiten von Shared Services im Sekundärleistungsbereich stellen unterschiedliche Anforderungen an die IT-Infrastruktur in Kliniken. Insbesondere der Einsatz von Shared Services in den patientennahen Sekundärleistungsbereichen, bei denen auf telemedizinische Anwendungen zurückgegriffen wird, erfordert ein entsprechendes hohes Niveau der IT-

---

[902] Demnach haben einige Industrie- und Versorgungsunternehmen durch neu gegründete Dienstleistungszentren ihre Kosten erhöht anstatt gesenkt, vgl. Dietrich, 2005.
[903] Vgl. Kagelmann, 2001, S. 176.

Infrastruktur.[904] Dabei sind nicht nur die Ansprüche an das technische Niveau der IT-Infrastruktur hoch, sondern es ist ebenfalls ein entsprechend hohes Sicherheitsniveau der eingesetzten IT-Systeme erforderlich, da Patienten- und Mitarbeiterdaten übertragen werden.

Die Basis für eine technische Vernetzung im Krankenhausbereich wird wie in vielen anderen Bereichen durch das Internet oder Intranet bereitgestellt. Kostengünstige Internetverbindungen mit hohen Übertragungsgeschwindigkeiten sind heute Standard. Darüber hinaus wird die Übermittlung sensibler medizinischer Patientendaten durch den Einsatz leistungsfähiger Verschlüsselungstechniken innerhalb virtueller privater Netze (VPN) unter Beachtung des Datenschutzes unproblematisch.[905] Damit kann auf den Einsatz von dezidierten Übertragungsnetzen für telemedizinische Anwendungen verzichtet werden.[906] Durch den Aufbau einer internetbasierten Vernetzungsstruktur ist die Übertragung umfangreicher schriftlicher Befunde oder CT-Bilder möglich. Dies setzt allerdings voraus, dass alle Nachfrager der Leistungen eines Shared-Service-Centers über eine geeignete IT-Infrastruktur verfügen. Dazu zählt eine leistungsfähige DSL-Verbindung, Computersysteme sowie beispielsweise eine PACS-Anbindung. Kliniken, die Shared-Service-Strukturen aufbauen wollen, müssen daher in der Lage sein, entsprechende IT-Strukturen und die damit verbundene Vernetzung implementieren zu können. Vor dem Hintergrund einer Vielzahl bereits bestehender unterschiedlicher IT-Systeme und einem dementsprechend geringen Standardisierungsgrad kann sich dieser Aspekt als problematisch erweisen.[907] Die dafür notwendigen finanziellen und personellen Ressourcen stellen ein weiteres Problemfeld dar.

7.3 Akzeptanz der Mitarbeiter

Mit der Einführung von Shared-Service-Organisationen in Krankenhausunternehmen werden massive Veränderungen in den Prozessen, Systemen, Tätigkeitsinhalten, Organisationsstrukturen und Verhaltensweisen vorgenommen. Dies kann auf Seiten der Mitarbeiter und Führungskräfte zum Aufbau von Widerständen führen. Diese Widerstände resultieren in erster Linie aus den Veränderungen bisheriger Aufgaben und der Eingliederung in der Organisation. Speziell die berufsständische Organisation der Betriebsleitung einer Klinik, in deren Fokus das „Säulendenken" steht, erschwert eine gesamtbetriebliche Denkrichtung und fokussiert den Blickwinkel bei Veränderungsmaßnahmen auf den eigenen Bereich.

---

[904] Vgl. Kapitel 5.
[905] Vgl. o.V., 2005a, S. 13.
[906] Vgl. Vogl, 2002, S. 377.
[907] Zum Aspekt der unzureichenden Standardisierung von IT-Systemen vgl. Krüger-Brand, 2007, S. A2181 ff.

Das Ausmaß der Widerstände bei einer geplanten Ausgliederung von Laborleistungen kann beispielsweise von der Chefarztsituation abhängig sein. Sind die Laboreinrichtungen bereits innerhalb der einzelnen Kliniken großzügig zentralisiert, existieren womöglich geringere Widerstände, als wenn Chefärzte der einzelnen Abteilungen aufgrund entsprechender Verträge in dezentralen Krankenhauslaboren Leistungen erbringen und liquidieren dürfen.[908] Zwar sind die entsprechenden Verträge nur bedingt resistent gegen von der Klinikgeschäftsführung getroffene Maßnahmen, die Gefahr des Blockierens von Ausgliederungsmaßnahmen ist in diesem Fall explizit bei einer starken Zergliederung von Strukturen in Sekundärleistungsbereichen und den damit in Verbindung stehenden persönlichen Verflechtungen nicht zu vernachlässigen.

Neben den Widerständen einzelner Mitarbeiter oder ganzer Berufsgruppen existieren weitere Problemfelder in Zusammenhang mit Veränderung von bestehenden Strukturen. Je nach Ausprägung ist eine Veränderung der Organisationsstruktur für viele Mitarbeiter in Sekundärleistungsbereichen mit einem örtlichen Wechsel oder möglicherweise mit dem Verlust des Arbeitsplatzes oder einer Änderung der Aufgabengebiete verbunden. Ein Aufbau von Shared-Service-Einheiten für Sekundärleistungsbereiche, die außerhalb der bisherigen organisatorischen Einheit erstellt werden, birgt die Gefahr, dass (hoch-) qualifizierte Mitarbeiter aufgrund von Umstrukturierungsmaßnahmen das Unternehmen verlassen.[909] Nicht zu vernachlässigen ist auch der Aspekt, dass in den einzelnen Geschäftseinheiten aufgrund der Abgabe von patientennahen Sekundärleistungen an das jeweilige Shared-Service-Center ein Kompetenzverlust erfolgen kann. Daraus wiederum resultieren Widerstände der Mitarbeiter in einzelnen dezentralen Einheiten, da sie einen Verlust von Kompetenzen nicht akzeptieren möchten. Zudem kann vor allem die Planungs- und Einführungsphase von Shared Services auf Seiten der Mitarbeiter und Führungskräfte Ängste vor Arbeitsplatzabbau, Machtverlust, Ortswechsel und die Abkehr von gewohnten Handlungsmustern verursachen. Die sich daraus erschließende Unsicherheit, Unruhe und mangelnde Akzeptanz kann vor allem dann, wenn noch ein gestiegener Arbeitsanfall während der Einführungsphase hinzukommt Widerstände und Demotivation mit sich bringen.

Eine mangelnde Veränderungsbereitschaft infolge einer reduzierten Akzeptanz auf Seiten der betroffenen Mitarbeiter in den Funktionsbereichen stellt in diesem Zusammenhang ein zentrales Problemfeld dar, welches das Risiko hinsichtlich des Scheiterns von Shared-Service-Projekten deutlich erhöht.[910] Für die erfolgreiche Implementierung und Funktionsweise einer Shared-Service-Struktur ist

---

[908] Ähnlich vgl. Eichhorn, Seelos, v. der Schulenburg Graf, 2000, S. 174.
[909] Ähnlich vgl. Kagelmann, 2001, S. 180.
[910] Ausführlicher zur Thematik des Veränderungsmanagements vgl. Frey, Pirker, Vanden Eynde, 2006, S. 281 ff.

die Akzeptanz der Beteiligten maßgeblich. Die dabei existierenden negativen Einstellungen von Mitarbeitern und Führungskräften sind durch geeignete Maßnahmen im Rahmen eines Veränderungsmanagement-Programms in positive Einstellungen zu wandeln. Für den Begriff des Veränderungsmanagements existiert keine allgemeine, in der Literatur fest verankerte Definition.[911] Veränderungsmanagement wird häufig als „Change Management"[912] bezeichnet und meint die Organisation und das Management von Veränderungen innerhalb von Unternehmen. Potenzielle Zielsetzungen eines daraus resultierenden Veränderungsmanagement-Programms sind im Folgenden skizziert:[913]

¶ Durch Aufklärung, Training und Überzeugungsarbeit sicherstellen, dass alle betroffenen Mitarbeiter die Veränderung verstehen und auf die Veränderung vorbereitet sind.

¶ Die Mitarbeiter in Richtung eines gemeinsamen Ziels motivieren und somit Blockaden verhindern. Ansatzpunkte auf Ebene der Krankenhausleitung ergeben sich dadurch, den Wandel vorzuleben und eine klare und verständliche Vision an die Mitarbeiter vorzugeben und zu kommunizieren.

¶ Die Veränderungen sollten von allen Vorgesetzten akzeptiert und mit deren Verkündung vorgelebt werden. Hierzu ist insbesondere die Zustimmung und aktive Unterstützung der Führungskräfte der Verwaltung und des medizinischen Bereichs in den einzelnen Geschäftseinheiten und/oder Verbundgesellschaften erforderlich.

¶ Durch Aufklärung und Überzeugungsarbeit gezielt Mitarbeiter fördern, damit sie persönlich Verantwortung für die veränderte Organisation übernehmen und gegenüber der Veränderung Vertrauen besitzen.

Klinikmanager müssen die oben genannten und einführend skizzierten Aspekte eines Veränderungsmanagements in ihrer Vorgehensweise zum Aufbau von Shared-Service-Organisationen berücksichtigen. Hierbei erweist es sich als Vorteil, diese in das im vorherigen Kapitel skizzierte Einführungskonzept als Veränderungsmanagement-Programm zu integrieren.

---

[911] Die Anforderung, sich im Zeitverlauf weiterzuentwickeln, existiert, seitdem es das Handeln von Menschen in Organisationen gibt und zielt darauf, dass Organisationen sich im Wettbewerb mit anderen Leistungsanbietern behaupten können. Damit ist Veränderungsmanagement ein seit langem betriebenes Handlungs- und Forschungsgebiet, vgl. Töpfer, Albrecht, 2006, S. 581.
[912] "Change Management is the proactive planning and execution of specific activities to ensure participation and buy-in, reduce resistance, and increase the speed of acceptance. Such planning is essential when an organization makes changes to work process or introduces new technology because the only way re-engineered process, new technology, or any other change gets implemented through people." Bangemann, 2005, S. 163.
[913] Ähnlich vgl. Frey, Pirker, Vanden Eynde, 2006, S. 281 sowie Perillieux et al., 2005.

7.4 Verfügbarkeit von Personal

Es ist erforderlich, dass personelle Ressourcen bereitstehen, welche über entsprechende Qualifikation und den Erfahrungshintergrund hinsichtlich der Implementierung von Shared-Service-Organisationen verfügen. Es muss demnach sichergestellt sein, dass Mitarbeiter zur Verfügung stehen, die bei der Auswahl der potenziell auszugliedernden Sekundärleistungsbereiche sowie der Konzeption und der Implementierung entsprechender Shared-Service-Strukturen aktiv werden können.

Die erforderliche Personalintensität ist im Wesentlichen davon abhängig, in welchem Umfang die Kliniken eigenes qualifiziertes Personal vorhalten, das über die entsprechende Qualifikation verfügt, komplexe Organisationsstrukturen, wie sie beim Shared-Service-Ansatz existieren, entwickeln und implementieren zu können. Es ist davon auszugehen, dass der Personalaufwand insbesondere abhängig von dem jeweiligen Gestaltungsumfang der in Kapitel 6 erörterten Konzeptionsfelder stark variiert.

Diesen Aspekten liegt die Überlegung zugrunde, dass sich die Entscheidungsträger innerhalb des Krankenhauskonzerns oder Klinikverbundes unter Berücksichtigung der jeweiligen spezifischen Rahmenbedingungen einen Überblick über die verschiedenen Einsatzmöglichkeiten und Gestaltungskonzepte des Shared-Service-Ansatzes verschaffen müssen. Erfolgt auf Ebene der Entscheidungsträger eine Entscheidung für die Durchführung umfassender organisatorischer Veränderungen im Sekundärleistungsbereich hinsichtlich der Implementierung von Shared-Service-Strukturen, ist eine Auswahl dahingehend zu treffen, welche Sekundärleistungsbereiche beziehungsweise Prozesse in eine Shared-Service-Organisation ausgegliedert werden sollen.

Dies zeigt, dass bereits im Vorfeld ein erheblicher Zeitbedarf der Entscheidungsträger notwendig ist. Daraus ergibt sich eine weitere Problematik, da aufgrund der aktuellen Veränderungen im Krankenhausbereich unterstellt werden kann, dass sich die Entscheidungsträger vornehmlich mit Themen auseinandersetzen, die sich inhaltlich mit der DRG-Einführung, der Krankenhausfinanzierung oder der strategischen Positionierung befassen.

Aufgrund fehlender Erfahrung mit Konzeption und Aufbau von Shared-Service-Strukturen im Krankenhausbereich ist nicht zu erwarten, dass Kliniken über eigenes qualifiziertes Personal verfügen, das in der Lage ist, Shared-Service-Organisationen zu implementieren. Die Existenz von Personal mit entsprechender Qualifizierung wäre in erster Linie in Klinikkonzernen denkbar, die über eine eigene interne Unternehmensberatung oder Erfahrungen im Aufbau von Profit-Centern verfügen.

In den meisten Fällen ist davon auszugehen, dass Kliniken externe Spezialisten im Rahmen eines Beratungsvertrages benötigen, um die mit dem Shared-Service-Ansatz verbundenen komplexen Veränderungen konzeptionell zu entwickeln und erfolgreich in der Organisation zu verankern. Daraus resultiert eine Verbindung mit den unter Gliederungspunkt „Finanzielle Ressourcen" skizzierten Problemfeldern, da die Heranziehung externer Berater abhängig von der Größe des Projektes mit Kosten verbunden ist.

8 Zusammenfassung und Ausblick

Die angespannte Kosten- und Erlössituation im Krankenhausbereich erfordert unter anderem eine kritische Überprüfung der dort existierenden Organisationskonzepte. Die Akteure in Klinikorganisationen stehen damit vor der Herausforderung, einen Weg zu finden, um effiziente und effektive Organisationsstrukturen zu implementieren und Rationalisierungspotenziale freizusetzen. Dabei wurde dem Sekundärleistungsbereich bislang wenig Aufmerksamkeit geschenkt. Dies ist insbesondere unter dem Gesichtspunkt verwunderlich, da mehr als 30 Prozent der Krankenhausausgaben auf den Sekundärleistungsbereich entfallen.

Für die Gestaltung der Strukturen in Sekundärleistungsbereichen steht mit dem Shared-Service-Konzept eine Organisationsalternative zur Verfügung, die über ein umfangreiches Potenzial zur Lösung der Anforderungen verfügt. Dabei ist anzumerken, dass sich bislang die Anwendung des Shared-Service-Konzeptes größtenteils auf Industrieunternehmen oder Dienstleistungsunternehmen im Banken- und Versicherungssektor beschränkte. Gerade die Logik einer Mehrfachnutzung von Sekundärleistungen in Krankenhausorganisationen weist in Verbindung mit einer professionellen Ausgestaltung der dahinter stehenden Organisationsstruktur auf weitreichende Optimierungspotenziale hin. Zwar lassen sich Ansätze und Organisationsformen zentralisierter Service-Gesellschaften im Sekundärleistungsbereich von Krankenhäusern finden, eine strukturelle Systematisierung in Bezug auf zentrale Gestaltungsmöglichkeiten dieser Organisationsformen ist aber nicht erkennbar. Mit der vorliegenden Arbeit wurde ein Beitrag zum Abbau des Defizits hinsichtlich der Einsatzmöglichkeiten und Konzeption von Shared-Service-Organisationen in Krankenhausunternehmen geleistet. Nachfolgend werden die Vorgehensweise und die Ergebnisse der Arbeit zusammenfassend dargestellt.

In Kapitel 2 sind die internen und externen Rahmenbedingungen von Krankenhäusern untersucht worden. Hier wurde unter anderem deutlich, dass der Krankenhaussektor von einer Vielfältigkeit geprägt ist und die Krankenhausfinanzierung einem dualen Prinzip entspricht, das neben staatlichen Zuschüssen im Wesentlichen auf die Einnahmen aus den Krankenversicherungen angewiesen ist. Ebenfalls ist aufgezeigt worden, dass mit der Implementierung eines DRG-basierten Entgeltsystems der Druck zum Aufbau einer effizienteren Gestaltung der Krankenhausorganisation zunimmt. Anhand einer Auswertung der Krankenhausausgaben wurde gezeigt, dass, wie oben bereits erwähnt, die Kosten im Sekundärleistungsbereich nicht zu vernachlässigen sind.

Bei der Betrachtung der internen Rahmenbedingungen von Krankenhäusern wurden die drei Ebenen Vision/Leitbild, Organisation und Prozesse beleuchtet. Im Zuge der Prozessdarstellung wurde herausgearbeitet, dass die Sekundärleistungen bezogen auf ihre Patientennähe und strategische Bedeutung differenziert betrachtet werden können. Durch Systematisierung der Sekundärleistungen ist eine Basis für die weitere Auseinandersetzung mit dieser Thematik gelegt worden.

In Kapitel 3 wurden zunächst verschiedene Formen der Organisation von Sekundärleistungsbereichen und den damit verbundenen Vor- und Nachteilen betrachtet. Losgelöst von einer krankenhausspezifischen Betrachtung erfolgte im Anschluss daran eine Darstellung der Grundlagen des Shared-Service-Konzeptes. Der Begriff Shared Services und dessen Bezugsrahmen wurden weitgehend auf Basis der Literatur entwickelt. Der Anwendungsbereich wurde dabei auf Aktivitäten im Sekundärleistungsbereich von Krankenhäusern erweitert. Im Rahmen einer eingehenden Betrachtung des Shared-Service-Konzeptes sind allgemeine Merkmale von Aktivitäten aufgezeigt worden, die in eine Shared-Service-Einheit übertragen werden können. Eine spezifischere Eingrenzung erfolgte durch Unterteilung von internen Leistungen in transaktions- und expertenbasierte Aktivitäten. Dabei ist herausgestellt worden, dass sich transaktionsbasierte und expertenbasierte Leistungen für die Übertragung in eine Shared-Service-Einheit eignen.

Einen weiteren Bestandteil dieses Kapitels bildete die Einordnung des Shared-Service-Konzeptes in Bezug auf grundlegende organisationstheoretische Fragestellungen der Betriebswirtschaft, wodurch der theoretische Ansatz dieser Organisationsform weiter herausgearbeitet wurde. Hierbei ist aufgezeigt worden, dass die Unterschiede zwischen Shared Services und Outsourcing in erster Linie vom jeweiligen Bezugspunkt abhängig sind. Eine trennscharfe Unterscheidung zwischen Shared Services und Outsourcing ist zum Beispiel dann erkennbar, wenn unter Outsourcing die Auslagerung von Leistungen an externe, rechtlich eigenständige Organisationen zu verstehen ist. Eine weitere Differenzierung von Shared Services und eine sinnvolle Abgrenzung ergeben sich unter Anwendung des trichotomen Erklärungsmodells der Organisation. Es zeigen sich drei institutionelle Koordinationsmechanismen, bestehend aus preisbasiertem Vertrag (Hierarchie), autoritätsbasierter Weisung (Markt) und vertrauensbasierter Abstimmung (Netzwerk-Organisation). Aufgrund der bei Shared-Service-Organisationen existierenden und zum Teil ausgeprägten vertrauensbasierten Elemente ist eine Netzwerkstruktur erkennbar. Den Abschluss des Kapitels bildete die Darstellung verschiedener Triebfedern und Zielsetzungen, die Unternehmen dazu bewegen, Leistungsbereiche in eine Shared-Service-Organisation auszugliedern. Die Überlegung, interne Leistungen durch ein Shared-Service-Center bereitzustellen, beruht demnach im Wesentlichen auf Gründen der Kernkompetenzfokussierung, der Realisierung von Synergiepotenzialen, der Prozessoptimierung oder der Steigerung von Effektivität und Effizienz. Damit spielt vor allem im Krankenhausbereich die Senkung der Kosten sowie die Verbesserung der Qualität in Sekundärleistungsbereichen eine zentrale Rolle.

In Kapitel 4 wurden Theorien und Instrumente zur Unterstützung von Entscheidungen im Rahmen der Anwendung des Shared-Service-Konzeptes aufgeführt. Dabei sind die Theorien und Instrumente einer strategischen und operativen Entscheidungsunterstützungskomponente zugeordnet worden. Im Fokus der strategischen Komponente stand die Auseinandersetzung mit transaktionskostentheoretischen Implikationen. Dabei erfolgte eine Unterteilung von Transaktionskosten in Motivations- und Koordinationskosten. Im weiteren Verlauf sind typische Ausprägungen von für den Motivations- und Koordinationskostenanfall relevanten Transaktionskostenmerkmalen bei Shared-Service-Prozessen ermittelt worden. Diese Einstufung gibt damit eine Entscheidungsunterstützung zur Beantwortung der grundlegenden Frage, ob sich die Bestandteile einzelner Sekundärleistungsaktivitäten für die Zusammenlegung in einem Shared-Service-Center vor dem Hintergrund der anfallenden Motivations- und Koordinationskosten eignen. Neben der Berücksichtigung transaktionskostentheoretischer Aspekte ist es aus unternehmenspolitischer Sicht zusätzlich erforderlich, die Vor- und Nachteile von Shared Services durch geeignete qualitative Instrumente wie der Argumentenbilanz in Entscheidungsgremien zu diskutieren und zu berücksichtigen. Im zweiten Teil dieses Kapitels wurden geeignete operative Verfahren zur Bestimmung der Vorteilhaftigkeit einer Shared-Service-Entscheidung thematisiert. Dazu ist eine Vorgehensweise zur Quantifizierung der mit Errichtung und Betrieb eines Shared-Service-Centers verbundenen Zahlungsströme skizziert worden, um die Höhe der Ein- und Auszahlungen im Rahmen einer dynamischen Investitionsrechnung zu bestimmen.

Unter Berücksichtigung krankenhausspezifischer Rahmenbedingungen und den Grundlagen zum Shared-Service-Konzept wurde in Kapitel 5 die Untersuchung potenzieller Einsatzmöglichkeiten des Shared-Service-Konzeptes durchgeführt. Angelehnt an die bereits in Kapitel 3 aufgezeigten Formen für die Organisationen von Sekundärleistungen erfolgte zunächst die Beschreibung möglicher Ausgangssituationen in Krankenhauskonzernen, die als strategische Triebfedern für die Entwicklung von Shared Services einzuordnen sind. Die im Anschluss durchgeführte Untersuchung des Einsatzspektrums von Shared Services fokussierte sich bei den patientennahen Sekundärleistungen auf die Bereiche Labor, Radiologie und Pathologie und bei den patientenfernen Sekundärleistungen auf die Bereiche Personal und Einkauf. Darüber hinaus sind im patientenfernen Sekundärleistungsbereich weitere Einsatzmöglichkeiten wie beispielsweise Informationstechnologie betrachtet worden. Mit Darstellung der Einsatzmöglichkeiten wurde deutlich, dass die Implementierung von Shared-Service-Organisationen für Krankenhäuser mit verschiedenen Vorteilen verbunden ist. Hier hat sich gezeigt, dass die in der Vergangenheit vor allem bei Banken und Industrieunternehmen im Vordergrund stehende Sichtweise auf Shared Services als Instrument der Kostensenkung auf den Einsatzbereich Krankenhaus nur bedingt übertragen werden kann. Speziell im Bereich der patientennahen Sekundärleistungen und der patientenfernen Sekundärleistungen mit strategischer Bedeutung ist die Qualitätssteigerung durch Konzentration von Expertenwissen als ein Vorteil dieser Organisationsalternative aufzuführen. Vor allem bei patientennahen Sekundärleistungen können diese Effekte wiederum direkte Auswirkungen auf die Qualität der Patientenbehandlung und damit auf die Patientenzufriedenheit haben, was durch die Nähe zum Kernprozess weiter unterstrichen wird. Dabei ist ebenfalls ersichtlich geworden, dass für die Implementierung von Shared Services die Existenz eines leistungsfähigen IT-Systems erforderlich ist, um große Datenmengen schnell und unabhängig zwischen Kliniken und der Service-Einheit übertragen zu können.

Einen weiteren Schwerpunkt der Arbeit bildete die in Kapitel 6 durchgeführte Aufstellung einer Gesamtkonzeption für Shared Services im Sekundärleistungsbereich von Krankenhäusern. Es wurde herausgearbeitet, dass Krankenhäuser bei der Realisierung von Shared-Service-Organisationen die Konzeptionsfelder Führung, Steuerung und Koordination eingehender ausgestalten müssen, damit die mit dem Shared-Service-Konzept verfolgten Zielsetzungen erreicht werden. Innerhalb des Konzeptionsfeldes „Führung" gehört dazu unter anderem der Aufbau einer der Gesamtstrategie angepassten Responsibility-Center-Struktur und eine geeignete Verankerung der Shared-Service-Einheit innerhalb der Organisationsstruktur des Krankenhauses. Im Rahmen des Konzeptionsfeldes „Steuerung" ist es erforderlich, dass die Shared-Service-Einheiten als eigenständige Organisationseinheiten mit einem Performance-Measurement-System wie dem Balanced-Scorecard-Ansatz gesteuert werden. Auf Ebene des Konzeptionsfeldes „Koordination" verdeutlicht die detaillierte Beschreibung des Einsatzes eines geeigneten Verrechnungspreiskonzeptes die Bedeutung dieses Koordinationsinstruments. Nicht zu vernachlässigen ist hier die Implementierung von Leistungsvereinbarungen, um eine effektive Zusammenarbeit zwischen Shared-Service-Center und den Geschäftseinheiten zu gewährleisten. Des Weiteren sind im Rahmen der Gesamtkonzeption von Shared-Service-Organisationen die Aspekte der Standortentscheidung auch bei zumeist regional agierenden Krankenhausunternehmen nicht unbedeutend, da die Auswahl eines Standortes mitunter Auswirkungen auf die Versorgungsqualität und Mitarbeiterzufriedenheit haben kann.

Die Auseinandersetzung mit verschiedenen Problemfeldern und Realisierungshindernissen, die bei der Planung und Implementierung von Shared Services in Klinikorganisationen entstehen können, erfolgte in Kapitel 7. Demnach können die Verfügbarkeit an finanziellen Ressourcen, der Entwicklungsstand der technologischen Infrastruktur sowie die Akzeptanz der Mitarbeiter zentrale Problemfelder und Realisierungshindernisse darstellen. Es ist aufgezeigt worden, dass bei Implementierung von Shared-Service-Organisationen umfassende Veränderungswirkungen auf Prozesse, Arbeitsinhalte, Organisationsstrukturen und Verhaltensweisen stattfinden und dass die daraus entstehenden Risiken mit geeigneten Maßnahmen des Veränderungsmanagements und der Organisationsentwicklung minimiert werden sollten. Diesen Aspekten steht die Situation gegenüber, dass Kliniken nicht oder nur in geringem Maße über Erfahrungen bezüglich des Aufbaus und der Konzeption von Shared-Service-Organisationen verfügen. Es ist davon auszugehen, dass ohne die Hinzuziehung externer Spezialisten der Aufbau von Shared-Service-Strukturen in Kliniken nicht oder nur ansatzweise möglich ist.

Des Weiteren ist es erforderlich, dass Krankenhäuser die bereits über bestehende interne Service-Gesellschaften verfügen, den organisatorischen Aufbau dieser Einrichtungen mit Blick auf Optimierungspotenziale im Sinne einer Entwicklung in Richtung Shared-Services kritisch durchleuchten. Explizit die im Rahmen dieser Arbeit aufgeführten Konzeptionsfelder zeigen Möglichkeiten auf, wie die Effizienz und Effektivität bestehender Service-Gesellschaften im Krankenhausumfeld verbessert werden könnte.

Abschließend ist zu konstatieren, dass im Rahmen der vorliegenden Arbeit neben einer theoretischen Fundierung der Organisationsalternative Shared Services den Krankenhäusern verschiedene Einsatz- und Gestaltungsmöglichkeiten dieses Organisationskonzeptes aufgezeigt wurden. Von hoher Relevanz ist in diesem Zusammenhang, dass mit Einführung von Shared Services neben Kostenverbesserungen Qualitätssteigerungen erreicht werden, die vor allem im patientennahen Sekundärleistungsbereich und bei anderen strategisch relevanten Unterstützungsaktivitäten Vorteile hinsichtlich der Wettbewerbspositionierung eines Krankenhauses haben können. Nicht zu vernachlässigen sind die Möglichkeiten zur Generierung zusätzlicher Erlöse bei entsprechender Modellierung der Shared-Service-Organisation. Vor dem Hintergrund dieses Potenzials sollten Krankenhäuser in ihrer strategischen Ausrichtung die Implementierung von Shared-Service-Organisationen berücksichtigen und organisationsstrukturelle Entwicklungen auf diesem Gebiet weiter vorantreiben.

Literaturverzeichnis

A.T. Kearney (2005): Shared Services in Government: Turning private sector lessons into public sector best practices. http://www.atkearney.com/shared_res/pdf/Govt_Share_Services_S.pdf [03. August 2006].

Accenture (2002): Gesundheitsmarkt im Umbruch: Zwischen Kostendruck, Versorgungsqualität und Kundenorientierung. http://www.accenture.com/NR/rdonlyres/3011BA1B-CE42-4A6E-8194-43391CC11110/0/eight_trends.pdf [07. März 2006].

Accenture, UMIT (2004): Verwaltungsdienstleistungen im Krankenhaus. http://www.accenture.com/NR/rdonlyres/0A5C6B2A-E289-494C-BA5A-B555586FD5DF/0/krank_verwaltung.pdf [03. Februar 2006].

Adelhard, K., Matzko, M., Brüning, R., Holzknecht, N., Stark, V., Reiser, M. (2002): Universitätskliniken als Zentren radiologischer Leistungsallianzen im ambulanten und stationären Sektor. In: Der Radiologe, 2/2002, S. 82 - 86.

Adelhard, K., Nissen-Meyer, S., Reiser, M. (1999): Aspekte der elektronischen Krankenakte in der Radiologie. In: Der Radiologe, 4/1999, S. 310 - 315.

Aguirre, D., Couto, V., Disher, C., Neilson, G. (1998): Shared Services: Management Fad or Real Value? http://www.boozallen.com/media/file/33890.pdf [13. Januar 2006].

Albrecht, M. D., Töpfer, A. (2006): Erfolgreiches Change Management im Krankenhaus. Heidelberg 2006.

Alchian, A. A., Woodward, S. (1988): The Firm is Dead. Long Live the Firm – A Review of O. E. Williamson`s The Economic Institutions of Capitalism. In: Journal of Economic Literature, 1/1988, S. 65 - 79.

Alfen, H. W., Buscher, F., Daube, D., Weidemann, A. (2005): Public Private Partnership im Krankenhaus. In: Das Krankenhaus, Nr. 12/2005, S. 1083 - 1088.

AOK (2007): Fallpauschalengesetz. http://www.aok-bv.de/lexikon/f/index_02535.html [22. März 2007].

Andersen, U., Woyke, W. (1995): Handwörterbuch des politischen Systems der Bundesrepublik Deutschland. Bonn 1995.

Ansoff, H. I. (1965): Corporate Strategy: An Analytical Approach to Business Policy for Growth and Expansion. New York, San Francisco 1965.

Ansoff, H. I. (1966): Managementstrategie. München 1966.

Anthony, R. N., Dearden, J., Govindarajan, V. (1992): Management control systems. Irwin 1992.

Antlitz, A. (1999): Unternehmensgrenzen und Kooperationen. Make-cooperate-or-buy im Zusammenspiel von Kompetenz- und Strategieentwicklung. Wiesbaden 1999.

Arcache, A., Mueller-Oerlinghausen, J., Böhne, M. (2006): Bausteine für den Auslagerungserfolg. In: Personalmagazin, 2/2006, S. 50 - 52.

Arlart, I. P. (2004): Krankenhausradiologie – wohin geht der Weg angesichts der Strukturveränderungen im Gesundheitswesen? In: Der Radiologe, 1/2004, S. 70 - 74.

Atlantic Consultants (2007): Intranetbasierte Personalarbeit. http://www.informis.de/Beispiele/IP.pdf [22. Mai 2007].

Augurzky, B., Berhanu, S., Göhlmann, S., Krolop, S., Liehr-Griem, A., Schmidt, C. M., Tauchmann, H., Terkatz, S. (2004): Strukturreform im deutschen Gesundheitswesen. RWI Materialien Heft 8. Essen 2004.

BAH (2007): Vom Rechtsanwender zum Beschaffungsmanager – Visionen für ein neues Berufsbild. http://www.wegweiser.de/cps/wegweiser/downloads/de_79.pdf?PHPSESSID=0 939c4a590bb7... [22. August 2007].

Bacher, M. R. (2000): Outsourcing als strategische Marketing-Entscheidung. Wiesbaden 2000.

Bangemann, T. O. (2005): Shared Services in Finance and Accounting. Burlington 2005.

Bauer, J., Hayessen, E. (2006): Controlling für Industrieunternehmen. Wiesbaden 2006.

Becker, H. P. (2007): Investition und Finanzierung: Grundlagen der betrieblichen Finanzwirtschaft. Wiesbaden 2007.

Becker, A., Grünwoldt, L., Meinel, C. (1997): Telemedizin. Neue Informations- und Kommunikationstechnologien im Gesundheitswesen. In: Arzt und Krankenhaus, 1/1997, S. 22 - 24.

Berger, T. G. (2005): Konzeption und Management von Service Level Agreements für IT Dienstleistungen. Darmstadt 2005.

Bergeron, B. P. (2002): Essentials of Shared Services. New Jersey 2002.

Bisani, F. (1983): Personalwesen. Grundlagen, Organisation, Planung. Wiesbaden 1983.

Bleicher, K. (1966): Zentralisation und Dezentralisation von Aufgaben in der Organisation der Unternehmungen. Berlin 1966.

Bliesener, M. M. (1994): Outsourcing als mögliche Strategie zur Kostensenkung. In: Betriebswirtschaftliche Forschung und Praxis, 4/1994, S. 277 - 290.

Blumberg, M. S. (1966): Shared Services for Hospitals. Chicago, 1966.

Böckenhoff, N., Dransfeld, S., Hailer, B., Jeschke, H. A. (1996): Outsourcing als Entscheidungsproblem. Die Methodik der Wirtschaftlichkeitsrechnung und Nutzwertanalyse. In: Jeschke, H. A., Hailer, B.: Outsourcing im Klinikbereich. Fremdvergabe krankenhausspezifischer Leistungen. München 1996, S. 23 - 42.

Bogaschewsky, R., Kohler, K. (2007): Innovative Organisationsformen des Einkaufs im Kontext der Globalisierung. In: Sanz, F. J. G., Semmler, K., Walther, J.: Die Automobilindustrie auf dem Weg zur globalen Netzwerkkompetenz. Berlin, Heidelberg 2007, S. 143 - 160.

Bölt, U. (2006): Statistische Krankenhausdaten: Grund- und Kostendaten der Krankenhäuser 2004. In: Klauber, J., Robra, B. P., Schellschmidt, H.: Krankenhausreport 2006. Stuttgart 2007, S. 273 - 302.

Borchardt, A. (2006): Koordinationsinstrumente in virtuellen Unternehmen. Wiesbaden 2006.

Born, C. (2003): Strategie, Prozess und Struktur als Einflussfaktoren des Wandels zum modernen Klinikmanagement. Lüneburg 2003. [unveröffentlichtes Dissertationsskript].

Borowicz, F. (2006): Zentralbereiche und Shared Service Center – Optionen auch für Mergers & Acquisitions? In: Keuper, F., Oecking, C.: Corporate Shared Services. Bereitstellung von Dienstleistungen im Konzern. Wiesbaden 2006, S. 121 - 140.

Borys, B., Jemison, D. B. (1989): Hybrid arrangements as strategic alliances: Theoretical issues in organizational combinations. In: Academy of Management Review, 2/1989, S. 234 - 249.

Boschen, T., Möller, K. (2004): Controlling von Shared Service Centern durch Service Level Agreements am Beispiel der GETRAG. In: Horvath, P.: Die Strategieumsetzung erfolgreich steuern: Strategien beschreiben, messen und organisieren. Stuttgart 2004, S. 83 - 105.

Breuer, W., Mark, K. (2003): Perspektiven der Verbundkooperation in der Sparkassen- Finanzgruppe. http://www.bfw.rwth-aachen.de/publika/wpaper/download/wp2603.pdf [22. Juli 2007].

Breuer, W., Mark, K. (2004): Perspektiven der Verbundkooperation am Beispiel der Sparkassen Finanzgruppe. Berlin 2004.

Breuer, C., Breuer, W. (2006): Shared Services in Unternehmensverbünden und Konzernen – Eine Analyse auf der Grundlage der Transaktionskostentheorie. In: Keuper, F., Oecking, C.: Corporate Shared Services. Bereitstellung von Dienstleistungen im Konzern. Wiesbaden 2006, S. 97 - 119.

Breuer, W., Kreuz, C. (2006): Shared Service Center – Eine lohnende Investition? In: Keuper, F., Oecking, C.: Corporate Shared Services. Bereitstellung von Dienstleistungen im Konzern. Wiesbaden 2006, S. 147 - 171.

Brinkmann, A., Gebhard, F., Isenmann, R., Bothner, U., Mohl, U., Schwilk, B. (2003): Balanced Scorecard: „Tool or toy" im Krankenhaus? In: Der Anaesthesist, 10/2003, S. 947 - 956.

Brixner, U. (2006): Verbünde vs. Konzerne. In: Tietmeyer, H., Rolfes, B.: Banken auf der Suche nach strategischem Profil. Wiesbaden 2006, S. 57 - 86.

Bruch, H. (1998): Outsourcing. Konzepte und Strategien, Chancen und Risiken. Wiesbaden, 1998.

Brugger, R. (2005): Der IT Business Case. Berlin, Heidelberg 2005.

Bruhn, M., Georgi, D. (2006): Kundenorientiertes Controlling von Corporate-Shared-Services durch Interne Kundenbarometer. In: Keuper, F., Oecking, C.: Corporate Shared Services. Bereitstellung von Dienstleistungen im Konzern. Wiesbaden 2006, S. 177 - 194.

Burr, W. (2003): Fundierung von Leistungstiefenentscheidungen auf der Basis modifizierter Transaktionskostenansätze. In: ZfbF, 3/2003, S. 112 - 134.

Buscher, U. (1997): Verrechnungspreise aus organisations- und agencytheoretischer Sicht. Wiesbaden 1997.

Busslinger, J., Jaki, R. P. (2005): Shared Service Center auf Verwaltungsebene. In: Der Schweizer Treuhänder, 8/2005, S. 601 - 607.

Camp, R. C. (1994): Benchmarking. München 1994.

Clemens, R. (2008): Verrechnungspreise in internationalen Konzernen. In: Funk, W., Rossmanith, J.: Internationale Rechnungslegung und Internationales Controlling. Wiesbaden 2008, S. 287 - 315.

Coase, R. H. (1937): The Nature of the Firm. In: Economica, 4/1937, S. 386 - 405.

Coenenberg, A. G. (1992): Kostenrechnung und Kostenanalyse. Landsberg/Lech 1992.

Coenenberg, A. G. (1993): Kostenrechnung und Kostenanalyse. Landsberg/Lech 1993.

Coenenberg, A. G., Salfeld, R. (2003): Wertorientierte Unternehmensführung. Stuttgart 2003.

Commons, J. R. (1931): Institutional Economics. In: American Economic Review, 21/1931, S. 648 - 657.

Cooper, R. (1990): Activity-Based-Costing. In: Kostenrechnungspraxis, 5/1990, S. 271 - 279.

Crüger, A., Ritter, L. (2004): Steuerung von Konzernverrechnungspreisen durch die Kostenaufschlagsmethode. In: Controlling. Nr. 8,9/2004, S. 497 - 502.

Deimel, K., Quante, S. (2003): Prozessoptimierung durch Shared Service Center. In: Controlling, 6/2003, S. 301 - 307.

Deimel, K. (2006): Möglichkeiten und Grenzen der Wertmanagements durch Shared Service Center. In: Keuper, F., Oecking, C.: Corporate Shared Services. Bereitstellung von Dienstleistungen im Konzern. Wiesbaden 2006, S. 197 - 221.

Deimel, K. (2008): Möglichkeiten und Grenzen des Wertmanagements durch Shared Service Center. In: Keuper, F., Oecking, C.: Corporate Shared Services. Bereitstellung von Dienstleistungen im Konzern. Wiesbaden 2008, S. 193 - 219.

Deutsch, C. (1996): Hoffnungsträger Telemedizin – Entwicklungen und Projekte in Deutschland. In: Krankenhausumschau, 11/1996, S. 787 - 793.

DKG (2007): Krankenhausstatistik. http://www.dkgev.de/pdf/1734.pdf [21. Mai 2007].

Deutsches Ärzteblatt (2001): Bekanntmachungen der Bundesärztekammer. Richtlinie der Bundesärztekammer zur Qualitätssicherung quantitativer laboratoriumsmedizinischer Untersuchungen. In: Deutsches Ärzteblatt, 42/2001, S. A2747-A2759.

DGKL (2004): Vernetzung von POCT Geräten im Krankenhaus mit Zentrallabor. In: Klinische Chemie Miteilungen, 35/2004, S. 55 - 60.

Dietel, M., Dierks, C., Hufnagl, P., Schlag, P. M. (2000): Auto gegen Pferd – zur Schnellschnitt-Diagnostik per Telepathologie. In: Der Pathologe, 5/2000, S. 391 - 395.

Dietrich, Y. (2005): Geteilte Kosten – doppelte Kosten? In: Harvard Business Manager, 7/2005, S. 8 - 10.

Dittrich, J., Braun, M. (2004): Business Process Outsourcing. Stuttgart 2004.

DKI, A.T. Kearney (2003): Best Practice in der Beschaffung im Krankenhaus. Düsseldorf 2003.

Dörner, K., Ventzke, R. (2006): Gut begründeten Existenzberechtigung. In: KU Special Labordiagnostik, 9/2006, S. 9 - 11.

Drauschke, S., Pieper, U. (2002): Beschaffungslogistik und Einkauf im Gesundheitswesen. Neuwied und Kriftel 2002.

Drees, C. (2003): Beschaffungsmanagement im Krankenhaus. http://www.dfkm.de/beitraege/dfkm_cd_besch.pdf [11. Juli 2007].

Dreßler, M. (2000): Kooperationen von Krankenhäusern. Berlin 2000.

Dressler, S. (2007a): Shared Services – Historie und aktuelle Relevanz. In: is report, 3/2007, S. 36 - 40.

Dressler, S. (2007b): Shared Services, Business Process Outsourcing und Offshoring. Wiesbaden 2007.

Drucker, P. (2007): Management: Tasks, Responsibilities, Practices. New York 2007. [Reprint des gleichnamigen Werkes mit 1. Auflage in 1974, Anmerkung des Verfassers].

Drumm, H. J. (2005): Personalwirtschaft. Berlin, Heidelberg 2005.

Duftschmid, G., Binder, M., Wrba, T., Dorda, W., Pehamberger, H. (2005): Richtlinien zur Planung und Realisierung telemedizinischer Anwendungen. In: Wiener Klinische Wochenschrift, 117/2005, S. 673 - 683.

Dyckhoff, H., Ahn, H. (1997): Organisatorische Effektivität und Effizienz. In: WiSt, 26/1997, S. 2 - 6.

Eberl, P. H., Gieselmann, A. (2008): Shared Service Center im Personalbereich. Eine kritische Betrachtung neuer Organisationsformen der betrieblichen Personalarbeit. In: WiSt, 7/2008, S. 350 - 355.

Ehrensberger, S. (1993): Synergieorientierte Unternehmensintegration. Grundlagen und Auswirkungen. Wiesbaden 1993.

Ehrhardt, H., Röhrßen, T. (1996): Leitbild und Unternehmenskultur im Krankenhaus. In: Adam, D.: Krankenhausmanagement. Schriften zur Unternehmensführung. Wiesbaden 1996, S. 59 - 73.

Eichhorn, S. (1967): Krankenhausbetriebslehre: Theorie und Praxis des Krankenhausbetriebes. Düsseldorf 1967.

Eichhorn, S. (1975): Krankenhausbetriebslehre, Band 1. Stuttgart 1975.

Eichhorn, S. (1976): Krankenhausbetriebslehre, Band 2. Stuttgart 1976.

Eichhorn, S. (1991): Krankenhausmanagement - gegenwärtige Situation und Perspektiven. In: Die Betriebswirtschaft, 4/1991, S. 455 - 465.

Eichhorn, S. (1999): Profitcenter und Prozessorientierung – Budget-, Prozess- und Qualitätsverantwortung im Krankenhaus. In: Eichhorn, S., Schmidt-Rettig, B.: Profitcenter und Prozessorientierung. Stuttgart 1999, S. 1 - 13.

Eichhorn, S., Lampert, H. (1988): Ziele und Aufgaben freigemeinnütziger Krankenhäuser. Gerlingen, 1988.

Eichhorn, S., Schmidt-Rettig, B. (1999): Profitcenter und Prozessorientierung. Optimierung von Budget, Arbeitsprozessen und Qualität. Stuttgart 1999.

Eichhorn, P., Seelos, H. J., v. der Schulenburg Graf, M. J. (2000): Krankenhausmanagement. München 2000.

Eichler, B. (2003): Beschaffungsmarketing und -logistik. Herne 2003.

Eilenberger, G. (1997): Betriebliche Finanzwirtschaft. Einführung in die Finanzpolitik und das Finanzmanagement von Unternehmungen. München, Wien 1997.

Emmerich, V., Sonnenschein, J. (1989): Konzernrecht. Das Recht der verbundenen Unternehmen bei Aktiengesellschaft, GmbH und Personengesellschaften. München 1989.

Erfort, M. (1998): Gestaltungsoptionen eines Entgeltsystems für unternehmensinterne Dienstleistungsbereiche. Frankfurt am Main 1998.

Ewert, R., Wagenhofer, A. (2005): Interne Unternehmensrechnung. Berlin, Heidelberg, New York 2005.

Ewert, R., Wagenhofer, A. (2008): Interne Unternehmensrechnung. Berlin, Heidelberg, New York 2008.

f&w (2001): Organisation und Kosten der Krankenhausverwaltung. Melsungen 2001.

Fama, E.F. (1980): Agency Problems and the Theory of the Firm. In: Journal of Political Economy, 2/1980, S. 288-307.

Fischer, M., Röben, P. (1997): Arbeitsprozesse in einem chemischen Labor. In: ARBEIT – Zeitschrift für Arbeitsforschung, Arbeitsgestaltung und Arbeitspolitik, 3/1997, S. 247 - 266.

Fischer, T. M., Sterzenbach, S. (2006a): ZP Stichwort: Shared Service Centers. In: Zeitschrift für Planung & Unternehmenssteuerung, 17/2006, S. 123 - 128.

Fischer, T. M., Sterzenbach, S. (2007): Shared Service Center Controlling – Ergebnisse einer empirischen Studie in deutschen Unternehmen. In: Controlling, 8-9/2007, S. 463 - 472.

Fischer, S.: Virtuelle Unternehmen im interkulturellen Austausch. Möglichkeiten und Grenzen von Kooperation und Netzwerk. Wiesbaden 2001.

Fitzgerald, L., Johnson, R., Brignall, S., Silvestro, R., Voss, C. (1991): Performance Measurement in Service Industries. London 1991.

Fleisch, E. (2001): Das Netzwerkunternehmen. Strategien und Prozesse zur Steigerung der Wettbewerbsfähigkeit in der "Networked Economy". Berlin 2001.

Frese, E. (1992): Organisation des Umweltschutzes. In: Frese, E.: Handwörterbuch der Organisation, Stuttgart 1992, Sp. 2433 - 2451.

Frese, E. (1995): Profit Center: Motivation durch internen Marktdruck. In: Reichwald, R., Wildemann, H.: Kreative Unternehmen. Spitzenleistungen durch Produkt- und Prozessinnovationen, Stuttgart 1995, S. 77 - 93.

Frese, E. (2000): Grundlagen der Organisation. Konzept – Prinzipien – Strukturen. Wiesbaden 2000.

Frese, E. (2004): Shared Services: Worin liegt der Vorteil der Konzentration von Ressourcen in einem ergebnisorientierten Center? In: Wildemann, H.: Organisation und Personal, Festschrift für Rolf Bühner, München 2004, S. 131 - 158.

Frese, E. (2005): Grundlagen der Organisation - Entscheidungsorientiertes Konzept der Organisationsgestaltung. Wiesbaden 2005.

Frey, S., Pirker, F., Vanden Eynde, K. (2006): Change Management in nationalen und internationalen Shared Service Center Projekten. In: Keuper, F., Oecking, C.: Corporate Shared Services. Bereitstellung von Dienstleistungen im Konzern. Wiesbaden 2006, S. 281 - 309.

Friedman, W. F. (1975): Physical Distribution. The Concept of Shared Services. In: Harvard Business Review, 3,4/1975, S. 24 - 36 und S. 148 - 150.

Friedrich, R. (1996): Der Centeransatz zur Führung und Steuerung dezentraler Einheiten. In: Bullinger, H. J.: Neue Organisationsformen im Unternehmen: Ein Handbuch für das moderne Management. Berlin 1996, S. 984 - 1014.

Fries, T. (2003): Unternehmensbewertung von Krankenhäusern. Arbeitsbericht Nr. 3 zum Management im Gesundheitswesen des Lehrstuhls für Allgemeine BWL und Management im Gesundheitswesen. Köln 2003.

Furubotn, E.G., Pejovich, S. (1972): Property Rights and Economic Theory: A Survey of Recent Literature. In: Journal of Economic Literature, o.N., 1972, S. 1137-1162.

Gässler, N. (2004): Auswirkungen der DRGs auf das Labor. http://www.vdgh.de/internet/Informationen_und_Publikationen/Tagungsbaende/diagnostica_forum/2004/Gaessler.pdf [19. Juni 2007].

Gässler, N. (2005): Erfahrungen mit klinisch-diagnostischen Pfaden im Rahmen der DRGs. http://www.deutscher-krankenhaustag.de/de/vortraege/pdf/Veroeffentl_Medica_Erfahrungen_klinisch-diagnostischen.pdf [10. August 2007].

Gerybadze, A., Martin-Perèz, N. J. (2007): Neue Formen der Organisation und des Projektmanagements für interne Service-Units. In: Controlling, 8;9/2007, S. 473-481.

Gick, W. (1999): Vertikale Integration und informations- und kommunikationsintensive Dienstleistungen. Diskussionspapier Universität Jena. http://www.wiwi.uni-jena.de/Papers/wp-b9908.pdf [13. Juli 2007].

Gilbert, D. U. (2007): Vertrauen als Gegenstand der ökonomischen Theorie. In: ZfM – Zeitschrift für Management, 1/2007, S. 60 - 107.

Gleich, R.: Performance Measurement (1997). In: Die Betriebswirtschaft, 1/1997, S. 114 - 117.

Gleißner, H., Femerling, J. C. (2008): Logistik. Wiesbaden 2008.

Göbel, E. (2002): Neue Institutionenökonomik. Konzeption und betriebswirtschaftliche Anwendungen. Stuttgart 2002.

Gocke, P., Debatin, J. F., Dürselen, L. F. J. (2002): Prozessmanagement und Controlling in der Diagnostischen Radiologie im Krankenhaus. In: Der Radiologe, 42/2002, S. 332 - 343.

Goedereis, K. (1999): Finanzierung, Planung und Steuerung des Krankenhaussektors – Dualistik und Monistik im Strukturvergleich. Köln 1999.

Goedereis, K. (2005): Synergiepotenziale im Krankenhausverbund. In: v. Eiff, W., Klemann, A.: Unternehmensverbindungen. Strategisches Management von Kooperationen, Allianzen und Fusionen im Gesundheitswesen. Wegscheid 2005, S. 433 - 465.

Gräber, S., Ammenwerth, E., Brigl, B., Dujat, C., Große, A., Häber, A., Jostes, C., Winter, A. (2002): Rahmenkonzepte für das Informationsmanagement in Krankenhäusern. Ein Leitfaden. Homburg 2002.

Grochla, E. (1981): Beschaffungspolitik. In: Geist, M. N., Köhler, R.: Die Führung des Betriebes. Stuttgart 1981, S. 243 - 259.

Grochla, E., Schönbohm, P. (1980): Beschaffung in der Unternehmung. Stuttgart 1980.

Grundmann, E. (1994): Einführung in die allgemeine Pathologie und in Teile der pathologischen Physiologie entsprechend dem Gegenstandskatalog für den ersten Abschnitt der ärztlichen Prüfung. Stuttgart, Jena, New York 1994.

Gudehus, T. (2005): Logistik. Berlin, Heidelberg 2005.

Gutenberg, E. (1962): Unternehmensführung. Wiesbaden, 1962.

Hahn, D., Hungenberg, H. (1995): Make-or-Buy-Entscheidungen als Grundlage der Erfolgssicherung. In: Reichmann, T.: Handbuch Kosten- und Erfolgs-Controlling. München 1995, S. 47 - 61.

Halbleib, M. (2005): Trendfallen im Beschaffungsmanagement. In: Essig, M.: Perspektiven des Supply Management: Konzepte und Anwendungen. Berlin, Heidelberg 2005, S. 380 - 411.

Hamm, B. (2002): Krankenhausradiologie: Outsourcing oder Insourcing oder ...?. In: Der Radiologe, 9/2002, S. M153.

Hammer, M., Champy, J. (1993): Reengineering the Corporation. London 1993.

Hartinger, G., Lang, B. (2001): Speisenversorgung. In: Frosch, E., Hartinger, G., Renner, G.: Outsourcing und Facility Management im Krankenhaus. Wien, Frankfurt 2001, S. 317 - 331.

Haubrock, M., Schär, W. (2007): Betriebswirtschaft und Management im Krankenhaus. Bern 2007.

Heinzl, A., Güttler, W., Paulussen, T. (2001): Strategie, Organisation und Informationsverarbeitung in deutschen Krankenhäusern. Bayreuth 2001.

Henker, O., Appel, S., Hänseler, E., Köller, U., Neumeier, D., Stein, W., Tiran, A., Vogt, W. (2005): Organisationsstrukturen zur Verbesserung der Wirtschaftlichkeit medizinischer Laboratorien in Krankenhäusern. In: Laboratoriumsmedizin, 1/2005, S. 17 - 27.

Hensen, J. (2006): Aufbau eines Shared Service Center für die Bundesverwaltung. http://www.fuehrungskraefteforum.de/2006feb/dr_hensen_scc2.pdf [13. April 2006].

Hermes, H. J., Schwarz, G. (2005): Outsourcing: Chancen und Risiken, Erfolgsfaktoren, rechtssichere Umsetzung. München 2005.

Herzog, P., Renner, G. (2001): Outsourcing von Routine-Laboruntersuchungen. In: Frosch, E., Hartinger, G., Renner, G. (2001): Outsourcing und Facility Management im Krankenhaus. Frankfurt, Wien 2002, S. 238 - 243.

Hoffmann, G. E., Schenker, M., Kammann, M., Meyer-Lüerßen, D., Wilke, M. (2004): The Significance of Laboratory Testing for the German Diagnose Related Group System. In: Clinical Laboratory, 9,10/2004, S. 599 - 607.

Hoffmann, F. (1980): Führungsorganisation: Band 1: Stand der Forschung und Konzeption. Tübingen 1980.

Hoffmann-La Roche AG (1993): Roche-Lexikon Medizin. München, Jena 1993.

Holtbrügge, D. (2005): Personalmanagement. Berlin, Heidelberg 2005.

Hoppe, A., Schmidt-Rettig, B., Weygoldt, J. (1999): Modell einer Deckungsbeitragsrechnung für Ergebnisorientierte Leistungszentren (ELZ). In: Eichhorn, S., Schmidt-Rettig, B.: Profitcenter und Prozessorientierung. Stuttgart, Berlin, Köln 1999, S. 57 - 71.

Irle, M. (1971): Macht und Entscheidungen in Organisationen. Frankfurt am Main 1971.

Horvath, P., Gleich, R. (1998): Die Balanced Scorecard in der produzierenden Industrie – Konzeptidee, Anwendung und Verbreitung. In: ZWF, 11/1998, S. 562 - 568.

Horvath, P., Kieninger, M., Mayer, R., Schimank, C. (1993): Prozesskostenrechnung – oder wie die Praxis die Theorie überholt. In: Die Betriebswirtschaft, 5/1993, S. 609 - 628.

Horvath, P., Mayer, R. (1989): Prozesskostenrechnung. Der neue Weg zu mehr Kostentransparenz und wirkungsvolleren Unternehmensstrategien. In: Controlling, 4/1989, S. 214 - 219.

Hronec, S. M. (1996): Indikatoren für die Optimierung der Leistungsfähigkeit eines Unternehmens. Stuttgart 1996.

Hufnagl, P., Nguyen-Dobinsky, T. N. (1999): Wirtschaftlichkeit von Tele-Ultraschall und Telepathologie. In: Management und Krankenhaus, 9/1999, S. 16 - 17.

Hummel, H. (2006): Zentrale und Dezentrale Labore. Greifswald 2006.

Hungenberg, H. (1995): Zentralisation und Dezentralisation. Strategische Entscheidungsverteilung im Konzern. Wiesbaden 1995.

Hurlebaus, T. (2004): Strategiekonforme Organisationsgestaltung von Krankenhäusern. Wiesbaden 2004.

Ibold, F., Mauch, H. (2006): Shared Services zwischen Zentralisierung und Dezentralisierung. In: Keuper, F., Oecking, C.: Corporate Shared Services. Bereitstellung von Dienstleistungen im Konzern. Wiesbaden 2006, S. 379 - 385.

Jensen, M. C., Meckling, W. H. (1976): Theory of the Firm. Managerial Behaviour, Agency Costs and Ownership Structure. In: Journal of Financial Economics, 4/1976, S. 305 - 360.

Jensen, M. C., Meckling, W. H. (1995): Specific and general knowledge, and organizational structure. In: Journal of Applied Corporate Finance, 2/1995, S. 4 - 18.

Jonen, A., Lingnau, V. (2005): Target Costing auf Basis der Conjoint-Analyse. In: WiSt, 6/2005, S. 354 - 360.

Kagelmann, U. (2001): Shared Services als alternative Organisationsform am Beispiel der Finanzfunktion im multinationalen Konzern. Wiesbaden 2001.

Kahle, E. (1998): Vertrauen als Führungsqualität. Schriftliche Fassung eines Vortrags anlässlich des Management-Symposiums der Diakonischen Heime in Kästorf e.V. In: Kahle, E.: Markt-Kunden-Vertrauen. Zukunft diakonischer Dienstleistungen, Arbeitsbericht Nr. 210. Lüneburg 1999, S. 43 - 57.

Kahle, E. (1999): Vertrauen und Kooperation in Konkurrenzsituationen unter besonderer Berücksichtigung von mehreren Zielen und Unsicherheit. Arbeitsbericht der Arbeitsgruppe FOKUS. Lüneburg 1999.

Kahle, E. (2001): Betriebliche Entscheidungen. Lehrbuch zur Einführung in die betriebliche Entscheidungstheorie. München, Wien 2001.

Kalbfuß, W. (1998): Einkaufsstrategien. In: Strub, M.: Das große Handbuch Einkaufs- und Beschaffungsmanagement. Landsberg 1998.

Kale, P., Singh, H., Perlmutter, H. (2000): Learning and Protection of Proprietary Assets in Strategic Alliances: Building Relational Capital. In: Strategic Management Journal, 3/2000, S. 217 - 237.

Kaplan, R.S., Murdock, L. (1991): Core Process Redesign. In: McKinsey Quarterly, 2/1991, S. 27 - 43.

Kaplan, R. S., Norton, D. P. (2001): Creating Synergies through Shared Services. In: Kaplan, R. S., Norton, D. P.: The Strategy Focused Organization. Boston 2001, S. 191 - 210.

Kartte, R. (2006): Wachstumschancen und Kostendruck im Gesundheitswesen – am Beispiel der Universitätsklinika. http://www.health.bwl.uni-muenchen.de/studium/download/gs_puo/rb_vortrag.pdf [05. Mai 2008].

Keuper, F. (2001): Strategisches Management. München 2001.

Keuper, F., Oecking, C. (2006): Shared Service Center – The First and the Next Generation. In: Keuper, F., Oecking, C.: Corporate Shared Services. Bereitstellung von Dienstleistungen im Konzern. Wiesbaden 2006, S. 391 - 414.

Keuper, F., Oecking, C. (2008): Corporate Shared Services. Bereitstellung von Dienstleistungen im Konzern. Wiesbaden 2008.

Keuper, F., Albrecht, T., Hintzpeter, R. (2008): Kooperativ gegründete Shared-Controlling-Center für kleine und mittlere Unternehmen. In: Corporate Shared Services. Bereitstellung von Dienstleistungen im Konzern. Wiesbaden 2008, S. 347 - 368.

Keuper, F., v. Glahn, C. (2005): Der Shared-Service-Ansatz zur Bereitstellung von IT-Leistungen auf dem konzerninternen Markt. In: WiSt, 4/2005, S. 190-194.

Kischoweit, J. (1999): Prozessorientiertes Logistikmanagement im Krankenhaus. In: Eichhorn, S., Schmidt-Rettig, B.: Profitcenter und Prozessorientierung. Stuttgart 1999, S. 178 - 187.

Kleinfeld, K., Kronau, D., Holtje, J. (2005): Shared Services – Theory and Case Study: Siemens USA. In: Eßig, M.: Perspektiven des Supply Management: Konzepte und Anwendungen. Berlin, Heidelberg 2005, S. 329 - 346.

Klingebiel, N. (2005): Shared Service Center. In: Das Wirtschaftsstudium, 6/2005, S. 777 - 782.

Kloock, J., Sabel, H. (1993): Economies and Savings als grundlegende Konzepte der Erfahrung. In: ZfB, 3/1993, S. 209 - 233.

Klose, K. J., Böttcher, J. (2003): Prozess Evaluation von PACS und Teleradiologie aus Sicht des Radiologen. http://ehealth.gvg-koeln.de/xpage/objects/eh03_plenum_2/docs/5/files/2_Folien_Klose.pdf [21. Juni 2007].

Köller, U. (2002): Dienstleistungsbetrieb vs. klinisches Labor. In: ÖKZ, 12/2002, S. 41 - 44.

Körfer, R. (2001): Die organisatorische Gestaltung von Krankenhäusern. Eine systemtheoretische Perspektive. Frankfurt am Main 2001.

Korndörfer, W. (1993): Standort der Unternehmung und Unternehmenszusammenschlüsse. Rechtsformen im Überblick. Wiesbaden 1993.

Kosiol, E. (1962): Organisation der Unternehmung. Wiesbaden 1962.

Kosiol, E. (1966): Die Unternehmung als wirtschaftliches Aktionszentrum. Reinbek 1966.

Kosiol, E. (1976): Organisation der Unternehmung. Wiesbaden 1976.

Kossbiel, H. (1980): Organisation des Personalwesens. In: Grochla, E.: Handwörterbuch der Organisation. Stuttgart 1980, Sp. 1872 - 1884.

KPMG (2007): Shared Service Center Controlling. Ergebnisse einer empirischen Erhebung . http://www.kpmg.de/library/pdf/071004_Shared_Service_Center_Controlling.pdf [12. Dezember 2007]

Kreisel, H. (1995): Zentralbereiche. Formen, Effizienz und Integration. Wiesbaden, 1995.

Krüger, W. (2006): Kernkompetenzbeiträge und Rollen von Shared Service Centern im strategiefokussierten Konzern. In: Keuper, F., Oecking, C.: Corporate Shared Services. Bereitstellung von Dienstleistungen im Konzern. Wiesbaden 2006, S. 77 - 95.

Krüger, W., Homp, C. (1997): Kernkompetenz-Management : Steigerung von Flexibilität und Schlagkraft im Wettbewerb. Wiesbaden 1997.

Krüger-Brand, H. E. (2007): Standardisierung schafft Freiräume für Investitionen. In: Ärzteblatt, 31, 32/2007, S. A2180 - A2183.

Küting, K. (1981): Zur Bedeutung und Analyse von Verbundeffekten im Rahmen der Unternehmensbewertung. In: Betriebswirtschaftliche Forschung und Praxis, 1981, S. 175 - 189.

Kuster, J, Huber, E., Lippmann, R., Schmid, A., Schneider, E., Witschi, U., Wüst, R. (2008): Handbuch Projektmanagement. Berlin, Heidelberg 2008.

Kutschker, M., Schmid, S. (2002): Internationales Management. München, Wien 2002.

Kuntz, L., Vera, A. (2005): Auswirkungen der Einführung von interner Leistungsverrechnung auf die Effizienz im Krankenhaus. In: ZfbF, 11/2005, S. 595 - 616.

lögd NRW (2002): Gesundheitsrahmenbericht 2000: Expertenbericht zu den Themenfeldern 6-11 des GMK-Indikatorensatzes. Bielefeld 2002.

Lang, G. (2006): Histotechnik. Praxislehrbuch für die Biomedizinische Analytik. Wien, New York 2006.

Laux, H., Liermann, F. (2005): Grundlagen der Organisation. Berlin, Heidelberg 2005.

Lemm, M. (2003): Einsatz von Electronic Commerce für Krankenhäuser. Berlin 2003.

Lynch, R. L., Cross, K. F. (1991): Measure Up. Cambridge 1991.

Luce, R. D., Tukey, J. W.: Simultaneous Conjoint Measurement. A New Type of Fundamental Measurement. In: Journal of Mathematical Psychology, 1/1964, S. 1- 27.

Lüngen, M., Lauterbach, K. W. (2003): DRG in deutschen Krankenhäusern. Stuttgart 2003.

Luhmann, N. (1989): Vertrauen. Ein Mechanismus der Reduktion sozialer Komplexität. Stuttgart 1989.

Männel, W. (1981): Die Wahl zwischen Eigenfertigung und Fremdbezug im Industriebetrieb: Theoretische Grundlagen und Praktische Fälle. Stuttgart 1981.

Martin-Pérez, N. J., Berger, M. (2004): Organisation und Steuerung von internen Dienstleistungseinheiten in multinationalen Unternehmen. Hohenheim, 2004.

Mellerowicz, K. (1961): Grundlagen der betriebswirtschaftlichen Organisation. In: v. Schnaufer, A., Agthe, K.: Organisation. Berlin 1961, S. 1 - 28.

Melumad, N., Mookherjee, D., Reichelstein, S. (1992): A Theory of Responsibility Centers. In: Journal of Accounting and Economics, 4/1992, S. 445 - 484.

Mensch, G. (1996): Controlling im Outsourcing-Prozess, Teil 1. In: Betrieb und Wirtschaft, 17/1996, S. 605 - 609.

Mensch, G. (2003): Verrechnungspreise als Controlling Instrument. In: Betrieb und Wirtschaft, 22/2003, Sp. 925 - 931.

Merchant, K. A. (1985): Control in Business Organizations. Boston 1985.

Merchant, K. A., Van der Stede, W. A. (2003): Management Control Systems. Performance Measurement, Evaluation and Incentives. Harlow 2003.

Meyer-Lindemann, H. U. (1951): Typologie der Theorien des Industriestandortes. Bremen-Horn 1951.

Michel, M. (2006a): Aufgaben der Personalabteilung. In: v. Eiff, W., Stachel, K. (2006): Professionelles Personalmanagement: Erkenntnisse und Best Practice Empfehlungen für Führungskräfte im Gesundheitswesen. Wegscheid 2006, S. 100 - 106.

Michel, U. (2006b): Der Finanzbereich im Umbruch. In: Controlling, 8-9/2006, S. 439 - 445.

Mihm, A. (2007): Krankenhäuser schlagen Alarm. http://www.faz.net/s/RubC8BA5576CDEE4A05AF8DFEC92E288D64/Doc~E

B9067149F560459D998C1E8F7DE953E6~ATpl~Ecommon~Scontent.html
[05. Oktober 2007].

Milgrom, P., Roberts, J. (1992): Economics, Organization and Management. Englewood Cliffs 1992.

Mintzberg, H. (1979): The Structuring of Organizations. Englewood Cliffs 1979.

Mintzberg, H. (1992): Die Mintzberg-Struktur. Organisationen effektiver gestalten. Landsberg/Lech 1992.

Moscovice, I., Christianson, J., Johnson, J., Kralewski, J., Manning, W. (1995): Building Rural Hospital Networks. Ann Arbor 1995.

Mühlbauer, B. H., Geisen, R. (2002): Herausforderung DRG: Das Krankenhaus zwischen Qualitäts- und Kostenmanagement. Münster 2002.

Müller, H. E., Prangenberg, A. (1997): Outsourcing Management: Handlungsspielräume bei Ausgliederung und Fremdvergabe. Köln 1997.

Multerer, C., Friedl, G., Serttas, M. (2006): Gestaltung von Verrechnungspreisen im Krankenhaus: Anforderungen, Probleme und Lösungsansätze im Kontext der DRGs. In: Betriebswirtschaftliche Forschung und Praxis, 6/2006, S. 600 - 617.

Naegler, H. (1992): Struktur und Organisation des Krankenhaus-Managements unter besonderer Berücksichtigung der Abgrenzung zwischen Krankenhausträger und Krankenhaus-Direktorium. Frankfurt am Main 1992.

Nagel, E. (1980): Über die Aussage: „Das Ganz ist mehr als die Summe seiner Teile". In: Topitsch, E.: Logik der Sozialwissenschaften. Königsstein im Taunus 1980, S. 241 - 251.

Nagengast, J. (1997): Outsourcing von Dienstleistungen industrieller Unternehmen: Eine theoretische und empirische Analyse. Hamburg 1997.

Neuenkirchen, R., Vollmer, M. (2006): Change Management und Shared Services – Einbindung der Stakeholder. In: Keuper, F., Oecking, C.: Corporate Shared Services. Bereitstellung von Dienstleistungen im Konzern. Wiesbaden 2006, S. 313 - 339.

Neus, W. (2001): Einführung in die Betriebswirtschaftslehre aus institutionenökonomischer Sicht. Tübingen 2001.

Nordsieck, F. (1934): Grundlagen der Organisationslehre. Stuttgart 1934.

o.V. (2005a): Patientendaten sausen sicher durchs Internet. In: Egovernment Computing, 2/2005, S. 13.

o.V. (2005b): Strategische Neuausrichtung der Klinika der Gesundheit Nord gGmbH Klinikverbund Bremen. http://www.bremische-buergerschaft.de/drucksachen/122/2488_1.pdf [17. April 2007]

o.V. (2007a): Fachrichtung Laboratoriumsmedizin. http://www.mtaschule-ludwigshafen.de/labor.htm [12. Juni 2007]

o.V. (2007b): Organigramm der Kliniken der Stadt Köln gGmbH. http://www.kliniken-koeln.de/export/sites/default/uberuns/Organigramm.pdf [22. November 2007]

Offermanns, M. (2002): Krankenhaus Barometer, Herbstumfrage 2001. Düsseldorf 2002.

Osterloh, M., Frost, J. (2006): Prozessmanagement als Kernkompetenz. Wie Sie Business Reengineering strategisch Nutzen können. Wiesbaden 2006.

Ouchi, W. G. (1980): Markets, Bureaucracies, and Clans. In: Administrative Science Quarterly, 1/1980, S. 129 - 141.

Pampel, J., Riedel, A. (2005): Shared Service Center – Wertsteigerung durch schlanke Prozesse. In: KPMG Edit Value, Sommer 2005, S. 22 - 24.

Perillieux, R., Schwarting, D., Schnitzler, N., Bauer, M. (2005): Krankenhäuser im Wandel. Die Zukunft gestalten durch strategische Standortbestimmung und Neupositionierung. http://www.boozallen.de/media/file/krankenhaeuser_wandel.pdf [02. Januar 2006].

Perillieux, R., Schwarting, D., Schnitzler, N., Yon, B. (2006): Optimierung der Beschaffung von Krankenhäusern – Kosten nachhaltig senken. http://www.boozallen.com/media/file/Optimierung_der_Beschaffung.pdf [13. März 2007].

Pfaff, D., Stefani, U. (2006): Verrechnungspreise in der Unternehmenspraxis. Eine Bestandsaufnahme zu Zwecken und Methoden. In: Controlling, 10/2006, S. 517 - 524.

Picot, A. (1982): Transaktionskostenansatz in der Organisationstheorie: Stand der Diskussion und Aussagewert. In: Die Betriebswirtschaft, 2/1982, S. 267 - 284.

Picot, A. (1991): Ein neuer Ansatz zur Gestaltung der Leistungstiefe. In: ZfbF, 4/1991, S. 336 - 357.

Picot, A., Dietl, H., Franck, E. (1997): Organisation. Eine ökonomische Perspektive. Stuttgart 1997.

Picot, A., Korb, J. (1999): Prozessorientierte Organisation – Perspektiven für das Krankenhausmanagement. In: Eichhorn, S., Schmidt-Rettig, B. (1999): Profitcenter und Prozessorientierung. Stuttgart 1999, S. 14 - 24.

Picot, A., Reichwald, R., Wigand, R.T. (2001): Die grenzenlose Unternehmung. Wiesbaden 2001.

Pietzsch, J. (2006): Das Labor braucht einen Imagewechsel. In: KU-Special Labordiagnostik, 9/2006, S. 7 - 8.

Piotr, Z. (2006): Outsourcing bei Banken. Eine Analyse des strategischen Entscheidungsproblems. Wiesbaden 2006.

Polanyi, M. (1962): Personal Knowledge. London 1962.

Poremba, C., Pickhardt, N. (1998): Ökonomische Evaluation der Telepathologie. In: Der Pathologe, 4/1998, S. 318 - 324.

Porter, M. E. (1985): Competitive Strategy. New York 1985.

Powell, W. G. (1990): Neither Market nor Hierarchy: Network Forms of Organization. In: Research in Organizational Behaviour, 12/1990, S. 295 - 336.

Prahalad, C., Hamel, G. (1990): The Core Competence of the Corporation. In: Harvard Business Review, 3/1990, S. 79 - 91.

PricewaterhouseCoopers (2007): Konzernmodell als Strategieoption für kommunale Krankenhäuser.
http://pwc.de/portal/pub/!ut/p/kcxml/04_Sj9SPykssy0xPLMnMz0vM0Y_QjzKL
d4p3tvAGSZnFG8Q76kfCRHw98nNT9YP0vfUD9AtyI8odHRUVAc1As6I!/de
lta/base64xml/L3dJdyEvd0ZNQUFzQUMvNElVRS82X0JfQzlF?siteArea=e5b
50f45dd61f25&content=e5b50f45dd61f25&topNavNode=49c411a4006ba50c
[19. September 2007].

Prodoehl, H. G., Habbel, F. R. (2006): Rakeling oder die Reform der öffentlichen Verwaltung in Deutschland durch Shared Services. Berlin 2006.

Quinn, B., Cooke, R., Kris, A. (2000): Shared Services. Mining for Corporate Gold. London 2000.

Rassenhövel, S., Dyckhoff, H. (2005): Die Relevanz von Drittmittelindikatoren bei der Beurteilung von Forschungsleistung im Hochschulbereich. Beitrag zur Fachtagung Fortschrittskonzepte und Fortschrittsmessung in Betriebswirtschaftslehre und Wirtschaftsinformatik vom 22. bis zum 23. September 2005 in Essen. http://www.iou.unizh.ch/bwl/wissportal/archiv/publikationen/5/4-Zelewski--Rassenhoevel-Dyckhoff.pdf [20. August 2008].

Rechnungshof Rheinland Pfalz (1996): Jahresbericht 1996 Tz. 35 Haushalts- und Wirtschaftsführung von Krankenhäusern. http://www.rechnungshof-rlp.de/Jahresberichte/Jahresbericht_1996/Tz35_1996.pdf [23. Juni 2007].

Rechnungshof Rheinland Pfalz (2001): Jahresbericht 2001 Tz. 28 Wirtschaftsführung von Laboreinrichtungen im Klinikum der Johannes Gutenberg-Universität Mainz. http://www.rechnungshof-rlp.de/Jahresberichte/Jahresbericht_2001/Tz28_2001.pdf [22. Juni 2007].

Reckenfelderbäumer, M. (2001): Zentrale Dienstleistungsbereiche und Wettbewerbsfähigkeit: Analyse auf Basis der Lehre von Unternehmensfunktionen. Wiesbaden 2001.

Reinhard, P. (1996): Kosten vs. Qualität. Chancen und Risiken des Outsourcing im Laborbereich. In: Jeschke, H. A., Hailer, B. (1996): Outsourcing im Klinikbereich. Fremdvergabe krankenhausspezifischer Leistungen. München 1996, S. 383 - 394.

Renner, G., Reisinger, G., Linzatti, R. (2002): Outsourcing. Formen, Ziele, Bereiche, Entwicklungstendenzen, Chancen und Risiken. In: Frosch, E., Hartinger, G., Renner, G.: Outsourcing und Facility Management im Krankenhaus. Frankfurt, Wien 2002, S. 19 - 67.

Rhenus Eonova GmbH (2006): Praxisbeispiel zur kooperativen Beschaffung. Projekt: VzE Berlin. http://www.logistiknetz-bb.de/fileadmin/login/bilder/uploads_profil/dokumente/Garbrecht_-_Rhenus_eonova_-_freigegeben.pdf [12. August 2007].

Rigall, J., Wolters, G., Harald, G., Schulte, K., Tarlatt, A. (2005): Change Management für Konzerne. Frankfurt am Main 2005.

Röhrig, R. (1983): Die Entwicklung eines Controllingsystems für Krankenhäuser. Darmstadt 1983.

Ross, S. A. (1973): The Economic Theory of Agency: The Principal's Problem. In: American Economic Association, 2/1973, S. 134-139.

Sachs, I. (1994): Handlungsspielräume des Krankenhausmanagements. Bestandsaufnahme und Perspektiven. Wiesbaden 1994.

Salfeld, R. (2006): Perspektiven der Krankenhausversorgung in Deutschland. http://www.mckinsey.de/_downloads/kompetenz/healthcare/Artikel/Perspektiven_der_Krankenhausversorgung_02052006.pdf [15. November 2006].

Sanborn, P., Punz, D. (2006): HR Shared Services – Meilensteine auf dem Weg zu einer neuen HR Organisation. http://www.hewittassociates.com/Lib/assets/EU/fr-CH/pdfs/39.pdf [18. Juli 2007].

Sandig, C. (1971): Grundriss der Beschaffung. In: Geist, M.: Vom Markt des Betriebes zur Betriebswirtschaftspolitik. Stuttgart 1971, S. 82-113.

Schäfer, W. (2000): Das Krankenhaus als Anbieter von Gesundheitsleistungen auf dem Markt. In: Eichhorn, P., Seelos, H.-J., v. der Schulenburg Graf, J.-M.: Krankenhausmanagement. München, Jena 2000, S. 9 - 25.

Schanz, C. (1994): Organisationsgestaltung. München 1994.

Schätzer, S. (1999): Unternehmerische Outsourcing-Entscheidungen. Eine transaktionskostentheoretische Analyse. Wiesbaden 1999.

Scherm, E., Kleiner, M. (2006): Shared-Personal-Service-Center – Was leist es (nicht)? Warum wollen es (trotzdem) alle haben? In: Keuper, F., Oecking, C.: Corporate Shared Services. Bereitstellung von Dienstleistungen im Konzern. Wiesbaden 2006, S. 247 - 264.

Scherm, E., Süss, S. (2003): Personalmanagement. München 2003.

Schimank, C., Strobl, G.: Controlling in Shared Services. In: Gleich, R., Möller, K., Seidenschwarz, W., Stoi, R.: Controlling Fortschritte. München 2002, S. 283 - 301.

Schimke, E., Griesmacher, A., Schimke, I., Müller, M. M. (2006): Patientennahe Sofortdiagnostik im Krankenhaus – Ja oder Nein. In: Intensivmedizin und Notfallmedizin, 2/2006, S. 143 - 144.

Schlüchtermann, J. (1998): Strategische Positionierung von Krankenhäusern im Spannungsfeld zwischen medizinischen und ökonomischen Zielen. In: Zeitschrift für öffentliche und gemeinwirtschaftliche Unternehmen, 4/1998, S. 432 - 449.

Schlüchtermann, J., Sibbel, R. (2005): Betriebswirtschaftliche Basis des Prozessmanagement und der Prozesskostenrechnung. In: Braun, G. E., Güssow, J., Ott, R.: Prozessorientiertes Krankenhaus, Stuttgart 2005, S. 28 - 41.

Schmalenbach E. (1948): Pretiale Wirtschaftslenkung, Band 2, Pretiale Lenkung des Betriebes. Bremen 1948.

Schmeisser, W. Tröger, G. (2006): Balanced Scorecard als strategisches und operatives Management- und Controllinginstrument im Krankenhaus. München 2006.

Schmidt, M. (2007): Zufriedenheitsorientierte Steuerung des Customer Care. Wiesbaden 2007.

Schmidt-Rettig, B., Böhning, F. (1999): Bedeutung und Konzeption einer Prozesskostenrechnung im Krankenhaus. In: Eichhorn, S., Schmidt-Rettig, B.: Profitcenter und Prozessorientierung. Optimierung von Budget, Arbeitsprozessen und Qualität. Stuttgart 1999, S. 121 - 145.

Schneider, D., Baur, C., Hopfmann, L. (1994): Re-Design der Wertkette durch Make or Buy. Wiesbaden 1994.

Schneider-Neureither, A. (2006): Service Level Agreements – Erfolgsfaktor für Shared Service Center. In: Controller News, 2/2006, S. 59 - 64.

Scholz, C.: Ein Denkmodell für das Jahr 2000? Die virtuelle Personalabteilung. In: Personalführung, 5/1995, S. 398 - 403.

Schöne, K. (2005): Telemedizin – juristische Aspekte. In: Herzschrittmachertherapie und Elektrophysiologie, 3/2005, S. 143 - 149.

Schottdorf, B. (2002): Arbeitsablauf in einem Großlabor. In: Gesellschaftspolitische Kommentare, 2/2002, S. 18 - 22.

Schrader, S. (1993): Kooperation. In: Hauschildt, J., Grün, O.: Ergebnisse empirischer betriebswirtschaftlicher Forschung. Festschrift für Eberhard Witte. Stuttgart 1993, S. 221 - 254.

Schuh, G., Gudergan, G. (2007): Innovationsfähigkeit industrieller Dienstleistungen in Organisationsformen jenseits der Hierarchie. Eine empirische Analyse. In: Bruhn, M., Stauss, B.: Wertschöpfungsprozesse bei Dienstleistungen. Wiesbaden 2007, S. 193 - 214.

Schulman, D. (1999): Shared Services: Adding Value to the Business Units. New York 1999.

Schuurmans, L., Stoller, C. (1998): Der Shared Service Center Trend: Konzeptionelle Grundlagen im Finanzbereich. In: io management, 6/1998, S. 37 - 41.

Schwarz, R. (2007): Private Klinikketten verändern das Krankenhauswesen. Chancen durch die Integration in einem Konzern. In: Klinikarzt, 36/2007, S. 434 - 436.

Seidenschwarz, W. (1993): Target Costing. München 1993.

Siemering, W., Backens, S. (1999): Costcenter-Organisation der Speisenversorgung. Konzeption, spezifische Fragestellungen und Umsetzungsaspekte. In: Eichhorn, S., Schmidt-Rettig, B.: Profitcenter und Prozessorientierung. Stuttgart 1999, S. 80 - 94.

Silber, H., Guth, W. (2003): Effiziente Steuerung von Outsourcing-Engagements im Rightshoring-Paradigma. In: Management & Consulting, 3/2003, S. 18 - 23.

Simon, H. A. (1961): Administrative Behaviour. New York 1961.

Simon, H. A., Guetzkow, H., Kozmetsky, G., Tyndall, G. (1954): Centralization vs. Decentralization in Organizing the Controller's Department. New York 1954.

Stadlbauer, F. (2007): Zwischenbetriebliche Anwendungsintegration. Wiesbaden 2007.

Stark, H. (1973): Beschaffungsführung. Grundlagen marktkonformen und zielorientierten Verhaltens in der Beschaffung. Stuttgart 1973.

Statistische Bundesamt (2005): Grunddaten der Krankenhäuser und Vorsorge- oder Rehabilitationseinrichtungen. Fachserie 12, Reihe 6.1. Wiesbaden 2005.

Statistische Bundesamt (2007): Kostennachweise der Krankenhäuser 2005. Wiesbaden 2007.

Staubach, S. (2005): Effektiver Einsatz interner Verrechnungspreise. Eine Untersuchung aus organisationstheoretischer Sicht. München 2005.

Stolte, M. (2000): Schlusswort des Autors von Der Pathologe (6/99) 20:373 zum vorangegangenen Leserbrief. In: Der Pathologe. Nr. 5/2000, S. 393 - 395.

Strehlau-Schwoll, H. (1999): Profitcenter-Organisation als Antwort auf abteilungsbezogene Budgetverantwortung. In: Eichhorn, S., Schmidt-Rettig, B. (1999): Profitcenter und Prozessorientierung. Stuttgart, 1999, S. 72 - 79.

Sydow, J. (2002): Strategische Netzwerke. Evolution und Organisation. Wiesbaden 2002.

Siebert, H. (2006): Ökonomische Analyse von Unternehmensnetzwerken. In: Sydow, J.: Management von Netzwerkorganisationen. Beiträge aus der Managementforschung. Wiesbaden 2006, S. 7 - 27.

Theisen, M. R. (1991): Der Konzern – Betriebswirtschaftliche und rechtliche Grundlagen der Konzernunternehmung. Stuttgart 1991.

Theuvsen, L. (1997): Interne Organisation und Transaktionskostenansatz. Entwicklungsstand – weiterführende Überlegungen – Perspektiven. In: ZfB, 1997, S. 971 - 996.

Thompson, J. D. (1967): Organizations in Action. Social Science Bases of Administrative Theory. New York 1967.

Töpfer, A. (2006a): Konzepte zur Kostenanalyse und Kostensteuerung. In: Albrecht, M. D., Töpfer, A.: Erfolgreiches Change Management im Krankenhaus. Heidelberg 2006, S. 71 - 86.

Töpfer, A. (2006b): Entwicklung strategischer Leitlinien und Konzepte für Ziel-Maßnahmen-Pfade. In: Albrecht, M. D., Töpfer, A.: Erfolgreiches Change Management im Krankenhaus. Heidelberg 2006, S. 45 - 58.

Töpfer, A., Großekatthöfer, J. (2006): Analyse der Prozesslandschaft und Prozesssteuerung als Erfolgsvoraussetzung. In: Albrecht, M.D., Töpfer, A.: Erfolgreiches Change Management im Krankenhaus. Heidelberg 2006, S. 115 - 133.

Trampel, J. (2004): Offshoring oder Nearshoring von IT-Dienstleistungen? Eine transaktionskostentheoretische Analyse. Arbeitspapier Universität Münster. http://www.wiwi.uni-muenster.de/06/forschen/veroeffentlichungen/material/AP39.pdf [16. Oktober 2007].

Treis, B. (1986): Beschaffungsmarketing. In: Theuer, G., Schiebel, W., Schäfer, R.: Beschaffung. Landsberg/Lech 1986, S. 133 - 148.

Trill, R. (2000): Krankenhaus Management. Aktionsfelder und Erfolgspotenziale. Neuwied, 2000.

Trost, S. (1998): Koordination mit Verrechnungspreisen. Stuttgart 1998.

Ullrich, C. (2004a): Die Dynamik von Coopetition. Möglichkeiten und Grenzen dauerhafter Kooperation. Wiesbaden 2004.

Ullrich, F. (2004b): Verdünnte Verfügungsrechte. Konzeptualisierung und Operationalisierung der Dienstleistungsqualität auf der Grundlage der Property Rights Theorie. Wiesbaden 2004.

Venohr, B. (2006): Restrukturierungsmethoden in Querschnittsfunktionen. In: Hommel, U., Knecht, T. C., Wohlenberg, H.: Handbuch der Unternehmensrestrukturierung. Wiesbaden 2006, S. 1129 - 1150.

Vera, A., Lüngen, M. (2002): Die Reform der Krankenhausfinanzierung in Deutschland und die Auswirkungen auf das Krankenhausmanagement. In: WiSt, 11/2002, S. 638 - 643.

Vera, A., Kuntz, L. (2007): Prozessorientierte Organisation und Effizienz im Krankenhaus. In: ZfbF, 3/2007, S. 173 - 197.

Verband der Diagnostica-Industrie e.V. (2004): Labordiagnostica und Gesundheit 2004/2005. http://www.vdgh.de/internet/Informationen_und_Publikationen/Publikationen/Labordiagnostica_und_Gesundheit/broschuere_2004-2005.pdf [12. August 2007].

Voegelin, M. D., Spreiter, S. (2003): Shared Services Center Konzept in Banken. Überblick über Wesen dieser Organisationsform. In: Der Schweizer Treuhänder, 10/2003, S. 831 - 836.

Vogl, R. (2002): Telemedizin - Chancen und Risiken. In: Der Radiologe, 42/2002, S. 376 - 379.

v. Arx, W., Rüegg-Stürm, J. (2007): Krankenhäuser im Umbruch: Ansatzpunkte für eine erfolgreiche Weiterentwicklung. In: Deutsches Ärzteblatt, 30/2007, S. A2110 - A2113.

v. Campenhausen, C., Rudolf, A. (2001): Shared Services – profitabel für vernetzte Unternehmen. In: Harvard Business Manager, 1/2001, S. 82 - 93.

v. Eiff, W. (1985): Kompendium des Krankenhauswesens. Beiträge zu ökonomischen, technischen und rechtlichen Problemen im Krankenhaus. Bad Homburg 1985.

v. Eiff, W. (2005): Outsourcing oder Re-Sourcing: Entscheidungskriterien zur Bestimmung der optimalen Dienstleistungstiefe von Krankenhäusern. In: v. Eiff, W., Klemann, A.: Unternehmensverbindungen. Strategisches Management von Kooperationen, Allianzen und Fusionen im Gesundheitswesen. Wegscheid 2005.

v. Eiff, W., Stachel, K. (2006): Professionelles Personalmanagement: Erkenntnisse und Best Practice Empfehlungen für Führungskräfte im Gesundheitswesen. Wegscheid 2006.

v. Glahn, C. (2006): Standortbewertung von Shared-Service-Centern – Auswahl und geografische Verteilung unter besonderer Berücksichtigung von Mergers & Acquisitions. In: Keuper, F, Häfner, M., v. Glahn, C.: Der M & A Prozess. Konzepte, Ansätze und Strategien für die Pre- und Post-Phase. Wiesbaden 2006, S. 121 - 143.

v. Glahn, C., Keuper, F. (2005): Der Shared Service Ansatz zur Bereitstellung von IT-Leistungen auf dem konzerninternen Markt. In: WiSt, 4/2005, S. 190 - 194.

v. Glahn, C., Keuper, F. (2006): Shared-IT-Services im Kontinuum der Eigen- und Fremderstellung. In: Keuper, F., Oecking, C.: Corporate Shared Services. Bereitstellung von Dienstleistungen im Konzern. Wiesbaden 2006, S. 5 - 25.

Wäscher, D. (1987): Gemeinkosten-Management im Material- und Logistik-Bereich. In: ZfB, 3/1987, S. 297 – 315.

Wandschneider, U. (2007): Herausforderungen für Klinikbetreiber in Deutschland bis 2010. 2. Deutscher Health Care Congress. Öffentliche Kliniken in Reformzeiten.
http://www.derneuekaemmerer.de/veranstaltungen/pdf/hcc2007/Herausforderungen-fuer-Klinikbetreiber.pdf [5. Mai 2008].

Weber, J. Schäffer, U. (2006): Einführung in das Controlling. Stuttgart 2006.

Weber, J., Neumann-Giesen, A., Jung, S. (2006): Steuerung interner Servicebereiche. Weinheim 2006.

Weber, J., Stoffels, M., Kleindienst, I. (2004): Internationale Verrechnungspreise im Konzern: Altes Problem – neuer Fokus. Weinheim 2004.

Weber, J., Schäffer, U. (1999): Sicherstellung der Rationalität von Führung als Aufgabe des Controllings? In: Die Betriebswirtschaft, 6/1999, S. 731-747.

Weilenmann, P. (1989): Dezentrale Führung: Leistungsbeurteilung und Verrechnungspreise. In: ZfB, 9/1989, S. 932 - 956.

Wellever, A. (2001): Networking for Rural Health. Shared Services. The Foundation of Collaboration. Washington 2001.

Werblow, A., Robra, B. P. (2007): Einsparpotenziale im medizinfernen Bereich deutscher Krankenhäuser – eine regionale Effizienzfront-Analyse. In: Klauber, J., Robra, B. P., Schellschmidt, H.: Krankenhausreport 2006. Stuttgart 2007, S. 133 - 150.

Werthmann, F., Rixen, M. (2005): Konzerninternes Outsourcing durch eine Shared Service Center Organisation als Alternative zum Outsourcing. In: Wullenkord, A.: Praxishandbuch Outsourcing. Strategisches Potenzial, aktuelle Entwicklungen, effiziente Umsetzung. München 2005, S. 61 - 89.

Westerhoff, T. (2006): Corporate Shared Services – das Geschäftsmodell aus Strategischer Sicht. In: Keuper, F., Oecking, C.: Corporate Shared Services. Bereitstellung von Dienstleistungen im Konzern. Wiesbaden 2006, S. 57 - 74.

Wettke, J. (2005): Chancen und Perspektiven von Krankenhäusern im sich wandelnden Gesundheitssystem. http://www.deutscher-krankenhaustag.de/de/vortraege/pdf/Fruehjahrsforum-2005-04-20-Wettke.pdf [10. Januar 2008].

Wiemeyer, J. (1984): Krankenhausfinanzierung und Krankenhausplanung in der Bundesrepublik Deutschland. Berlin 1984.

Williamson, O. E. (1975): Markets and Hierarchies. New York 1975.

Williamson, O. E. (1981): The Modern Corporation: Origins, Evolution, Attributes. In: Journal of Economic Literature, 4/1981, S. 1537 - 1568.

Williamson, O. E. (1985): The Economic Institutions of Capitalism. New York 1985.

Williamson, O. E. (1990): Die ökonomische Institution des Kapitalismus. Tübingen 1990.

Williamson, O. E. (1991): Comparative Economic Organization: The Analysis of Discrete Structural Alternatives. In: Administrative Science Quarterly, 36/1991, S. 269 - 296.

Windsperger, J. (1996): Transaktionskostenansatz der Entstehung der Unternehmensorganisation. Wien 1996.

Wißkirchen, F. (1999): Beurteilung der Vorteilhaftigkeit von Outsourcing unter Berücksichtigung von Prozesskosten und Transaktionskosten. In Wisskirchen, F.: Outsourcing Projekte erfolgreich realisieren. Stuttgart 1999, S. 283 - 365.

Wißkirchen, F. (2002): Dezentrale Abläufe in einen Topf werfen. http://www.bearingpoint.de/media/library_solution_ms/SSC%20im%20Personal wesen.pdf [05. April 2007].

Wißkirchen, F., Mertens, H. (1999): Der Shared Service Ansatz als neue Organisationsformen von Geschäftsbereichorganisationen. In: Wißkirchen, F.: Outsourcing Projekte erfolgreich realisieren. Stuttgart 1999, S. 79 - 111.

Wöhe, G., Döring, U. (2000): Einführung in die allgemeine Betriebswirtschaftslehre. München 2000.

Wolf-Ostermann, K., Lüngen, M., Mieth, H., Lauterbach, K. (2002): Eine empirische Studie zu Organisation und Kosten der Verwaltung im Krankenhaus. ZfB, 10/2002, S. 1065 - 1084.

Aus unserem Verlagsprogramm:

Claus Henning Aye
Die Zukunft der deutschen öffentlichen Apotheken
Eine Szenario-Analyse bis zum Jahr 2020
Hamburg 2009 / 354 Seiten / ISBN 978-3-8300-4364-5

Hildebrand Ptak
Controlling im Krankenhauswesen
– Eine betriebswirtschaftliche Problemanalyse –
Hamburg 2009 / 304 Seiten / ISBN 978-3-8300-4044-6

Anke Schlieker
Disease Management in der Privaten Krankenversicherung
Evaluation eines Programms für Typ2-Diabetiker
Hamburg 2009 / 226 Seiten / ISBN 978-3-8300-4237-2

Nicolas Krämer
Strategisches Kostenmanagement im Krankenhaus
Anwendung unter besonderer Berücksichtigung von DRG-Fallpauschalen
Hamburg 2009 / 494 Seiten / ISBN 978-3-8300-4188-7

Oliver Gapp
Management in gesetzlichen Krankenkassen
Eine theoretische und empirische Analyse
Hamburg 2008 / 306 Seiten / ISBN 978-3-8300-3783-5

Maria Wohlleben
**Die ambulante Versorgung von Patienten
mit Gerinnungsfaktorpräparaten als Managementaufgabe
der gesetzlichen Krankenversicherung**
*Grundlagen, Rahmenbedingungen, Perspektiven.
Eine Untersuchung anhand der Abrechnungsdaten
der AOK-Niedersachsen aus den Jahren 2003 und 2004*
Hamburg 2008 / 304 Seiten / ISBN 978-3-8300-3639-5

Stephanie Poll
Bedeutung von Krankenhausdatenbanken im Internet aus Nutzersicht
Eine informationsökonomische Analyse
Hamburg 2008 / 352 Seiten / ISBN 978-3-8300-3697-5

VERLAG DR. KOVAČ
FACHVERLAG FÜR WISSENSCHAFTLICHE LITERATUR

Postfach 57 01 42 · 22770 Hamburg · www.verlagdrkovac.de · info@verlagdrkovac.de